中国房地产税改革：

实证分析与实施策略

The Property Tax Reform in China:
Empirical Analyses and Implementation Strategies

张 平 著

復旦大學出版社

国家社科基金后期资助项目
出 版 说 明

　　后期资助项目是国家社科基金设立的一类重要项目,旨在鼓励广大社科研究者潜心治学,支持基础研究多出优秀成果。它是经过严格评审,从接近完成的科研成果中遴选立项的。为扩大后期资助项目的影响,更好地推动学术发展,促进成果转化,全国哲学社会科学工作办公室按照"统一设计、统一标识、统一版式、形成系列"的总体要求,组织出版国家社科基金后期资助项目成果。

全国哲学社会科学工作办公室

序言：基于中国社会经济发展实际的房地产税研究

张平博士持续用功、钻研精进，继2016年出书后又有新作，再请我作序。看到他沉静深思、不断进步，我很高兴，于是欣然答应。

张平回国后这八年，一直跟我保持密切联系。他每有疑问，多客气地找我咨询，我亦尽自己所知相告，供他参考。他在国内各方面观察、多渠道交流，所见所得乐于跟我分享，使我增加了一个身在域外了解国内政策和社会实际最新进展的窗口，而且这种分享体现了专业的、优化的视角，实在难得。他有了新想法也跟我讲，我则把能想到的方方面面，从学理原则到政策外延、中外对比及至长短优劣全盘相告。我俩经常在周末线上长谈，每每长达一个多小时。这样的商议讨论，基于一般性学理分析，触及经济、社会、政策的国别境况，无拘无束，透亮通脱，是我读书研究生活中的享受。我尤其高兴的是，这本新作的内容体现了我俩所谈内容的不少要点。

纵观这本书的内容，我把它称为"基于中国社会经济发展实际的房地产税研究"。房地产税作为一种直接税，历史悠久、机理深厚，又持续更代革新、富有生命力。最早的土地税在全球古代文明中普遍应用，是国家机器的支柱。随着经济结构和社会制度的发展变化，土地税也不断演化；到了近现代工业革命时代，生产力大幅提高后，土地税转为以城镇房地产为主要税基的房地产税。进入20世纪，尽管现代国家财税体系以所得税和消费税为主干，房地产税仍然保持其稳固地位，是税收体系鼎立的三足之一。即使只看21世纪初叶的亚洲，经济发展程度高的国家和发达经济体都采用了房地产税，足以说明这一税种的重要性。

中国始于1978年的改革开放，使国民经济快速发展，城市化进程骤然提速，国民收入尤其是城镇居民收入翻番提高，民众住房的档次质量迅猛升级，城镇居民拥有住房的市值占家庭平均总资产的比重高达七成以上。在这个背景下，考察房地产税在财税体系中不可或缺的位置和政府运行中的重要作用，以及房地产税的要素设计、开征规划和运行机理，无疑具有多方面的意义,既可丰富基础性学理、完善制度机制设计,又具有政策应用性。这本书就是基于中国社会经济实际在这方面做出的有益探索。

在公共管理和公共政策领域,我们完全可以也应当把中国20世纪80年代中期开征个人所得税、1994年开征增值税和2003年后开始酝酿的房地产税,看作国家财政税收体系建设和财税管理现代化的渐进过程。这场规模巨大的现代化进程,为社会科学研究提供了一个难得的机遇,使我们可以从这场社会实验中探索、发现此前尚未完全明了的基础性学理、一般化机制和政策设计内核。这本书的上编讨论房地产税与房价和租金的关系,业主的纳税能力、纳税意愿以及征缴房地产税对居民消费的影响等,是关于基础学理的实实在在的工作,十分值得赞许。第七、第八两章有关土地使用权的法理讨论,对所有国家都有内在的借鉴之处。

与任何其他税种相似,世界各国目前使用中的各类各式房地产税也有不少问题甚至痼疾;其中有的是因为学界还没搞清楚基本学理,譬如房地产税与财富再分配的关系和机理;有的是为适应当地当时境况而在政治上做折中造成的,譬如房地产税与收入再分配。在这些方面,西方国家学者也颇有非议并做了不少探索,近年来他们对房地产税的所谓累退属性的尝试性批判分析,就是例子。此书对这两个有争议的问题也做了分析,尤其有意义。读者尽可对作者的立论、分析和结果存疑,并在此之上进行扩展研究,我认为这是最好的学术发展路径之一。

税收体系和财政制度是国家治理现代化进程中的内核之一,房地产税是其中不可或缺的一环,还是地方政府治理能力建设的核心。现代政府职能的实质和内容就是服务,其中基本公共服务是筑牢政府与民众关系的根基。对于公共管理和公共财政学者来说,房地产税是一个实实在在的研究抓手,由此观察社会,检视制度,审度机构和个人的行为,可以洞察很多容易使人迷惑的现象,以小比大,由微及著,从点到面,探究机理,把握本质。本书的下编在这几个方面用力,是恰当的。

说到"治理"或者"管理","治"和"管"的方式方法和路径出路尽在于"理",就是理清逻辑,理顺关系,理通脉络。没有扎扎实实、合理顺情的"理",剩下的就只是卡、堵、强硬干预,结果不会如人意。中国从2003年开始对房地产市场循环反复的调控,是这种政策类型的典型案例。在中国经济发展和社会变革演化到现今的情势下,及早、适时、缜密地实施现代房地产税制是必走的一步棋。采用这个现代税种兼地方治理手段,在中国各种惯性延伸的境况下,如何做到顺大国国情而不失各地特征的精细,合大一统的前提而尽允地方施政的个性,做到既应和"虚的面",更照顾无数"实的点",才是实质和难点。此书第九至第十二章的内容是作者的思考;在这些细节上,专门从事政策研究的学者专家和财税政务人员有更多的发言权。

改革发展不会一帆风顺,常有曲折甚至反复。学者从事研究是一回事,实际应用则往往是另一回事。即使因为各种原因,在相当长的时期内房地产税仍然不会在中国采用,也没有关系;学者更不必悲观失望。因为社会经济的运行与自然界一样,按照规律发展演化。欠缺的终归要补上,做错的早晚得纠正。

若干年来国内著名高校盛行一个口号:要年轻学子们"立大志,登大舞台,成大事业"。对这个提法要进行"翻译"和注解。结合学界的特点和"中国房地产税制研究课题组"十余年来从事研究和培养后学的实际,我认为:"以服务国家造福民众为己任,就是立大志。在自己专业所学、从事研究的领域,踏实耕耘,业有所成,就是在大舞台上尽力发挥。对社会科学中的公共财政和公共管理学科有自己的基础性贡献,就是成就了大事业。"

我就用以上三句话与张平共勉。期望他本人和课题组的每位年轻学者不断进步,期盼他们每六至八年都有新作问世。更期望看到国内更多学人学者的学术性的房地产税研究著作,助力在这个领域切实推进国家治理和财税管理的全面现代化。

侯一麟
2022 年 6 月 19 日于
美国纽约州詹姆士维尔镇

目　录

导言 ·· 1

上编　实证分析

第一章　房地产税与房价和租金 ··· 7
　第一节　引言 ··· 7
　第二节　文献综述 ··· 9
　第三节　房地产税与房价的理论分析 ··· 12
　　　一、开征房地产税对房价的短期影响 ····································· 13
　　　二、房地产税对房价的长期影响 ··· 17
　第四节　数据模拟分析 ··· 18
　　　一、数据模拟 ··· 18
　　　二、关于房地产税与房价关系的进一步阐述 ····························· 21
　　　三、敏感性分析 ··· 23
　第五节　结论与讨论 ··· 24
　　　一、房地产税对房价和租金的影响 ······································· 24
　　　二、由中国开征房地产税所得到的启示 ································· 25

第二章　房地产税的纳税能力 ·· 32
　第一节　引言 ·· 32
　第二节　对现有研究的分析综述 ··· 34
　　　一、纳税能力研究的阶段特征 ··· 34
　　　二、纳税能力的测量 ··· 36
　第三节　纳税能力的理论模型 ··· 38
　　　一、基于投标排序模型的纳税能力 ······································· 38

二、纳税能力衡量方法 ······································· 39
　第四节　数据、方法和结果 ··· 42
　　　一、纳税能力分析 ··· 43
　　　二、纳税能力指数与有效税率差异设计 ············· 47
　　　三、三套减免方案下的纳税能力指数 ················· 47
　　　四、纳税能力的决定因素 ··································· 48
　第五节　结论与讨论 ··· 52

第三章　房地产税纳税意愿 ··· 54
　第一节　引言 ··· 54
　第二节　文献综述 ··· 55
　第三节　房地产税纳税意愿分析 ································· 58
　第四节　理论模型 ··· 60
　第五节　数据、方法与结果 ··· 64
　　　一、纳税意愿的测量 ··· 65
　　　二、不同家庭与地区差异 ··································· 68
　　　三、纳税意愿的决定因素 ··································· 71
　第六节　税制设计：不同减免方案下的比较分析 ······· 75
　第七节　结论与讨论 ··· 77

第四章　房地产税的消费效应 ····································· 79
　第一节　引言 ··· 79
　第二节　文献综述 ··· 80
　　　一、房价消费效应的理论研究 ··························· 81
　　　二、房价消费效应的实证研究 ··························· 81
　　　三、房价消费效应的异质性 ······························· 82
　　　四、房价对储蓄的影响 ······································· 83
　第三节　关于房地产税对居民消费影响的理论分析 ··· 84
　　　一、对投标排序模型的改进 ······························· 85
　　　二、基于图形的推论 ··· 94
　第四节　模型与结果 ··· 98
　　　一、数据 ··· 98
　　　二、效用函数 ··· 99
　　　三、回归模型 ··· 100

四、主要结果 …………………………………………… 101
　第五节　不同设计方案下的差异比较 …………………………… 107
　第六节　结论与讨论 ……………………………………………… 112

第五章　房地产税的收入再分配效应 ………………………………… 114
　第一节　引言 ……………………………………………………… 114
　第二节　文献综述 ………………………………………………… 116
　　　一、税收的再分配效应 …………………………………… 116
　　　二、房地产税再分配效应及其影响因素 ………………… 120
　第三节　再分配效应的理论测量 ………………………………… 122
　第四节　数据、方法与结果 ……………………………………… 124
　　　一、税负分布与再分配效应 ……………………………… 125
　　　二、不同收入分层的再分配效应 ………………………… 128
　　　三、"断路器"机制与普遍减免的比较 ………………… 132
　　　四、净福利的再分配效应 ………………………………… 137
　第五节　结论与讨论 ……………………………………………… 142

第六章　房地产税的财富再分配效应 ………………………………… 144
　第一节　引言 ……………………………………………………… 144
　第二节　文献综述 ………………………………………………… 145
　第三节　理论框架 ………………………………………………… 148
　第四节　数据、方法与结果 ……………………………………… 152
　　　一、房地产税对财富基尼系数的影响 …………………… 152
　　　二、不同财富分层的税负分布 …………………………… 155
　　　三、不同财富分层的再分配效应 ………………………… 158
　　　四、财富不平等及再分配效应的分解 …………………… 161
　第五节　结论与讨论 ……………………………………………… 162

第七章　房地产税的法理基础：土地所有权与土地使用权辨析 ……… 164
　第一节　引言 ……………………………………………………… 165
　第二节　房产价值的本质 ………………………………………… 166
　第三节　中国的土地所有权与土地使用权 ……………………… 168
　　　一、"地上权说" ………………………………………… 169
　　　二、"地上权说"与"所有权绝对论" ………………… 170

三、"特殊所有权说" ……………………………………… 171
　第四节　中国的土地使用权与房地产税 ……………………… 174
　　　一、"特殊所有权说"之下的房地产税 ………………… 174
　　　二、"地上权说"之下的房地产税 ……………………… 175
　第五节　土地出让金与房地产税 ……………………………… 177
　第六节　土地使用权到期后的解决思路 ……………………… 180
　第七节　结论与讨论 …………………………………………… 182

第八章　房地产税与地租和土地出让金的关系 ……………… 186
　第一节　引言 …………………………………………………… 187
　第二节　地租的基本原理 ……………………………………… 188
　　　一、三种不同模式 ………………………………………… 189
　　　二、可容纳不同产权状况的一般模型 …………………… 191
　第三节　房地产税与地租 ……………………………………… 194
　第四节　房地产税与土地出让金 ……………………………… 197
　第五节　结论与讨论 …………………………………………… 204

下编　实施策略

第九章　房地产税的税制要素设计 …………………………… 209
　第一节　引言 …………………………………………………… 209
　第二节　税制要素的几个维度 ………………………………… 210
　　　一、税基界定 ……………………………………………… 210
　　　二、税率设计 ……………………………………………… 211
　　　三、税负减免 ……………………………………………… 212
　　　四、税收使用 ……………………………………………… 214
　第三节　设计方案的可行性与适应性 ………………………… 215
　　　一、居民综合影响 ………………………………………… 216
　　　二、政府潜在财力 ………………………………………… 217
　　　三、地方治理完善 ………………………………………… 217
　　　四、政府意愿的决定因素（内部和外部） ……………… 218
　第四节　税制要素设计的技术因素 …………………………… 219
　　　一、税基界定：交易价与市场价 ………………………… 219
　　　二、政策设计的几个细节问题 …………………………… 222

第十章　房地产税的渐进改革路径 …… 226
第一节　引言 …… 226
第二节　税制要素探讨 …… 228
第三节　理论框架 …… 229
第四节　基于微观家庭数据测算的税制设计：低税率高减免起步 …… 232
第五节　房地产税的渐进改革路径分析 …… 239
第六节　结论与政策建议 …… 243

第十一章　房地产税在公共品价格改革中的作用机制 …… 245
第一节　引言 …… 245
第二节　公共产品的供给机制 …… 247
第三节　房地产税改革：公共产品价格改革的楔子 …… 250
　　一、双轨制：商品房与非商品房 …… 251
　　二、渐进式：低税率高减免起步 …… 253
　　三、渐进改革中的"双轨制" …… 254
第四节　公共产品价格与户籍制度改革 …… 255
第五节　结论与讨论 …… 257

第十二章　房地产税改革的治理意义 …… 259
第一节　引言 …… 259
第二节　房地产税改革的目标、约束条件与可能的路径 …… 260
第三节　中国房地产税的税制要素设计 …… 261
第四节　房地产税在房地产市场长效机制建设中的意义 …… 264
　　一、促使地方政府摆脱对土地财政的依赖 …… 264
　　二、形成地方"房地产税-公共服务"调节机制 …… 265
　　三、揭示住房持有成本以抑制房地产投机 …… 266
　　四、建立商品房与保障房的反馈机制 …… 267
第五节　房地产税在地方公共财政转型中的意义 …… 268
　　一、以房地产税为财产税改革重点，完善税制体系 …… 268
　　二、赋予地方政府主体税种，改善政府间财政关系 …… 269
　　三、以房地产税为抓手，形成公共服务供给的价格机制 …… 270
　　四、建立受益税机制，提升地方治理绩效水平 …… 271
第六节　结论与讨论 …… 273

  一、研究结论 ………………………………………………… 273
  二、对一些相关问题的讨论 ………………………………… 274

第十三章　全书总结：房地产税与财政治理的八个问题 ……… 275
 第一节　房地产税的税种性质 ………………………………… 276
 第二节　房地产税改革的政策目标 …………………………… 278
 第三节　房地产税的税权归属 ………………………………… 280
 第四节　房地产税对房价和租金的影响 ……………………… 282
 第五节　房地产税对收入和财富分布的影响 ………………… 285
 第六节　房地产税对政府行为的影响 ………………………… 287
 第七节　关于房地产税征收的反对意见的学理分析 ………… 289
 第八节　房地产税改革的实现路径 …………………………… 291

后记 ……………………………………………………………………… 294

导　言

　　房地产税作为多数发达国家地方政府的主体税种,相关的理论探讨和实证分析已有较长历史和很多成果。中国的房地产税改革在理论和实践上体现出多重的特殊性。首先,中国经济正处于由高速增长逐步下行进入新常态的转型期。其次,中国的房价收入比偏高,房地产市场的阶段性特征与成熟市场相比有差异。最后,从财税体系看,中国的房地产税改革是在完整的税制框架中纳入新的税种。财政是手段,不是目的。房地产税被认为是天然的地方税和重要的政府治理工具,其定位最终还取决于财税体系的建设和国家治理的完善。房地产税可以连接基层政府收支,通过公共选择提高效率及塑造更有责任感的基层政府。为显示杠杆原理的重要性,阿基米德曾说过:"给我一个支点,我就能撬起整个地球。"在笔者看来,如果社会治理中也存在这样的支点的话,房地产税很可能是其中之一。我们有必要从理论上解构为何房地产税(而不是其他税种)能够成为公共财政中的治理支点,能够连接财政(经济)和治理(社会)这两大政府最关注的领域。这对理解房地产税在公共财政和政府治理中的角色至关重要,而且这种重要性在理论上具有一般性,因而不受国别或政治制度所限。

　　理论离不开实践,本书基于理论模型和微观数据的实证分析,全面系统地研究中国房地产税改革的影响效应,并基于方方面面的影响提出较具可行性和适应性的实施策略。中国的房地产税改革不应以西方如何做而去模仿,也不该因西方没有而去刻意创造。我们应该从透彻理解的理论角度去分析"为什么",不盲从亦不武断排外,这应该是"西学中用"的基本态度。从房地产税的普遍理论出发、从长期实践出发,可以帮助我们从深层次理解房地产税制度设计的原理和解决当今实践中遇到的种种问题。任何改革遭遇的阻力,看起来其背后都存在利益集团的影子。但实际上,很多时候其原因是因为全社会对改革可能产生的影响没有或仍不能达成一致认识。房地产税的改革即是如此。关于房地产税的实施对房地产市场、政府财政,以及对居民生活可能产生的影响,甚至民众对房地产税本质的认识,我们对之还缺乏共识。因此，本书试图立足房地产税的一般理论与实证经验，对中国房地产税改革进行初步的探讨。

邓小平说："教育要面向现代化，面向世界，面向未来。"钱颖一在《大学的改革》一书中思考中国大学教育之道时提出："思想需要三种眼光：长远眼光、世界眼光、现代眼光。"中国的房地产税改革也需要面向长远、考察世界、着眼现代。第一，房地产税改革需要面向长远。房地产税改革面临方方面面的压力和质疑，总体来说，这些质疑主要来自三个方面：对当前经济形势的担忧，改革对房地产市场可能带来的短期冲击，以及当前居民对房地产税接受程度不高的考量。这些担忧一定程度上源于缺乏长远的思考。人无远虑，必有近忧。过多考虑可能存在的当下不利影响，迟滞房地产税的改革，恐怕会带来更多难以解决的问题。第二，对房地产税改革的讨论需要拓展讨论视野，具有世界眼光。当前的讨论仍然过多局限于针对中国当下问题，对于世界上其他国家房地产税形成过程的考察仍不够充分。多数对于国外房地产税的介绍还停留在条文陈述，合理的借鉴需要建立在深刻的理论探讨和实证分析的基础之上。因此，在当前信息发达的全球化背景下，世界眼光有助于我们充分汲取全世界和全人类文明的经验和智慧。第三，房地产税改革需要着眼现代。在21世纪的今天，政府从顶层设计的层面提出了国家治理体系和治理能力现代化的目标。财政体制重构在国家治理现代化中的基础性作用也得到了确认。财税体制的现代化与国家治理现代化息息相关，彼此依存，互为表里，相辅相成。只有打好了现代财税体制的坚实基础，才能收获国家治理体系和国家治理能力现代化的成果。在一个现代化的国家和社会，依靠现代化的财政税收制度，才能真正建立起现代化的国家治理结构。基于中国当前的背景，房地产税改革是完善财税制度和提升政府治理能力的必然选择。

6年前（2016年）笔者出版了《现代房地产税：美国经验与中国探索》一书，全书主要由上下两篇和最后的结论组成。上篇为美国经验，其中的"经验"包括了理论探讨和制度实践，试图从理论的视角进行阐释，用实际的数据来说明：美国房地产税实践中的制度设计为何要这样进行。下篇为中国探索，主要分析房地产税在中国是一个新的税种，应该如何从支付能力、支付意愿以及可能产生的社会经济影响的角度，来进行适用于中国的因地制宜的房地产税制度设计。最后一章为全书结论，将上下两篇的内容综合起来进行考量。本书可认为是笔者前期研究的延续，也是笔者近年来对中国房地产税改革研究的一个系统总结，基本回答了中国房地产税改革面临的各类问题。本书的主要内容共有十三章（第十三章为全书总结）。前八章为上编，主要是多个维度的理论和实证研究；后五章为下编，从税制要素等角度阐述房地产税征收的实施策略，并基于政策目标和实际约束提出了符合中国当下国情的改革路径，其中最后一章以房地产税与财政治理的八个问题为题进行全书的总结和展望，厘清房地产税改革中的基本学理和财政治理原则。此外，房地产税的复杂性决定了出版这方面普及读物的重要性，笔者目前还在初步设计分别针对执法部门和普通居民的读物(《理解房地产税指导手册》和《房地产税100问》)的内容框架，计划在未来几年内出版。

这里，我想再次强调西学中用、借鉴吸收时应该秉持的相关原则。首先是必须尊重理论的一般性，不枉自夸大所谓的特殊性；同时，在实践借鉴中要注重去粗取精，切忌全盘照搬。但在当前背景下，我们更容易犯的往往是第一类错误。本书结合理论和实证，为把握开征房地产税对中国经济社会可能带来的影响，提供一个相对全面的基本判断，以期为中国房地产税的制度设计和政策推进提供基础层面的参考。笔者在上述两本书中都对中国房地产税的相关政策进行了探讨，厘清了房地产税与当前相关政策的关系及其定位，阐明房地产税改革的进行在中国已经不是"是"与"否"的问题，而已经成为方向既定后时间上"早"与"晚"的问题。当然，时间节点的选择也至关重要。

正如笔者在本书正文中所说的："房地产税开征后，理论上的良性循环是：房地产税转化为公共服务，公共服务资本化到房价(税基)中，税基充足进而保证了地方政府的稳定财源，并进一步使其提供优质的公共服务。如何形成这种良性循环的地方治理将真正考验政府官员的管理智慧。"

上编　实证分析

　　中国房地产税改革 2003 年起就已受到政府关注,迄今仍然处在摸索过程之中。关于房地产税开征后的社会经济效应还有很多问题需要回答。房地产税开征后会产生方方面面的影响:会对房价产生什么影响,对房租产生什么影响？居民能不能交得起房地产税,愿不愿意缴纳房地产税？房地产税会如何影响居民的消费行为？房地产税的税负分布如何,在不同家庭之间会产生怎样的再分配效应？房地产税会如何影响中国家庭收入和财富的不平衡程度,会产生怎样的再分配效应？可以说,要解答上述一个问题,就需要一篇甚至很多篇进行实证分析的论文。只有在这些实证分析的基础上讨论房地产税的实施策略,才能持之有故、言之成理。本书的前八章为上编,基于多个维度的理论和实证研究逐一解答上述问题。

第一章 房地产税与房价和租金[①]

开征房地产税会对中国城市的房价产生什么影响？已有的研究结论缺少经济学理论模型对影响机制的表达。本章运用房地产税、房价和租金的折现价值理论模型，推导出房地产税对房价和租金产生影响的路径和机制，为中国开征房地产税决策提供佐证参数。本章根据文献及其使用的数据，采用已获共识的贴现率、租售比、可行税率及税收-公共服务转化率进行模拟，结果表明：若房地产税率为0.5%且税入不用于新增公共服务，房产实值可能下降8.3%～12.5%；若税入用于增加改善基本公共服务，房产实值降幅减为1.7%～2.5%，但租金可能上涨6.7%～20%。房价可能大幅下跌的原因是房价中存在短期泡沫；租金巨幅上涨的前提是租房人可受益的公共服务价值有实质性提升。基于房地产税对房价波动的影响，本章推测：房市泡沫受挤压且房价较稳定的时段可能是开征房地产税的适选时机。

第一节 引 言

近年来社会各界有关房地产税的讨论越来越多，房地产税对房价及租金的可能影响成为关注的焦点，也是政府对推动开征房地产税一直持谨慎态度的部分原因。对房地产税的密集、深度讨论在社会上引起了较大反响，包括产生的种种怀疑和忧虑。因此，开征房地产税之前有必要进行更多严谨的理论推导和实证分析。

[①] 本章主要内容曾发表于《财贸经济》期刊，参见张平、侯一麟、李博：《房地产税与房价和租金——理论模拟及其对中国房地产税开征时机的启示》，《财贸经济》2020年第11期，第35～50页（人大复印报刊资料《财政与税务》全文转载，2021年第3期）。

随着中国政府关于地方税体系改革的方向逐步明确，①学界关于房地产税的研究也逐渐增多。在推进房地产税改革的同时，保持房地产市场平稳和建立房地产市场健康发展的长效机制是政府的重要目标。开征房地产税会对中国城市的房价产生什么影响？房地产税在稳定房地产市场的长效机制中到底扮演着什么角色？迄今为止，各领域学者对之众说纷纭，莫衷一是。已有的研究结论相互冲突，未能指出房地产税到底将如何影响房价和租金，缺乏能够直观体现经济学直觉的理论模型，以清晰描述其中的影响机制。本章权衡模型的适用性、经济直觉的简洁性以及计算的复杂度，基于价值折现模型进行探索研究；运用房地产税、房价和租金的理论模型，推导出房地产税影响房价和租金的路径和机制，为中国开征房地产税的决策提供可靠的佐证参数。

为了增加模型的解释力、突出其中的经济学直觉，我们力求模型简洁，只考虑房地产税对房价和租金的影响，暂不考虑影响房价的其他因素。② 也正因此，本章的模型聚焦于房产核心价值（公允价值）；由于各种原因，房产价格在中短期内会围绕价值有不同程度的波动，但最终还是会回归其价值本身。我们将可能影响房价的各项短期因素，包括货币（限贷）政策、各种行政限购政策及房价泡沫造成的房价升高等都置于模型的残差项（error term）中。这些因素未在模型中被展开并予以清晰表达，是因为这些因素波动性大，容易受到政策和预期等因素的影响，这一点在理论和实践中已是共识。③

房地产税对房价的短期影响（价格偏离价值的变化）也会更多地通过这些易波动因素进行传导。由于残差项中各项因素的波动性较高，为降低房地产税对房价的冲击影响，房地产税应在残差项占房价比重较低时开征。所以我们认为，房市泡沫受挤压、房价相对比较稳定的时段可能是开征房地产税的适选时机，因为此时残差项中的因素受到抑制。在这种情景下，讨论房地产税对房价和租金的中长期影响也更有意义。因此，本章的贡献不在

---

① 2019年3月5日，李克强总理在第十三届全国人大第二次会议的《政府工作报告》中明确提出："健全地方税体系，稳步推进房地产税立法。"

② 即：本章使用的是房地产税影响房价和租金的静态模型。相关的动态模型以后专文讨论。

③ 本章将可能影响房价的各项短期因素，包括货币（限贷）政策、各种行政限购政策及房价泡沫造成的房价升高等，都置于模型的残差项（error term）中。模型中不把这些因素一一展开予以清晰表达，主要原因是：近年这些因素受短时甚至即时的（中央和省市）政策的深层、全面影响，波动性极大；另外，市场的主要参与方（卖地的地方政府和买地建房的开发商）和单位及个人投资者在频繁反复的干预政策的制约和影响（甚至诱导）下，其预期和博弈行为加剧了全局的波动，并在一些次生方面促生了波动。此处的数理模型包含一个"残差项"，有偏离常规之处；这里在没找到合适术语的情况下暂以此替代。

于理论模型的繁复精细或者考虑因素的全面细致,而主要在于说明房地产税对房产实际价值的影响及其作用机制。同时由于户籍制度的阻碍,对应的公共服务对于业主和租户严重不对等。本章基于租售异权,研究公共服务的资本化,扩展、深化、丰富房地产税"受益观点"的作用场景。

本章的结论表明:若房地产税率为0.5%且税入不用于新增公共服务,房产实际价值可能下降8.3%~12.5%;若税入用于增加改善基本公共服务,房产实际价值降幅减为1.7%~2.5%,但租金可能上涨6.7%~20%。房价可能大幅下跌的原因是房价中存在短期泡沫;租金巨幅上涨的前提是租房人可受益的公共服务价值有实质性提升。

本章以下结构安排如下。第二节为文献综述,梳理国内外关于房地产税与房价关系的文献。第三节构建房地产税与房价和租金关系的理论模型,分析开征房地产税可能对房价和租金带来的影响。第四节结合中国实际进行数据模拟,分析何种情况下房地产税会对房价造成冲击,以及在什么情况下可能使房价上涨,并解释为什么发达国家的房地产税并没有消除个别时期的房价快速上涨。第五节综述全文、提出结论,讨论与中国开征房地产税决策相关的一些启示。

第二节 文献综述

经济学原理认为,对一般消费品征税会抬高商品的价格,税负在供方和需方之间的承担比重由供给弹性和需求弹性决定。房地产具有消费品和投资品的双重属性,房地产税对房价的影响很大程度上取决于房地产市场的供求状况。一方面价格走高,需求趋降;另一方面由于房地产税增加房地产的持有成本,使部分"投资型持有"向市场释放,①变为消费市场的供给方。因此,对房价的影响取决于开征房地产税会导致此前投资型持有中有多大比例的持有者在开征后出手变现,转变为供给。在投资型持有占比较高的背景下,开征房地产税会使房价下跌;在投资型与消费型持有(及需求)大致均衡的市场中,开征房地产税对房价的影响,取决于政府如何使用房地产税收入。若把税入用于改善、增加当地基本公共服务,征税会使房价下降,但相应的公共服务资本化又会促使房价上升。所以,开征房地产税对房价的

---

① 城市居民中相当比例家庭拥有超出自身居住需求的住房,其成因可分成几类,如房改、旧城改造、投资等。这里把所有超自身需求的持有宽泛地称为"投资型持有",下文讲到租金时会触及更多细节。

最终影响取决于上述两个效应的相对强弱。这一问题就是经典的房地产税和公共服务的资本化研究。例如：华莱士·奥茨（Wallace E. Oates）运用美国新泽西州的市/镇数据证明，房产价值与房地产税有效税率显著负相关，与公立学校的生均教育支出显著正相关。①

关于房地产税与房产价值和公共服务之间的关系，文献中已有充分讨论。② 资本化理论表明，房地产税会压低房产价值，但相应的公共支出又会提升房产价值。③ 公共服务的资本化体现居民对房地产税的纳税意愿，这是大多数学者的共识；仍有争议的是资本化的程度。这方面的研究大多延续奥茨的模型设定。安德鲁·豪沃特（Andrew F. Haughwout）利用美国29个大城市的数据，将房地产税和基础设施的资本化进行比较，发现市区与城郊显著不同。④ 他还提出，不同地区的房地产税在当地房地产中的资本化率不同，值得深入研究。现有文献一般用公共服务资本化到房价中的参数来量化公共福利的价值。当居民可以自由选择居住地时，房价效应体现了居民对公共品价格的支付意愿。这一结论也被很多学者的实证结论所证明。⑤ 基于美国房地产税和房地产市场的研究强调房地产税的一个重要因素是该税的资本化，即房产税、房屋价值和公共服务之间的关系。本章从这一视角出发，量化模拟房地产税征收后在不同资本化水平下对房价和房租的影响，这也是现有关于中国房产税研究所忽视的一个方面。

---

① Oates, W. E., "The Effects of Property Taxes and Local Public Spending on Property Values: An Empirical Study of Tax Capitalization and the Tiebout Hypothesis," *Journal of Political Economy*, 1969, 77(6), pp. 957-971.

② Hamilton, B. W., "Effects of Property Taxes and Local Public Spending on Property-Values — Theoretical Comment," *Journal of Political Economy*, 1976, 84(3), pp. 647-650. Pollakow, H. O., "Effects of Property Taxes and Local Public Spending on Property Values — Comment and Further Results", *Journal of Political Economy*, 1973, 81(4), pp. 994-1003. Hamilton, B. W., "Effects of Property Taxes and Local Public Spending on Property-Values — Theoretical Comment," *Journal of Political Economy*, 1976, 84(3), pp. 647-650.

③ Oates, W. E., "Effects of Property Taxes and Local Public Spending on Property Values — Reply and yet Further Results," *Journal of Political Economy*, 1973, 81(4), pp. 1004-1008. Pollakow, H. O., "Effects of Property Taxes and Local Public Spending on Property Values — Comment and Further Results," *Journal of Political Economy*, 1973, 81(4), pp. 994-1003.

④ Haughwout, A. F., "Regional Fiscal Cooperation in Metropolitan Areas: An Exploration," *Journal of Policy Analysis and Management*, 1999, 18(4), pp. 579-600.

⑤ Brueckner, J. K., "Property-Values, Local Public-Expenditure and Economic-Efficiency," *Journal of Public Economics*, 1979, 11(2), pp. 223-245. Haughwout, A. F., "Public Infrastructure Investments, Productivity and Welfare in Fixed Geographic Areas," *Journal of Public Economics*, 2002, 83(3), pp. 405-428. Roback, J., "Wages, Rents, and the Quality of Life," *The Journal of Political Economy*, 1982, 90(6), pp. 1257-1278.

中文文献中也有对房地产税可能如何影响房价的探讨和阐述，其主要结论包括：(1)开征房地产税将压低房价，①且房地产税开征越早，调控房价效果越好。② (2)房地产税有可能拉高未来的长期房价。③ (3)降低交易环节税负会压低房价，总体上让买方受益。④

相关研究也强调了房地产税和房地产市场在不同地区的差异，指出应该因地制宜，不能一刀切。⑤ 况伟大利用1996～2006年中国30个省级区域的面板数据对理论模型进行实证检验发现：对全国和东部而言，开征物业税（房地产税）能有效抑制房价上涨，但物业税在中西部效果不明显。⑥ 基于重庆的房产税试点，白重恩等和刘甲炎等发现重庆试点房产税对不同房产实施差别税率会带来替代效应，使小户型房的价格非理性上涨。⑦ 但宽税基的房地产税在不同税制要素设计下将会对房价产生怎样的影响，以上研究对之均未能解答。本章回答这个问题。

当前房产税与房价的关系理论主要包括"传统观点"（traditional view）、"受益观点"（benefit view）和"新观点"（new view）三种代表性观点。⑧ "传统观点"假定整个国家的资本自由流动且回报固定，从而资本不承担任何税负，房产税完全由当地住房的消费者承担，导致高房价；⑨ "受益观点"假定消费者自由流动，不同辖区为争夺消费者在房产税和公共服务上展开竞争。

---

① 况伟大：《房产税、地价与房价》，《中国软科学》2012年第4期，第25～37页；骆永民、伍文中：《房产税改革与房价变动的宏观经济效应——基于DSGE模型的数值模拟分析》，《金融研究》，2012年第5期，第5～14页；李祥、高波、李勇刚：《房地产税收、公共服务供给与房价——基于省际面板数据的实证分析》，《财贸研究》2012年第3期，第67～75页；白文周、刘银国、卢学英：《沪渝房产税扩圈房价效应识别——基于反事实分析的经验证据》，《财贸研究》2016年第1期，第70～79页；李永友：《房地产税制改革的房价效应和住房福利变化》，《学术月刊》2013年第10期，第90～101页。

② 况伟大：《开征房地产税对预期房价的影响：来自北京市调查问卷的证据》，《世界经济》2013年第6期，第145～160页。

③ 王敏、黄滢：《限购和房产税对房价的影响：基于长期动态均衡的分析》，《世界经济》2013年第1期，第141～159页。

④ 张牧扬、陈杰、石薇：《交易环节税率差别对房价的影响——来自上海二手房数据的实证研究证据》，《财政研究》2016年第2期，第79～93页。

⑤ 周建军、刘颜、鞠方：《基于区际差异化视角的房地产税收对住房价格的影响分析》，《求索》2014年第5期，第36～42页。

⑥ 况伟大：《住房特性、物业税与房价》，《经济研究》2009年第4期，第151～160页。

⑦ Bai, C. E., Li, Q. and Ouyang, M., "Property Taxes and Home Prices: A Tale of Two Cities," *Journal of Econometrics*, 2014, 180(1), pp. 1-15. 刘甲炎、范子英：《中国房产税试点的效果评估：基于合成控制法的研究》，《世界经济》2013年第11期，第117～135页。

⑧ Zodrow, G. R., "The Property Tax as a Capital Tax: A Room with Three Views," *National Tax Journal*, 2001, 54(1), pp. 139-156.

⑨ Netzer, D., *Economics of the Property Tax*, Washington: The Brookings Institution, 1966. Simon, H. A., "The Incidence of a Tax on Urban Real Property," *Quarterly Journal of Economics*, 1943, 57, pp. 398-420.

在这个假定下,每个辖区的地方公共服务支出完全由房产税负担,房产税和公共服务未资本化为住房价值,房产税仅是受益税,而且只影响公共开支而不影响房价和资源配置;①"新观点"则认为,"传统观点"忽视了房产税的辖区广泛性和住房及非住房资本的多重性,资本从高税区流向低税区,从而导致资本错配,产生"利润税效应"和"流转税效应",②这个得到大量经验研究证实。③ 房地产税为"受益税"的观点已经确立,同时房地产税亦有资本税的成分(即便公共服务不变化时房地产税也会部分转嫁到租金中),与租售同权场景下房产税同时对房价和租金发生资本化不同,现实中国中的租售异权会使房地产税对房价和对租金的资本化发生分离。这使得中国场景下的房价中会存在租售异权溢价,这也是本章相对于现有资本化模型的一个学术贡献。

下面我们通过理论模型,分析保有环节房地产税与房价的关系。

第三节 房地产税与房价的理论分析

一般消费品的供给取决于生产成本,需求取决于消费者收入。中国住房的市场价格与开发成本严重脱节,主要原因是政府提前、一次性收取了几十年的土地出让金和开发商利润高;高房价又与居民收入严重偏离,表现为"房价-收入比"畸高。此二者是房地产的投资品属性在当今中国房产市场上的突出表征。

---

① Fischel, W. A., "Property Taxation and the Tiebout Model: Evidence for the Benefit View from Zoning and Voting," *Journal of Economic Literature*, 1992, 30(1), pp. 171-177. Fischel, W. A., "Homevoters, Municipal Corporate Governance, and the Benefit View of the Property Tax," *National Tax Journal*, 2001, 54(1), pp. 157-174. Hamilton, B. W., "Zoning and Property Taxation in a System of Local Governments," *Urban Studies*, 1975, 12(2), pp. 205-211. Hamilton, B. W., "Effects of Property Taxes and Local Public Spending on Property-Values — Theoretical Comment," *Journal of Political Economy*, 1976, 84(3), pp. 647-650.

② Mieszkowski, P., "The Property Tax: An Excise Tax or a Profits Tax?," *Journal of Public Economics*, 1972, 1(1), pp. 73-96. Zodrow, G. R. and Mieszkowski, P., Pigou, "Tiebout, Property Taxation, and the Underprovision of Local Public Goods," *Journal of Urban Economics*, 1986, 19(3), pp. 356-370.

③ Bowman, J. H., "Big Ideas-the Morning after ‖ Property Tax Policy Responses to Rapidly Rising Home Values: District of Columbia, Maryland, and Virginia," *National Tax Journal*, 2006, 59(3), pp. 717-733. Case, K. E. and Grant, J. H., "Property Tax Incidence in a Multijurisdictional Neoclassical Model," *Public Finance Review*, 1991, 19(4), pp. 379-392. Cebula, R. J., "Are Property Taxes Capitalized into Housing Prices in Savannah, Georgia? An Investigation of the Market Mechanism," *Journal of Housing Research*, 2009, 18(1), pp. 63-75. 关于中国的经验研究可参考韦志超和易纲、况伟大、况伟大和马一鸣的相关研究。

税收理论认为税负一定使价格提高的论断主要是基于消费品的视角。房产作为一种商品,交易环节的各项税收会使房价上升。无论政府规定是卖方还是买方缴纳这些交易环节税,买方都要承担至少一部分税负。现行的房产交易流转环节税种包括个人所得税、营业税、土地增值税、契税、印花税、城市维护建设税及教育费附加等。这些税均会一定程度地转嫁到房价中,使房价上涨。我们对税收的经济学直觉,绝大多数来自交易流转环节税,因为保有环节税种很少。本章所讨论的房地产税不是交易环节税,而是保有环节税。对普通商品在保有环节征税,会使商品储存成本增加,因而价格上涨。房地产与普通商品不同,在保有环节可以出租并获得租金(现金流),这与持有股票可以获得股息类似。因为具有现金流,房地产不仅是消费品,同时也是投资品。

一、开征房地产税对房价的短期影响

税收如何影响投资品的价格与投资品的种类以及征税的环节有关。开征房地产税会使房价上升还是下降?这里根据财务学的价值折现理论建构模型,进行分析。① 根据价值折现理论(股利贴现模型,DDM),资产的内在价值是其未来现金流量的现值。② 住房作为投资品的未来现金流价值为:

$$P = \frac{R}{r} \tag{1}$$

其中,P 为房价,R 为年度租金,r 是折现率。③ 在中国目前租售异权的背景

---

① 现金流量折现法主要用于企业估值,沃斯顿(Weston)模型估价法是最具代表性的一种估价方法。现有关于住房的研究中,基于租售比的分析实际上以这一模型为基础。
② 价值折现模型(DDM)将房地产作为投资品来建模,我们选择用这个模型主要基于以下几个方面的考虑:(1)房地产作为"消费品",对于只有一套房且(短期内)不准备换房的家庭来说,是否开征房地产税不影响他们的住房消费行为(弹性系数低)。这部分房产作为"消费品"不影响住房市场的供给和需求,也不对房价和房租产生实质性影响。(2)从"消费品"的角度看,住房(shelter,即一般所说的 housing)是一种日常生活必需品,属于刚性需求;居民没有不消费的选项,而只能在买房与租房之间做选择。但在一个成熟、稳定的房产市场中,长期消费者做选择的主要基础仍然是房价和房租的关系;如果房价过高(从国内近年状况下业主的角度看,则是租售比低,租金回报率低),租房就更可能成为首选;如果房价较低(租金的回报率高),买房是首选的概率就高。因此,本章选用的模型针对稳定市场中中长期居民的通常消费行为,具有一般意义。中国现在尚不是这种情形,但对发展进行前瞻的话,研究应当以这样的社会状况为着眼点。(3)DDM 简洁模型有利于突出经济学直觉,也体现了房产的核心公允价值。房地产税对租金的影响,建立在租房人可受益的公共服务价值有实质提升的基础上,后面这一条在一定程度上也体现了投资品模型和消费品之间的关系。
③ 这里未设定租金的年增长率,若租金的年增长率为 g,此时 $P = \frac{R}{r-g}$。因此,文中的折现率 r 可看作是去除租金增长率的"净"折现率。

下,租房比之购房所拥有的相应权益差异悬殊(在子女入学上这一点体现得尤为突出),本章称之为"租售权差";此差别使得以"租售比"衡量的中国房价的合理性大为降低。现实中国中的租售异权会使房地产税对房价和对租金的资本化发生分离,租金未能包括部分公共服务的资本化价值。租售异权背景下的房产价值计算公式应为:

$$P = \frac{R}{r} + D \tag{1a}$$

其中,D 为租房比之购房的权益差异。把上式进行转换,可得:

$$\frac{D}{P} = 1 - \frac{R/P}{r} \tag{2}$$

即:权差占房价的比重(D/P)与租售比(R/P)及贴现率(r)直接相关。例如:在租售比为3%、贴现率为5%时,房产价值中的租售权差约为房产市值的40%。随着租售逐步同权、租售权差缩小乃至消失后,中国与其他国家房产的租售比才具备可比性。从财务的视角看,式(1a)表示房产的公允价值,是由基本面因素决定的。但是,由于其他因素的影响,房产的实际价格可能偏离公允价值,呈现为:

$$P = \frac{R}{r} + D + \varepsilon \tag{3}$$

其中 ε 是房产价格与价值的偏离度。造成偏离的因素包括信贷政策和房产政策,以及其带来的流动性过剩及低利率催生的过度需求等(可称为"理性泡沫")。房价泡沫造成的房价升高也是 ε 中的一部分(可视为"非理性泡沫")。

开征房地产税之后,房价会升高还是降低,取决于方程右侧各因子的变化。没有房地产税,R 为年度租金;开征房地产税(T)之后,租金要减去税额。房地产税收入的用途会对年度租金产生影响。如果税入用于增加或改善当地基本公共服务,其效果会在租金中体现出来。如果税入用于租售异权的公共服务(如教育),则会扩大租售权差(D)。所以,开征房地产税之后的房产价值公式为:

$$P' = \frac{R'(T) - T}{r} + D' + \varepsilon' \tag{4}$$

这里公共服务分为"租售同权"和"租售异权"两类。租金 R 包含"租售同权"公共服务的资本化,"租售异权"公共服务的变化体现在 D 的差异中。

在这一框架下,房地产税影响租金 R,但只包括"租售同权"公共服务的资本化带来的租金变化。例如,学区房造成的租售异权,其影响体现在 D 中。如果征收房产税后,当地用这笔税收新建一座公园,对所有居民开放。这就是租售同权的公共服务,租金提高的同时,房产价值也有提高。

开征后与开征前的房产价值差额为:

$$\Delta P = P' - P = \frac{R'(T) - R(0) - T}{r} + (D' - D) + (\varepsilon' - \varepsilon) \qquad (5)$$

基于以上公式,下文分析三个不同场景。(1)房地产税入不用于基本公共服务,每年的租金中徒增一笔税额,房产价值下降。当然,即便公共服务没有任何变化,产权人仍然可能通过提高租金,将部分税负转嫁给租房人。但由于不能全部转嫁,房产价值下降的幅度取决于税负可以转嫁的比重。① (2)租售异权维持不变,且房地产税入用于租房人不能享受、只有产权人能够享受的公共服务,租金的变化与税入不用于公共服务时相似,取决于税负可以转嫁给租房人的比例。D' 与 D 之间的差距(租售权差)扩大。(3)房地产税入用于租房人也可以享受的基本公共服务,此时租售权差($D' - D$)缩小,增加的公共服务会资本化到租金中,租金相应提高。

因此,只要房地产税收入用于当地基本公共服务,无论是租房人和产权人均可受益或是只有产权人可以受益,这些服务都会直接或者通过租金资本化到房价之中。在可获取信息的范围内,为了使理论分析具备可行性,下文的分析不考虑房产价格与价值的偏离度(ε)。至此,可以做如下结论:

(a) 开征房地产税,但公共服务没有增加:房地产税导致房价下跌。

(b) 开征房地产税,公共服务有所增加:房价的变化取决于新增公共服务和房地产税二者资本化的相对强弱。房价可能上涨也可能下降。

房价的变化比率可表述为:

$$\frac{\Delta P}{P} = \frac{\frac{R'(T) - R(0)}{P} - \frac{T}{P}}{r} + \frac{D' - D}{P} \qquad (6)$$

需要说明的是,式(6)中 $R'(T) - R(0)$ 为开征房地产税后新增公共服

---

① 在中国租售异权的背景下,从当前很低的租售比可以看出,房租回报明显低于市场平均资本回报率。这说明当前的房租更多地由收入决定,因此公共服务不变化时,租房市场中的需求方没有变化,能够转嫁到租金中的房地产税将极为有限(部分来源于供给减少的影响)。

务对房租的资本化。租金变化可表示为房地产税的函数：①

$$R'(T) - R(0) = \delta T \tag{7}$$

其中，δ 为房地产税转化为公共服务的"转化系数"，$0 \leqslant \delta < 1$。转化过程中除去服务成本外，还有管理成本。管理成本的高低反映政府的效率，管理成本越低，转化系数越高。$D' - D$ 表示租售权差的变化，该变化会同时带动租金变化。例如：随着租售逐步同权，租售比会相应提高；但这只会影响租金现值和租售权差在房价中的比重，不影响房地产税的房价效应。因此，暂不考虑税负转嫁，无论租售权差是否变化，房地产税的房价效应均可表示为：

$$\frac{\Delta P}{P} = (\delta - 1) \times \frac{t}{r} \tag{8}$$

其中，$t = T/P$，为房地产税的实际税率。租金的变化率则与租售权差直接相关：

$$\frac{R'(T) - R(0)}{R(T)} = \frac{\delta T}{R} = \frac{\delta t}{R/P} \tag{9}$$

从房地产作为投资品来看，房地产税显然会增加持有成本，也可能使房价下跌。因此，开征房地产税会使房价下跌的预期，存在一定的理论基础(式(8)中 $\Delta P/P < 0$)；但并非一定如此，不同的情境会有不同的结果。这里讨论公共服务转化率时，并未考虑居民的偏好(用 β 表示)。事实上，总有部分居民对公共服务质量有较强的偏好(如有文献指出可能存在超资本化，即 $\beta > 1$)。对这些居民来说，考虑公共服务偏好后的转化率为 $\delta \times \beta$ ($\beta > 1$ 时，$\delta \times \beta$ 可能大于 1)，此时房地产税的房价效应可表示为：

$$\frac{\Delta P}{P} = (\delta\beta - 1) \times \frac{t}{r} \tag{8a}$$

$$\frac{R'(T) - R(0)}{R(T)} = \frac{\delta\beta t}{R/P} \tag{9a}$$

---

① 需要说明的是，这里房地产税收入转化为公共服务后对租金的资本化，只考虑房地产税入和公共服务支出的数额，不考虑居民对私人消费或公共品消费的偏好差异所导致的效用差异。详细阐述可见张平、侯一麟的相关研究。另外，若开征房地产税但公共服务不增加，这里假设租金不变。实际上，房主可以将部分房地产税转嫁给租房人，但现在中国租售比很低，说明租金很大程度上受限于租房人的收入水平，因此公共服务不增加时房地产税负能转嫁到租金中的幅度极其有限，因此这里近似假设租金不变。这一假设会导致房价下跌的幅度被略微高估。

在这一情境下,房地产税有可能使房价上升。为简化模型,本章暂不考虑偏好的差异(取值 $\beta=1$)。①

二、房地产税对房价的长期影响

本节分析已存在房地产税情形下的房价变化,以解释为什么在早已开征房地产税的国家和地区,仍然存在房价快速上涨、产生巨大泡沫以至破裂的情形。本节的理论模型讨论房地产税作为保有环节税,开征后对房价的长期趋势会产生什么影响,从而阐释房地产税在构建房地产市场长效机制中所担当的角色。

为简化分析又不失一般性,设定:已开征房地产税且租售同权符合大多数国家和地区的实际情形。此时,房产价值可以表示为:②

$$P = \frac{R-T}{r} = \frac{R(t)-tP}{r} \tag{10}$$

进行数学变换可得:

$$P = \frac{R(t)}{r+t} \tag{11}$$

其中,在税入用于当地基本公共服务进而资本化的前提下,租金 $R(t)$ 是房地产税率 t 的增函数。③

从式(10)和(11)可以看出,随着税率逐步增加,房价 P 与租金 $R(t)$ 会逐步收敛[即税率 t 越高,房价 P 与租金 R 之间的差额 $\left(P-R=R(t)\frac{1-r-t}{r+t}\right)$ 越小;$t\rightarrow 100\%$ 时,$P-R\rightarrow -\frac{rR}{1+r}$]。④因为房价与房地产税

---

① 从公式(8a)可以看出,如果房地产税用于新增公共服务,当 $\delta\beta=1$ 时,无论房地产税制要素如何设计,房产实际价值不受房地产税的影响。从敏感性分析的角度看,$\delta\beta$ 作为一个整体衡量房地产税对于房价变化的影响和假设无差异的公共服务偏好,其对于本章的结论没有定性的改变。

② 存在租售权差时,$P=\frac{R(t)-tP}{r}+D=\frac{R(t)-tP}{r}+\alpha P$;因此,$P=\frac{R(t)}{r+t-\alpha}$。

③ 进一步假设,租金 $R(\sigma)=\beta_0+\beta_1 P+\beta_2\delta t P$。为简化运算,这里的假设基于完全同质性的社区,因此房地产税入提供的公共服务($\beta_2\delta tP$)与税额(tP)直接相关。对于异质性社区,我们会在后续研究中阐述。$\beta_1 P$ 为房产的居住功能和非房地产税提供的公共服务带来的租金价值,$\beta_2\delta tP$ 为房地产税提供的公共服务带来的租金价值,δ 为房地产税提供公共服务的转化系数(<1,部分税入用于行政成本以及其他效率损失)。因此,$P=\frac{\beta_0}{r-\beta_1+(1-\beta_2\delta)t}$,房地产税对房价的影响取决于 $1-\beta_2\delta$ 的大小。

④ 一个极端的情形是,如果税率是房价的 100%,则 $P=R(t)/(1+r)$,此时房价甚至低于年度租金。

额正相关,而居民收入的一部分用于缴纳房地产税,这使得房价与收入的比重只能维持在相对合理的范围内,否则收入无法支撑高额的房地产税负。这在一定程度上可以解释为什么多数发达国家(早已开征房地产税)的租售比都高于中国。随着税率的提高,"买房容易养房难"会成为现实。至此,本章只是通过理论模型分析房地产税对房价的影响。根据理论测算以及发达国家的历史经验,房地产税不是控制房价的必要条件,更不是充分条件。下面结合中国的实际,进行数据模拟分析。

第四节 数据模拟分析

一、数据模拟

如果中国开征房地产税,对房价到底会产生怎样的影响? 这里基于中国的相关数据进行模拟测算。基于以上理论模型,开征房地产税之后,房价和租金的变化用式(8)和(9)表示,本章的数值模拟均基于公式(8)和(9)进行测算。由于转化率 $\delta<1$,房地产税会导致房价下跌。且税率(t)越高,下跌幅度越大;贴现率(r)越高,下跌幅度越小。在房地产税转化为公共服务的前提下,租金会有所上升。转化率(δ)越高,租金上升幅度越大;税率(t)越高,租金上升幅度越大(税入提供的公共服务资本化到租金中);当前的租售比(R/P)越高,租金上升幅度越小。就是说,租售比高,意味着当前的租金已处在高位,故上升空间相应较小。

在数据模拟中,首先需要给相应参数赋值。根据中国的实际情况,相应的赋值如表1-1所示。其中,贴现率赋值为 4%、5%、6%,[1]租售比根据不同城市大致在 2%~6% 之间,[2]税率设定为 0.1%、0.5%、1% 三个不

---

[1] 贴现率是影响个体购房行为的重要参数,在本章中也是影响租售比的重要因素之一。房产是居民重要的资产之一,在 DMM 框架下,根据资本市场内无套利原则,住房市场的贴现率选取与其他资产无异。本章数值模拟中贴现率的选择(4%~6%)主要依据中国市场情况和参考其他文献。有文献将贴现率范围设置为 3%~6%,也有文献将贴现率定为 4%。此外,贴现率和利率之间存在联系,另有文献认为贴现率为利率的倒数或者近似为相加等于1。中国的利率(银行间拆借利率)长期在 5% 水平波动,因此本章将贴现率设定在 4%~6%。

[2] 根据周晶、郭明英公布的住房市场泡沫水平和合理租售比数据,我们按照文中公式"住房市场的泡沫水平=实际租售比/合理租售比"计算出 2014 年 35 个城市的实际租售比。其中租售比最高的城市哈尔滨为 5.46%,最低的厦门为 1.97%。因此,本章将模型租售比范围设置为 2%~6%,用于评估不同租售比情况下征收房地产税带来的影响。

同档次,[①]转化率设定为 0、0.5、0.8 三个档次。转化率为 0,意味着开征房地产税与居民获得的公共服务数量及质量无关;转化率越高,房地产税与当地公共服务之间的联系越紧密。譬如:转化率为 0.8,意味着居民缴纳的房地产税的 80% 以公共服务的形式返还给居民,充分体现了房地产税的受益税特征。租房人是否有权从这些公共服务中受益,直接决定了租金的变化程度,类似于房地产税转嫁给租房人的程度。无论租房人是否从这些服务中受益,房地产税对房价的影响都是一致的。

表 1-1　数据模拟中不同参数的赋值

参数	赋值
贴现率(r)	4%、5%、6%
租售比(R/P)	2%、3%、4%、5%、6%
税率(t)	0.1%、0.5%、1%
公共服务转化率(δ)	0、0.5、0.8

说明:在完全市场中,租售比不会比贴现率高很多,因为如果租售比远高于贴现率,人们都会去市场购房用于出租进行套利。在实际中,由于存在房产维护成本和预算约束等原因,租售比有可能略高于贴现率;但中国目前的租售比是相对偏低的。

为便于讨论,我们先假设租售同权:对房地产税入用于提供的公共服务,租房人与产权人享有相同的权利,此时房租的变化为租售同权的结果。租售异权时,租金的变化要小于同权时的幅度。需要说明的是,这里的假设不考虑由于税率差异居民在不同城市间的流动。根据参数赋值,模拟结果如表 1-2 所示(详细结果见附录)。

表 1-2　房地产税对房价和租金的影响(数据模拟)

参数组合	税率	税入-服务转化率	房价变化($\Delta P/P$)	租金变化($\Delta R/R$)
(1)	1%	0	[−25%, −16.7%]	0
(2)	1%	0.5	[−12.5%, −8.3%]	[8.3%, 25%]

[①]　参考国内已有的测算及与某些国家的房地产税负相比,张平、侯一麟(2016a、2016b)认为 0.5% 的有效税率在当下的中国比较适当。其他相关研究包括:章波等(2005)用房价的 40% 作为政府出让房地产相关费税收入,计算出 0.8% 的税率。王春元(2006)以浙江省数据估算,得出税率为 0.6%。国务院发展研究中心(2006)考虑到开征初期居民负担,把税率设在 0.3%~0.8%。虞燕燕(2007)把税负在居民收入的 2%~4%,得出税率为 0.29%~0.59%。曲卫东和延昉帆(2008)用北京中等收入家庭可支配收入的 2.5%~5% 为基础,得出税率为 0.45%~0.91%。侯一麟、任强、张平(2014)用人均可支配收入减去基本生活支出,得到净可支配收入;再以中国自古以来的土地税习惯为基础,乘以 10%,得出 1% 的税率。何倩(2013)用北京中等收入家庭拥有 90 平米住房计算,税率为 0.22%~0.43%。

(续表)

参数组合	税率	税入-服务转化率	房价变化（$\Delta P/P$）	租金变化（$\Delta R/R$）
(3)	1%	0.8	[−5%, −3.3%]	[13.3%, 40%]
(4)	0.5%	0	[−12.5%, −8.3%]	0
(5)	0.5%	0.5	[−4.2%, −6.3%]	[4.2%, 12.5%]
(6)	0.5%	0.8	[−2.5%, −1.7%]	[6.7%, 20%]
(7)	0.1%	0	[−2.5%, −1.7%]	0
(8)	0.1%	0.5	[−1.3%, −0.8%]	[0.8%, 2.5%]
(9)	0.1%	0.8	[−0.5%, −0.3%]	[1.3%, 4.0%]

表1-2和图1-1为不同场景下，房地产税会导致房价和租金变化的模拟结果。模拟显示：不考虑泡沫等因素，开征房地产税不会对房产实际价值产生毁灭式的影响。若房地产税率为1%、且税入不用于增加公共服务时，房地产税可能使房价下降幅度高达25%；若税率为0.5%，最大降幅为12.5%；若税率为0.1%，最大降幅仅为2.5%。即使税率为1%，但转化率为0.8；或者税率为0.5%，转化率亦为0.5，房价下降5%左右，影响幅度有限。那么，为什么全社会却担心开征房地产税会使房价断崖式下跌呢？这种担忧主要源自房地产税对房产泡沫（ε）的影响。如前所述，在投资品市场，预期的变化会使价格产生剧烈波动。这种波动是短期趋势；从长期看，在文献中被广泛采用、已获共识的参数赋值范围内，开征房地产税对房地产实际价值的影响是有限的，其幅度应该在当前社会可接受的区间之内。

租金的变化与从税入到公共服务的转化率直接相关（见表1-2和图1-1）。当税率为1%、转化率为0.8时，租金上涨幅度可高达40%。只要租房人有权享受用税入提供的公共服务，房租就会不同程度地提高。可以看出，开征房地产税后，房价会面临一定程度的下行压力（但在可控范围内），租金则根据租售权差有一定程度上涨。因此，正如第三部分第二节所述，房地产税将使房价与租金逐步往中间点收敛，使"租金-房价比"趋于均衡。租金的支撑来源于收入，租售比均衡同时也是"房价-收入比"下降、趋于平衡的过程。如此，房地产税就成为公共服务的价格机制，所谓"买房容易养房难"实际上反映了居民享受公共服务的成本。

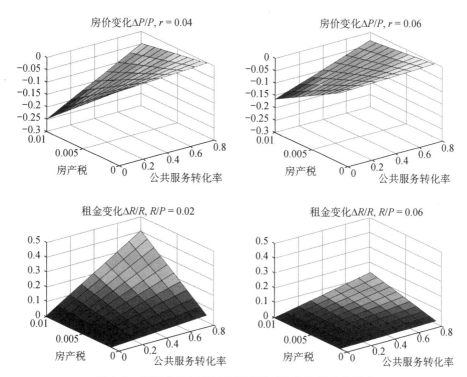

图1-1 不同参数条件下房地产税对房价和租金的影响

二、关于房地产税与房价关系的进一步阐述

房价过高会对经济带来不利影响:其一是造成资源配置错乱,资金过度流向房地产市场;其二可能带来系统性金融风险。房地产相关贷款实际上大多押在银行的账上,一旦房地产价格下滑,会对银行带来巨大冲击。无论对房价造成什么样的影响,房地产税开征之后,持有房产的成本增加,房价与收入之间逐步收敛,房地产税可成为房价-收入比的自动稳定器,对抑制未来的房价起到重要作用。

回到前文提的问题,为什么已征房地产税的国家和地区,仍然会出现房价快速上涨、产生泡沫以至破裂的情形?从本质上说,房地产泡沫是金融现象,与房地产税没有必然的直接关系。若说有关系,那么部分原因是:在房价快速上涨期,房地产税负如果以相同比例上升,会超出居民的承受能力。因此,政府往往在房价快速上涨期降低税率,使税额仅小幅上涨。例如,日本在房价快速上涨期下调房地产税率,使税额涨幅控制在

5%~10%之间。① 美国加利福利亚州的1978年13号法案,使当年的房地产税实际税率下降了57%。② 即便如此,房地产税对房地产市场的平滑作用依然存在。以美国为例,人们倾向于定居在房地产税率较低的州,一些低税州的房价因此上涨较快,高税州的房价涨幅一般小于低税州。以最近五年(2013~2018年)为例,美国房价平均上涨了45%,但房地产税最高的新泽西州,房价同期仅上涨5%;而房地产税较低的科罗拉州和亚利桑那州,房价则分别大涨59%和83%,科罗拉多州首府丹佛也成为美国房价上涨最快的城市之一。③

房产作为投资品的同时具备居住功能,存在所有商品中最为发达的二手市场。这一特征导致房产的供给和需求之间可以快速切换。也就是说,如果开征房地产税改变了居民对房价上涨的预期,使持有多套住房者出售多余住房,供给迅速增加,且新增的货币不会进入房地产市场,这将增加供给,同时减少需求,对房价可能会产生一定冲击。当然,发生这一结果的前提是持有多套住房以及有多余房产(用于投资而非居住)能够卖出的家庭比例较高。这一变化将在残差项 ε' 中体现出来,使房产价格与价值的偏离迅速回归,甚至会在非理性的抛售中使短期价格低于价值。这一可能的结果将对经济和社会造成较大冲击,所以也是政府对开征房地产税一直非常谨慎的原因之一:开征房地产税的前提是避免房价剧烈波动。房产价格与价值的偏离(泡沫)越大,发生房价剧烈波动这一结果的风险就越大。因此,政府从战略全局考虑,控制房价进一步非理性上涨将是未来一段时间内必须严格执行的国策。释放这一风险有赖于以时间换空间,即随着家庭收入的逐步提高,在房价上涨速度低于收入涨幅的前提下,房地产市场的泡沫风险会逐步降低,直至恢复到安全水平。

本章所推导出的房地产税与房价和房租的关系,更多地是基于公允价值的结论,而残差项 ε' 中的泡沫因素会放大房地产税对房价的影响。开征房地产税对房市泡沫的影响比较复杂,除了泡沫成分作为房价的一

---

① Wan, J., "Prevention and Landing of Bubble," *International Review of Economics & Finance*, 2018, 56(7), pp.190-204.
② 资料来源:美国加利福利亚州税收数据网站,https://www.californiataxdata.com/pdf/Prop13.pdf,最后浏览日期:2022年5月1日。
③ 资料来源:华盛顿邮报(*The Washington Post*):https://www.washingtonpost.com/realestate/is-there-a-link-between-property-tax-rates-and-the-rate-at-which-your-home-appreciates-in-value/2018/04/17/1a56806a-418d-11e8-8569-26fda6b404c7_story.html? noredirect=on&utm_term=.3db1d16edef2,最后浏览日期:2022年5月1日。

部分会提升持有成本外,还会显著改变市场预期、降低投资需求,甚至改变整个市场的供求关系。具体影响幅度无法通过本章的理论模型进行测算,但可以确定的是:房地产税可以有效地挤压泡沫,使房价中的泡沫成分快速减少。

因此,从房地产税开征时点的角度看,在房价中泡沫比重较高时开征,会加大因开征房地产税使房价剧烈波动的风险;在泡沫比重较低时开征房地产税对房价的影响,则更多地是体现其公允价值的变化。如果可以确定近期主要一二线城市的房价,从高点逐步缓慢下行实际上是挤压泡沫的过程,那么待市场逐步将房价的大部分泡沫挤出之后,可能这时就是开征房地产税的候选时机。

三、敏感性分析

本节基于前义的数值模拟框架,根据居民对公共服务的偏好程度(β)和政府使用房地产税收入的公共服务转化率(δ),分不同情形进行敏感性分析(见图1-2)。就房地产税对房价的影响而言(见图1-2,上二栏),若

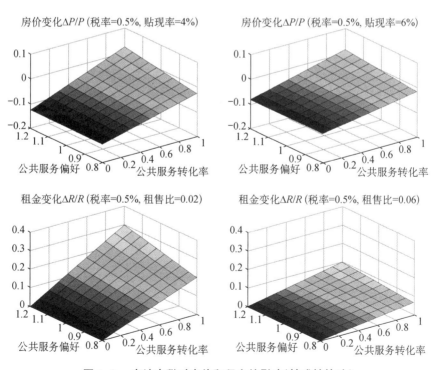

图1-2 房地产税对房价和租金的影响(敏感性检验)

居民对公共服务的偏好较低($\beta<1$),征收房地产税会导致房价下降,且税率越高,房价下降的幅度越大,这与基准模型的模拟结果一致。若居民的公共服务偏好较高($\beta>1$),可能出现"超资本化"现象;在税入-服务转化率(δ)也较高的情况下,征收房地产税可能会导致房价上升(见图1-2,右上栏),但在现实中"超资本化"的情形较少出现。

在房地产税对租金的影响方面(见图1-2,下二栏),不论居民对公共服务的偏好较低($\beta<1$)或较高($\beta>1$),在不同的税入-服务转化率区间内,开征房地产税均会导致租金不同程度上涨。在模拟测算公共服务偏好对房价和租金影响的敏感性分析中,结果与基准数值模拟类似:开征房地产税之后,租金会提高;税率越高,租金的涨幅越大;税入-服务转化率越高,租金的涨幅越大。

综上分析,居民的公共服务偏好和政府使用房地产税收入的公共服务转化率不影响本章的核心结论,但是公共服务偏好和税入-服务转化率越高,房地产税对房价的影响越小,对租金的影响越大。

第五节 结论与讨论

本章通过理论分析和数据模拟,论证了中国开征房地产税对房价和租金的可能影响。鉴于中国政府对于推动房地产税改革持慎重态度,原因之一就是担心引起房价的剧烈波动,本章从基础研究的技术层面,给出了在不考虑泡沫因素的情况下,开征房地产税对房地产真实价值影响的参数区间。本章的分析和结论可为相关部门进行下一步房地产税改革决策及政策评估作参考。同时,中国现时情境下的租售异权也丰富了房地产税"受益观点"的作用场景。在租售异权前提下,房地产税收由基层政府使用,所提供(转化成)的公共服务,按照业主(房产拥有人)和租户双方是否都可享用,分为租售同权和租售异权两类。租售同权的公共服务,租房家庭也可直接受益,所以资本化的结果是租金和房价都会提高。租售异权的公共服务,租房家庭不能享用,但业主可以。因此,这类公共服务资本化的结果,会使房价提高,但租金不(一定)会提高。

一、房地产税对房价和租金的影响

根据经济学原理,消费品的价格由供求关系决定。对于一般的消费品,增加税收使商品的价格提高,税负在供方和需方之间的承担比重由供给弹性和需求弹性决定。同样,征收房地产的交易环节税,会使房产的交易价格上升。由于房产具有消费品和投资品的双重属性,开征持有环节的房地产税会使房产的年度租金价值下降,从而使房价下降。但由于房地产税所支持的当地公共服务会使房价上升,所以房地产税对房价的最终影响取决于居民对公共服务的偏好,以及开征新税和公共服务改善两个资本化效应的相对强弱。本章针对这一点,建构了理论模型并利用数据进行了模型测算。

我们发现:开征房地产税会使房价小幅下跌,租金不同程度上涨。房地产税税率越高,房价下跌幅度越大,租金上涨可能性越大(税负转嫁);公共服务转化率越高,房价下跌幅度越小,租金上涨幅度越大(公共服务资本化)。但房地产税对房产实际价值的影响相对有限。在房地产税率为1%且税入不用于增加任何公共服务的情景下,房地产税使房价下降的幅度可能高达25%,租金的上涨幅度最高可能达到40%,但租金上涨的前提是租房人可受益的公共服务价值提升。

二、由中国开征房地产税所得到的启示

基于理论模型和数据模拟结果,中国开征房地产税对房价和租金的影响在可控范围内。开征房地产税(从无到有)造成的短期房价波动不会对房地产市场产生剧烈影响。即便税率为1%且房地产税入不用于增加公共服务时,房地产实际价值的下跌幅度理论上不会超过25%。如前文所述,参考国内已有的测算以及与某些国家的房地产税负相比,我们认为最高0.5%的有效税率在当下的中国可能比较适当。这样,房产实际价值的下跌幅度则应在12.5%以内。从房地产税开征后的长期影响来看,该税在形成稳定均衡之后将成为连接房价、租金和居民家庭收入的枢纽,使房产的"租-售比"和"房价-收入比"逐步趋于合理,成为稳定房地产市场长效机制的重要组成部分。

需要注意的是,限于分析的可行性,本章的理论结论只展示了房地产税对房产实际价值部分的影响,未考虑包含泡沫因素的残差部分(ε')。如果房价中泡沫占有较大的比重,房地产税对泡沫部分会有较强的挤压作用。也就是说,如果当前房价中存在较高的泡沫,开征房地产税则可能导致房价在较短时间内出现较大幅度的下跌。新一轮房价上涨后,政府严控房价继

续上涨,除了房价的泡沫过大会导致系统性金融风险外,房价泡沫的持续发酵也将不利于实施房地产税政策。如果可以确定近期一些主要城市的房价从高点缓慢下行,是正确运用金融政策挤压和释放泡沫的结果;那么,待这一阶段趋于平稳后,泡沫成分较低的房地产市场可能是房地产税开征的候选时机,因为这时供给得到了充分释放;房价下跌后,需求增加,也更有利于支撑此时的房市。

总之,房地产税对房价的影响将主要体现在公允价值的变化上,其波动幅度相对可控。毋庸讳言,在房价修正性下跌之后开征房地产税,是对广大业主的巨大心理挑战,因而政府说服业主、赢得居民支持的难度陡增,开征新税的社会风险加大。但从全社会福利和整体经济效率的角度分析,房价剧烈波动可能造成的系统性金融风险和普遍的社会隐患,才是首要的防范目标。从本章的理论推导和多国的长期实践观之,公众更趋向于认可和接受公平、公正、透明、可预期的税政。这体现了房地产税乃稳定房地产市场长效机制的内嵌、自洽的逻辑。

当然,同时要警惕发生另一种情况,就是房价下跌过程中出现的投资心理冲击、触发非理性抛售,进而导致房产价格低于公允价值。因此,在房地产税实施过程中,各级政府要细致跟踪、及时把握房地产市场的非正常异动,相机使用适当的政策工具,包括动员各种资源、短期内接手用于租赁,以使房产的市场价格不过于偏离公允价值,待价格稳定后再使其完全回归市场。①

由于一二线城市房产的绝对价值较之三四线城市突出稳定在高位,同样比例的价格下降对业主的影响更大,发生金融风险的可能性也相对更大。随着时间的推移,一二线城市的租售比和房价收入比也会由偏高到逐步趋于合理均衡,房地产税助推房价下跌的风险同时逐步得到释放。另外,如果人口继续向都市地区聚集,房地产税作为地方政府的主体税种,各地方政府应当根据公共服务的需求,逐年调整房地产税税率,使之与公共服务支出需求挂钩,真正形成以房地产税为主要收入来源之一的、以支定收的地方财政和民主治理体系。

---

① 侯一麟、任强、马海涛在《中国房地产税税制要素设计大纲》中提出这个机制,作为社会风险的防范措施之一。

附表：不同参数条件下的数据模拟结果

税率1%，转化率0

贴现率	4%	4%	4%	5%	5%	5%	5%	6%	6%	6%	6%	6%
租售比	2%	3%	4%	2%	3%	4%	5%	2%	3%	4%	5%	6%
D/P	50.0%	25.0%	0.0%	60.0%	40.0%	20.0%	0.0%	66.7%	50.0%	33.3%	16.7%	0.0%
税率	1%	1%	1%	1%	1%	1%	1%	1%	1%	1%	1%	1%
转化率	0	0	0	0	0	0	0	0	0	0	0	0
房价变化	−25.0%	−25.0%	−25.0%	−20.0%	−20.0%	−20.0%	−20.0%	−16.7%	−16.7%	−16.7%	−16.7%	−16.7%
租金变化	0	0	0	0	0	0	0	0	0	0	0	0

税率1%，转化率0.5

贴现率	4%	4%	4%	5%	5%	5%	5%	6%	6%	6%	6%	6%
租售比	2%	3%	4%	2%	3%	4%	5%	2%	3%	4%	5%	6%
D/P	50.0%	25.0%	0.0%	60.0%	40.0%	20.0%	0.0%	66.7%	50.0%	33.3%	16.7%	0.0%
税率	1%	1%	1%	1%	1%	1%	1%	1%	1%	1%	1%	1%
转化率	0.5	0.5	0.5	0.5	0.5	0.5	0.5	0.5	0.5	0.5	0.5	0.5
房价变化	−12.5%	−12.5%	−12.5%	−10.0%	−10.0%	−10.0%	−10.0%	−8.3%	−8.3%	−8.3%	−8.3%	−8.3%
租金变化	25.0%	16.7%	12.5%	25.0%	16.7%	12.5%	10.0%	25.0%	16.7%	12.5%	10.0%	8.3%

(续表)

税率1%,转化率0.8

贴现率	4%	4%	5%	5%	5%	5%	6%	6%	6%	6%	6%
租售比	2%	3%	2%	3%	4%	5%	2%	3%	4%	5%	6%
D/P	50.0%	25.0%	60.0%	40.0%	20.0%	0.0%	66.7%	50.0%	33.3%	16.7%	0.0%
税率	1%	1%	1%	1%	1%	1%	1%	1%	1%	1%	1%
转化率	0.8	0.8	0.8	0.8	0.8	0.8	0.8	0.8	0.8	0.8	0.8
房价变化	−5.0%	−5.0%	−4.0%	−4.0%	−4.0%	−4.0%	−3.3%	−3.3%	−3.3%	−3.3%	−3.3%
租金变化	40.0%	26.7%	40.0%	26.7%	20.0%	16.0%	40.0%	26.7%	20.0%	16.0%	13.3%

税率0.5%,转化率0

贴现率	4%	4%	5%	5%	5%	5%	6%	6%	6%	6%	6%
租售比	2%	3%	2%	3%	4%	5%	2%	3%	4%	5%	6%
D/P	50.0%	25.0%	60.0%	40.0%	20.0%	0.0%	66.7%	50.0%	33.3%	16.7%	0.0%
税率	0.5%	0.5%	0.5%	0.5%	0.5%	0.5%	0.5%	0.5%	0.5%	0.5%	0.5%
转化率	0	0	0	0	0	0	0	0	0	0	0
房价变化	−12.5%	−12.5%	−10.0%	−10.0%	−10.0%	−10.0%	−8.3%	−8.3%	−8.3%	−8.3%	−8.3%
租金变化	0	0	0	0	0	0	0	0	0	0	0

(续表)

税率 0.5%,转化率 0.5											
贴现率	4%	4%	4%	5%	5%	5%	6%	6%	6%	6%	6%
租售比	2%	3%	4%	2%	3%	4%	2%	3%	4%	5%	6%
D/P	50.0%	25.0%	0.0%	60.0%	40.0%	20.0%	66.7%	50.0%	33.3%	16.7%	0.0%
税率	0.5%	0.5%	0.5%	0.5%	0.5%	0.5%	0.5%	0.5%	0.5%	0.5%	0.5%
转化率	0.5	0.5	0.5	0.5	0.5	0.5	0.5	0.5	0.5	0.5	0.5
房价变化	−6.3%	−6.3%	−6.3%	−5.0%	−5.0%	−5.0%	−4.2%	−4.2%	−4.2%	−4.2%	−4.2%
租金变化	12.5%	8.3%	6.3%	12.5%	8.3%	5.0%	12.5%	8.3%	6.3%	5.0%	4.2%

税率 0.5%,转化率 0.8											
贴现率	4%	4%	4%	5%	5%	5%	6%	6%	6%	6%	6%
租售比	2%	3%	4%	2%	3%	4%	2%	3%	4%	5%	6%
D/P	50.0%	25.0%	0.0%	60.0%	40.0%	20.0%	66.7%	50.0%	33.3%	16.7%	0.0%
税率	0.5%	0.5%	0.5%	0.5%	0.5%	0.5%	0.5%	0.5%	0.5%	0.5%	0.5%
转化率	0.8	0.8	0.8	0.8	0.8	0.8	0.8	0.8	0.8	0.8	0.8
房价变化	−2.5%	−2.5%	−2.5%	−2.0%	−2.0%	−2.0%	−1.7%	−1.7%	−1.7%	−1.7%	−1.7%
租金变化	20.0%	13.3%	10.0%	20.0%	13.3%	8.0%	20.0%	13.3%	10.0%	8.0%	6.7%

（续表）

税率0.1%，转化率0

贴现率	4%	4%	4%	5%	5%	5%	5%	6%	6%	6%	6%	6%
租售比	2%	3%	4%	2%	3%	4%	5%	2%	3%	4%	5%	6%
D/P	50.0%	25.0%	0.0%	60.0%	40.0%	20.0%	0.0%	66.7%	50.0%	33.3%	16.7%	0.0%
税率	0.1%	0.1%	0.1%	0.1%	0.1%	0.1%	0.1%	0.1%	0.1%	0.1%	0.1%	0.1%
转化率	0	0	0	0	0	0	0	0	0	0	0	0
房价变化	−2.5%	−2.5%	−2.5%	−2.0%	−2.0%	−2.0%	−2.0%	−1.7%	−1.7%	−1.7%	−1.7%	0.0%
租金变化	0	0	0	0	0	0	0	0	0	0	0	0.1%

税率0.1%，转化率0.5

贴现率	4%	4%	4%	5%	5%	5%	5%	6%	6%	6%	6%	6%
租售比	2%	3%	4%	2%	3%	4%	5%	2%	3%	4%	5%	6%
D/P	50.0%	25.0%	0.0%	60.0%	40.0%	20.0%	0.0%	66.7%	50.0%	33.3%	16.7%	0.0%
税率	0.1%	0.1%	0.1%	0.1%	0.1%	0.1%	0.1%	0.1%	0.1%	0.1%	0.1%	0.1%
转化率	0.5	0.5	0.5	0.5	0.5	0.5	0.5	0.5	0.5	0.5	0.5	0.5
房价变化	−1.3%	−1.3%	−1.3%	−1.0%	−1.0%	−1.0%	−1.0%	−0.8%	−0.8%	−0.8%	−0.8%	−0.8%
租金变化	2.5%	1.7%	1.3%	2.5%	1.7%	1.3%	1.0%	2.5%	1.7%	1.3%	1.0%	0.8%

（续表）

税率0.1%,转化率0.8

贴现率	4%	4%	4%	5%	5%	5%	5%	6%	6%	6%	6%	6%
租售比	2%	3%	4%	2%	3%	4%	5%	2%	3%	4%	5%	6%
D/P	50.0%	25.0%	0.0%	60.0%	40.0%	20.0%	0.0%	66.7%	50.0%	33.3%	16.7%	0.0%
税率	0.1%	0.1%	0.1%	0.1%	0.1%	0.1%	0.1%	0.1%	0.1%	0.1%	0.1%	0.1%
转化率	0.8	0.8	0.8	0.8	0.8	0.8	0.8	0.8	0.8	0.8	0.8	0.8
房价变化	−0.5%	−0.5%	−0.5%	−0.4%	−0.4%	−0.4%	−0.4%	−0.3%	−0.3%	−0.3%	−0.3%	−0.3%
租金变化	4.0%	2.7%	2.0%	4.0%	2.7%	2.0%	1.6%	4.0%	2.7%	2.0%	1.6%	1.3%

第二章 房地产税的纳税能力[①]

本章以纳税能力理论为基础,构建衡量房地产税缴纳能力的指标;用"中国家庭金融调查"数据,测算不同地区家庭的房地产税缴纳能力、可行的地区间差异化有效税率,及几种减免方案下不同收入家庭的纳税能力分布。结果显示,不同地区家庭缴纳房地产税的能力存在较大差异;这突出了房地产税的地方税特征,所以税制要素尤其是有效税率应该区别设计。由基尼系数衡量的纳税能力差异超过了收入差距,表明设计房地产税要充分考虑家庭收入状况,并实施相应的社会政策以帮助弱势群体。这项研究的实证结果从纳税能力的角度揭示了中国房地产税改革的复杂性。

第一节 引 言

经过 40 多年的改革开放,中国中产家庭数量增长迅速,进入了多数家庭拥有相当资产的时代,资产中 2/3 以房产的形式持有。[②] 其中,高端 1% 的家庭占有全国约 1/3 的家庭财产,而底端 25% 的家庭拥有的财产总量仅占 1% 左右。[③] 审视不同群体的收入差距,我们会发现财富差距在住房拥有上更加明显。中国房地产税改革已经过多年讨论和研究,开征房地产税已经被提上立法和政策议程。但由于房地产税牵涉面广,出于各种原因,学术

[①] 本章部分内容曾分别发表于《经济研究》和《公共行政评论》期刊:张平、侯一麟:《房地产税的纳税能力、税负分布及再分配效应》,《经济研究》2016 年第 12 期,第 120~134 页;张平、侯一麟:《中国城镇居民的房地产税缴纳能力与地区差异》,《公共行政评论》2016 年第 2 期,第 134~154 页(人大复印报刊资料《财政与税务》全文转载,2016 年第 8 期)。

[②] 参见经济日报社中国经济趋势研究院:《中国家庭财富调查报告 2016》,新华网:http://www.xinhuanet.com/video/sjxw/2016-05/04/c_128957176.htm,最后浏览日期:2022 年 5 月 1 日。

[③] 参见李建新等著:《中国民生发展报告 2015》,北京大学出版社 2015 年版。

第二章 房地产税的纳税能力

圈、政策界乃至整个社会均对开征此税存在种种疑问。由于缺乏具体数据，对开征房地产税所产生的各种经济、社会以及福利效应仍处于零散讨论的阶段。例如，关于居民房地产税改革的豁免设计，学者、专家提出了各种设想，包括家庭首套房减免、人均面积减免等等。但由于存在面积阈值和家庭的定义等问题，类似的减免设计可能会造成房地产市场和业主行为扭曲。

在中国当前的背景下，考虑不同群体的纳税能力和纳税意愿，应该怎样设计房地产税的税制要素，从而保证税制公平和社会和谐并尽量减少效率损失，提高政府治理水平？如果开征房地产税，税负的最终承担者到底是哪个群体，或者说房地产税负担在不同收入群体之间将如何分布？要回答好这些问题，思考开征居民房地产税时就必须进入较深的层次，务必充分考虑国民的纳税能力和纳税意愿。在房价高位运行的境况下，居民能否交得起房地产税、是否愿意缴纳房地产税是其面临的不可回避的问题。

从税收理论出发考虑并经很多国家的长期实践证明，房地产税最适宜基层政府征收、使用。① 居民缴纳当地的房地产税，同时享受与税负相应的公共服务；在这个意义上说，作为地方主体税种的房地产税是一种受益税。② 国内学界尽管在是否应当开征上争论不休，但在这方面已经趋向于达成共识。③ 沿着这个思路，如果中国开征房地产税且由基层政府将税收用于当地的基本公共服务，综合考虑房地产税的税负和公共服务受益，那么房地产税在不同收入家庭间的再分配效应如何？本章和以下几章结合与房地产税相关的纳税能力、纳税意愿、税负分布与再分配效应，把中国将要进行的房地产税改革作为一个自然的社会实验，探讨中国城镇家庭对房地产税的潜在缴纳能力、在不同税制要素设计下的税负分布，以及房地产税作为受益税的再分配效应，试图解答这些问题。我们分别利用《中国家庭金融调查》和《中国家庭追踪调查》数据，以支付能力为依据，模拟不同的房地产税税基定义、税率设计及豁免方式，分析不同情境下的房地产税税制要素设计

---

① Almy, R., *A Global Compendium and Meta-Analysis of Property Tax Systems*. Cambridge, MA: Lincoln Institute of Land Policy, 2013.
② IPTI, "International Property Tax Institute," *Survey Prepared for the Workshop on Modernizing Property Taxation in CEE Countries*, Toronto, Ontario, Canada: 2015.
③ 胡洪曙：《我国财产税改革研究：一个关于理论及其应用的探讨》，经济科学出版社 2011 年版。倪红日：《对我国房地产税制改革的几点建议》，《涉外税务》2011 年第 2 期，第 5～8 页。张学诞：《房地产税改革对地方财政的影响》，《中国财政》2013 年第 17 期，第 20～21 页。蒋震、高培勇：《渐进式推进个人房产税改革》，《宏观经济研究》2014 年第 6 期，第 8～12 页。贾康：《房地产税离我们并不远》，人民出版社 2015 年版。侯一麟、任强、马海涛：《中国房地产税税制要素设计研究》，经济科学出版社 2016 年版。

如何影响税负分布以及最终产生怎样的再分配效应。根据对缴纳能力、纳税意愿、税负分布以及再分配效应的综合量化分析,我们在实证结果基础上,尝试对不同的税制要素设计方案进行综合比较。

本章的结构如下:第二节为对现有文献的归纳分析,介绍西方文献关于纳税能力研究的几个阶段,以及已有研究对房地产税纳税能力测量的探讨。第三节为纳税能力的理论模型,我们以投标排序模型(bidding and sorting)为基础,构建基于家庭不同侧面的纳税能力衡量指标。第四节介绍数据,探讨基于数据的测算方法和相关结果。第五节对不同税制设计方案下的比较分析和纳税能力的决定因素。最后一节为结论和政策建议探讨。

第二节 对现有研究的分析综述

一、纳税能力研究的阶段特征

我们梳理了自20世纪以来的有关房地产税纳税能力的英文文献(在时间上有断档),根据断档我们将相关研究分为3个阶段(见表2-1)。每个阶段均伴随着明显的经济衰退及其对房主纳税能力的影响。

表2-1 纳税能力文献概述

阶段	背景	代表性研究人物及文献发表时间	主要内容
第一阶段（20世纪30年代~60年代中期）	大萧条	Martin(1931,1933)	纳税人的缴纳能力出现问题
		Kendrick(1939)、Buehler(1945)、Dempsey(1946)	衡量指标;纳税能力概念有缺陷且不断变化,需要寻求其他原则以保证税收正义
	住房拥有率超过60%	Morgan(1965)、Netzer(1966)、Soule(1967)	将纳税能力与住房和服务相联系;进一步讨论衡量指标
第二阶段（20世纪70年代末~80年代初）	经济停滞和衰退	Ihlanfeldt(1979,1981)、Mark & Carruthers(1983)、Richter(1983)	关注不同测量方法(衡量指标)

(续表)

阶段	背景	代表性研究人物及文献发表时间	主要内容
第三阶段（近期）	大衰退	Gravelle(2008), Cornia(2012)	比较穷人和富人以及不同规模家庭的纳税能力；如何构建综合纳税能力概念？

资料来源：Martin, J. W., "Ability to Pay and the Tax System in Dane County, Wisconsin," *American Economic Review*, 1931, 21(1), pp. 172-172. Martin, J. W., "Taxation and Ability to Pay in South Carolina," *American Economic Review*, 1933, 23(1), pp. 161-161. Kendrick, M. S., "The Ability-to-Pay Theory of Taxation," *American Economic Review*, 1939, 29(1), pp. 92-101. Buehler, A. G., "Ability to pay," *Tax Law Review*, 1945, 1, 243-258. Dempsey, B. W., "Ability to Pay," *Quarterly Journal of Economics*, 1946, 60(3), pp. 351-364. Morgan, J. N., "Housing and ability to pay," *Econometrica: Journal of the Econometric Society*, 1965, pp. 289-306. Netzer, D., *Economics of the Property Tax*. Washington: The Brookings Institution, 1966. Soule, D. M., "Ability-to-Pay Taxation as Discriminatory Pricing of Government Services," *Land Economics*, 1967, 43(2), pp. 219-222. Ihlanfeldt, K. R., "Incidence of the Property-Tax on Homeowners — Evidence from the Panel Study of Income Dynamics," *National Tax Journal*, 1979, 32(4), pp. 535-541. Mark, J., & Carruthers, N., "Property Values as a Measure of Ability-to-Pay: An Empirical Examination," *The Annals of Regional Science*, 1983, 17(2), pp. 45-59. Richter, W. F., "From Ability to Pay to Concepts of Equal Sacrifice," *Journal of Public Economics*, 1983, 20(2), pp. 211-229. Gravelle, J. C., 2008, "Empirical Essays on the Causes and Consequences of Tax Policy: A Look at Families, Labor, and Property," ProQuest. Cornia, G. C., Tax Criteria. In W. J. McCluskey, G. C. Cornia & L. C. Walters(Eds.), *A Primer on Property Tax: Administration and Policy* Oxford: Blackwell Publishing Ltd. 2012, pp. 207-227。

第一阶段的研究始于20世纪30年代。大萧条后，纳税人缴税能力成为问题，由此引起学者的注意。[1] 此后，学术界逐渐认识到，需要找到更合适的纳税能力衡量指标。[2] 就税收正义来说，"纳税能力"概念本身立论不足、不断变化，只是税收正义的要求之一，还需要获取其他的依据和更广泛的事实支持。[3] 其后相关研究几乎是空白，直到60年代中期美国住房拥有率超过60%之后，学者们才再次将纳税能力与住房联系起来。[4]

---

[1] Martin, J. W., "Ability to Pay and the Tax System in Dane County, Wisconsin," *American Economic Review*, 1931, 21(1), pp. 172-172. Martin, J. W., "Taxation and Ability to Pay in South Carolina," *American Economic Review*, 1933, 23(1), pp. 161-161.

[2] Buehler, A. G., "Ability to pay," *Tax Law Review*, 1945, 1, pp. 243-258.

[3] Dempsey, B. W., "Ability to Pay," *Quarterly Journal of Economics*, 1946, 60(3), pp. 351-364. Kendrick, M. S., "The Ability-to-Pay Theory of Taxation," *American Economic Review*, 1939, 29(1), pp. 92-101.

[4] 住房拥有率数据来源：美国统计局，http://www.census.gov/housing/hvs/data/histtab14.xls，最后浏览日期：2022年5月1日。从20世纪60年代起，美国住房拥有率一直保持相对稳定，到2015年仍然为63%，其最高纪录出现在2005年，为69%。Morgan, J. N., "Housing and ability to pay," *Econometrica: Journal of the Econometric Society*, 1965, pp. 289-306. Netzer, D., *Economics of the Property Tax*. Washington: The Brookings Institution, 1966. Soule, D. M., "Ability-to-Pay Taxation as Discriminatory Pricing of Government Services," *Land Economics*, 1967, 43(2), pp. 219-222.

第二阶段指 20 世纪 70 年代末(经济停滞)和 80 年代初(双探底经济衰退)。这一阶段的文献主要关注精确测量纳税能力,尤其注重两个方面:一是临时收入与永久收入的对比;[1]二是房产价值能否当作收入的替代变量。[2] 沃尔夫拉姆·里希特(Wolfram F. Richter)提出了纳税能力与等量付出之间的理论联系。[3]

第三阶段指 2000 年后,房地产泡沫破裂,成千上万的业主申请破产引起金融危机,最终导致了大衰退。这一阶段的文献强调对穷人和富人以及不同规模家庭的纳税能力进行比较。[4]

这三个阶段的文献留下不少需要进一步探讨的问题,譬如如何构建综合纳税能力的概念和衡量指标等。当前重要的是建构理论框架,而不是仅仅讨论原则或是进行特定的比较。本章试图对纳税能力理论模型的数个测量指标进行拓展。

二、纳税能力的测量

如何测量纳税能力一直是学术界和政策制定者讨论的焦点,因为只有在恰当地衡量了"公平纳税"这一原则之后,才能正确应用这个原则。一直被争论不休的恰恰是衡量指标。潜在的指标包括:财富(财产)、消费、临时或永久收入,及其他替代变量。[5] 阿尔弗雷德·比勒(Alfred G. Buehler)和迪克·内策(Dick Netzer)指出,对财富和消费的评估存在着制度性漏洞。[6] 乔纳森·马克(Jonathan Mark)和诺曼·卡拉瑟斯(Norman

---

[1] Ihlanfeldt, K. R., "An Empirical-Investigation of Alternative Approaches to Estimating the Equilibrium Demand for Housing," *Journal of Urban Economics*, 1981, 9(1), pp. 97-105. Ihlanfeldt, K. R., "Incidence of the Property-Tax on Homeowners — Evidence from the Panel Study of Income Dynamics," *National Tax Journal*, 1979, 32(4), pp. 535-541.

[2] Mark, J., & Carruthers, N., "Property Values as a Measure of Ability-to-Pay: An Empirical Examination," *The Annals of Regional Science*, 1983, 17(2), pp. 45-59.

[3] Richter, W. F., "From Ability to Pay to Concepts of Equal Sacrifice," *Journal of Public Economics*, 1983, 20(2), pp. 211-229.

[4] Gravelle, J. C., "Empirical Essays on the Causes and Consequences of Tax Policy: A Look at Families, Labor, and Property," ProQuest, 2008. Cornia, G. C., & Slade, B. A., "Horizontal Inequity in the Property Taxation of Apartment, Industrial, Office, and Retail Properties," *National Tax Journal*, 2006, 59(1), pp. 33-55.

[5] Musgrave, R. A., & Musgrave, P. B., *Public Finance in Theory and Practice* (5th ed.). New York: McGraw-Hill Book Co, 1989. Utz, S., "Ability to Pay," *Whittier L. Rev.*, 2001, 23, pp. 867-950.

[6] Buehler, A. G., "Ability to pay," *Tax Law Review*, 1945, 1, pp. 243-258. Netzer, D., *Economics of the Property Tax*, The Brookings Institution, Washington, 1966. Simon, H. A., The Incidence of a Tax on Urban Real Property, *Quarterly Journal of Economics*, 1943, 57, pp. 398-420.

Carruthers)则认为房产价值不能较好地被用来衡量收入。要衡量收入,临时收入显然不甚可靠,永久收入或净收入的数年平均值更为妥当。① 加里·科尼亚(Gary C. Cornia)认为:富人总的来说纳税能力较高,但问题在于相对于穷人来说,富人的税负到底应该高到什么程度。② 詹妮弗·格拉维尔(Jennifer C. Gravelle)考察了衡量不同规模家庭纳税能力的公平指数,发现税收设计中的公平目标,基本符合对低收入者施用纳税能力原则、对高收入者施用受益原则的要求。③ 詹姆斯·摩根(James N. Morgan)使用当期收入和(根据年龄及教育背景估计的)过去及未来收入来测量纳税能力,并考察住房消费与纳税能力的关系,发现很难获得恰当的指标来衡量纳税能力或购买能力,因为除了丈夫的收入水平及其收入稳定与否之外,妻子挣钱的愿望和能力以及从亲属处获得资助的多寡均有巨大差异。摩根因此认为,实证研究需要的不是一个而是若干个指标,才能衡量纳税能力。④ 蒂莫西·古德斯皮德(Timothy J. Goodspeed)采用理论模型并进行模拟,发现地方政府使用以纳税能力为原则的税收设计,可以在不显著损害效率的基础上达到再分配的目的。⑤

当然,如前文所述,支付能力本身还远远不够。在税收理论中,支付能力也从未被认为是足够的;事实上研究表明仅仅依靠支付能力的税制设计是有缺陷的。因此,斯莱德·肯德里克(Slade M. Kendrick)建议累进税应该从广泛的经济体系和其他基础中获得理论支持。⑥ 比勒认为,各种形式的支付能力只是税收正义的思想之一,我们还没有找到对于正义的公认的完整可行的定义。因此,他建议在支付能力的基础上补充税收正义的其他思想,同时能够在支付能力与社会正义的其他基本理念冲突时找到新的路径。⑦ 同样,伯纳德·登普西(Bernard W. Dempsey)也得出结论认为支付能力本身

---

① Mark, J., & Carruthers, N., "Property Values as a Measure of Ability-to-Pay: An Empirical Examination". *The Annals of Regional Science*, 1983, 17(2), pp. 45-59.
② Cornia, G. C., "Tax Criteria," In W. J. McCluskey, G. C. Cornia & L. C. Walters (Eds.), *A Primer on Property Tax: Administration and Policy*, Oxford: Blackwell Publishing Ltd, 2012, pp. 207-227.
③ Gravelle, J. C., "Empirical Essays on the Causes and Consequences of Tax Policy: A Look at Families, Labor, and Property," ProQuest, 2008.
④ Morgan, J. N., "Housing and ability to pay". *Econometrica: Journal of the Econometric Society*, 1965, pp. 289-306.
⑤ Goodspeed, T. J., "A Re-Examination of the Use of Ability to Pay Taxes by Local Governments," *Journal of Public Economics*, 1989, 38(3), pp. 319-342.
⑥ Kendrick, M. S., "The Ability-to-Pay Theory of Taxation," *American Economic Review*, 1939, 29(1), pp. 92-101.
⑦ Buehler, A. G., "Ability to pay". *Tax Law Review*, 1945, 1, pp. 243-258.

是不够且多变的,而持久的解决方案只能通过寻求社会正义来实现。① 对于前文列出的可能的衡量指标(财富、收入、消费和其他替代变量),斯蒂芬·乌茨(Stephen Utz)指出"迄今还没有任何对支付能力的衡量能够躲过严厉批评",因此即便作为讨论税收公平时的一个广泛指导,只关注支付能力也是不够全面的。② 以上述所有关于支付能力的辩论为前提,我们聚焦于在转型经济体背景下开征实施新的房产税时,对其可能和可行的支付能力进行测量。而对税收的其他标准和考量,例如支付意愿等,将在第三章进行讨论。

由于针对居民的房地产税在中国起步很晚,中文文献中的一些研究聚焦于城市居民对房产本身的支付(即购买)能力以及相应的政策设计,③例如住房公积金制度对房产购置能力的影响等。④ 亦有学者对房地产税的税负公平性进行定性讨论或对税负进行定量比较。⑤ 但总体看,相关研究刚刚起步。本章意在这方面有所突破。

第三节 纳税能力的理论模型

一、基于投标排序模型的纳税能力

约翰·英格(John Yinger)的投标排序模型假设居民家庭关心三类消费:住房(H)、其他私人物品(C,价格规范化后等于1)及公共产品和服务(S)。⑥ 这三类消费反映在效用函数中为 $U(H, C, S)$。居民面临的

---

① Dempsey, B. W., "Ability to Pay". *Quarterly Journal of Economics*, 1946, 60(3), pp. 351-364.
② Utz, S., "Ability to Pay". Whittier L. Rev., 2001, 23, pp. 867-950.
③ 向肃一、龙奋杰:《中国城市居民住房支付能力研究》,《城市发展研究》,2007年第2期,第29~33页。吴刚:《城市居民住房支付能力研究——基于2000~2008我国10城市的经验数据》,《城市发展研究》,2009年第9期,第20~25页。陈杰、郝前进、斯蒂芬:《上海市住房可支付性评价(1995~2007)》,载满燕云等主编:《中国低收入住房:现状与政策设计》,商务印书馆2011年版,第76~93页。
④ 吴璟、郑思齐、刘洪玉、杨赞:《中国城市居民住房纳税能力问题与住房公积金制度作用评价》,载满燕云等主编:《中国低收入住房:现状与政策设计》,商务印书馆2011年版,第94~116页。
⑤ 邓菊秋:《房地产税税负公平性研究述评》,《公共经济与政策研究》2014年第2期,第8页。刘洪玉、郭晓旸、姜沛言:《房地产税制度改革中的税负公平性问题》,《清华大学学报》(哲学社会科学版)2012年第6期,第9页。
⑥ Yinger, J., "Capitalization and the Theory of Local Public-Finance," *Journal of Political Economy*, 1982, 90(5), pp. 917-943. Yinger, J., "Hedonic Markets and Sorting Equilibria: Bid-Function Envelopes for Public Services and Neighborhood Amenities," *Journal of Urban Economics*, 2015, 86(March), pp. 9-25.

预算约束为：

$$Y = C + PH + \tau V = C + PH + \tau \frac{PH}{r} = C + PH(1 + \tau^*)$$

其中 Y 是收入，C 是除住房之外的私人消费，P 为住房单位面积的年度价格。τ 为有效税率，房地产税额为 τV，V 是房产价值，$V = \frac{PH}{r}$，r 是贴现率，且 $\tau^* = \tau/r$。

我们用净收入（总收入减去住房相关支出）与房地产税额的比率来衡量纳税能力（ability to pay，缩写为 ATP）：①

$$ATP = \frac{Y - PH - \tau V}{\tau V}$$

若扩展投标排序模型，使其包含储蓄：$Y = C + S + PH + \tau V$，其中 S 为每年的储蓄。纳税能力因此可以表述为：

$$ATP = \frac{Y - PH - \tau V}{\tau V} = \frac{C + S}{\tau V} = \frac{C + S}{\tau^* PH}$$

由于 P 为住房单位面积的年度价格，PH 可以视为年度租金，即居住成本。拥有两套以上房产的业主，出租一套的租金收入也是纳税能力。使用房贷的业主，其分期付款额计入居住成本（PH）。另外，因为

$$\tau^* = \frac{\tau}{r} = \frac{\tau}{PH/V}$$

所以，

$$ATP = \frac{PH/V}{\tau} \times \frac{C + S}{PH}$$

公式中 PH/V 即租售比。公式表明：房地产税的纳税能力与租售比以及非住房消费和储蓄（$C+S$）正相关，与有效税率（τ）和年度租金（PH）负相关。

二、纳税能力衡量方法

已有文献用财富（财产）、消费、临时或永久收入及其他替代变量等不同方法来衡量纳税能力，但关于不同方法都存在一些问题和争议。我们试图

---

① 准确地说，房地产税的纳税能力应该为 $ATP' = \frac{Y - PH}{\tau V} = ATP + 1$。为不失概括同时方便推导，我们用 ATP 代替 ATP'。

在理论上使衡量纳税能力的不同方法之间建立内在联系，厘清不同衡量方法之间的关系，为系统测量纳税能力奠定基础。

（一）基于收入

这个衡量方法的公式相对直截了当：

$$ATP = \frac{PH/V}{\tau} \times \frac{inc}{PH} \qquad (1)$$

这里的收入（inc）一般为家庭总收入或可支配收入。与上文类似，基于收入的衡量方法表明，房地产税的纳税能力与租售比和收入正相关，与有效税率和年度租金负相关。

（二）基于消费

消费分为基本消费 C_1 和其他消费 C_2，$C = C_1 + C_2$。与上文一致，这里的消费不包括住房及相关支出。基本消费包括食品、服装、医疗和交通；基本消费在总消费中的比重，类似于恩格尔系数，可以表示为 $e = C_1/C$。如果我们认为房地产税的纳税能力应该排除基本消费（C_1），基于消费的纳税能力衡量公式就是：

$$ATP = \frac{PH/V}{\tau} \times \frac{C_2 + S}{PH} = \frac{PH/V}{\tau} \times \frac{(1-e)C + S}{PH} \qquad (2)$$

公式表明：基本消费比例（恩格尔系数）越高，房地产税纳税能力越低。

（三）基于财富

财富（W）也可分为两类：$W = W_1 + W_2$。$W_1 = V$ 为不动产，W_2 为不动产之外的其他资产。由于财富产生回报，财富多的家庭收入相应就高。

$$ATP = \frac{PH/V}{\tau} \times \frac{(1-e)C + S + r_1 W_1 + r_2 W_2}{PH} \qquad (3)$$

设不动产与其他资产的回报率不同，$r_1 \neq r_2$。财富回报中的一部分可能会用于消费，其余变为储蓄。财富回报的非现金部分，即未兑现的回报，可以归结为储蓄，也是衡量纳税能力的重要因素。计算纳税能力时，消费和储蓄相加在分子上，因此两者的比例不会影响计算结果。

（四）基于永久收入

关于基于收入的衡量指标，由于暂时性收入不稳定，住房和其他耐用品的消费支出主要由永久(一生)收入决定,而不是当前(暂时)收入。因此,使用永久收入(permanent income, INC_p)或者净收入的多年平均值来测量会更准确。同时,很多家庭只是暂时处于收入分布的高端或低端,而且随着永久收入提高,住房价值与收入的比重会显著上升。① 因此,基于永久收入的房地产税纳税能力公式为:

$$ATP = \frac{PH/V}{\tau} \times \frac{INC_p - eC}{PH} \tag{4}$$

与基于现期收入的指标相比,我们在永久收入的基础上减去基本消费,房地产税纳税能力与可支配永久收入成正比。

(五) 基于现金流

然而,永久收入假说和经验证据也由于收入约束和数据准确性问题受到了挑战。在问卷调查中,收入往往会被低估,且低估的严重程度会随着收入的提高而扩大。② 所以,真实的需求收入弹性可能会大大高于基于数据的计算值。因此,一个可能的选择是基于现金流的测量指标。在没有收入约束时,永久收入作为衡量指标是可行的:

$$ATP = \frac{PH/V}{\tau} \times \frac{INC_p - eC - (PH + L)}{PH} \tag{5.1}$$

其中 $PH+L$ 为住房相关成本,二者分别是租金和住房贷款还款额。与上文不同,为充分考虑现金流的约束作用,我们将年度租金(PH)和住房贷款(L)等相关成本均考虑在内。当存在收入约束时,纳税能力则仍然应该基于当前收入:

$$ATP = \frac{PH/V}{\tau} \times \frac{Y - eC - (PH + L) + \sigma(r_1 W_1 + r_2 W_2)}{PH} \tag{5.2}$$

其中 σ 表示资本收益中现金流的比例。与以上的衡量指标[方程(1)至(3)]不同,基于现金流的指标除去基本日常消费外,还扣减了住房相关成本(尤其是房贷还款额)。因此,使用现金流指标有可能会低估纳税能力,而且还没有考虑资本收益的非现金部分。

综上所述,方程(1)基于收入,方程(2)基于消费,方程(3)基于财富,方

---

① Muth, R. F., "The Demand for Non-Farm Housing," In A. C. Harberger(Ed.), *The demand for durable goods*: University of Chicago Press, 1960, pp. 29-96.
② Ferber, R., "Research on Household Behavior," *American Economic Review*, 1962, 52(1), pp. 19-63.

程(4)基于永久收入,方程(5.1)基于没有临时预算约束的现金流指标,方程(5.2)基于具有临时预算约束的现金流指标。因此,上述方程(1)至(5)通过因素整合,提供了不同的测量方法。这几类指标分别计算了收入、消费、财富和现金流相对于房地产税额的倍数,我们称之为"纳税能力指数"。以收入指标为例,纳税能力指数为40,意味着年收入是房地产税额的40倍,或者说房地产税额是年收入的2.5%。其他衡量指标计算的纳税能力指数也均有类似的含义。

经济发达地区的收入、消费和财富等处于较高水平,但房产价值也很高,所以按照相同税率测算出的纳税能力指数不一定高。这与我们一般认为的发达地区纳税能力较高的认识有所不同。例如,北京、上海的平均收入是中西部地区的2~3倍,但京沪房价是中西部地区的5~6倍,所以发达地区的房地产税纳税能力指数可能低于中西部地区。下文的实证分析也证实了这一判断。因此,房地产税的纳税能力不仅取决于家庭收入的高低,更取决于收入等因素与房地产价值的相对高低。

我们在实证分析中根据数据可得性,分别利用以上几种方法进行计算,检验不同衡量指标间的一致性。根据相关文献,职业和年龄是计算永久收入的重要变量,但由于数据限制,本章不计算永久收入。实际上,纳税能力本身测量的就是当前的(暂时性)状况。基于这一原因,下文使用现金流指标。我们也根据住房类型、拥有住房套数、是否持有房贷以及社会经济地位等因素,比较不同家庭缴纳房地产税的能力。下一节进行详细的数据分析。

第四节 数据、方法和结果

本章用2010年北京大学中国社会科学调查中心的《中国家庭追踪调查》(China Family Panel Studies,CFPS)和2011年西南财经大学的《中国家庭金融调查》(China Household Finance Survey)作为数据基础进行相应测算。[①] 这两个数据库相互独立,但都包含我们所需要的相关数据。

数据信息包含详细的住房特征和家庭特征。其中,住房特征包括市场价值、住房面积和购买年份等;家庭特征则包括收入、消费、财富以及其他各

---

① 《中国家庭追踪调查》由北京大学中国社会科学调查中心(ISSS)实施,详细信息可见网站http://www.isss.pku.edu.cn。《中国家庭金融调查》由西南财经大学实施,相关信息可见网站http://chfs.swufe.edu.cn。

项家庭行为信息。关于该调查获取的房产价值的准确性,有学者认为业主的自我估计可能会有较大的偏差。但是,约翰·凯恩(John F. Kain)和约翰·奎格利(John M. Quigley)强调:一般来说,只要样本量大,就能充分抵消业主的估计误差。[①] 所以,我们认为上述数据可以使用,下文的结论也从几个方面证明,数据与实际情况基本相符。我们关注已经(从市场、工作单位或以其他形式)购买住房且具有全部产权的城市家庭。

经过数据整理剔除缺失值后,在《中国家庭追踪调查》和《中国家庭金融调查》的数据中各保留约2 500个有效观察值(不同的衡量指标略有差异),分布在25个不同省级区域。[②] 我们用这两套数据分别测算,用其结果相互印证。除某些结果略有差异外,用两个数据所得的相关结论基本一致。我们先根据不同的衡量指标,计算家庭在不同的房地产税税率下的纳税能力指数;然后以纳税能力指数为基础,根据可承受的税率,将家庭分为不同的收入层次,模拟测算房地产税负在不同收入层次家庭间的分布,即房地产税在不同人群中的税负分布。最后,基于房地产税的受益税特征,我们计算房地产税在一定假设条件下的再分配效应。限于篇幅,本章只报告用《中国家庭金融调查》数据的测算结果。

一、纳税能力分析

探讨房地产税的纳税能力,首先要考虑可行的税率。参考过去十年国内公共财政学者根据各地实际情况,从不同角度、用各种数据做的测算,0.3%～1%是大致的起始参考区间。[③] 我们这里比较从0.1%到1%四个不同的有效税率(effective tax rate, ETR)下的税收负担,发现:在有效税率为0.5%(即房地产税年度税额为房产价值的0.5%)时,纳税能力指数约为

[①] Kain, J. F., & Quigley, J. M., "Note on Owners Estimate of Housing Value," *Journal of the American Statistical Association*, 1972, 67(340), pp. 803-806.

[②] 这两项调查均未包含内蒙古、海南、西藏、宁夏、新疆等5个省级区域。另外,《中国家庭追踪调查》未包括青海省,《中国家庭金融调查》未包括福建省。平均每个省级区域约100个家庭的样本量对于研究房地产税来说确实显得过小了,但这是当前进行这项研究在数据方面所能获得的最优选择。

[③] 这些研究包括:章波等用房价的40%为政府出让房地产相关费税收入,计算出0.8%的税率。王元春以浙江省数据估算,得出税率为0.6%。国务院发展研究中心考虑开征初期居民负担,把税率设在0.3%～0.8%。虞燕燕把税负设在居民收入的2%～4%,得出税率为0.29%～0.59%。曲卫东和延扬帆用北京中等收入家庭可支配收入的2.5%～5%为基础,得出税率为0.45%～0.91%。侯一麟、任强、张平用人均可支配收入减去基本生活支出,得净可支配收入,再以中国自古以来的土地税习惯为基础,乘以10%,得出1%的税率。何倩用北京中等收入家庭拥有90平米住房计算,税率为0.22%～0.43%。张平、侯一麟考虑房地产税作为一个新税种,认为税率以平均0.5%为宜。

40，即房地产税额约为家庭年收入的 2.5%（1/40）。参考国内已有的测算及与某些国家的房地产税负担相比，①这一比重相对合适，0.5% 的有效税率在当下的中国可能比较适当。具体结果如表 2-2 所示。

表 2-2 房地产税纳税能力指数比较（不同税率和住房拥有量）

第一部分：不同税率的比较

有效税率	1%	0.5%	0.3%	0.1%
收入指标	18.3	36.6	61.0	183.1
消费指标	20.4	40.8	67.9	203.8
财富指标	18.8	37.6	62.7	188.1
现金流指标	18.7	37.5	62.4	187.3

第二部分：住房拥有量不同家庭的比较（有效税率 0.5%）

家庭类型	平均	仅有一套	二套	三套及以上
收入指标	36.6	40.8	22.8	14.9
消费指标	40.8	45.9	24.1	16.6
财富指标	37.6	41.6	24.3	16.7
现金流指标	37.5	41.5	24.1	16.5

说明：表中各指标分别为收入、消费、财富、现金流与房地产税税额的比值。有效税率为房地产税额与房产的市场价值之比率。家庭收入数据为所有家庭成员收入的加总（包括税后收入、奖金和第二职业税后收入）；消费数据为家庭各项消费支出的加总；财富为各项收入、存款利息、股票等各项资产以 5% 计算应得收益、以及其他房产以 3% 计算的租金收益之和；现金流为各项收入、存款利息、以及实际房租收入之和，减去各项消费支出。

我们进一步根据住房拥有量，将家庭分为三组：一套、两套、三套及以上。样本中拥有一套、二套和三套及以上住房家庭的占比分别约为 80%、18% 和 2%。一套家庭必然是制定政策时的着眼点所在，他们的纳税能力指数按四个指标计算均略超 40。纳税能力指数随着拥有房产套数的增加明显下降，拥有三套及以上房产家庭的纳税能力指数不到仅有一套房产家庭的一半；但指数低并不构成问题，因为这些家庭可以出租余房，换取收入。

图 2-1 显示有效税率为 0.5% 时，不同衡量指标下的纳税能力分布。

---

① 虞燕燕把税负设在居民收入的 2%～4%。曲卫东和延扬帆设北京中等收入家庭可支配收入的 2.5%～5% 为税额。美国 2010 年房地产税负担平均约为家庭年收入的 3.25%，加拿大的房地产税税额占家庭收入的比重也为 3% 左右（张平、侯一麟 2016 年的结论）。

四种不同方法计算出的结果分布非常相似。① 我们计算了不同衡量指标之间的相关性:消费指标与其他指标的相关系数为0.6~0.7,略低;收入、财富和现金流指标两两之间的相关系数均在0.95以上。因此,家庭的收入、消费、财富和现金流之间的高度相关决定了不同衡量指标之间的一致性。由于不同衡量指标计算出的结果相似度较高,在以下分析中,为便于讨论,我们只用基于收入的衡量指标,以0.5%的有效税率计算和比较居民的房地产税纳税能力。

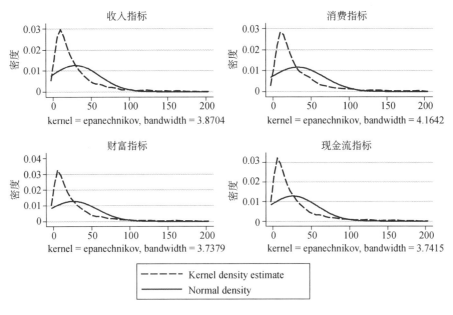

图 2-1　不同衡量指标下的房地产税纳税能力分布(有效税率为 **0.5%**)

不同地区的房价差异明显,在经济新常态下,房地产市场的分化进一步加剧。因此,即使税率相同,不同地区居民的税负感受也会有很大差别。表2-3显示样本中各省级区域城镇居民在0.5%有效税率下的平均纳税能力指数。可以看出,不同省级区域之间的纳税能力指数有很大差异。北京和上海的指数在18左右;而吉林、重庆和青海的指数则在60~80之间。从东中西部不同地区来看,东部地区的指数与中西部也有明显不同。东部地区的指数比平均水平要低30%左右。

---

① 不同衡量指标分布的相似性和相关系数结果与用《中国家庭追踪调查》测算所得极为相似。

表 2-3　不同省级区域的房地产税平均纳税能力指数与差异化税率

编号	省级区域	样本量(个)	纳税能力指数	可行有效税率
11	北京	112	18.7	0.26%
12	天津	58	12.1	0.17%
13	河北	75	24.4	0.33%
14	山西	44	46.2	0.63%
21	辽宁	83	29.9	0.41%
22	吉林	79	63.7	0.87%
23	黑龙江	111	35.6	0.49%
31	上海	183	18.2	0.25%
32	江苏	141	29.4	0.40%
33	浙江	135	37.6	0.51%
34	安徽	98	38.8	0.53%
36	江西	51	29.7	0.41%
37	山东	156	33.8	0.46%
41	河南	154	42.9	0.59%
42	湖北	116	52.5	0.72%
43	湖南	120	45.3	0.62%
44	广东	212	31.1	0.42%
45	广西	16	29.5	0.40%
50	重庆	16	71.7	0.98%
51	四川	65	34.6	0.47%
53	云南	50	72.0	0.98%
62	甘肃	34	35.2	0.48%
63	青海	51	87.7	1.20%
	东部	1 155	27.3	0.37%
	中部	773	44.6	0.61%
	西部	234	56.3	0.77%
	总计/平均	2 162	36.6	0.54%

说明：(1)本表以收入为基础，按 0.5% 的有效税率计算纳税能力指数。除样本中不含的省级区域外，陕西省由于观察值太少被删去。(2)"可行有效税率"是根据全国纳税能力指数的平均水平(表中为 36.6)调整后的各省级区域可行的有效税率。(3)房地产税作为地方税的"地方"是指基层政府。在征收实践中，不同的基层(区县)政府可以采纳不同的税率。这里为了便于比较，我们以省级区域为单位进行计算。

二、纳税能力指数与有效税率差异设计

地区间纳税能力指数的巨大差异充分突出了房地产税的地方税特征。既然指数反映的是家庭收入等因素与当地房地产价值的相对高低，地方政府可以在纳税能力指数的基础上，考虑采取不同的税制要素设计和不同的税率。

若设每个省份的指数约为全国的平均水平，我们初步计算了各省可行的房地产税有效税率。由此计算得出，纳税能力指数低的省份，由于房地产价值高，其可行有效税率应该较低；反之亦然。例如，若设定各省的纳税能力指数处于全国平均水平（36.6），北京和上海可行的有效税率约为0.25%，而吉林、重庆和青海的有效税率可以接近甚至超过1%。全国平均的有效税率则为0.54%。

根据这一结论，我们所熟知的北京、上海等发达地区的税率反而更低。这似乎违背经济学直觉，但正如前文所述，这一结果取决于收入等因素与当地房价的相对高低。其实在这样的税率设计下，京沪等发达地区的人均税额仍远高于中西部地区。该差异化税率将使不同地区居民的房地产税额占收入的比重大致相同，充分符合税收的横向公平原则。下文的税负分布和减免方案分析则更多地基于纵向公平原则。

三、三套减免方案下的纳税能力指数

即便采用差异化税率，房地产税对一些特殊的低收入家庭也会形成较重的负担。从这个角度看，需要设计、实施相应的社会政策，对特殊家庭的税收负担至少予以部分减免。学者和政策界现行讨论较多的方案包括"家庭首套减免"和"按人均面积减免"，但这两种方案分别存在着如何定义家庭和对房产的档次、区位缺乏考虑等问题。另一个方案是《中国房地产税税制要素设计大纲》[①]建议的"按人均价值减免"，该方案可以较大程度上避免"首套减免"和"人均面积减免"碰到的难题，还兼顾税收充足。[②] 由于中国的"房价-收入比"偏高，考虑到仅有一套房的低收入家庭群体以及新开征房地产税政策施行的可接受度，同时为了体现不同免除方式下各种效应的差异，本章按人均免除30平米进行测算。[③]

[①] 侯一麟、任强、马海涛：《中国房地产税税制要素设计研究》，经济科学出版社2016年版。

[②] 按照该方案，人均价值免除的计算不宜超过人均面积的1/3。例如，2010年全国人均住房建筑面积约为30平米，免除面积设为10平米。

[③] 我们同时测算了人均免除10平米和50平米的情形，结果表明，具体的免除面积额度不会影响这几种方案的比较结果。当然，人均免除面积也可以使用分省差异化的原则，由于不同省份人均住房建筑面积差异相对不大，这里基于统一的面积免除测算。

图 2-2 显示不同减免方案下的纳税能力分布。其中,人均免除价值根据家庭所在省份而异,免除额为各省级区域 2011 年住房销售平均单价乘以 30 平米所得。可以看出,与无免除相比,虽然每个减免方案下的居民房地产税纳税能力指数都趋于平缓,变异系数(coefficient of variation)缩小,但人均面积减免和人均价值减免方案的效应更加明显。下文详细分析不同减免方案下房地产税在不同收入层次家庭之间的税负分布及再分配效应。

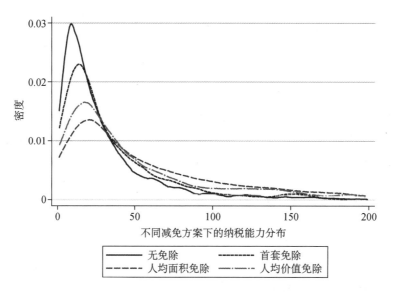

图 2-2 不同减免方案下的房地产税缴纳能力指数分布(分省差异化有效税率)

四、纳税能力的决定因素

下面我们通过回归分析,讨论房地产税纳税能力的潜在决定因素,同时还考察房地产税在不同情况下对收入不均等(用基尼系数衡量)的影响。回归方程是:

$$ATP = \beta_0 + \beta_1 Housing + \beta_2 Family + \beta X + \varepsilon$$

其中,$Housing$ 表示住房特征,$Family$ 表示包括收入水平、社会经济地位等方面的家庭特征。X 是一组控制变量,包括社区特征和社会环境等指标。延续上文中对纳税能力的衡量方法,这里的因变量 ATP 为收入相对于房地产税税额(有效税率为 0.5%)的倍数,即:收入/(房产价值×0.5%)。表 2-4 提供了回归分析中主要变量的统计信息。

表 2-4 主要变量的统计信息

变量	样本量(个)	平均值	标准差	最小值	最大值
纳税能力(首套房税负)	2 011	42.26	50.7	0	520
纳税能力(所有房地产税负)	2 031	38.07	47.4	1.2	460
建筑面积(平方米)	2 029	83.45	40.38	15	465
迁入年份	2 006	1 999	8.05	1 953	2 010
房产类型	2 031	1.57	1.53	1	7
其他住房数量	2 031	0.24	0.50	0	4
外出工作	2 031	0.10	0.31	0	1
住房贷款	2 031	0.12	0.32	0	1
住房条件	2 028	5.13	1.23	1	7
政府补助对象类型					
低保户	2 031	0.04	0.19	0	1
军属	2 031	0.01	0.08	0	1
残疾人员家属	2 031	0.01	0.08	0	1

表 2-5 为不同模型下的回归结果,可以看出不同回归模型的结果之间一致性较好。结果表明,有大房子的家庭对房地产税的纳税能力较低。搬进现有住房较晚的家庭对房地产税的纳税能力也较低。这是因为买房时房价高,同时房主年龄也可能较年轻,经济状况还相对比较紧张。住房贷款和房屋条件在回归分析中并不显著。若家庭拥有一套以上的住房,正如所预期的,拥有其他住房将增加房地产税负担,从而使得纳税能力变小;然而,相对于首套房的房地产税负担来说,拥有多套房的家庭具有更高的纳税能力,表明多套房家庭比之单套房家庭,在收入上充裕。这一结论与表 2-2 中的比较分析结果是一致的。由于拥有 3 套及以上住房数量的家庭样本量很小,我们很难详细分析随着住房数量的增加对应的家庭特征变化的轨迹。这其中隐含的重要经济社会现象值得进一步研究。有成员外出打工的家庭、低保户、有残疾人的家庭,他们的房地产税纳税能力远低于平均水平。这些家庭往往比较贫穷或是有其他生活上的困难,他们对房地产税的纳税能力比一般家庭低 30%,甚至只有平均值的一半。

表 2-5 房地产税纳税能力的决定因素分析[因变量:收入/(房产价值×0.5%)]

变量	(1)	(2)	(3)	(4)	(5)首套房负担
建筑面积	−0.168***		−0.139***	−0.157***	−0.193***
	(0.027)		(0.027)	(0.027)	(0.029)
迁入年份	−0.300**		−0.191	−0.321**	−0.442***
	(0.126)		(0.130)	(0.124)	(0.132)
住房贷款	−0.711		−1.059	1.245	2.481
	(2.94)		(3.07)	(2.94)	(3.09)
住房条件	1.185		−0.103	1.113	1.362
	(0.838)		(0.846)	(0.835)	(0.876)
拥有其他住房		−10.34***	−10.06***	−8.464***	7.867***
		(1.948)	(1.951)	(1.858)	(1.995)
外出工作		−13.96***	−14.70***	−11.17***	−8.543***
		(3.202)	(3.117)	(2.981)	(3.119)
尚未成家		−15.83	−14.17	−8.596	−7.412
		(12.46)	(12.19)	(11.55)	(12.04)
低保户		−13.48***	−21.70***	−19.54***	−19.72***
		(5.12)	(5.04)	(4.78)	(5.05)
军属		7.618	10.07	7.622	4.749
		(12.59)	(12.34)	(11.66)	(12.16)
残疾人员家属		−18.81	−21.95*	−24.59**	−27.98**
		(12.14)	(12.36)	(11.74)	(12.25)
常数	609.9**	26.06***	443.2*	665.0***	903.2***
	(249.9)	(9.4)	(259.2)	(247.2)	(262.1)
省份固定效应	是	是	否	是	是
观察值	2 001	2 031	2 001	2 001	1 978
R^2	0.255	0.181	0.169	0.275	0.281

说明:前 4 列的因变量体现为所有住房的房地产纳税能力,第 5 列为首套房的房地产纳税能力。回归中同时控制了房产类型但结果未列入表格。括号中为标准误差,统计显著性标记为 ***$p<0.01$,**$p<0.05$,*$p<0.1$。

低保户和残疾人家庭的生活已经比较困难和艰辛,房地产税会对他们的纳税能力造成很大挑战。从这个角度看,需要设计、实施相应的社会政策对这些特殊家庭的税收负担予以免除或至少部分减轻负担。从社会公平的角度出发,我们使用基尼系数计算如果对这些弱势群体没有特殊的豁免政策,房地产税会如何增加税后的收入不平等程度。根据表2-6中的结果,样本中家庭收入的基尼系数为0.464,中部地区相对较小为0.429。这一结果与现有官方统计和学者估计基本一致。征收房地产税后,家庭收入的基尼系数从0.464增加至0.472。如果我们根据平均纳税能力来调整低保户和残疾人家庭的房地产税额,即对于首套房和所有房产的房地产税,他们分别支付1/42.28和1/38.07的收入负担。调整后的税后基尼系数减小到了税前的水平(0.464),这证实了实施相应社会政策的必要性。若考察纳税能力的基尼系数,并与家庭收入的基尼系数相比,我们会发现纳税能力的差异超过了收入差异。弱势群体家庭经过调整后,纳税能力的基尼系数会相应减小,但其绝对值仍然较高(超过了收入基尼系数),表明房地产税的纳税能力作为一个重要的公平问题在政策设计中需要审慎考虑。

表2-6 不同区域收入和房地产税纳税能力的基尼系数

基尼系数	总计	东部	中部	西部
第一部分				
收入	0.464	0.469	0.429	0.466
房地产税后收入(首套房)	0.472	0.483	0.434	0.461
房地产税后收入(所有住房)	0.472	0.483	0.432	0.474
纳税能力调整后收入(首套房)*	0.463	0.469	0.428	0.453
纳税能力调整后收入(所有住房)*	0.464	0.469	0.429	0.466
第二部分				
纳税能力(首套房)	0.502	0.490	0.458	0.478
纳税能力(所有住房)	0.514	0.497	0.476	0.492
调整后纳税能力(首套房)*	0.486	0.476	0.441	0.463
调整后纳税能力(所有住房)*	0.497	0.484	0.458	0.477

说明:*因为低保户和有残疾人家庭对房地产税的纳税能力远低于其他家庭,我们认为需要有适当的政策来降低他们的税收负担。我们根据平均纳税能力来调整这些家庭的房地产税额,即对于首套房和所有房产的房地产税,他们分别支付1/42.28和1/38.07的收入负担。对于调整后的纳税能力,我们将这些家庭对房地产税的纳税能力调整为平均水平(首套房为42.28,所有房产为38.07),然后计算将这些家庭房地产税税负调整后的相应基尼系数。除进行调整的特殊家庭外,有效税率均有0.5%(这里未体现不同地区间的税率差异)。

除了社会政策之外,同样可以通过设计一些减免方案来达到照顾低收入者或特殊课税对象的目的。当前普遍存在的减免方案包括"家庭首套减免"和"按人均面积减免",这两种方案分别存在着如何定义家庭和对房产的档次和区位缺乏考虑等问题。相比这两种方案,我们认为"按人均价值减免"(即每个家庭按人均减免一定房产价值)可以较好地兼顾这些问题。这里分别对这三种不同减免方案下的房地产税缴纳能力进行测算。在本章的样本中,若按这些减免方案进行征收,最终需要缴纳房地产税的家庭均不足20%,因此这次测算的仅仅是豁免后的这20%家庭(400户左右)的纳税能力。表2-7显示了不同免除方案下纳税能力和税收收入的基尼系数。在不设计豁免方案时,房地产税纳税能力和税后收入的基尼系数分别为0.514和0.472(见表2-6)。采用一定的减免方案之后,纳税能力和税后收入的基尼系数均得到了显著降低。相对来说,采用人均价值免除的方案时,纳税能力的基尼系数仍然较高。这是由于这里的人均价值免除额是由各省级区域的住房销售平均单价乘以50平米所得,而所有地区的税率均为0.5%,忽略了地区间的差异。我们同时发现,当使用表2-3中差异化的税率进行计算时,采用人均价值免除方案得到的房地产税缴纳能力和房地产税后收入的基尼系数均小于另外两种方案。这进一步说明了不同地区的房地产税进行差异化制度设计的必要性。无论采用何种免除方案,豁免的具体标准还需要根据基层居民住房和收入的实际情况进行详细的测算,这也意味着需要给予基层政府实施房地产税政策的相当的自主权。

表2-7 不同免除方案下纳税能力和税收收入的基尼系数

不同的免除方案	房地产税缴纳能力	房地产税后收入
首套免除	0.448	0.462
人均面积免除	0.441	0.463
人均价值免除	0.491	0.462

说明:表中人均面积免除为人均50平米,人均价值免除根据家庭所在省份,数值有所不同,免除额为各省级区域的住房销售平均单价乘以50平米所得。

第五节 结论与讨论

财政税收制度要与社会经济发展相匹配。每当一个国家的总体发展,尤其是经济发展快速推进时,财政税收制度往往适当超前,以便为社会发展奠基铺路。中国自20世纪70年代末以来的改革进程证明了这一点。我们认为,目前中国的发展又走到了这样一个节点,需要财政税收制度再先行一步。中共十八届三中全会审议通过的《深化财税体制改革总体方案》,确认了财政体制重构在国家治理现代化中的基础性作用,对于房地产税的改革也提出要"加快房地产税立法,并适时推进改革"。房地产税牵涉千家万户,直接面对最广泛的纳税人,因此对政策的每个细节都需深思熟虑,每一步推进都要小心翼翼。然而,目前对中国房地产税税制要素设计的理论基础,以及开征房地产税之后的社会经济效应,仍然缺乏实证分析的支撑。在这个背景下,我们试图填补一些空白。

本章在纳税能力理论的基础上,构建了衡量纳税能力的五个指标,建立了纳税能力指数模型。在这个指数的基础上,我们利用已有的公开数据,测算了不同省份和不同收入档次家庭房地产税缴纳能力的差异,模拟测算出不同省份的差异化税率,计算在无减免和三种减免方案下(首套免除、人均面积免除和人均价值免除)房地产税税负在不同收入层次家庭间的税负分布。我们继而以受益税为基础,模拟分析房地产税用于基本公共服务时对不同家庭的再分配效应。

我们发现,用不同的衡量指标对中国城镇居民房地产税的缴纳能力指数测度结果基本一致,而不同省份和家庭房地产税的支付能力存在很大差异,因此在进行房地产税设计时需要配套实施相应的社会政策。针对不同省份进行相应的差异化税率设计,可以有效减小不同地区和家庭对房地产税的纳税能力差异。在一定的减免方案下,居民的房地产税纳税能力指数变得更加平缓,变异系数衡量的差异进一步缩小。不同地区和家庭的房地产税纳税能力存在较大差异,充分说明了房地产税的地方税特征和差异化设计的必要性。

本章仍然存在诸多不足之处,待以后在研究中进一步改进和完善。例如,要充分反映中国不同地区不同家庭的各类特征差异,限于目前微观数据可得性低,文中的数据样本相对较小,我们只能以省级区域为单位设计相应的差异化税率进行测算,由此获得的参数在使用中宜有所保留,与以后大样本研究的结果对比使用。在未来的实践中,一定要充分考虑省级区域内地区间差异,在更低层级的地方政府层面进行差异化税率设计。

第三章　房地产税纳税意愿[①]

本章在房地产税纳税意愿理论模型的基础上，建构纳税意愿的测量指标，再使用《中国家庭追踪调查》的数据，根据区域、住房类型、拥有套数、购房贷款以及社会经济地位等因素，对不同地区及收入之居民的房地产税纳税意愿进行多维度比较，发现：(1)不同地区和收入之家庭的房地产税纳税意愿存在较大差异，房地产税的地方税特征和差异化设计的必要性。(2)在不同减免方案下，房地产税的财政效应明显不同。(3)没有证据表明减免额度越大，纳税意愿越高，简单地提高减免额未必能减少开征房地产税的阻力。我们认为：以人均价值减免为基础，综合考量房地产税的税收潜能和居民纳税意愿，理论上的最优减免额度不宜超过当地人均三分之一建筑面积的当年市场价值。

第一节　引　　言

中国房地产税改革已经进行了多年，从政府方面的房地产税空转试验到小区服务倚靠物业费运行，再到沪渝两市的居民房产税试点，以及落实中的全国不动产登记和起草中的房地产税法，呈现出实质性推进。如今，地方政府依靠国有土地出让金维持财政支出的做法已经明显不可持续；住房持有两极分化加剧；房市经过多轮大起大落，各种调控手段均未起到期望的长效作用，仍然依赖刚性的行政约束。在这个背景下，思考开征居民房地产税就必须进入较深的层次，务必充分考虑国民的纳税能力和纳税意愿。

房地产税牵涉面广，出于各种原因，学术圈、政策界乃至全社会均对开

[①] 本章部分内容曾发表于《公共行政评论》期刊，张平、侯一麟：《中国城镇居民的房地产税纳税意愿：基于不同减免方案的模拟分析》，《公共行政评论》2019年第2期，第45~64页（人大复印报刊资料《财政与税务》全文转载，2019年第8期）。

征此税存在种种疑问;相关的讨论和研究普遍缺乏理论导引和数据支撑,更少见详实的实证分析。本章聚焦房地产税改革实践中的关键问题:城镇居民的房地产税纳税(缴付)意愿,考查在不同的税制要素设计方案下,房产持有者的纳税意愿有何不同?什么样的税制设计方案(包括税基定义、税率设计和税负减免等)适合当下国民的纳税意愿?不同地区居民的纳税意愿有何差异?我们通过详尽的数据分析,测算不同地区居民的纳税意愿及其差异,为房地产税改革尤其是不同地区在开征时点选择、地域差别考量以及税制要素设计等方面的差异化制度设计,提供理论支撑和实证依据。

本章根据中国与欧美西方国家的不同,从受益税、边际效用和消费偏好等理论出发,考察在中国现有税收体制下房地产税的纳税意愿在不同地区和家庭间的差异,补充已有文献,提供新视角的实证结果。从政策角度看,房地产税的地方税特征使得各地关于房地产税的设计不可简单模仿照搬,这对地方政府的制度设计能力将是一个挑战。在经济新常态和房地产市场分化加剧的形势下,本章的探讨有助于寻求适合中国居民纳税意愿的制度设计,探索房地产税的中长期策略和改革路线图。

第二节 文献综述

"纳税意愿"涉及公共经济学中税收与需求和供给之间关系的一个基础问题。作为公共财政中的一个术语,"纳税意愿"定义起来文字表述比较拗口,似乎逻辑上不能自洽:政府征税具有强制性,纳税人只要可能,避之不及,何谈心甘情愿地缴纳?又哪里来的意愿?其中的基本原理是:政府征税使税标产品价格提高,单位税负在供需之间因供求弹性系数不同,导致供给剩余(supplier surplus)和需求剩余(consumer surplus)发生变化。本章所讨论的"纳税意愿",指自然人和法人在明了法定的公民纳税义务(维系政府提供公共服务运行)的基础上,接受相关的制度安排,遵从税法,配合税务机关的心态和行为趋向,即公民的"遵税秉性"和自觉纳税的"遵从意识"。[1]

微观经济学中的供求和价格研究早已成为经典,但关于纳税意愿本身的研究相对薄弱;现有关于纳税意愿的研究文献,多以支付意愿(willingness-to-pay)的微观分析为基础。国外有关支付意愿的文献多侧重于对支付意愿的

---

[1] 颜昌武、侯一麟:《房地产税能否提升地方治理能力》,《探索与争鸣》2022年第3期,第100~110页。

测量。有学者测量假想的支付意愿与实际的支付意愿之间的差异，发现假想的要高于实际的支付意愿。① 弗兰齐斯卡·沃尔克纳（Franziska Voelckner）进一步比较和测量了这两者的不同，并分析了其差异的来源。② 很多研究通过问卷调查的方式，来测度居民对消费品或公共品的支付意愿。③ 马丁·斯潘（Martin Spann）等在2004年通过分析拍卖中的消费者行为，来分析支付意愿的形成机制。④ 相关研究包括了测量居民对普通消费品、有机食品⑤、清洁空气⑥和水质⑦等各种不同产品的支付意愿。

截至到目前，国外的研究中专门研究房地产税纳税意愿的文献并不多见。由于房地产税作为受益税多用于当地基本的公共服务，因此对房地产税的纳税意愿可以转化为对相关公共服务的支付意愿。对于房地产税本身来说，由于该税与相应的公共服务之间存在内生性，有文献运用政策的自然实验和复杂的计量方法（交易成本-搬迁成本法）来专门分析居民对社区公共服务的支付意愿。⑧ 约翰·英格（John Yinger）和方阮黄（Phuong Nguyen-Hoang）运

---

① Anabela Botelho and Lígia Costa Pinto, "Hypothetical, Real, and Predicted Real Willingness to Pay in Open-ended Surveys: Experimental Results," *Applied Economics Letters*, 2002, 9(15), pp. 993-996. Magnus Johannesson, Bengt Liljas and Richard M. O'Conor, "Hypothetical Versus Real Willingness to Pay: Some Experimental Results," *Applied Economics Letters*, 1997, 4(3), pp. 149-151. Helen R. Neill, Ronald G. Cummings, Philip T. Ganderton, Glenn W. Harrison and Thomas McGuckin, "Hypothetical Surveys and Real Economic Commitments," *Land Economics*, 1994, 70(2), pp. 145-154. Klaus Wertenbroch and Bernd Skiera, "Measuring Consumers' Willingness to Pay at the Point of Purchase," *Journal of Marketing Research*, 2013, 39(2), 228-241.

② Franziska Voelckner, "An Empirical Comparison of Methods Measuring Consumers' Willingness to Pay," *Marketing Letters*, 2006, 17(2), pp. 137-149.

③ Icek Ajzen and B. L. Driver, "Contingent Value Measurement: On the Nature and Meaning of Willingness to Pay," *Journal of Consumer Psychology*, 1992, 1(4), pp. 297-316. Tagbata Didier and Sirieix Lucie, "Measuring Consumer's Willingness to Pay for Organic and Fair Trade Products," *International Journal of Consumer Studies*, 2008, 32(5), pp. 479-490. E. Jane Luzar and Kelli J. Cosse, "Willingness to Pay or Intention to Pay: The Attitude-behavior Relationship in Contingent Valuation," *Journal of Socio-Economics*, 1998, 27(3), pp. 427-444.

④ Martin Spann, Bernd Skiera and Björn Schäfers, "Measuring Individual Frictional Costs and Willingness-to-pay via Name-your-own-price Mechanisms," *Journal of Interactive Marketing*, 2004, 18(4), pp. 22-36.

⑤ Tagbata Didier and Sirieix Lucie, "Measuring Consumer's Willingness to Pay for Organic and Fair Trade Products," *International Journal of Consumer Studies*, 2008, 32(5), pp. 479-490.

⑥ Koichiro Ito and Shuang Zhang, "Willingness to Pay for Clean Air: Evidence from Air Purifier Markets in China," *Journal of Political Economy*, 2020, 128(5), pp. 1627-1672.

⑦ E. Jane Luzar and Kelli J. Cosse, "Willingness to Pay or Intention to Pay: The Attitude-behavior Relationship in Contingent Valuation," *Journal of Socio-Economics*, 1998, 27(3), pp. 427-444.

⑧ Fernando Ferreira, "You Can Take It with You: Proposition 13 Tax Benefits, Residential Mobility, and Willingness to Pay for Housing Amenities," *Journal of Public Economics*, 2010, 94(9-10), pp. 661-673.

用特征价格模型分析居民对社区服务和房地产税的支付意愿,并指出了相关分析中经常出现的一些问题以及避免的方法。[①]

近几年来,国内学者开始关注不同税种的纳税意愿,研究也主要通过问卷调查的方式进行。苏华通过一个小规模的问卷调查,探讨房地产税的纳税意愿。[②] 曹洪军和田民利、易志斌研究环境税和碳税的纳税意愿。[③] 杨得前和何春联基于中国香港和美国的数据,分析了信任、纳税意愿与税收遵从的关系,结果显示纳税意愿与纳税人对政府的信任之间存在显著的正相关关系。[④] 赵永辉发现,规范、约束政府行为和践行"阳光财政"可有效提高纳税人对税收的认同感。[⑤] 总体看来,研究结果凸显信任度对纳税意愿的影响。例如,有相当比例的被调查者"担心环境税款被挪做它用";而如果不相信政府会把航空碳税用于碳减排,就会影响消费者对碳税的纳税意愿。

房地产税由于其受益税特征,所以纳税意愿会表现得更加复杂;收入用在不同方面对居民纳税意愿的影响会产生很大的差异;所以,不同地区居民的消费偏好也会是纳税意愿的差异原因。同时,纳税能力与纳税意愿也紧密相联,不可分割。房地产税在不同的税基、税率和税负下,以及收入用于当地公共服务的背景下,其房产持有者的纳税意愿到底怎么样?我们至今仍不清楚,更谈不上在深入了解的基础上进行对应的政策设计。对于这样一个牵涉面广泛、与居民生活息息相关的新税种,目前进行的有关居民纳税意愿的研究还远远不够。因此需要系统的量化分析,同时强调这些结论在不同地区间的差异性,从而为各个地方政府寻求符合本地区的优化对策,提供可靠的实证基础。

[①] John Yinger and Phuong Nguyen-Hoang. "Hedonic Vices: Fixing Inferences About Willingness to Pay in Recent House-Value Studies," *Journal of Benefit-Cost Analysis*, 2016, 7 (02), 248-291.

[②] 苏华:《城镇居民对房产税征收的接受意愿分析——基于成都市、雅安市的调查》,四川农业大学土地资源管理专业硕士学位论文,2014年。

[③] 曹洪军、田民利:《关于我国征收环境税的公众意愿调查》,《税务研究》2012年第1期,第91~92页。易志斌:《航空旅客为减缓气候变化支付碳税意愿研究》,《资源科学》2013年第10期,第1953~1958页。

[④] 杨得前、何春联:《信任、付税意愿与税收遵从——基于probit模型的实证研究》,《华东经济管理》2009年第11期,第153~156页。

[⑤] 赵永辉:《税收公平、纳税意愿与纳税人遵从决策——基于有序probit模型的实证研究》,《云南财经大学学报》2014年第3期,第50~59页。

第三节　房地产税纳税意愿分析

税收使公共服务成为可能的财源；但从经济效率的角度分析，任何税收都会造成效率损失；所以，在可能的范围内，税负越低，全社会的整体效率越高。对个人、家庭和企业来说，税负越低，消费和投资越高，越有利于发展经济、提高生活满意度。然而，房地产税与所得税及消费税等有所不同。房地产税收入直接用于当地当年的基本公共服务，是一种受益税。这一点在国外文献中已是共识。[①] 国内学界尽管对于是否应当开征房地产税仍有争论，但关于房地产税是受益税的看法已经趋于一致。[②] 从税收理论考虑并经过很多国家的长期实践证明，房地产税突出的地方化特征使之最适宜基层政府征收、使用。[③] 居民每年缴纳当地的房地产税，同时享受与税负相应的公共服务。地区间的税负和服务有的差别很大，但很多家庭依然选择在高税负的行政区居住，就是因为综合起来看，当地的服务受益远大于税负痛感。

沿着这个思路，如果中国开征房地产税并且由基层政府将税收用于当地基本公共服务，综合考虑税负和公共服务受益，居民的房地产税纳税意愿会如何？本章的分析紧密结合税制要素设计进行。各国实践和长期研究表明：从税基定义的角度看，房地产税按价值征收已经成为行业标准；按套数

[①] Bruce W. Hamilton, "Zoning and Property Taxation in a System of Local Governments," *Urban Studies*, 1975, 12(2), pp. 205-211. Bruce W. Hamilton, "Effects of Property Taxes and Local Public Spending on Property-Values — Theoretical Comment," *Journal of Political Economy*, 1976, 84(3), pp. 647-650. IPTI, International Property Tax Institute, *Survey Prepared for the Workshop on Modernizing Property Taxation in CEE Countries*, Toronto, Ontario, Canada: 2015. Wallace E. Oates, "The Effects of Property Taxes and Local Public Spending on Property Values: An Empirical Study of Tax Capitalization and the Tiebout Hypothesis," *Journal of Political Economy*, 1969, 77(6), pp. 957-971. Wallace E. Oates, "Effects of Property Taxes and Local Public Spending on Property Values — Reply and yet Further Results," *Journal of Political Economy*, 1973, 81(4), pp. 1004-1008.

[②] 胡洪曙：《我国财产税改革研究：一个关于理论及其应用的探讨》，经济科学出版社2011年版。倪红日：《对我国房地产税制改革的几点建议》，《涉外税务》2011年第2期，第5～8页。张学诞：《房地产税改革对地方财政的影响》，《中国财政》2013年第17期，第20～21页。侯一麟、任强、张平：《房产税在中国：历史、试点与探索》，科学出版社2014年版。张平、侯一麟：《房地产税的纳税能力、税负分布及再分配效应》，《经济研究》2016年第12期，第118～132页。

[③] Richard Almy, *A Global Compendium and Meta-Analysis of Property Tax Systems*. Cambridge, MA: Lincoln Institute of Land Policy, 2013.

和面积征收的做法早已被摒弃。① 从税率高低的角度看,参考10余年来国内公共财政学者根据各地实际情况,从不同角度、用各种数据做的测算,0.1‰~1‰是大致的起始参考区间。② 根据房地产税总额占政府收入的比重这一指标(参考张平、侯一麟关于纳税能力指数的讨论),③参考国内已有的测算,并参照某些国家的房地产税平均税负,0.5%的有效税率在当下的中国可能比较适当。这里0.5%的税率是指平均水平,并非各地都如此,最终采用的税率将是充分考虑不同基层行政区之间差异的本地化差别税率。从减免范围和方式看,初步的实证分析表明:人均价值减免的方案,从对不同收入群体的公平性考量,在调节收入分配的作用以及简化政策实施难度等方面,都明显优于首套减免和人均面积减免的方案。④ 但对"人均价值减免"中到底免除多少"价值"仍需要作进一步探索。从税收用途的角度看,一二三线城市的房价、税基总量差别巨大,用房地产税提供公共服务必然加大地区间财政能力差距,这是该税收入由中央和省级政府统一调配的理由之一;在同一都市范围内,辖区之间财政能力差距也有高低之别,这也是市区共享房地产税收入的缘由⑤;但基层行政区专用是迄今最广泛的做法,也是基层政府征管动力最大、居民纳税意愿最高的设计。本章依据房地产税税率在不同地区差异化设定的前提,考察房地产税在不同价值减免方案下(如1/3、2/3和全部人均建筑面积的价值减免)的居民纳税意愿。⑥

---

① 侯一麟、马海涛:《中国房地产税设计原理和实施策略分析》,《财政研究》2016年第2期,第65~78页。
② 章波、黄贤金、唐健、蔡龙:《不动产保有税改革的税率推算及税负效果分析》,《中国土地科学》2005年第2期,第52~56页。王春元:《我国房地产税税率设计分析——以浙江省为例》,《浙江万里学院学报》2006年第3期,第92~95页。国务院发展研究中心课题组:《不动产税的税种、税率设计和税收归属的探讨与建议》,《中国发展观察》2006年第8期,第17~19页。虞燕燕:《不动产税率设定的实证研究》,浙江大学土地资源管理专业硕士学位论文,2007年。曲卫东、延扬帆:《物业税内涵研究及税负测算分析——以北京市为例》,《华中师范大学学报》(人文社会科学版)2008年第6期。何倩:《我国居民房地产税问题研究》东北财经大学财政学博士学位论文,2013年。侯一麟、任强、张平:《房产税在中国:历史、试点与探索》,科学出版社2014年版。张平、侯一麟:《中国城镇居民的房地产税缴纳能力与地区差异》,《公共行政评论》2016年第2期,第135~154页、第207~208页。
③ 张平、侯一麟:《房地产税的纳税能力、税负分布及再分配效应》,《经济研究》2016年第2期,第120~134页。
④ 张平、侯一麟:《房地产税的纳税能力、税负分布及再分配效应》,《经济研究》2016年第12期,第120~134页。
⑤ 侯一麟、任强、张平:《房产税在中国:历史、试点与探索》,科学出版社2014年版。
⑥ 张平、侯一麟模拟人均价值减免方案时,以减免多少平方米的价值为基准。侯一麟、任强、马海涛以减免人均1/3住房建筑面积的价值为最优。本章进一步考虑各地人均住房建筑面积差异,以1/3、2/3和全部人均建筑面积的价值减免为讨论基准。(参见张平、侯一麟:《中国城镇居民的房地产税缴纳能力与地区差异》,《公共行政评论》2016年第2期,第135~154页、第207~208页;侯一麟、任强、马海涛:《中国房地产税税制要素设计研究》,经济科学出版社2016年版。)

房地产税作为受益税用于基本公共服务,其本质是将居民的私人消费强制变为公共服务消费。居民的收入层次不同,消费偏好就有差异:收入低的居民倾向于亟需的私人消费,如衣食住行等;中高收入人群对公共服务要求较高,如要求有优美的小区环境和高水平教育医疗条件等。居民的消费偏好不同,意味着其房地产税纳税意愿有异。地方政府也会因为居民纳税意愿的高低(即房地产税收潜力差异)而作出不同的政策选择。本章在房地产税用于基本公共服务的假设下,运用房地产税的消费效应测度居民对房地产税的潜在支付意愿。

第四节 理论模型

本节依据上一节探讨得出的结论构建居民对房地产税纳税意愿的理论模型。这里同样使用英格的投标排序模型,得出居民的预算约束为:

$$Y = C + PH + \tau V = C + PH + \tau \frac{PH}{r} = C + PH(1+\tau^*)$$

其中 Y 是收入,C 是除住房之外的私人消费,P 为单位住房面积的年度价格,PH 即居住成本,可视为年度租金。τ 为实际税率,PH/r 是房产价值 V,房地产税额为 τV,用于提供公共服务(G)。r 是贴现率,$\tau/r = \tau^*$。

为不失一般性,我们假设家庭的效用函数为科布-道格拉斯(Cobb-Douglas)函数:$U(C, H, g) = c_1 \ln(C) + c_2 \ln(H) + c_3 \ln(g)$。其中 g 为家庭公共服务消费,$g = N^{-\alpha} G$,N 为分享公共服务的人数,G 为公共服务总量。α 表示公共服务的竞争程度,取值区间为[0,1]:无竞争性的纯粹公共品 $\alpha = 0$,完全竞争性的私人物品 $\alpha = 1$。

中国尚未普遍开征居民房地产税,$\tau = 0$,地方公共服务的财力源于其他收入。三个变量分别标注为 C_1、H_1 和 g_1。此时公共服务消费系外生变量,效用最大化的条件为:

$$\text{Max. } U(C_1, H_1, g_1) = c_1\ln(C_1) + c_2\ln(H_1) + c_3\ln(g_1),\ \text{st. } Y = C_1 + PH_1$$

则:$[(\partial U/\partial H_1)/(\partial U/\partial C_1)] = U_{H_1}/U_{C_1} = P = c_2 C_1/c_1 H_1$。

进一步假设:开征房地产税($\tau > 0$),其收入用于当地基本服务。在林达尔均衡(Lindahl equilibrium)下,居民按照各自获得的公共服务的边际效益缴纳房地产税,承担自己应当分担的公共服务成本 E。

此时,以家庭为单位的房地产税负为$PH\tau^*$,每个居民分摊的公共服务成本(E)为$[E(N)/N]G$,其中$E(N)$为单位公共服务的平均成本。① 对无竞争性纯粹公共品,成本对人数的一阶导数为0:$E'(N)=0$;如果公共服务因为消费人数较多而导致拥堵从而产生竞争性,例如公园和高速公路,或者公共服务具备其他私人物品的特征时,成本对人数的一阶导数为正:$E'(N)>0$。② 在房地产税作为公共服务的资金来源时,三个变量分别标注为C_2、H_2和g_2。效用最大化的条件为:

$$\text{Max. } U(C_2,H_2,g_2)=c_1\ln(C_2)+c_2\ln(H_2)+c_3\ln(g_2),\text{ st. }Y=C_2+PH_2(1+\tau^*)$$

则:$[(\partial U/\partial H_2)/(\partial U/\partial C_2)]=U_{H_2}/U_{C_2}=P(1+\tau^*)=c_2C_2/c_1H_2$。

行政区的辖区面积是房地产税收支管理的地理边界。当辖区较大时,居民的公共服务偏好高低不同,自然排序,全辖区的居民仍然存在着较高的异质性。中国人口多,其密度也大,同街道居住的家庭之间,收入也会有很大差异。假设辖区居民包括低收入、中等收入和高收入群体,但三个群体间的人均公共服务消费量相等,因为其统一由政府提供;但私人消费品的消费量及其边际效用显著不同。即使不采用"中间投票者"(median voter)理论,而从政府为了照顾大多数居民的意愿出发,也可以认为公共服务的供给量由中等收入者决定。此时,给定公共服务的供给量,低收入家庭私人消费的边际效用大于公共服务消费的边际效用,$U_C>U_g$;高收入家庭恰恰相反,$U_C<U_g$;对中等收入家庭而言,二者相等,$U_C=U_g$。因此,无论哪个收入层次的家庭,其房地产税纳税意愿取决于两个因素(准则):

(1) 房地产税负与所能获得的公共服务价值的比率;
(2) 居民对私人消费与公共服务消费偏好的比率。

假设公共服务在居民中均匀分布,不同家庭根据各自人口数获得相应受益。以此为基础,不同家庭根据自己拥有的房产价值和人口数可以分别计算出需要缴纳的税额和能够得到的公共服务受益。从上述两个纳税意愿决定因素推论:要使居民具有缴纳房地产税的意愿,需满足的条件是,缴纳房地产税后,因公共服务受益增加而产生的效用递增大于因缴纳房地产税

---

① Henderson, J. V., "Theories of group, jurisdiction, and city size," P. Mieszkowski, M. Straszheim (Eds.), *Current Issues in Urban Economics*, Baltimore: The John Hopkins University Press, 1979.

② Rubinfeld, D. L., "The economics of the local public sector," A. Auerbach, M. Feldstein (Eds.), *Handbook of public economics*, 2, Amsterdam: North Holland, 1987, pp. 571-645.

而造成的私人消费效用递减。下文针对开征房地产税之后的情形,所以 C、H 和 g 三个变量不再用下标。

房地产税收入在转化为公共服务过程中除有服务成本外,还有管理成本。管理成本的高或低反映政府的效率,我们称之为"转化系数",用 δ 表示,$0 < \delta < 1$。管理成本越低,转化系数越高。

令 n 代表家庭人口数,具有纳税意愿的条件为:

$$\int U_g \delta n[E(N)/N] G \geqslant \int U_C PH\tau^*$$

即:

$$\int \frac{c_3}{g} \delta n[E(N)/N] G \geqslant \int \frac{c_1}{C} PH\tau^*$$

考虑房地产税转化为公共服务的管理成本,增加的公共服务总量为:

$$G = \delta \sum PH\tau^* = \delta\tau^* \sum PH;\text{也可表述为}:\Delta g = N^{-\alpha} G$$

令 $V^* = \sum PH$,则房地产税的纳税意愿条件为:

$$\int_g^{g+N^{-\alpha}G} \frac{c_3}{g} \delta n[E(N)/N] V^* \geqslant \int_{C-PH\tau^*}^{C} \frac{c_1}{C} PH$$

计算积分结果可得:

$$c_3 \delta n \left[\frac{E(N)}{N}\right] V^* \ln\left(1 + \frac{N^{-\alpha}G}{g}\right) \geqslant c_1 PH \ln\left(\frac{C}{C-PH\tau^*}\right)$$

即:

$$\ln[1/(1-PH\tau^*/C)] \leqslant \frac{c_3 \delta n[E(N)/N]\ln(1+N^{-\alpha}G/g)}{c_1 PH/V^*}$$

则纳税意愿的条件为:

$$PH\tau^*/C \leqslant 1 - \frac{1}{\exp(y)}$$

其中,

$$y = \frac{c_3 \delta n[E(N)/N]\ln(1+N^{-\alpha}G/g)}{c_1 PH/V^*} = y\left(\frac{\delta}{PH/V^*}\right)$$

因此,居民的房地产税意愿缴纳额为:

$$T = PH\tau^* \leqslant \left[1 - \frac{1}{\exp(y)}\right] \times C$$

由于 $1 - \frac{1}{\exp(y)} \sim y\left(\frac{\delta}{PH/V^*}\right)$，所以居民愿意缴纳的房地产税税额为：

$$T \sim T\left(\frac{\delta C}{PH/V^*}\right)$$

这个结果较好地体现了房地产税纳税意愿决定因素的三个维度：(1)管理成本：房地产税用于公共服务的管理成本越低(转化系数 δ 越高)，[1]居民的纳税意愿越高。在下文测量纳税意愿时将使用不同的转化系数进行模拟。(2)公共服务需求：在政府治理能力给定的情况下，居民的纳税意愿首先取决于当前的消费水平(C)。居民收入水平(私人消费 C)越高，对公共服务的数量和质量的需求越高。(3)再分配效应：居民拥有房产的价值(本章中称为年度租金)占辖区房产总市值的比重(PH/V^*)越低，在通过缴纳房地产税以获得公共服务的过程中就处于越有利地位，获得净福利可能性越大，净福利越多，因而其会具有更高的纳税意愿。这是由于自身房产价值相对较低时，其他居民会缴税更多；所以，这样的家庭可以通过缴纳较少的房地产税获得较多的公共服务，从而增加自己的净福利。另外，人口多的家庭相对人口少的来说，也会有更高的纳税意愿。

由于低收入家庭私人消费的边际效用大于其公共服务消费的边际效用，要使低收入家庭接受房地产税(将私人消费转移到公共品消费)，仅仅满足第一个准则还不够，而需要同时满足准则(1)和(2)，且使缴纳房地产税后增加公共品供给带来的效用大于缴纳房地产税减少的私人消费效用。但是，尽管低收入家庭的私人消费较低，其年度租金占辖区房地产总值的比重也往往较低。对于中等收入家庭来说，年度租金占辖区房地产总值的比重和私人消费都处于中间水平。对于高收入家庭来说，年度租金占辖区房地产总值的比重和私人消费都较高。因此，低收入家庭的房地产税纳税意愿并非一定低于中、高收入家庭。无论家庭在哪个收入群体，都有可能有较高的纳税意愿。总之，一个家庭房地产税纳税意愿的高低，在微观层面取决于该家庭的消费结构；在辖区层面，取决于当地房地产税的税制要素设计。

在实际生活中，到底哪些家庭会对房地产税有较高的纳税意愿呢？下

---

[1] 房地产税的基本公共服务转化系数(δ)可进一步细分为当地政府的治理水平(实际的转化系数)和居民对政府的信任程度(居民感知的转化系数)，对这二者的测度超出了本章的讨论范围。

面我们对不同制度设计下的情形进行模拟测算。

第五节 数据、方法与结果

本节测算在不同的价值减免参数下,不同家庭的房地产税税负以及对其基本生活(消费)的影响程度,进而估算这些居民的纳税意愿。同前面一样,本章也用2010年《中国家庭追踪调查》数据进行测算。[①] 由于本章的主题是考察房地产税的纳税意愿,我们关注已经(从市场、工作单位或以其他形式)购买住房且具有全部产权的城镇家庭。数据经过整理,剔除缺失值后,保留约2 500个有效观察值(不同的衡量指标略有差异),分布在23个省级区域(具体可见表3-3)。

现有文献大都通过问卷调查了解居民的纳税意愿。由于民众天生对税收有反感情绪,即便知道房地产税用于当地基本公共服务,也会心存疑问。另外,居民对是否愿意缴纳房地产税的回答,很大程度上取决于其对房地产税的认知,而很多时候认知与实际状况存在偏差。尤其在中国目前房价高位运行、房价收入比偏高的背景下,直接的问卷调查可能难以获得可靠的结果。因此,我们使用居民自身的准公共品(例如教育)投入作为其公共品消费偏好,测量居民对作为受益税的房地产税的纳税意愿。就是说,首先测算居民在一些(准)公共品上自己"愿意"支付的金额,由于这部分原本可以用于私人消费金额被转化为(准)公共品消费,该支出可作为测算纳税意愿的一个重要组成部分,这与房地产税作为受益税的特征相一致。另外两个部分为再分配效应(获得的公共服务价值与缴纳的房地产税额之比)和管理成本(转化系数)。同时结合居民拥有的房产情况,测算如果开征房地产税,综合考虑公共品消费偏好和再分配效应,不同收入层次家庭的纳税意愿。在不同的减免参数下,其纳税意愿会发生怎样的变化?这些结果对具体的房地产税政策设计具有直接的指导意义,尤其是有利于决策部门通过合宜的减免,使房地产税得到最多居民的支持,同时尽可能减少对税基的侵蚀以及可能出现的不公平现象。

[①] 为保持与张平、侯一麟相关研究的一致性,本章沿用2010年数据分析不同地区、不同家庭的纳税意愿差异,并用2012年、2014年、2016年数据进行了测算,结果差异不大。平均每个省级区域约100个家庭的样本量对于研究房地产税来说确实显得过小,但这是当前进行这项研究在数据方面所能获得的最优选择。

一、纳税意愿的测量

根据上文阐述,我们设定4个指标,通过测算每缴纳1元的房地产税能够给家庭带来的公共服务受益(再分配效应)、公共服务需求和转化系数,来测量居民的纳税意愿。

根据模型中的理论推演和基本假设:(1)用房地产税收入提供的公共服务在辖区内均匀分布,人均公共服务受益 $=\left[\dfrac{转化系数\times 行政区内房地产税总额}{行政区总人口}\right]$。由于转化系数同时作用于辖区内所有居民,不影响对家庭之间差异的探讨,我们首先假设转化系数为1,暂时不予考虑。(2)各家庭的受益量取决于其人口数,人多受益多,反之亦然。各家庭纳税额取决于其拥有房产的市值,市值高税额高,反之亦然。由此得出家庭基准受益率,为指标1,主要考量房地产税的"再分配效应"维度。为便于4个指标之间的比较和解释,我们将指标对数化。指标为正,表示纳税意愿较高;指标为负,表示纳税意愿较低。公式为:

$$指标1:家庭基准受益率 = \ln\left[\dfrac{人均公共服务受益\times 家庭成员数}{房地产税税额}\right]$$

我们假设:如果政府能够提供高质量公共服务,私人消费高的家庭也愿意缴纳一定的房地产税作为交换。为此,其他三个指标在基准之上,分别累加三类可以代表"公共服务需求"的家庭支出。指标2系基准加教育:

$$指标2:基准加教育 = \ln\left[\dfrac{教育支出+人均公共服务受益\times 家庭成员数}{房地产税税额}\right]$$

有的家庭注重教育(起码在不同时期),有的更愿意在文化娱乐休闲上投入,其中某些方面实际上属于公共品范畴。这些私人消费与公共品有一定的替代效应,是家庭个性化的体征,考量不同的消费取向和偏好。指标3系基准加文娱休闲:

$$指标3:基准加文娱休闲 = \ln\left[\dfrac{文化娱乐休闲支出+人均公共服务受益\times 家庭成员数}{房地产税税额}\right]$$

最后,日常私人消费显示家庭的消费偏好。在边际收益递减规律的作用下,私人消费与公共品消费之间存在关联:日常私人消费偏好一定程度上会影响公共品消费偏好;或者可以认为,家庭收入状况会同时影响私人消费偏好和公共品消费偏好。所以,这里将日常私人消费加入房地产税纳税意愿的衡量指标。指标4在基准和教育文娱之上累加日常消费,即生活刚性支出,包括食品、日常用品、出行、通信、赡养、住房按揭、车辆按揭、其他按揭和租房共9类:①

指标4:累加日常消费＝

$$\ln\left[\frac{日常消费＋教育支出＋文化娱乐休闲支出＋人均公共服务受益\times家庭成员数}{房地产税税额}\right]$$

图3-1显示不同衡量指标下的房地产税纳税意愿分布。首先,4个指标计算出的结果非常接近正态分布,说明房地产税作为受益税,与私人消费和公共服务消费需求类似,居民的纳税意愿分布也具备很强的规律性。这也说明,通过一定的税制要素设计实现绝大多数居民对房地产税的支持是完全可能的。其次,4个指标的峰值分布差异较大。家庭基准受益率(指标1)的峰值略高于0;基准加教育(指标2)的峰值接近1;基准加文娱休闲(指标3)的峰值约为0.5;指标4在基准和教育文娱之上累加日常消费的峰值最高,超过3。这是4个指标考查的准公共品的范围不同所致。因此,我们聚焦于同一指标内的相对比较。

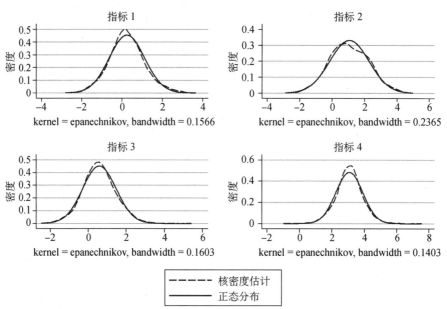

图3-1　不同衡量指标下的房地产税纳税意愿分布

---

① 这是中国统计的标准分类。该分类把教育支出和文化娱乐休闲支出归于"特殊支出"。

我们对图 3-1 中的结果进行克隆巴赫系数(Cronbach's alpha)检验,发现 4 个衡量指标具有较好的信度(reliability)和效度(validity)(scale reliability coefficient=0.87)。进一步测算发现,4 个指标之间的相关性系数较高,如表 3-1 所示。

表 3-1 房地产税纳税意愿不同衡量指标之间的相关性

	指标 1	指标 2	指标 3	指标 4
指标 1	1			
指标 2	0.6605	1		
指标 3	0.7731	0.5652	1	
指标 4	0.6304	0.6515	0.6802	1

下文基于这些衡量指标,对房地产税的纳税意愿进行分析。

图 3-2 显示拥有不同房产数量家庭的纳税意愿分布。从不同的衡量指标看,拥有两套和三套或以上房产的家庭,其纳税意愿一般低于只有一套房的家庭,因为税负随房产增加而加重。但是,拥有三套或以上房产的家庭,其纳税意愿有时反而高于只有两套的家庭,这在指标 3 和指标 4 上表现得尤为明显。这个结果说明:由于家庭间的消费偏好存在差异,房地产税若能

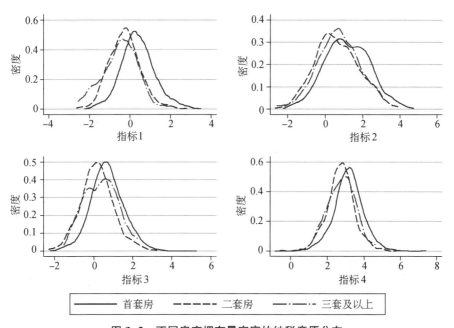

图 3-2 不同房产拥有量家庭的纳税意愿分布

符合居民需要用于相应的公共服务,这样的认知可以提升居民的纳税意愿。也就是说,拥有住房较多的家庭也可能具有很高的纳税意愿。因为拥有住房较多的家庭往往是高收入家庭,尽管纳税较多,但他们对公共服务的要求也高。如上文所说,纳税意愿同时取决于再分配效应和对公共服务的需求。因此,不能简单地将纳税意愿与缴纳税额的多少相对应,纳税意愿也取决于公共服务需求和转化系数(政府的行政效率)。

二、不同家庭与地区差异

表3-2的A部分比较不同住房类型家庭的纳税意愿。住房类型包括单元房、平房、小楼房等。[①] 住单元房和联排别墅家庭的纳税意愿低于平均水平且统计显著,但两者纳税意愿不高的原因却可能不同:住单元房的家庭是由于收入水平相对较低,而住联排别墅的家庭则可能由于需要缴纳的税额较高。住平房家庭的纳税意愿在1‰水平上显著,四个指标都高于平均水平,这是由于平房一般市值低、税额较小,在再分配作用的效应下,其净收益为正。

表3-2的B部分比较房产是否为原工作单位住房。如果原为单位分房,往往地理位置较好;随着经济发展这类住房市场价值较高,而现居住家庭并不一定具有相应的高收入。因此,尽管这类家庭的房产市值高,但若没有相当的收入支撑房地产税额,其纳税意愿会比较低。还可能有另一种结果:当时可以获得单位分房的家庭均属于体制内人员。他们并不是弱势群体;相反,随着经济快速增长,他们大多成长为中产阶级或地位更高的群体。结果表明,这些家庭的纳税意愿高于没有单位分房的家庭。后一种情况更符合当前实际。

C部分比较家庭是否持有住房贷款。与预期相符:仍有房贷的家庭纳税意愿低于没有房贷的家庭,结果在5‰～1‰水平上显著。D部分比较家庭是否存在住房困难。由于存在住房困难家庭(大多低收入)的房产价值一般也较低,这些家庭也是再分配效应的受益者,因此其接受房地产税的意愿明显高于对比项和平均值,结果在1‰水平上显著。

---

① 四合院、别墅和联排别墅由于样本量太小,从表中剔除。原始数据对不同房产的定义如下:(1)单元房指单元楼房里的一个或多个住宅单元。(2)平房指茅草房、砖瓦房、土坯房等。(3)四合院为"口"字形结构的平房。如果结构为"口"字形,但其中至少一边为二层或以上,则算"小楼房"。(4)别墅专指城市居民在别墅区购买或自建的一层或多层独栋住宅。(5)联排别墅指区别于单元房和别墅的、具有独立的进门结构,楼层在1～4层之间,与邻居的住宅在建筑上为一个整体的住宅。(6)小楼房主要指自建或购买的2～7层供自家居住的楼房。

表 3-2　不同特征家庭的房地产税纳税意愿

特征	样本量(家庭)	指标1	指标2	指标3	指标4
A. 房产类型					
单元房	1 988	0.38***	1.07***	0.69***	3.10**
平房	207	1.58***	2.07***	1.62***	3.55***
小楼房	145	0.64	1.28	0.93	3.14
其他	74	0.74**	1.41	1.07**	3.34
B. 是否原为单位住房？					
是	862	0.66***	1.24*	0.87***	3.23***
否	1 567	0.42	1.14	0.76	3.10
C. 是否有住房按揭贷款？					
是	256	0.09***	0.92***	0.65**	3.12***
否	2 179	0.55	1.21	0.82	3.39
D. 您家是否存在住房困难情况？					
是	314	1.04***	1.80***	1.18***	3.49***
否	2 121	0.43	1.08	0.74	3.10
总计/平均	2 435	0.51	1.18	0.80	3.15

说明：表中不同房产类型家庭对房地产税纳税意愿的显著性为各数值与对应均值的比较，其他为对应两类之间的对比。四合院、别墅和联排别墅样本过小，从表中剔除。统计显著性标记为 *** $p<0.01$，** $p<0.05$，* $p<0.1$。

表 3-3 显示不同省级区域居民的纳税意愿差异。可以看出，不同省级区域居民的纳税意愿有很大差异。纳税意愿较低的包括发达的东部省级区域（北京、天津、上海、江苏、浙江等）和欠发达的西部省份（四川、云南、陕西、甘肃等）；相对来说，中部省份（黑龙江、河南、湖北等）居民的纳税意愿明显高于东部和西部地区。与纳税能力的差异类似，[1]纳税意愿在地区间的巨大差异也充分显示了房地产税的地方税特征。因此，在纳税意愿基础上，地方政府应考虑采取不同的税收制度设计和不同的税率，以使本地居民具有较高的纳税意愿，减少开征房地产税的阻力。[2] 也就是说，在差异化税率使

---

[1]　张平、侯一麟：《中国城镇居民的房地产税缴纳能力与地区差异》，《公共行政评论》2016 年第 2 期，第 135~154 页，第 207~208 页。

[2]　在房地产税征收实践中，可以是不同的基层(区县)行政区采用不同的税率，即房地产税作为地方税的"地方"是指基层政府。这里为了便于比较，我们以省级区域为单位进行计算。

得纳税能力基本一致的基础上,纳税意愿仍然会存在较大的差异。这就需要考虑房地产税的管理边界,同时也从侧面说明社区异质性会削弱房地产税的受益税特征。

表3-3 不同省级区域居民房地产税的纳税意愿差异

省级区域	样本量(户)	指标1	指标2	指标3	指标4
北京市	35	0.02	0.27	0.56	3.17
天津市	50	0.06	0.91	0.39	3.16
河北省	64	0.13	0.96	0.35	3.18
山西省	67	0.23	1.33	0.41	3.08
辽宁省	456	0.37	1.11	0.60	3.16
吉林省	64	0.19	0.99	0.43	2.92
黑龙江省	233	1.30	1.68	1.38	3.09
上海市	439	0.15	0.81	0.63	3.11
江苏省	21	0.16	1.13	0.57	3.34
浙江省	16	−0.03	0.72	−0.01	3.22
安徽省	28	0.22	0.77	0.37	2.43
江西省	23	0.12	0.90	0.23	2.86
山东省	48	1.77	2.11	1.82	3.31
河南省	192	0.91	1.52	1.10	3.15
湖北省	113	0.61	1.33	0.97	3.32
湖南省	145	0.32	1.16	0.74	3.11
广东省	170	1.22	1.76	1.47	3.29
重庆市	48	0.06	0.57	0.43	3.41
四川省	45	0.33	0.82	0.60	3.19
贵州省	22	0.78	1.39	1.47	3.28
云南省	11	0.04	0.84	0.48	3.12
陕西省	21	0.18	0.69	0.38	3.14
甘肃省	118	0.20	1.04	0.56	3.18

(续表)

省级区域	样本量(户)	指标1	指标2	指标3	指标4
东部	1 299	0.42***	1.09**	0.74**	3.17
中部	865	0.73***	1.38***	0.95***	3.10*
西部	265	0.24***	0.91***	0.60***	3.22
总计/平均	2 429	0.51	1.18	0.80	3.15

说明：表中一些省级区域(内蒙古、福建、广西、海南、西藏、青海、宁夏、新疆)由于样本太小被删去。可以看出，本章的样本存在明显的地区不均衡性，这是一个可能的问题所在。但本章的目的并不是通过该样本精确计算出每个省级区域的纳税意愿，而是通过测算表明不同地区间房地产税纳税意愿的巨大差异，因此某些省级区域的数据准确性问题不会从根本上影响本章的研究意义。实际上，最终实践中房地产税的纳税意愿在同一省级区域内的不同地区也会有较大的差异。统计显著性标记为 $***p<0.01$，$**p<0.05$，$*p<0.1$。

三、纳税意愿的决定因素

基于不同的衡量指标和不同的减免方案，我们进一步利用回归分析简要探讨房地产税纳税意愿的潜在决定因素。回归方程为：

$$WTP = \beta_0 + \beta_1 Housing + \beta_2 Family + \beta X + \varepsilon$$

其中，WTP 为纳税意愿，$Housing$ 表示住房特征，$Family$ 表示包括收入水平、社会经济地位等方面的家庭特征。X 是一组控制变量，包括社区特征和社会环境等指标。基于纳税意愿衡量指标的相关特征，在不同的减免方案下，我们均使用纳税意愿作为回归的因变量，其衡量指标为以上4个不同指标的均值。表3-4提供了回归分析中主要变量的统计信息。

表3-4 主要变量的统计信息

变量	样本量(户)	平均值	标准差	最小值	最大值
纳税意愿(无免除)	2 013	1.24	0.82	−1.54	4.1
纳税意愿(1/3人均建筑面积)	1 603	1.14	1.21	−2.22	7.3
纳税意愿(2/3人均建筑面积)	1 058	1.05	1.35	−2.5	7.43
纳税意愿(人均建筑面积)	692	0.92	1.48	−2.76	7.6
家庭收入(万元)	2 031	4.77	5.41	0	50

(续表)

变量	样本量(户)	平均值	标准差	最小值	最大值
建筑面积(平方米)	2 029	83.45	40.38	15	465
迁入年份	2 006	1 999	8.05	1 953	2 010
其他住房数量(套)	2 031	0.24	0.5	0	4
住房条件	2 028	5.13	1.23	1	7
住房贷款(哑变量)	2 031	0.12	0.32	0	1
外出工作(哑变量)	2 031	0.1	0.31	0	1
住房类型(哑变量)					
单元房	2 031	0.82	0.38	0	1
平房	2 031	0.08	0.27	0	1
小楼房	2 031	0.06	0.23	0	1
四合院/别墅/联排别墅	2 031	0.01	0.09	0	1
其他	2 031	0.03	0.17	0	1
政府补助对象类型(哑变量)					
低保户	2 031	0.04	0.19	0	1
军属/烈属	2 031	0.01	0.08	0	1
残疾人员家属	2 031	0.01	0.08	0	1

表3-5为不同减免额度下的回归结果。可以看出,尽管不同额度下的结果表现出一定的一致性,但不同额度下影响纳税意愿的主要因素有所不同。整体看来,有大房子的家庭纳税意愿相对较低,因为这样的家庭需要缴纳的税额往往较高。自住房建筑面积每增加1平米,纳税意愿下降0.3%至0.6%。若家庭拥有一套以上的住房,正如所预期的,拥有其他住房将增加房地产税负担,从而使得纳税意愿降低,且随着其他住房数量的增加,纳税意愿会进一步衰减。每增加1套其他住房,纳税意愿下降高达35%至50%。

表 3-5 房地产税纳税意愿的决定因素(因变量:不同减免额度下的纳税意愿)

变量	无减免	1/3 人均面积	2/3 人均面积	人均面积
家庭收入	0.00209	0.00198	0.0358**	0.0564***
	(0.008)	(0.013)	(0.016)	(0.021)
家庭收入(平方)	3.57E-05	-1.38E-06	-0.000780*	-0.00126**
	(0.000)	(0.000)	(0.000)	(0.000)
建筑面积	-0.00509***	-0.00599***	-0.00329***	-0.00213
	(0.000)	(0.001)	(0.001)	(0.002)
迁入年份	0.00112	0.00854**	0.0211***	0.0297***
	(0.002)	(0.004)	(0.006)	(0.008)
其他住房数量	-0.352***	-0.479***	-0.534***	-0.499***
	(0.034)	(0.058)	(0.072)	(0.092)
外出工作	0.189***	0.228**	0.109	0.138
	(0.054)	(0.106)	(0.161)	(0.221)
住房贷款	0.143	0.381**	0.286	0.624
	(0.087)	(0.170)	(0.277)	(0.456)
住房条件	-0.081	0.158	-0.626	-0.148
	(0.220)	(0.388)	(0.749)	(0.803)
低保户	-0.0693	0.304	-0.0491	1.276
	(0.213)	(0.394)	(1.442)	(1.619)
军属	-0.00511	-0.128	-0.0874	0.0199
	(0.054)	(0.090)	(0.115)	(0.145)
残疾人员家属	-0.0221	0.0199	-0.0143	-0.0178
	(0.016)	(0.028)	(0.041)	(0.056)
单元房	-0.295***	0.365*	0.221	0.347
	(0.099)	(0.205)	(0.253)	(0.325)
平房	0.613***	0.954***	0.693*	0.610
	(0.113)	(0.257)	(0.418)	(0.644)
小楼房	-0.0649	0.199	0.166	(0.078)
	(0.121)	(0.244)	(0.308)	(0.402)

(续表)

变量	无减免	1/3 人均面积	2/3 人均面积	人均面积
四合院/别墅	0.138	0.894**	(0.059)	(0.587)
	(0.212)	(0.370)	(0.512)	(0.635)
常数	−0.45	−16.21*	−41.24***	−58.74***
	(4.488)	(8.396)	(12.330)	(16.710)
省份固定效应	是	是	是	是
观察值	1 984	1 584	1 048	686
R^2	0.227	0.122	0.117	0.182

说明：每种方案下因变量的衡量指标为四个不同指标的均值，即衡量指标＝(指标1＋指标2＋指标3＋指标4)/4。统计显著性标记为 $***\ p<0.01$，$**\ p<0.05$，$*\ p<0.1$。

从不同的减免方案看，在无减免的方案下，房地产税的纳税意愿与家庭收入的关系并不显著。此时影响纳税意愿的主要是相关的住房特征，包括自住房的建筑面积、种类，其他住房的数量，以及是否有家庭成员外出工作。是否拥有其他住房的效应尤其明显，家庭每多一套其他住房，纳税意愿降低35%。由于有成员外出打工的家庭往往经济条件较差，这样的家庭在再分配效应中一般净收益为正，所以他们具有较高的纳税意愿(提高19%)。

人均减免1/3平均建筑面积的价值时，影响纳税意愿的主要因素与无减免时基本相似，其他住房每增加1套，纳税意愿降低48%，有成员外出打工家庭的纳税意愿提高23%。

人均减免2/3平均建筑面积的价值时，住房类型等相关特征就不再显著，取而代之的是家庭收入由不显著变得显著，且与收入呈现倒U型的关系。在该方案下，平均来说低收入和高收入家庭的纳税意愿均比较低，而中间收入家庭的纳税意愿相对较高。根据相关回归系数可以测算出，纳税意愿较高居民的家庭收入约为22～23万元。

当人均减免平均建筑面积的价值时，收入对纳税意愿的影响效应变得更加明显，同样呈现倒U型的关系，而显著的变量个数进一步变少。可能的原因是，随着减免额度的增加，房地产税对低收入家庭的再分配效应降低，同时额度较小的房地产税也不能满足高收入家庭对高质量公共服务的需求，因此这两个群体的纳税意愿较低。这样的房地产税一定程度上仍然可以满足中等收入家庭适当提高公共服务质量的需求，使得中等收入家庭处于较有利的位置，因此其纳税意愿相对较高。在图3-3中我们进一步以图形拟合的形式体现不同减免方案下居民房地产税的纳税意愿与其家庭收入的关系。

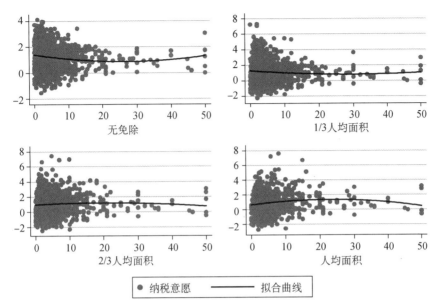

图 3-3 不同减免方案下纳税意愿与家庭收入的关系

第六节 税制设计：不同减免方案下的比较分析

从对不同收入群体的公平性考量、对调节收入分配的作用以及简化政策实施的难度等方面看，人均价值减免都要优于家庭首套减免和按人均面积减免的方案。① 那么，"人均价值减免"中到底免除多少"价值"才是合宜的？从减小政策推进阻力的角度，有学者认为减免越多越好。事实确实如此吗，理论上的测算结果如何？在上文多维度分析的基础上，我们进一步从财政效应的角度，通过比较分析，对不同方案下的结果进行测算，以期得到有理论支撑、经测算得出的政策建议。

开征房地产税的直接目的是赋予基层政府稳定的自有财源，使之能够更好地提供基本公共服务。② 作为政府财源，可获得的税收收入应是重要的考虑因素，税收偏少则该税不应开征。表 3-6 的模拟结果显示不同价值

---

① 张平、侯一麟：《房地产税的纳税能力、税负分布及再分配效应》，《经济研究》2016 年第 12 期，第 120~134 页。
② 侯一麟、马海涛：《中国房地产税设计原理和实施策略分析》，《财政研究》2016 年第 2 期，第 65~78 页。

减免方案下的潜在税额、纳税户数和纳税意愿。若每人免除 1/3 和 2/3 人均建筑面积的价值,可征得的税额分别仅为无免除时的 66% 和 44%;若每户免除人均建筑面积的价值,相应的比重进一步降为 30%。从纳税家庭数来看,人均免除 1/3、2/3 和全部人均建筑面积的价值时,纳税家庭数相应为总数的 80%、53% 和 34%。就是说,每户减免人均建筑面积的价值时,仅有 1/3 的家庭纳税。

表 3-6　不同价值减免方案下的潜在税额、纳税户数与纳税意愿

减免方案	房地产税额	纳税户数	纳税意愿*
1/3 人均建筑面积的市值	66%	80%	1.14
2/3 人均建筑面积的市值	44%	53%	1.04
人均建筑面积的市值	30%	34%	0.92

说明:表中纳税意愿的取值为不同减免方案下四个指标的均值,无免除时的纳税意愿为 1.24。

每户减免人均建筑面积的价值,明显不是一项受益税所应该具备的特征。如果房地产税的税制要素设计中减免额度过高,很少的家庭交税所转化的公共服务对于那些无需纳税的家庭来说仅仅是一种福利。房地产税不应该成为福利税。①

因此,从房地产税对财政收入的效应以及对政府治理的意义来说,人均价值免除的额度不宜过大。从纳税意愿的角度看,人均免除 1/3、2/3 和全部人均建筑面积的价值时,纳税意愿的平均值分别为 1.14、1.04 和 0.92(无免除时为 1.24)。这说明尽管为降低政策推进的阻力需要适当的减免,但从纳税意愿的角度看,过度减免的作用恰恰相反。减免额度越高,纳税意愿越低,每人免除全部人均建筑面积的价值时纳税意愿仅为无免除时的 75%,说明减免越多越好的假设不能得到理论测算的支撑,减免额度应适度。

图 3-4 进一步以微观的方式展示了在不同的减免方案下,房地产税在具有不同纳税意愿的家庭中的分布情况。使用的方法类似于计算基尼系数时的洛伦兹曲线。横轴把所有家庭按纳税意愿由低到高排列;纵轴为税收

---

① Prager 认为"法定福利"(entitlements)是一种瘾,比毒瘾、酒瘾、烟瘾等更难戒掉,因为这是人们对不劳而获上瘾。"法定福利"被享用者当成"应得的权利"(是 entitlements 的字面意思),这使得福利接受者在道德上理直气壮,也体现了与其他瘾患者重要的不同之处。资料来源:The Most Dangerous Addiction of Them All:Entitlements,http://www.dennisprager.com/the-most-dangerous-addiction-of-them-all-entitlements/,最后浏览日期:2022 年 5 月 1 日。

负担,由左向右为所有家庭缴纳的房地产税占总税额的比重。与基尼系数相反,由于这里的曲线在45°线上方,曲线越偏离45°线表明税收负担越向低纳税意愿的家庭倾斜。

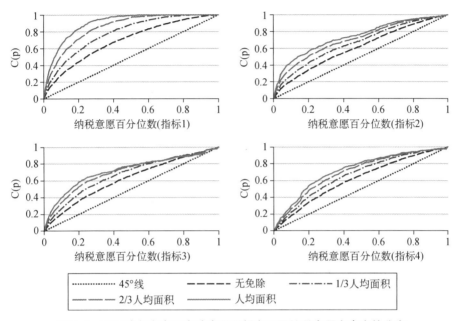

图3-4 不同减免方案下房地产税税额在不同纳税意愿家庭中的分布

结果表明,人均价值减免的额度越高,低纳税意愿家庭承担的税负越重。这一趋势在四个纳税意愿指标中基本一致。由纳税意愿较低的家庭承担较多的税负,显然不利于政策的推进,这正是我们需要避免的结果。就是说,综合房地产税的财政效应、对于地方治理的意义以及尽可能获得居民支持三方面,房地产税的减免额度均不宜过大。

第七节 结论与讨论

本章在房地产税纳税意愿的理论模型基础上,构建了四个衡量纳税意愿的指标。我们对不同家庭和不同地区居民房地产税的纳税意愿进行了多维度的比较,发现:与纳税能力类似,不同地区和家庭的房地产税纳税意愿也存在较大差异,进一步说明了房地产税的地方税特征和差异化设计的必要性。这意味着各地应根据当地当年情况,自行决定房地产税税率。目前,中国的所有重要税种的税率均由国务院决定,全国统一。因此,房地产税的改革亦体现了中央地方税权分配的调整,涉及中央地方政府间关系的变化,这需要在政策设计中进行全面充分的考量。

一个好的税制要素设计需要充分考虑居民的纳税意愿。税收具备再分配效应,再分配效应与纳税意愿同样存在着权衡和折衷。在人均价值减免明显优于家庭首套减免和人均面积减免的基础上,如何判断和实施合宜的减免额度是一个亟需回答的政策问题。本章的模拟分析对这一问题提供了相应的量化依据。结果表明,综合房地产税税额带来的财政效应、房地产税对于地方政府的治理意义,以及政策推进中尽可能获得居民支持几方面来看,房地产税的减免额度均不宜过大。在人均价值减免的基础上,综合考量房地产税的财政能力以及居民的纳税意愿,人均价值减免的具体额度不宜过多,初步测算表明各地根据不同情况应以每人减免 1/3 人均建筑面积的价值为宜。

房地产税的纳税意愿与其受益税性质息息相关。政府层级的选择涉及房地产税作为受益税的特征以及一个政府层级管理某个税种的行政能力和规模经济的综合考虑。一方面,受益税的重要特征是尽量使纳税人与受益人匹配。因此,房地产税的管理层级应该以所提供公共服务的辐射范围作为重要参考因素。尽管不同公共服务的受益边界有差异,但大多数公共服务的辐射范围具有类似或相近的边界,一个适当的政府层级可以将多数公共服务的边界考虑进去。另一方面,从规模经济的角度考量,由于很多公共服务的非排他性和非竞争性特征,需要政府层级达到一定的规模以提高经济效益。因此,房地产税的管理层级亦不能太低,否则没有规模效应,还极易产生外部性。同样,房地产税的管理层级也不能太高,否则就折损了受益税匹配纳税人与受益人的功能。在中国当前背景下,小区层面的物业服务已经对应于物业费,地方政府层面原本就有基础设施投资配套资金。从纳税意愿的角度看,如何理顺房地产税与这些税费之间的关系,优化梳理出房地产税作为受益税与相关公共服务的对应关系,对之还需要进一步深入研究。

最后需要说明的是,税率和减免额度务必根据各地当时的情况相机抉择。本章对纳税意愿的分析为实践中税制要素方案的选择提供了一个量化依据,指出了具体的政策设计应该聚焦哪些指标。毋庸讳言,由于测量指标的准确性和样本量的限制,本章的相关结论还需要今后更多的研究和实证结果来证实或进一步完善。

第四章 房地产税的消费效应

房地产税牵涉面广泛，事关千家万户。房地产税如何影响家庭的消费对未来经济的持续增长有着重要意义，房地产税对居民消费效用的影响也直接决定了居民是否会支持开征房地产税。本章通过建构理论模型和数据测算发现，中长期房地产税并不会导致私人消费量的下降，相反私人消费量还会因此有所上升，私人公共品消费则会因为政府公共品投入的加大部分被替代，而使消费结构得到进一步优化。从房地产税对私人非住房消费、住房消费、公共品总消费，尤其是对家庭总效用的影响来看，人均减免 1/3 人均面积的价值都要优于人均减免 2/3 和全部人均面积的价值。在适当的税制要素设计下，房地产税改革带来的消费效应可以使绝大多数尤其是低收入家庭的效用水平提高。通过提高政府治理水平和减少腐败浪费等方式提高转化系数，房地产税政策的消费效应有望接近"帕累托改进"。

第一节 引　　言

中国房地产税改革自 2003 年空转试验以来已近 17 年之久，其间发布实施了一系列相关的政策措施，譬如上海市、重庆市房产税试点、不动产登记等。但房地产税征收迄今为止仍然处于立法阶段，我们认为，房地产税迟迟未能出台的重要原因之一是对开征后的社会经济影响和效应的精确量化评估还不够，这方面的研究仍处于零散讨论的阶段。房地产税改革牵涉面广泛，对居民、社会、政府都会产生比较直接的影响。从影响的范围看，房地产税事关千家万户，与居民生活息息相关。有房者需要纳税，无房者和租房者会因为房地产税对房价的可能影响而关注它。房地产税作为受益税，也会对整个政府公共服务体系产生直接效应并进而影响每一户家庭。

本章中我们聚焦于居民，分析房地产税改革的消费效应，主要尝试回答以下几个问题：房地产税实施后对居民生活产生什么样的影响，是否会降低居民的生活质量或者居民生活中的获得感会发生什么变化？显然，无论房地产税如何设计，其对不同收入层次和人口结构家庭的影响均会有差异，甚至可能会完全相反。那么，房地产税改革对居民的消费效应将会如何？是否存在公平基础上的有效税制设计，使其对不同群体的影响都能积极正向，使绝大多数人感觉比以前更好或者尽可能减小其负面影响？本章致力于通过建构在不同税制设计方案下，房地产税改革对家庭的消费效应的理论模型，同时模拟其对不同家庭群体的差异化影响，以期对房地产税的政策设计提供进一步的参考依据。

中国的房地产税从无到有，特定背景下的改革使得房地产税对消费的影响可以分为两种情况：一是房地产税影响纳税家庭的可支配收入，收入变化产生的收入效应会直接影响居民对不同产品的消费。二是房地产税将会对居民的消费结构产生重要影响。房地产税作为受益税，如果税收收入用于基本公共服务，本质上是将居民的私人消费强制变为公共服务消费。从这一意义上说，房地产税可能会对居民的消费结构造成一种强制的变化，但同时居民也会根据新的状况对消费结构进行主动调整。最终这两种情况的综合影响将构成房地产税对居民消费影响的净效应，这种效应在不同的家庭中差异明显。我们将对这两种情况进行深入阐述，并通过数据模拟测算房地产税改革在不同的税制设计下，对不同类型家庭消费影响的差异。

下文的基本安排如下：第二节对已有的相关文献进行简要综述。第三节通过构建理论模型分析房地产税对居民消费的影响，并通过图形的方式直观阐述房地产税对不同收入层次家庭的影响。第四节为计量模型和基于数据分析的结果。最后的第五节是文章结论和对政策含义的讨论。

第二节 文献综述

由于中国当前并没有针对居民住房普遍开征房地产税，关于房地产税对家庭消费效应方面的研究在现有文献中几乎未有触及。本章在此努力进行尝试，希望能对当前相关研究以及房地产税政策设计提供有益的理论和实证经验支撑。由于房地产税对消费的影响尚未被研究者广泛关注，现有文献中的研究大多是关于房价对居民消费效应的。

一、房价消费效应的理论研究

由于房价上涨同时存在"财富效应"和"房奴效应",而两种效应的相对强度取决于多种因素,比如房价的预期走势、收入的预期增长率、人口的年龄结构以及房屋租赁市场的现状等。颜色和朱国钟基于理论分析发现,如果房价能够永久增长,那么家庭资产增值会促进国民消费的增长,此即"财富效应"。① 但是现实中由于房价上涨无法永久持续,家庭为了购房和偿还贷款会压缩消费,从而更多地造成"房奴效应",使得居民消费受到明显抑制。在理论探讨方面,除了房价变化的直接财富效应对消费的影响之外,人们也逐渐认识到抵押效应、共同因素在房地产财富传导机制中发挥着重要作用,特别是抵押效应和共同因素对消费的影响程度甚至强于直接的财富效应。② 陈健、陈杰和高波的研究也发现,中国房价上涨总体上会抑制消费,这一现象与居民仍面临较多信贷约束有直接关系,信贷约束的放松程度会发生非线性的变化。③ 杜莉、罗俊良将房价上升对居民消费倾向影响的财富效应、流动性约束效应和替代效应综合在统一的理论框架内,通过数值模拟发现房价上升时,租房家庭因推迟购房而增加当期消费,而自有住房家庭则因住房收益的增加会增加当期消费。④

二、房价消费效应的实证研究

黄静和屠梅曾首次利用家庭微观调查数据研究了近 10 年居民房地产财富与消费之间的关系,发现房地产财富对居民消费有显著的促进作用;但房价上涨并没有使中国房地产财富效应(弹性系数)增强,反而使其有所减弱;⑤同时她们还发现中国房地产财富效应的发挥在不同家庭间存在着差异。这进一步说明我们在分析房地产税的消费效应时需要充分考虑不同家庭的消费偏好。况伟大也使用中国 35 个大中城市 1996~2008 年的家庭数据,考察了房价变动对居民消费变动的影响,发现房价对家庭住房面积和非

---

① 颜色、朱国钟:《"房奴效应"还是"财富效应"?——房价上涨对国民消费影响的一个理论分析》,《管理世界》2013 年第 3 期,第 34~47 页。
② 李亮:《房地产财富与消费关系研究新进展》,《经济学动态》2010 年第 11 期,第 113~119 页。
③ 陈健、陈杰、高波:《信贷约束、房价与居民消费率——基于面板门槛模型的研究》,《金融研究》2012 年第 4 期,第 45~57 页。
④ 杜莉、罗俊良:《房价上升如何影响我国城镇居民消费倾向——基于两阶段家庭最优消费模型的研究》,《财贸经济》2017 年第 3 期,第 67~82 页。
⑤ 黄静、屠梅曾:《房地产财富与消费:来自于家庭微观调查数据的证据》,《管理世界》2009 年第 7 期,第 35~45 页。

住房消费影响为负,且家庭住房面积对非住房消费存在挤出效应,但非住房消费对家庭住房面积无挤出效应。① 张传勇和王丰龙利用 2012 年《中国家庭追踪调查(CFPS)》的数据研究发现,住房财富增加显著地提升了家庭的旅游消费支出。② 他们认为,在微观机制上住房财富对家庭旅游消费的影响主要表现为财富效应,而抵押负债效应(房奴效应)并不显著;同时,家庭旅游消费扩张没有影响家庭必需品和耐用品的消费,但却挤出了培训教育等其他新兴消费,并降低了家庭新兴消费在总体支出中的比重。祝丹、赵昕东研究了住房价格波动对居民消费影响的非对称性。③ 实证结果表明,房价总体波动对居民消费的影响虽为正向但持续时间较短;房价上涨与下跌对居民消费存在随时间变化的非对称性影响。房价上涨的正向财富效应越来越明显,同时房价下跌对居民消费的抑制影响也有所加大。这与李勇刚、高波和张鹏的发现一致:随着社会经济的发展和房价的快速上涨,2004 年以后的房地产财富效应远大于 1999～2003 年间的财富效应。④

三、房价消费效应的异质性

总体看来,房价对居民消费的影响在三个方面表现出了明显的异质性:时间⑤、空间⑥和不同家庭⑦之间。一是在时间差异方面,杜莉等在不同时

---

① 况伟大:《房价变动与中国城市居民消费》,《世界经济》2011 年第 10 期,第 21～34 页。
② 张传勇、王丰龙:《住房财富与旅游消费——兼论高房价背景下提升新兴消费可行吗》,《财贸经济》2017 年第 3 期,第 83～98 页。
③ 祝丹、赵昕东:《房价的"涨"与"跌"对居民消费的非对称性影响研究——基于中国省际面板数据的实证检验》,《宏观经济研究》2016 年第 4 期,第 38～47 页。
④ 李勇刚、高波、张鹏:《土地供应、住房价格与居民消费——基于面板联立方程模型的研究》,《南京农业大学学报》(社会科学版)2013 年第 3 期,第 54～63 页。
⑤ 杜莉、潘春阳、张苏予、蔡江南:《房价上升促进还是抑制了居民消费——基于我国 172 个地级城市面板数据的实证研究》,《浙江社会科学》2010 年第 8 期,第 24～30 页、第 126～127 页。杜莉、沈建光、潘春阳:《房价上升对城镇居民平均消费倾向的影响——基于上海市入户调查数据的实证研究》,《金融研究》2013 年第 3 期,第 44～57 页。杜莉、罗俊良:《房价上升如何影响我国城镇居民消费倾向——基于两阶段家庭最优消费模型的研究》,《财贸经济》2017 年第 3 期,第 67～82 页。李勇刚、高波、张鹏:《土地供应、住房价格与居民消费——基于面板联立方程模型的研究》,《南京农业大学学报》(社会科学版)2013 年第 3 期,第 54～63 页。祝丹、赵昕东:《房价的"涨"与"跌"对居民消费的非对称性影响研究——基于中国省际面板数据的实证检验》,《宏观经济研究》2016 年第 4 期,第 38～47 页。
⑥ 田青、马健、高铁梅:《我国城镇居民消费影响因素的区域差异分析》,《管理世界》2008 年第 7 期,第 27～33 页。孔宪丽:《房价波动对城镇居民消费影响效应的区域差异性分析》,《统计与决策》2011 年第 24 期,第 108～110 页。李勇刚、高波、张鹏:《土地供应、住房价格与居民消费——基于面板联立方程模型的研究》,《南京农业大学学报》(社会科学版)2013 年第 3 期,第 54～63 页。杨赞、张欢、赵丽清:《中国住房的双重属性:消费和投资的视角》,《经济研究》2014 年第 1 期,第 55～65 页。
⑦ 谢洁玉、吴斌珍、李宏彬、郑思齐:《中国城市房价与居民消费》,《金融研究》2012 年第 6 期,第 13～27 页。

期利用不同数据的实证研究得出了不同的结论。杜莉等运用中国172个地级城市2002年到2006年的面板数据研究发现,房价上升抑制了居民消费,而造成这一影响的深层次原因在于中国潜在购房者群体比重较高,房地产金融发展滞后。[1] 杜莉、沈建光和潘春阳以上海市城镇居民入户调查数据为基础则得出了相反的结论:由于有房家庭的"财富效应"和无房家庭的"替代效应"(尚无自有房的家庭放弃购房,转而扩大消费),近年来上海的房价上升总体上提高了居民的平均消费倾向。[2] 杜莉和罗俊良基于国家统计局住户调查数据的实证研究发现,房价上升总体上导致中国城镇居民消费倾向上升。[3] 二是在空间方面,李勇刚、高波和张鹏发现房地产财富效应存在显著的空间差异和时序差异,东部地区财富效应大于中西部地区。[4] 杨赞、张欢和赵丽清发现住房价格对单套和多套住房家庭消费的影响相对一致,但是区域差异明显[5]:住房价格对消费的影响在东部呈现挤压效应,在西部呈现财富效应,在中部没有显著作用。他们认为这与中国住房市场普遍缺乏房产税,住房价格波动区域差异显著的特点相一致。由于住房消费和投资的双重属性及其难以分割性,居民住房的消费决策和投资决策相互作用,共同影响居民的非住房消费。三是在不同家庭之间,谢洁玉等人的研究发现,平均而言房价显著抑制了消费,且该抑制效应在不同群体间差异明显。[6] 因此,房价的消费效应在不同地区之间、不同类型的家庭之间存在明显的异质性,测算消费效应时需要区别对待才能得出可信的结论。

四、房价对储蓄的影响

对于家庭来说,与消费相对应的即是储蓄,很多文献就房价变化对家庭储蓄的影响进行了深入分析。赵西亮、梁文泉和李实利用2002年和

---

[1] 杜莉、潘春阳、张苏予、蔡江南:《房价上升促进还是抑制了居民消费——基于我国172个地级城市面板数据的实证研究》,《浙江社会科学》2010年第8期,第24~30页、第126~127页。

[2] 杜莉、沈建光、潘春阳:《房价上升对城镇居民平均消费倾向的影响——基于上海市入户调查数据的实证研究》,《金融研究》2013年第3期,第44~57页。

[3] 杜莉、罗俊良:《房价上升如何影响我国城镇居民消费倾向——基于两阶段家庭最优消费模型的研究》,《财贸经济》2017年第3期,第67~82页。

[4] 李勇刚、高波、张鹏:《土地供应、住房价格与居民消费——基于面板联立方程模型的研究》,《南京农业大学学报(社会科学版)》2013年第3期,第54~63页。

[5] 杨赞、张欢、赵丽清:《中国住房的双重属性:消费和投资的视角》,《经济研究》2014年第1期,第55~65页。

[6] 谢洁玉、吴斌珍、李宏彬、郑思齐:《中国城市房价与居民消费》,《金融研究》2012年第6期,第13~27页。

2007年中国居民收入调查数据(CHIP)考察了房价上涨对城镇居民储蓄率的影响,但没有发现租房家庭"为购房而储蓄"的现实动机。[1] 陈斌开和杨汝岱基于国家统计局城镇住户调查(UHS)2002~2007年的家户数据,研究土地供给、住房价格和居民储蓄的关系,他们则发现住房价格上涨使得居民不得不"为买房而储蓄",从而提高了居民储蓄率。且土地供给越少,住房价格水平越高,居民储蓄率越高。重庆试点房产税后,大面积住房价格下降而小面积住房价格反而上升。[2] 基于这一结果,范子英和刘甲炎也发现存在明显的"为买房而储蓄"现象,即低收入阶层(小面积住房价格上升的影响群体)的储蓄率因此增加,并且主要是通过压缩衣着和交通通信支出来提高其储蓄率水平。[3] 在促进消费的财税政策方面,基于家庭消费在宏观和微观不同层面的重要性,学者也从多个角度分析了促进消费的财税政策。基于实证研究结果,杨赞等认为可以通过调整住房使用成本(消费需求)和机会成本(投资需求)之间的关系来破解住房-消费的困境,因此他们建议在全国范围内推行房产税、空置税、遗产税、赠与税等税种,增加住房使用成本和持有成本,从而缩小与机会成本之间的差异。[4]

以上文献从不同角度对房价的消费效应进行了探讨,并从不同视角提出可能促进消费的相关财税政策。但房地产税开征到底会如何影响居民消费,以及在不同地区、对不同家庭的影响会有何差异?现有文献对这方面未有涉及,本章试图在这方面首次尝试进行较为深入的分析,以期对现有文献有所补充。

第三节 关于房地产税对居民消费影响的理论分析

本节通过构建理论模型分析房地产税对居民消费的影响。尽管房地

---

[1] 赵西亮、梁文泉、李实:《房价上涨能够解释中国城镇居民高储蓄率吗?——基于CHIP微观数据的实证分析》,《经济学:季刊》2013年第4期,第81~102页。
[2] 陈斌开、杨汝岱:《土地供给、住房价格与中国城镇居民储蓄》,《经济研究》2013年第1期,第110~122页。
[3] 范子英、刘甲炎:《为买房而储蓄——兼论房产税改革的收入分配效应》,《管理世界》2015年第5期,第18~27页。
[4] 杨赞、张欢、赵丽清:《中国住房的双重属性:消费和投资的视角》,《经济研究》2014年第1期,第55~65页。

产税作为受益税已经得到很多实证研究的支持,[①]考虑到中国的房地产税从无到有以及其他种种原因,为不失一般性,我们的理论模型将同时考虑房地产税用于当地基本公共服务以及不用于这些服务时,居民消费效应的差异。另外,由于房地产税对居民消费的影响在理论上可以分为收入效应和替代效应,其对消费的最终影响将存在数量和结构两个不同的维度,这两个维度的构成对于房地产税如何使用都将具有较强的敏感性。

下面我们基于英格的投标排序模型为起点构建理论模型。[②] 投标排序模型假设居民家庭关心三类消费:住房(H)、其他私人物品(C,价格规范化后等于1)及公共产品和服务(S)。这三类消费反映在效用函数中为 $U(H, C, S)$。居民的预算约束为:

$$Y = C + PH + \tau V = C + PH + \tau \frac{PH}{r} = C + PH(1+\tau^*)$$

其中 Y 是收入,C 是除住房之外的私人消费,P 为住房的单位面积的年度价格,PH 可以视为年度租金,即居住成本。τ 为有效税率,房地产税额为 τV,V 是房产价值,$V = PH/r$,r 是贴现率,且 $\tau^* = \tau/r$。

一、对投标排序模型的改进

投标排序模型建立在已有的房地产税体系框架下,而中国当前除沪渝两地试点外,并没有普遍开征房地产税。因此,我们需要对投标排序模型进行一定的改进,以适用于当前中国的场景。

[①] Bruce W. Hamilton, "Zoning and Property Taxation in a System of Local Governments," *Urban Studies*, 1975, 12(2), pp. 205-211. Bruce W. Hamilton, "Effects of Property Taxes and Local Public Spending on Property-Values — Theoretical Comment," *Journal of Political Economy*, 1976, 84(3), pp. 647-650. IPTI, International Property Tax Institute, *Survey Prepared for the Workshop on Modernizing Property Taxation in CEE Countries*, Toronto, Ontario, Canada: 2015. Wallace E. Oates, "The Effects of Property Taxes and Local Public Spending on Property Values: An Empirical Study of Tax Capitalization and the Tiebout Hypothesis," *Journal of Political Economy*, 1969, 77(6), pp. 957-971. Wallace E. Oates, "Effects of Property Taxes and Local Public Spending on Property Values — Reply and yet Further Results," *Journal of Political Economy*, 1973, 81(4), pp. 1004-1008.

[②] John Yinger, "Capitalization and the Theory of Local Public-Finance," *Journal of Political Economy*, 1982, 90(5), pp. 917-943. John Yinger, "Hedonic Markets and Sorting Equilibria: Bid-Function Envelopes for Public Services and Neighborhood Amenities," *Journal of Urban Economics*, 2015, 86(March), pp. 9-25.

(一) 无房地产税时

在房地产税开征之前,$\tau = 0$,地方公共服务的财力源于其他收入,此时公共服务消费系外生变量。此时居民的预算约束为:

$$Y = C + PH$$

其中,P 为居住地点单位面积住房的年度租金价格,H 为居住面积。在效用函数中,非住房消费与住房服务的组合采用柯布-道格拉斯(Cobb-Douglas)形式,[①]意味着住房与非住房消费的替代弹性为1:

$$U(C, H) = \frac{(C^\alpha H^{1-\alpha})^{1-\gamma}}{1-\gamma}$$

其中 γ 是跨时替代弹性的倒数,α 是衡量非住房消费在效用中相对重要性的参数。在此基础上进行简单改进,在效用函数中加入公共品消费,即:

$$U(C, P, H) = \frac{(C^\alpha H^\beta g^{1-\alpha-\beta})^{1-\gamma}}{1-\gamma}$$

其中 g 为家庭公共服务消费,$g = nN^{-\rho}G$,N 为分享公共服务的辖区总人数,n 为家庭成员数,G 为公共服务总量。ρ 表示公共服务的竞争程度,取值区间为$[0,1]$:无竞争性的纯粹公共品 $\rho = 0$,完全竞争性的私人物品 $\rho = 1$。

此时,效用最大化的条件为:Max. $U(C, H, g)$, st. $Y = C + PH$,根据边际效用关系(一阶导数)$U_C/U_H = 1/P$ 可得:

$$\frac{\alpha H}{\beta C} = \frac{1}{P}$$

代入预算约束函数可得,

$$C = \frac{\alpha}{\alpha + \beta} Y$$

$$PH = \frac{\beta}{\alpha + \beta} Y$$

[①] Eeckhout、Davis 和 Ortalo-Magné 以及颜色和朱国钟等也采用这样的效用函数形式。Jan Eeckhout, "Gibrat's Law for (All) Cities," *The American Economic Review*, 2004, 94(5), pp. 1429-1451; Morris A. Davis and François Ortalo-Magné, "Household Expenditures, Wages, Rents," *Review of Economic Dynamics*, 2011, 14(2), pp. 248-261;颜色、朱国钟:《"房奴效应"还是"财富效应"?——房价上涨对国民消费影响的一个理论分析》,《管理世界》2013 年第 3 期,第 34~47 页。

对于公共品消费 g，这里仅考虑只能由政府提供的公共品，不考虑可以从私人市场额外购买的准公共产品（如教育培训等），同一辖区中不同家庭只能消费相同数量的公共品。

(二) 房地产税改革后

开征房地产税后（$\tau > 0$），居民的预算约束变为：

$$Y = C + PH + \tau V = C + PH(1+\tau^*)$$

其中，房地产税税额为 $T = \tau \times V = \tau \times PH/r$。若房地产税收入用于当地基本服务，在林达尔均衡（Lindahl equilibrium）下，居民按照各自获得的公共服务的边际效益缴纳房地产税，承担自己应当分担的公共服务成本。P 仍为居住地点单位面积住房的年度租金价格，此时其可以表征公共服务的质量。在房地产税作为公共服务的资金来源时，效用最大化的条件为：

Max

$$U(C, H, g) = \frac{(C^\alpha H^\beta g^{1-\alpha-\beta})^{1-\gamma}}{1-\gamma}$$

st.

$$Y = C + PH(1+\tau^*)$$

开征房地产税之后，房地产税支持的公共服务总量 G 为年度租金价格的函数，即 $G = G(P)$。

房地产税对居民的消费效应可以分为静态（短期）和动态（长期）两种情形。在静态情形时，居民仍然居住在原来的房产中，即 P 和 H 均保持不变；在长期的动态模型中，居民根据新的均衡选择居住地和住房的档次及面积，P 和 H 均可能发生变化。

1. **短期静态模型**

在静态情形时，居民仍居住于原房产中，P 和 H 均不变。缴纳房地产税之后即相当于原本用于私人消费的收入减少，当地政府将房地产税收入用于（增加）公共服务，所以居民的公共品消费由于房地产税开征有所增加。

此时，以家庭为单位的房地产税负为 $PH\tau^*$，每个居民分摊的公共服务成本为 $[C(N)/N]G$，其中 $C(N)$ 为单位公共服务的平均成本。[1] 对无竞争

---

[1] Henderson, J. V., 1979, "Theories of group, jurisdiction, and city size," P. Mieszkowski, M. Strazheim (Eds.), *Current Issues in Urban Economics*, Baltimore: The John Hopkins University Press.

性的纯粹公共品,成本对人数的一阶导数为 0:$C'(N)=0$;如果公共服务因为消费人数较多导致拥(挤)堵而产生竞争性,例如公园和高速公路,或者公共服务具备其他私人物品的特征时,成本对人数的一阶导数为正:$C'(N)>0$。①因此,

$$\sum_i^N PH_i\tau^* = C(N)G = C(N)N^\rho g$$

房地产税收入在转化为公共服务的过程中除去服务成本外,还有管理成本。管理成本的高或低是政府效率的反映,我们称之为"转化系数",用 δ 表示,$0<\delta<1$。管理成本越低,转化系数越高。令 n 表示家庭人口数,此时可以得出:

$$C = C_0 - PH\tau^* = \frac{\alpha}{\alpha+\beta}Y - PH\tau^*$$

$$g = g_0 + nN^{-\rho}\delta\sum_i^N PH_i\tau^* = g_0 + nN^{-\rho}\delta T = g_0 + ng$$

其中,$T = \sum_i^N PH_i\tau^*$ 为辖区房地产税税收总额,g 为房地产税带来的人均公共服务受益。在短期静态模型中,房地产税对居民的消费效应可以简单概括为:居住状况不变,私人消费下降,公共品消费上升。其中,私人消费的下降额度($PH\tau^*$)即为缴纳的房地产税税额,公共品消费的上升额度则取决于家庭人口数(n)、公共品的特征(竞争性程度 ρ)和政府效率(转化系数 δ)。房地产税对居民私人消费和公共品效应所带来的效用变化,取决于房地产税的再分配效应(与其他家庭相比,家庭人口数 n 的多少和住房价值 PH_i 的高低)。

2. 短期静态模型(考虑可替代公共品)

考虑可替代公共品消费时,在无房地产税情况下,家庭的效用函数为

$$U(C_1, C_2, H) = \frac{[C_1^\alpha H^\beta C_2^{1-\alpha-\beta}]^{1-\gamma}}{1-\gamma}$$

其中,C_2 为私人公共品消费。家庭的预算约束为:

$$Y = C_1 + PH + P_2 C_2$$

根据一阶条件可得:

---

① Rubinfeld, D. L., 1987, "The economics of the local public sector," A. Auerbach, M. Feldstein(Eds.), *Handbook of public economics*, 2, Amsterdam: North Holland, pp. 571-645.

$$C_1 = \alpha Y$$

$$H = \beta Y/P$$

$$C_2 = (1-\alpha-\beta)Y/P_2$$

开征房地产税后,家庭的效用函数变为:

$$U(C_1, C_2, H, g) = \frac{[C_1^\alpha H^\beta (g+C_2)^{1-\alpha-\beta}]^{1-\gamma}}{1-\gamma}$$

其中,g 为政府提供的公共品消费,C_2 为开征房地产税之后的私人公共品消费。家庭的预算约束为:

$$Y = C_1 + PH(1+\tau^*) + P_2 C_2$$

由于在短期内 P 和 H 均保持不变,

$$PH = \beta Y$$

即

$$\Delta PH = 0$$

$$\Delta g = nN^{-\rho}\delta \sum_i^N PH_i \tau^* = ng$$

家庭只需要根据房地产税开征前后的情况,调整非住房私人消费 C_1 和私人公共品消费 C_2 的数量。

同理,由于考虑纳税能力,$Y - PH(1+\tau^*) > 0$,根据效用最大化的一阶条件可得,当房地产税用于公共品支出时($P_g = C(N)N^\alpha \cdot \dfrac{H_i}{n\sum_i^N H_i} = \dfrac{P\tau^* H_i}{ng} = P_2$),房地产税对预算约束无影响时,

$$\frac{1-\alpha-\beta}{1-\beta}[Y - PH(1+\tau^*) + ng] > ng$$

可得:

$$C_1 = \frac{\alpha}{1-\beta}[Y - PH(1+\tau^*) + ng]$$

$$P_2 C_2 = \frac{1-\alpha-\beta}{1-\beta}[Y - PH(1+\tau^*) + ng] - ng$$

此时：

$$\Delta C_1 = \frac{\alpha}{1-\beta}(ng - PH\tau^*)$$

$$\Delta(P_2 C_2) = -\frac{1-\alpha-\beta}{1-\beta}PH\tau^* - \frac{\alpha}{1-\beta}ng < 0$$

当房地产税对预算约束有影响时：

$$P_2 C_2 = 0$$

$$C_1 = Y - PH(1+\tau^*)$$

此时，

$$\Delta C_1 = (1-\alpha-\beta)Y - PH\tau^*$$

$$\Delta(P_2 C_2) = -(1-\alpha-\beta)Y < 0$$

考虑可替代公共品的短期静态模型与不考虑可替代公共品的有略微的差别，房地产税对家庭的消费效应可以概括为：居住状况不变，私人消费上升或下降，私人公共品消费下降，政府公共品消费上升。其中，无论房地产税对预算约束是否有影响，私人非住房消费和私人公共品消费变化的额度之和即为缴纳的房地产税税额（$\Delta C_1 + \Delta(P_2 C_2) = -PH\tau^*$），私人非住房消费和私人公共品消费下降变化的相对大小，则取决于预算约束条件和消费偏好（α 和 $1-\alpha-\beta$）。政府公共品消费的上升额度（Δg）与不考虑私人公共品时相同，取决于家庭人口数（n）、公共品的特征（竞争性程度 ρ）和政府效率（管理成本 δ）。

3. 长期动态模型

在长期动态模型中，居民根据新的均衡选择居住地、住房档次和面积，P 和 H 均可能发生变化。效用最大化的一阶条件为 $\left[U(C, H, g) = \dfrac{(C^\alpha H^\beta g^{1-\alpha-\beta})^{1-\gamma}}{1-\gamma} \right]$：

$$U_C = \lambda$$

$$U_H = \lambda P(1+\tau^*)$$

$$U_g = \lambda H(1+\tau^*) \times \frac{\partial P}{\partial g}$$

因此，效用最大化时：$[(\partial U/\partial H)/(\partial U/\partial C)] = U_C/U_H = 1/P(1+\tau^*) =$

$\alpha H/\beta C$。

代入预算约束函数可得，

$$C = \frac{\alpha}{\alpha+\beta}Y$$

$$PH = \frac{\beta}{(\alpha+\beta)(1+\tau^*)}Y$$

家庭 i 每单位公共品受益的房地产税成本为

$$P_g = C(N)N^a \times \frac{H_i}{n\sum_{i}^{N}H_i} = \frac{P\tau^* H_i}{ng}$$

房地产税开征前的消费为

$$C = \frac{\alpha}{\alpha+\beta}Y$$

$$PH = \frac{\beta}{\alpha+\beta}Y$$

因此，

$$\Delta C = 0$$

$$\Delta g = nN^{-\rho}\delta \sum_{i}^{N} PH_i\tau^*$$

$$\Delta(PH) = \frac{-\beta\tau^*}{(\alpha+\beta)(1+\tau^*)}Y$$

在长期动态模型中，房地产税对居民的消费效应可以概括为：非住房私人消费不变（其他效用函数形式下有可能下降，取决于收入效应和替代效应的对比），公共品消费上升，住房消费下降。从经济学直觉来看，这是合理的，并且也是开征房地产税之后消费理性化的一种体现。开征房地产税导致可支配支出下降，这里的收入效应同时传导到家庭的住房消费和非住房消费，最终住房消费下降但非住房消费不变（由于住房与非住房消费的替代弹性为1，收入效用导致的非住房消费下降与替代效应导致的上升相互抵消）。

4. 长期动态模型（考虑可替代公共品）

上一节的内容仍然没有考虑家庭用于可替代公共品的私人支出，由于公共品消费的增加对私人用于公共品支出的替代消费，家庭的消费并不一定会下降。下面对这一情形进行分析。

在长期动态模型中,考虑可替代公共品时,与短期静态模型中考虑可替代公共品时类似,各项消费的额度为:

$$C_1 = \alpha Y$$

$$H = \beta Y/P$$

$$C_2 = (1-\alpha-\beta)Y/P_2$$

开征房地产税之后,家庭的效用函数变为:

$$U(C_1, C_2, H, g) = \frac{[C_1^\alpha H^\beta (g+C_2)^{1-\alpha-\beta}]^{1-\gamma}}{1-\gamma}$$

家庭的预算约束为:

$$Y = C_1 + PH(1+\tau^*) + P_2 C_2$$

同理,当房地产税用于公共品支出时 $\left(P_g = C(N)N^\alpha \times \dfrac{H_i}{n\sum\limits_i^N H_i} = \dfrac{P\tau^* H_i}{ng} = \right.$

$P_2 \bigg)$,根据效用最大化的一阶条件可得,

(1) 房地产税对预算约束无影响时 $((1-\alpha-\beta)[Y-PH\tau^*+ng]-ng>0)$,

$$C_1 = \alpha(Y+ng)$$

$$PH(1+\tau^*) = \beta(Y+ng)$$

$$P_2 C_2 = (1-\alpha-\beta)[Y+ng]-ng$$

此时,

$$\Delta C_1 = \alpha ng > 0$$

$$\Delta(PH) = \beta ng - PH\tau^*$$

$$\Delta(P_2 C_2) = -(\alpha+\beta)ng < 0$$

$$\Delta g = nN^{-\rho}\delta \sum_i^N PH_i \tau^* = ng > 0$$

(2) 当房地产税对预算约束有影响时:

$$P_2 C_2 = 0$$

$$C_1 = \frac{\alpha}{\alpha+\beta}(Y+ng)$$

$$PH = \frac{\beta}{\alpha+\beta}(Y+ng) - PH\tau^*$$

此时，

$$\Delta C_1 = \frac{1-\alpha-\beta}{\alpha+\beta}\alpha Y + \frac{\alpha}{\alpha+\beta}ng > 0$$

$$\Delta(PH) = \frac{1-\alpha-\beta}{\alpha+\beta}\beta Y + \frac{\beta}{\alpha+\beta}ng - PH\tau^*$$

$$\Delta(P_2 C_2) = -(1-\alpha-\beta)Y < 0$$

因此，当同时考虑可替代的公共品消费时，房地产税对消费的影响发生了明显的变化。在考虑可替代公共品的长期动态模型中，房地产税对居民的消费效应为：非住房私人消费上升，住房消费上升/下降，私人公共品消费下降，政府提供的公共品消费上升。需要说明的是，这里分析长期动态模型中家庭消费的变化时仍然假设私人物品和住房的价格水平不变，因为价格水平的变化影响因素众多，无法在这里的模型中进行测量。对于非住房私人消费的上升，在没有可替代公共品消费时，由于住房与非住房消费的替代弹性为1，非住房私人消费不变，加上可替代公共品消费的替代消费后，房地产税使得非住房私人消费的最终效应为上升。①

至此，我们可以对上述理论模型进行总结。如表4-1所示，房地产税在不同模型下的消费效应有明显差异。差异主要体现在私人非住房消费，在不考虑可替代公共品时的短期静态模型中，私人非住房消费下降；考虑可替代公共品时，私人非住房消费的变化取决于缴纳的房地产税和获得的公共品收益对比。在长期动态模型中，不考虑可替代公共品时，私人非住房消费不变；考虑可替代公共品时，私人非住房消费上升。很明显，由于增加了住房持有（居住）成本，住房消费在短期静态模型下保持不变，但在长期动态模型中有所下降。由于房地产税作为受益税用于基本公共服务，政府公共品消费在所有模型中都有所上升。当考虑可替代的私人公共品消费时，因房地产税的作用而使政府公共品消费的上升，会对私人公共品消费产生替代

---

① 另一个维度是辖区的同质性和异质性。同质性辖区的模型可以更加简化。在同质性辖区中，所有家庭的收入水平相同，消费偏好相同。在现实中这样的假设明显过于严格，而且同质性辖区的形成更多地以辖区数量足够多、自由迁徙（无户籍等限制）和忽略迁移成本等为前提。因此，在当前中国的经济社会条件下，我们主要考虑异质性辖区。

效应,使得私人公共品消费下降。需要说明,这里的结论与效用函数的设定有重要关系,但在一定程度上也不失一般性。

表4-1 房地产税在不同模型下的消费效应

模型	短期静态模型	短期静态模型(可替代公共品)	长期动态模型	长期动态模型(可替代公共品)
私人非住房消费	下降	上升/下降	不变	上升
住房消费	不变	不变	下降	上升/下降
私人公共品消费	—	下降	—	下降
政府公共品消费	上升	上升	上升	上升

房地产税的消费效应在不同的模型中有所差异,但总体看来,私人消费并不一定减少,相反还可能有所增加。从长期看,开征房地产税会使政府提供的公共品增加,私人公共品消费下降,住房消费可能上升或下降。在不同模型中,政府公共品消费的上升额度(Δg)始终不变,取决于家庭人口数(n)、公共品的特征(竞争性程度 ρ)和政府效率(管理成本 δ)。从公式本身看,房地产税对居民私人消费和公共品效应所带来的效用变化取决于房地产税的再分配效应(与其他家庭相比,家庭人口数 n 的多少和住房价值 PH_i 的高低)。那么,这一有升有降的结果对居民的效用意味着什么?从家庭效用的角度看,效用增加还是减少?效用的变化取决于哪些因素?下文的图形推论和数据分析试图回答这一问题。

二、基于图形的推论

本部分内容基于图形,以无差异曲线和需求曲线(预算约束)为基础展示房地产税对居民消费的影响。

根据家庭的收入状况,其大致可以分为三类:低收入家庭(维持基本生活)、中等收入家庭(提高生活质量)和高收入家庭(追求体面生活)。如图4-1所示,不同收入家庭将可支配支出用于私人物品(X_1)和公共品(X_2)的消费,这里的公共品不包括家庭可以额外购买准公共品(如教育培训等)。随着收入的提高,家庭可以相应增加私人消费,但其公共品消费却要受限于区域政府和辖区的公共品投入水平。因此,随着私人消费的上升,高收入家庭的私人消费边际收益会低于公共品消费的边际收益($U_{X_1} < U_{X_2}$),也就是说高收入家庭的公共品消费低于最优水平。相反,同一个辖区中低收入家庭的公共品消费则会高于其最优水平。

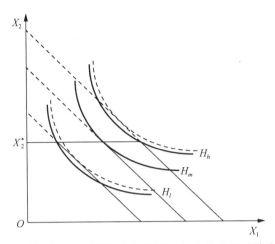

图 4-1　不同收入家庭关于私人物品(X_1)和公共品(X_2)的消费组合

说明：X_1 为私人物品，X_2 为公共品，H_l、H_m、H_h 分别为低收入、中等收入和高收入家庭的无差异曲线。

图 4-1 描绘了不同收入家庭关于私人物品(X_1)和公共品(X_2)的消费组合，三个预算约束对应着三个收入层次的家庭(低收入 H_l、中等收入 H_m 和高收入 H_h)。在图中的无差异曲线中，虚线表示相应的预算约束下可以达到的最优效用水平，实线表示实际的效用水平。X_2^* 为辖区的公共品消费水平。可以看出，中等收入家庭的实际效用水平等于最优效用水平(实线与虚线重合)，其公共品偏好对应于所在社区的公共品供给水平，而低收入和高收入家庭分别由于公共品偏好低于或高于实际水平使得效用水平低于最优值。① 此时，如果假设不同收入层次家庭的最优公共品消费量均为 g^*，那么低收入家庭的公共品消费高于最优水平($g_l > g_l^*$)，中等收入家庭的公共品消费等于最优水平($g_m = g_m^*$)，而高收入家庭的公共品消费低于最优水平($g_h < g_h^*$)。这里同一社区不同收入层次家庭的公共品消费量相同($g_l = g_m = g_h$)，而最优水平不同($g_l^* < g_m^* < g_h^*$)。如果进一步放开假设，使公共品包括家庭额外购买准公共品(如教育培训支出等)，高收入家庭的公共品支出也会高于其他家庭。但由于可替代的公共品数量有限，公共品中存在不少职能由政府提供的产品，因此高收入家庭的公共品消费仍然低于最优水平，以上结论对不同收入层次的家庭仍然成立。

---

① 当然，某些公共产品具有可替代性(如私立学校对学区的替代)，在这种情况下家庭可以通过购买替代公共品增加公共品的消费，但多数公共品仅由政府提供，因此一些家庭的实际效用仍然低于最优水平。如果房地产税收的大部分用于教育，其对不同居民的影响则更加复杂。

基于以上分析,房地产税会对不同收入层次家庭的消费产生怎样的影响?如前所述,在作为受益税的条件下,房地产税的本质是将私人消费强制转化为公共品消费。从消费偏好的角度看,房地产税是对高收入家庭有利的;但同时因为高收入家庭的住房消费高,往往需要缴纳更多的房地产税。房地产税被从不同家庭分别收取后,用于提供相应的公共品和公共服务,使辖区内所有的居民受益,所以其中存在一定的再分配效应。

我们首先对高收入家庭的消费效应进行分析。如图 4-2 所示,在开征房地产税之前,高收入家庭的实际消费组合为 B,小于最优消费组合 A。若开征房地产税 t,可支配支出下降。由于房地产税用于公共品投入,私人消费下降的同时公共品消费提高。由于可支配支出下降后的最优消费组合 C 点效用水平与 B 点相等(处于同一无差异曲线上),政府利用房地产税增加公共品投入,若高收入家庭受益的额度小于 $Q_2 - Q_1$,其效用水平降低。若高收入家庭受益的额度大于 $Q_2 - Q_1$,其效用水平提高,当受益额度较高时,甚至可以达到原有最优组合 A 的效用水平。

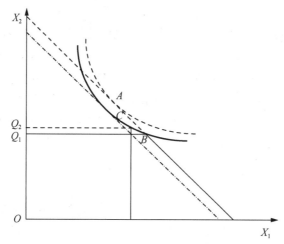

图 4-2 房地产税对高收入家庭的消费效应示意图

说明:X_1 为私人物品,X_2 为公共品,B 为实际消费组合,A 为最优消费组合,C 为可支配支出下降后(公共品提升)的消费组合。

对中等收入家庭,如图 4-3 所示,由于辖区公共品供给与其需求基本契合,税前消费组合 B 即是最优消费组合。在此情形下,开征房地产税用于公共品投入。与高收入家庭类似,中等收入家庭可支配收入降低,缴纳房地产税后的公共品受益需要至少为 $Q_2 - Q_1$ 才能保证效用水平不降低。可以看出,与高收入家庭相比,中等收入家庭在获得同等公共品收益时(要维持原有效用水平)愿意付出的税额更低。这是由于中等收入家庭的公共品消费边际效用与私人物品消费边际效用几乎相等($U_{X_1} = U_{X_2}$),而高收入家庭的公共品消费边际效用则高于私人物品消费边际效用($U_{X_2} > U_{X_1}$)。

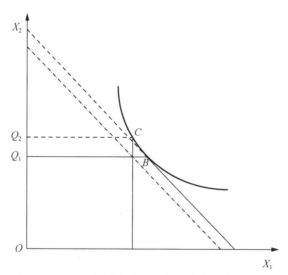

图 4-3 房地产税对中等收入家庭的消费效应示意图

说明:X_1 为私人物品,X_2 为公共品,B 为税前实际消费组合,C 为开征房地产税使可支配支出下降后(公共品提升)的可能的消费组合。

对低收入家庭,如图 4-4 所示,其公共品消费边际效用低于私人物品消费边际效用($U_{X_2} < U_{X_1}$)。因此,开征房地产税之后导致可支配支出减少而降低的私人消费需要更多的公共品受益来弥补,也就是说,低收入家庭要维持原有的效用水平需要的额外公共品受益,比高收入家庭和中等收入家庭都要高。需要说明的是,本小节中的推论是以静态均衡为前提的,也就是说,假设开征房地产税后,居民的住房消费状况在短期内保持不变,居民只变动私人消费部分。在维持原有效用的前提下,有如下结论:

$$\left(\frac{Q_2 - Q_1}{tax}\right)_{低收入} > \left(\frac{Q_2 - Q_1}{tax}\right)_{中等收入} > \left(\frac{Q_2 - Q_1}{tax}\right)_{高收入}$$

根据现实情况,低收入家庭往往缴纳的房地产税税额较少,同时家庭人口较多,因此单位税额所获得的公共品受益往往更大。但上式只是不同收入层次家庭维持原有效用不变的必要条件而非充分条件。对不同家庭来说,开征房地产税是否能够产生所有群体的效用都至少不降低的帕累托

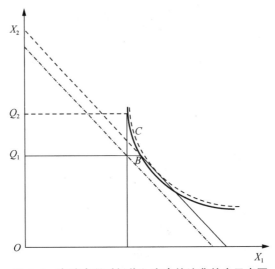

图 4-4　房地产税对低收入家庭的消费效应示意图

说明：X_1 为私人物品，X_2 为公共品，B 为税前实际消费组合，C 为开征房地产税使可支配支出下降后（公共品提升）维持原有效用水平的消费组合。

改进的效果，则要基于具体数据进行测算。第四节将基于数据测算房地产税在不同的税制设计下对居民消费的影响，以及最终导致的不同家庭的净效用变化。

第四节　模型与结果

基于理论模型的推导和图形推论，本节在效用函数的基础上通过数据测算，考察在不同参数和场景条件下，不同的房地产税税制设计如何影响居民消费和效用水平。另外，什么样的税制设计可以最大程度上有利于更多的家庭，是否存在帕累托改进的税制设计？这里也试图回答这一问题。

一、数据

本章用《中国家庭追踪调查》数据进行测算。数据包含详细的住房特征和家庭特征。其中住房特征有市场价值、住房面积和购买年份等；家庭特征有收入、消费、财富以及若干家庭行为信息。我们假设房地产税改革初期不涉及农村房产，因此关注已经（从市场、工作单位或以其他形式）购买住房且具有全部产权的城市家庭。数据经过整理，剔除缺失值后，保留了 8 000 多个有效观察值（不同的变量指标略有差异），分布在25个省级区域。[1] 我们先用2016年截面数据分析不同地区、不同家庭的消费效应差异，再用三年的数据（2010年、2012年和2014年）考察消费效应随时间的起伏和结构变化。

二、效用函数

房地产税的消费效应对家庭的影响最终将表现在效用的变化上，已有研究从不同视角对如何测量消费的效用函数进行了分析。关于效用函数测量的研究最早可以追溯至Samuelson[2]，此后众多学者对这一重要问题进行了探讨。[3] 已有研究也用多种方法对效用函数中的各项参数进行了估计。[4] 例如，Kornbrot等通过信号检测实验（Signal Detection Experiments）发现幂函数（power function）要优于对数函数（logarithmic function）。[5] 多数研究均将效用函数假设为消费的价格弹性不变，也有一些研究对放开这一假设条件时的效用进行了探讨。[6] 有一些中文文献对居民效用函数进行了估计。王

---

[1] 《中国家庭追踪调查》的数据未包括青海省。平均每个省级区域约300个家庭的样本量对于研究房地产税来说确实显得过小，但这是当前进行这项研究在数据方面所能获得的最优选择。

[2] Paul A. Samuelson, "A Note on Measurement of Utility," *The Review of Economic Studies*, 1937, 4(2), pp. 155-161. Paul A. Samuelson, *Foundations of economic analysis*, Cambridge: Harvard University Press, 1947.

[3] Robert H. Frank, "If Homo Economicus Could Choose His Own Utility Function, Would He Want One with a Conscience?," *The American Economic Review*, 1987, 77(4), pp. 593-604. Houthakker, H. S., "Revealed Preference and the Utility Function," *Economica*, 1950, 17(66), pp. 159-174. Levy Haim and Harry M. Markowitz, "Approximating Expected Utility by a Function of Mean and Variance," *The American Economic Review*, 1979, 69(3), pp. 308-317.

[4] Timothy J. Bartik, "The estimation of demand parameters in hedonic price models," *Journal of Political Economy*, 1987, 95(1), pp. 81-88. Robert L. Basmann, D. J. Molina and Daniel J. Slottje, "Budget Constraint Prices as Preference Changing Parameters of Generalized Fechner-Thurstone Direct Utility Functions," *The American Economic Review*, 1983, 73(3), pp. 411-413. Chandra R. Bhat, "A Multiple Discrete-Continuous Extreme Value Model: Formulation and Application to Discretionary Time-Use Decisions," *Transportation Research Part B: Methodological*, 2005, 39(8), pp. 679-707. Diana Kornbrot, Michael Donnelly and Eugene Galanter, "Estimates of Utility Function Parameters from Signal Detection Experiments," *Journal of Experimental Psychology: Human Perception and Performance*, 1981, 7(2), pp. 441-458. Poterba, James M. and Julio J. Rotemberg, "Money in the Utility Function: An Empirical Implementation," in William A. Barnett and Kenneth J. Singleton eds., *New Approaches to Monetary Economics*, New York: Cambridge University Press, 1987, pp. 219-240. T. J. Wales and Alan Woodland, "Estimation of Consumer Demand Systems with Binding Non-Negativity Constraints," *Journal of Econometrics*, 1983, 21(3), pp. 263-285.

[5] Diana E. Kornbrot, Michael Donnelly and Eugene Galanter, "Estimates of Utility Function Parameters from Signal Detection Experiments," *Journal of Experimental Psychology: Human Perception and Performance*, 1981, 7(2), pp. 441-458.

[6] Robert C. Feenstra, "A Homothetic Utility Function for Monopolistic Competition Models, without Constant Price Elasticity," *Economics Letters*, 2003, 78(1), 79-86.

宋涛、杨薇、吴超林计算了历年中国国民总效用(包括消费效用和资产效用)的增长情况,并分析其与国民收入增长的差异及原因。[①] 陆明涛进一步使用个人收入或家庭人均收入与幸福感的交叉乘积来度量效用水平,对中国居民的加总效用函数进行了度量,并分析了住房价格上涨和城市化如何对不同居民消费结构产生影响。[②]

我们聚焦于考察房地产税对家庭的消费效应,因此消费效用是本章关注的重点,下文将不考虑资产效用的部分。这里延续理论模型的思路,将不同家庭依照收入层次分为不同类别,并根据数据估计不同类型家庭的效用函数参数。无房地产税时家庭消费的效用函数为:

$$U(C_1, C_2, H) = \frac{[C_1^\alpha H^\beta C_2^{1-\alpha-\beta}]^{1-\gamma}}{1-\gamma}$$

两边取对数可得

$$\ln U(C_1, C_2, H) = (1-\gamma)[\alpha \ln C_1 + \beta \ln H + (1-\alpha-\beta) \ln C_2] - \ln(1-\gamma)$$

同理,开征房地产税后的消费效用函数为:

$$\ln U(C_1, C_2, H, g) = (1-\gamma)[\alpha \ln C_1 + \beta \ln H + (1-\alpha-\beta) \ln(C_2+g)] - \ln(1-\gamma)$$

三、回归模型

基于效应函数的形式,我们首先根据数据建立回归模型,计算出效用函数的相关参数,可以假设对同一家庭来说房地产税开征前后效用函数的参数不变,以这些参数为基础,即可计算出房地产税对家庭的消费效应带来的效用变化。房地产税开征之前的回归方程为:

$$\ln U(C_1, C_2, H) = \beta_0 + \beta_1 \ln C_1 + \beta_2 \ln H + \beta_3 \ln C_2 + \varepsilon$$

其中 ε 为残差项。结合上一节的效用函数,可得

$$\beta_0 = -\ln(1-\gamma)$$
$$\beta_1 = (1-\gamma)\alpha$$

[①] 王宋涛、杨薇、吴超林:《中国国民总效用函数的构建与估计》,《统计研究》2011年第4期,第17～23页。

[②] 陆明涛:《中国居民 geary-stone 加总效用函数实证研究》,《经济学动态》2013年第10期,第49～60页。

$$\beta_2 = (1-\gamma)\beta$$
$$\beta_3 = (1-\gamma)(1-\alpha-\beta)$$

可以解出：

$$\alpha = \frac{\beta_1}{\beta_1+\beta_2+\beta_3}$$

$$\beta = \frac{\beta_2}{\beta_1+\beta_2+\beta_3}$$

根据已有研究和数据可得性，我们用总收入来衡量总效用U。可以看出，由于部分收入会被用来储蓄，用总收入来衡量可能会高估消费的效用，但不同家庭之间的相对大小是一致的。由于本章的核心是估计不同消费品之间的参数比较关系，因此不影响我们的结论，会影响到的是跨期替代弹性的倒数γ(即β_0)。有学者对中国的消费跨期替代弹性进行了估计，这里不作展开。[①] 因此，我们将关注点聚焦于比较消费效用的核心部分$C_1^\alpha H^\beta C_2^{1-\alpha-\beta}$，对不同收入层次的家庭进行分析。

四、主要结果

将不同家庭按收入分位数分为不同层级：低收入(0～25%)，中等收入(25%～75%)和高收入(75%～100%)，根据以上回归模型进行回归可得到对应的回归系数。再根据参数对应关系进行计算即可得到效用函数中的参数值。如表4-2所示，根据家庭消费数据可以估计出各项参数的数值(β_1, β_2, β_3)，并进一步计算出居民的消费偏好(α, β, $1-\alpha-\beta$)。

表4-2　不同收入层次家庭的消费效用函数参数

参数	β_1	β_2	β_3	α	β	$1-\alpha-\beta$
低收入(0%～25%)	0.343	0.108	0.0716	0.656	0.207	0.137
中等收入(25%～75%)	0.0889	0.052	0.0191	0.556	0.325	0.119
高收入(75%～100%)	0.114	0.0971	0.0151	0.504	0.429	0.067
全部家庭	0.387	0.205	0.0676	0.587	0.311	0.102

[①] 顾六宝、肖红叶：《中国消费跨期替代弹性的两种统计估算方法》，《统计研究》2004年第9期，第8～11页。顾六宝、幺海亮、陈博飞：《中国居民消费跨期替代弹性的年序递推统计估算研究》，《经济统计学》(季刊)2013年第1期，第95～100页。杨子晖：《政府消费与居民消费：期内替代与跨期替代》，《世界经济》2006年第8期，第37～46页。

短期变化:根据考虑可替代公共品的短期静态模型中的结果可得,开征房地产税之后的短期变化为:P 和 H 均保持不变。私人消费 C_1 和可替代公共品消费 C_2 均下降,两者下降的额度之和即为缴纳的房地产税税额。根据理论模型推导结果可得:

当房地产税对预算约束无影响时,

$$\Delta C_1 = \frac{\alpha}{1-\beta}(benefit - property\ tax)$$

$$\Delta(P_2C_2) = -\frac{\alpha}{1-\beta}benefit - \frac{1-\alpha-\beta}{1-\beta}property\ tax$$

当房地产税对预算约束有影响时:

$$\Delta C_1 = (1-\alpha-\beta)Y - property\ tax$$

$$\Delta(P_2C_2) = -(1-\alpha-\beta)Y < 0$$

长期变化:根据考虑可替代公共品的长期动态模型中的结果可得,开征房地产税之后的短期变化为:非住房私人消费上升,住房消费下降,私人公共品消费下降,政府提供的公共品消费上升。根据理论模型推导结果可得:

房地产税对预算约束无影响时,

$$\Delta C_1 = \alpha \times benefit$$

$$\Delta(PH) = \beta \times benefit - property\ tax$$

$$\Delta(P_2C_2) = -(\alpha+\beta) \times benefit < 0$$

当房地产税对预算约束有影响时:

$$\Delta C_1 = \frac{1-\alpha-\beta}{\alpha+\beta}\alpha Y + \frac{\alpha}{\alpha+\beta}benefit > 0$$

$$\Delta(PH) = \frac{1-\alpha-\beta}{\alpha+\beta}\beta Y + \frac{\beta}{\alpha+\beta}benefit - property\ tax$$

$$\Delta(P_2C_2) = -(1-\alpha-\beta)Y < 0$$

这里使用张平、侯一麟的基于纳税能力计算的分地区(省)差异化税率的做法计算适用于各省级区域的房地产税税率,从而计算出每个家庭应当缴纳的房地产税税额。根据纳税能力原则,各省级区域的税率约在 0.2% 至 1.2% 之间,平均税率为 0.75%。[①] 根据以上假设,房地产税用于提供基

---

① 限于篇幅,这里列出的是各省级区域的差异化税率,感兴趣的读者可参考张平、侯一麟利用 2010 年数据的计算结果。(张平、侯一麟:《中国城镇居民的房地产税缴纳能力与地区差异》,《公共行政评论》2016 年第 2 期,第 135~154,第 207~208 页。)

本公共服务。同时设定相应的转化系数,这里首先以 0.6 的转化系数进行测算。也就是说房地产税的 60% 转化为公共服务,其余 40% 的部分为各类征收和管理成本。另外,为了不夸大房地产税带来的公共品收益,这里进行保守测算,不考虑公共品的非竞争性带来的更多正面效应(令 $\rho=1$)。进一步假设用房地产税收入提供的公共服务在辖区内均匀分布,各家庭的受益量取决于其人口数,人多受益多,反之亦然。各家庭纳税额取决于其拥有房产的市值,市值高税额高,反之亦然。这里主要显示了房地产税的"再分配效应"维度。

基于以上模型和假设条件,代入参数值后,我们可以测算开征房地产税之后各项消费的变化以及家庭效用的变化。

(一) 短期结果

在短期模型中,住房条件不变,居民仅对非住房私人消费和私人公共品消费进行调整。同时,房地产税转化的政府公共品消费会有所上升。因此,最终效用的变化取决于消费结构(效用函数)和房地产税带来的再分配效应。我们利用模型和数据分别进行了测算。图 4-5 是不同收入层次家庭消费和效用变化的盒状图。盒状图主体中的刻度线为不同家庭效用变化百分比的中位数,盒状上沿为 75% 分位线,下沿为 25% 分位线。散点图为少数的外部异常值,盒状图上下的线为除了异常值外的最大值和最小值。因此,盒状图的主体部分应是我们关注的焦点。为便于解释,我们在图 4-5 中的政府公共品消费和效用变化的图中,以及下文中显示的均是去除异常值的盒状图。

从短期看,开征房地产税之后,部分收入用于缴纳房地产税,私人公共品消费 (C_2) 会因为可支配支出的下降(收入效应)以及政府公共品消费的增加(替代效应)有所下降,下降幅度为平均 20% 左右。而政府公共品消费上升额度平均为私人公共品消费的 25% 左右,因此家庭公共品消费总体并没有下降。家庭私人非住房消费 (C_1) 则根据不同情况有升有降。从不同收入层次的家庭看,私人非住房消费的下降呈现低收入家庭<中等收入家庭<高收入家庭的趋势。这是由于高收入家庭缴纳了更多(比例)的房地产税所致(私人非住房消费和私人公共品消费两项消费的降低额度之和应等于缴纳的房地产税税额)。尽管私人消费有所下降,房地产税转化为公共品支出使得政府公共品消费上升,相对于原有私人公共品消费,政府公共品消费也上升了 25% 左右,对部分家庭则可提高超过 100%(见图 4-5 左下)。从总效用看,房地产税开征短期内会使总消费效用受到一定影响,但多数低

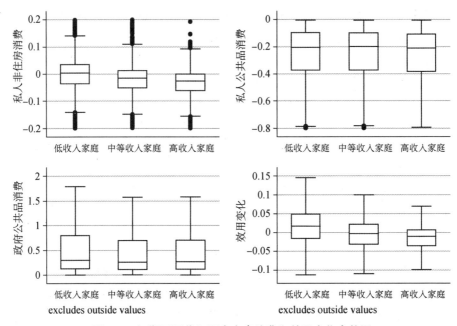

图 4-5 短期不同收入层次家庭消费和效用变化盒状图

说明:盒状图的主体中的刻度线为不同家庭效用变化百分比的中位数,盒状上沿为75%分位线,下沿为25%分位线。散点图为少数的外部异常值,盒状图上下的线为除了异常值外的最大值和最小值。(下同)

收入家庭的消费效用不降反升,不同家庭消费效用主体变化区间在−2%至2%之间(见图4-5右下)。消费效应的下降幅度在不同家庭呈现低收入家庭<中等收入家庭<高收入家庭的总体趋势。因此,即便从比例看,房地产税对低收入家庭的影响也要小于高收入家庭。需要说明的是,这里是基于转化系数0.6的计算,且未考虑减免,下文会进一步测算不同设计方案下的结果。

(二) 中长期结果

从回归系数看,在消费的选择上,居民仍然更多地偏重于非住房私人消费(约为 50%～60%)和住房消费(30%),公共品消费所占比例较低(10%)。这里用"中长期结果"作为标题,是因为依然在消费结构不变的基础上进行测算,下节对未来的假设推演中我们会进一步测算消费结构变化后的效应。与短期不同,在中长期居民可以选择不同的房产居住,因此 C_1、PH 和 C_2 均会有所变化。

如图4-6所示,在中长期时,由于需要缴纳房地产税增加了居住成本,居民可以通过降低住房消费规避部分增加的成本,住房消费平均下降10%~20%左右。因此,房地产税开征之后,家庭的私人非住房消费反而有一定增加,不同收入层次的家庭增长幅度有所差异。低收入家庭最高,平均约增加4%;中等收入和高收入家庭其次,平均分别为3%和2%左右。私人公共品消费的结果与短期时的结果类似,在收入效应和替代效应的共同作用下,私人公共品消费有明显下降,平均为20%左右。如前所述,这很大程度上是由于政府公共品消费的上升,其额度为私人公共品消费的25%左右。因此,从中长期看,房地产税开征之后私人住房消费下降,有利于土地和住房的集约节约使用。① 私人公共品消费会因为政府公共品投入的加大部分被替代。房地产税并不会导致私人消费的下降,相反私人消费还会有所上升,使消费结构得到进一步优化。

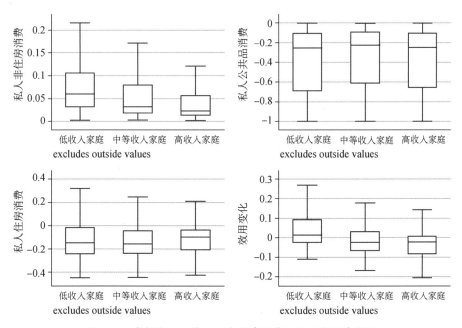

图4-6 中长期不同收入层次家庭消费和效用变化盒状图

---

① 根据政府的官方表态,房地产税的政策目标包括"调节收入分配,促进社会公平,引导合理住房消费和促进节约集约用地。"资料来源:财政部、国家税务总局及住房和城乡建设部有关负责人就房产税改革试点答记者问(2011年1月27日)文字稿,国务院新闻办公室,http://www.scio.gov.cn/xwfbh/gbwxwfbh/xwfbh/swzj/Document/891758/891758.htm,最后浏览日期:2022年5月1日。

(三) 对未来的假设推演

随着时间的推移,居民收入增加的同时对生活质量的要求也不断提高,以后增加的收入会更多地用到(准)公共品消费上。相关研究也表明,随着收入的提高,消费结构会有收敛的趋势,对相关公共品的需求有明显提高(Cahlík, Honzák, Honzáková, Jiřina, & Reichlová 对此有相关研究)。① 结合已有消费结构的数据和中国居民消费的特点②,假设未来的消费结构为:40%的非住房私人消费,30%的住房消费和30%的公共品消费,即效用函数的主体部分为 $C_1^{0.4} H^{0.3} C_2^{0.3}$。在已有的再分配效应基础上,我们再测算房地产税对不同收入层次家庭的效用影响在未来的推演情况。

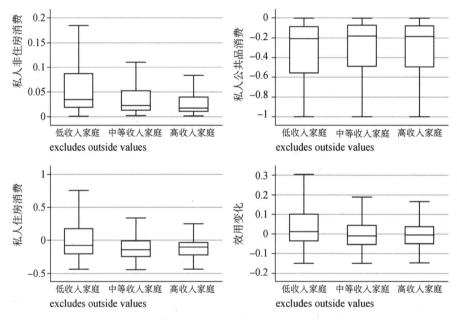

图 4-7 不同收入层次家庭消费和效用变化的未来推演

如图 4-7 所示,在未来的消费结构假设下,房地产税开征对各项消费的影响与中长期时的结果基本一致。私人公共品消费和私人住房消费下降,私人

---

① Tomáš Cahlík, Tomáš Honzák, Jana Honzáková, Marcel Jiřina and Natálie Reichlová, "Convergence of consumption structure," Working Papers, Charles University Prague, Faculty of Social Sciences, Institute of Economic Studies, 2005.

② 尹清非:《西方主要发达国家居民消费结构探析》,《消费经济》2006 年第 4 期,第 89~93 页。

非住房消费上升,这些变化有利于消费结构的优化。从效用变化看,中长期时的效用变化有所上移,中等收入和高收入家庭中消费效用提高的比例明显上升。短期时,低、中、高收入家庭中消费效用提高的比重分别为67.3%、50.1%、37.5%,在长期时这一比重变为61.8%、41.9%、33.4%,根据未来消费偏好的消费效用提高的比重为60.2%、47.9%、49.5%。随着消费结构的变化,高收入家庭消费效用提高的比例提高(从33.4%变为49.5%)尤其明显,但仍然比低收入有60%以上家庭受益的比例要低。

第五节 不同设计方案下的差异比较

上文是假设房地产税普遍开征且不设减免的测算结果,那么如果房地产税设定一定的减免方案,什么样的方案有利于家庭的消费结构转变和消费效用提升,不同的减免方案对不同收入层次家庭的影响有何差异?本节通过测算回答这一问题。关于不同的减免方案,我们延续张平、侯一麟提出的按人均价值减免的方案。[①] 张平等通过对家庭首套减免、人均面积减免和人均价值减免等方案的综合比较,发现按人均价值减免在纵向公平、调节分配及税政实施几个维度上均是最优的。那么,按人均价值减免到底减免多少更加合适?我们在这里比较不同人均减免额度下(1/3人均面积的价值、2/3人均面积的价值和全部人均面积的价值)房地产税开征的消费效应及对家庭消费效用的影响。

图4-8至图4-11分别为不同减免方案下房地产税开征对家庭私人非住房消费、私人住房消费、私人公共品消费和最终消费效用的影响。我们将家庭按收入从低到高分为10个组别,横轴为不同的收入组家庭。可以看出,图4-8中私人非住房消费在无减免时上升最多,平均在5%左右,但低收入和高收入家庭的变化有较大差异。在人均减免1/3人均面积的价值时,私人非住房消费仍然可以上升2%至3%,但不同收入家庭之间的差异变小。当人均减免2/3人均面积或全部人均面积的价值时,私人非住房消费增加幅度明显减小,约1%~2%(2/3人均面积价值)甚至1%(全部人均面积价值)以下。因此,从私人非住房消费的变化来看,人均减免1/3人均面积价值是最优的。

---

① 张平、侯一麟:《房地产税的纳税能力、税负分布及再分配效应》,《经济研究》2016年第12期,第118~132页。

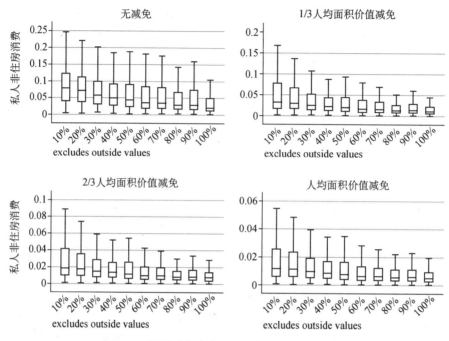

图 4-8 不同减免方案下私人非住房消费的变化

从住房消费的变化来看(见图 4-9),无减免时不同收入水平家庭的住房消费均有明显下降,在人均减免 1/3 人均面积价值的方案下,大多数收入组家庭的平均住房消费不降反升,尤其是低收入组的家庭变化最为明显。这是因为适当的减免可以给低收入家庭带来明显的收入效应。当扩大减免额度后,在人均减免 2/3 或全部人均面积价值的方案下,住房消费的变化没有很大的差异,其上升的幅度甚至还小于人均减免 1/3 人均面积价值的方案。尤其是人均减免全部人均面积价值时,住房消费的上升非常有限,大多数收入组家庭平均仅为 1% 至 2% 左右。从住房消费的角度看,人均减免 1/3 人均面积价值也优于另外两种方案。

图 4-10 为私人公共品消费的变化,与理论模型中的结果一致,所有收入组在不同减免方案下的私人公共品消费均为下降。但下降幅度不尽相同,无减免时私人公共品消费的下降幅度最大,为 20%～30%。这是由于此时缴纳的房地产税最多,同时也带来了最多的政府公共品供给,在收入效应和替代效应的同时作用下,私人公共品消费明显下降。随着减免额度的增加,私人公共品消费的下降幅度逐步降低。在人均减免 1/3、2/3 或全部人均面积价值的方案下,私人公共品消费的下降幅度平均分别约为 15%、

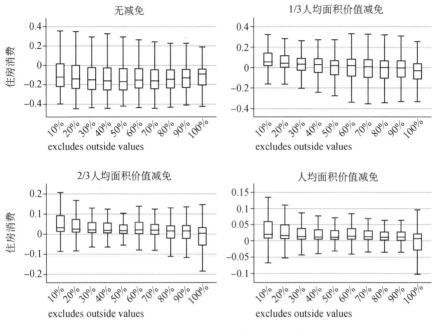

图 4-9　不同减免方案下私人住房消费的变化

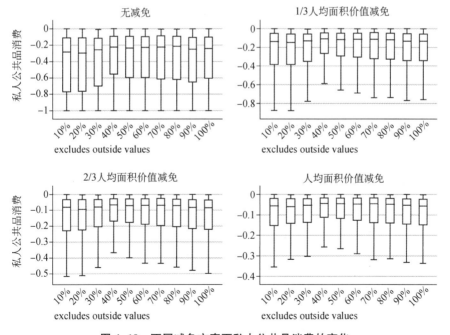

图 4-10　不同减免方案下私人公共品消费的变化

10%和5%。但正如上文所述,私人公共品消费的下降很大一部分是由于政府公共品消费的上升。虽然减免较多时私人公共品消费的下降幅度较小,但此时政府公共品消费的上升额度也小,两者具备一定的替代关系,因此我们还需要考察加上政府公共品消费之后的净变化。图4-11即为不同减免方案下公共品总消费的变化。可以看出,加上房地产税转化为政府公共品消费后,不同收入组家庭的公共品总消费均有所上升,且随着减免额度的增加,公共品总消费的增加幅度反而降低。这是由于,随着减免额度扩大,征得的房地产税税额减少,可提供的政府公共品消费也会随着减少。从公共品消费的角度看,房地产税减免额度的设定是越少越好。

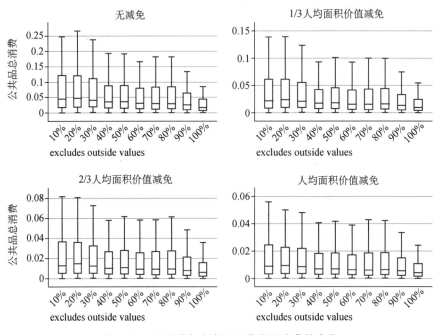

图4-11 不同减免方案下公共品总消费的变化

实际上,尽管各项消费有升有降,这些由模型推导出的结果是指家庭理性地根据各项因素的变化作出的决策,最终对居民生活有直接影响的是总效用的变化。效用变大,则居民受益;效用变小,则居民受损。图4-12是不同减免方案下房地产税开征对家庭消费效用的影响。在无减免时,房地产税使得低收入组家庭(0~50%)的平均消费效用提高,但高收入组家庭(50%~100%)的平均消费效用有所下降。产生这一结果的部分原因是,无减免时部分家庭的房地产税负担较重,使得该类家庭无法达到消费结构的最优配置,设置少量的减免可消除这方面的负面影响。① 设计相应的减免方案后,房地产税开征对总效用的影响在绝大多数收入组家庭中的平均效应都为正。但减免较少时使得总效用的提高幅度要高于减免较多时。人均减免 1/3、2/3 和全部人均面积的价值时,总效用的平均提升幅度分别约为 3%、2% 和 1%。因此,从家庭消费总效用来看,人均减免 1/3 人均面积的价值明显优于减免较多的方案,同时甚至优于无减免的方案。

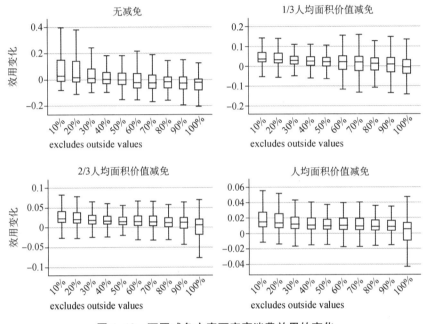

图 4-12　不同减免方案下家庭消费效用的变化

综合以上结论,我们可以将房地产税开征对家庭的消费效应和对家庭总效用的影响,在不同减免方案下的比较总结如下:从房地产税影响私人非住房消费、住房消费、公共品总消费,尤其是影响家庭总效用的变化来看,人均减免 1/3 人均面积的价值均要优于人均减免 2/3 和全部人均面积的价值。

　　私人非住房消费:1/3 人均面积 ＞ 2/3 人均面积 ＞ 全部人均面积

　　住房消费:1/3 人均面积 ≥ 2/3 人均面积 ＞ 全部人均面积

---

① 当然,相应的减免方案也可以通过其他社会政策的方式来实现,从而使得房地产税的税制要素设计更加简化,降低税政实施的难度,提高税收征收和管理的效率。

公共品总消费：1/3 人均面积 ＞ 2/3 人均面积 ＞ 全部人均面积①

总效用变化：1/3 人均面积 ＞ 2/3 人均面积 ＞ 全部人均面积

需要说明的是，本章的测算结果都基于房地产税转为公共品支出的转化系数 $\delta=0.6$，同时未考虑一些公共品的非竞争性（$\rho=1$）。随着经济社会进一步发展，居民对公共品的需求偏好更高，如果通过提高政府治理水平和减少腐败浪费等提高转化系数，同时考虑一些公共品非竞争性所带来的更多居民的受益，那么，房地产税改革带来的消费效应会使绝大多数群体的效用水平提高，甚至可能使其产生所有人都不受损的"帕累托改进"的效用。

第六节 结论与讨论

房地产税牵涉面广泛，事关千家万户。房地产税如何影响家庭的消费对未来经济的持续增长有着重要意义，房地产税对居民消费效用的影响也直接决定了居民是否会支持房地产税的开征。房地产税作为受益税，使居民缴纳房地产税的同时可以获得更多的公共服务受益。因此，房地产税的本质即是将居民本可用于私人消费的部分收入强制转化为公共品消费。这一转变对不同收入层次家庭的消费会有不同的影响，其中的原因包括差异化的消费结构以及不同的房地产税税额和相应的公共服务受益带来的再分配效应。这些错综复杂的因素同时作用于房地产税的消费效应，本章运用理论模型和数据测算，初步从几个角度回答了房地产税开征之后可能对不同收入家庭带来的差异化影响。

我们通过建构理论模型，发现房地产税开征之后，私人消费并不一定减少，相反还可能有所增加。从长期看，开征房地产税会使政府提供的公共品增加，私人公共品消费下降，住房消费在不同的情况下可能上升或下降。房地产税给居民带来的总效用变化取决于房地产税的再分配效应（与其他家庭相比，家庭人口数 n 的多少和住房价值 PH_i 的高低等）。进一步的数据测算与理论模型的结论一致。在中长期，房地产税并不会导致私人消费的下降，相反私人消费还会有所上升，消费结构得到进一步优化，私人公共品消费则会因为政府公共品投入的加大部分被替代。通过比较不同减免方案

---

① 其中，在不同减免方案下，私人公共品和政府公共品消费变化分别为：私人公共品消费，1/3 人均面积 ≤ 2/3 人均面积 ≤ 全部人均面积；政府公共品消费，1/3 人均面积 ＞ 2/3 人均面积 ＞ 全部人均面积。

下,房地产税对私人非住房消费、住房消费、公共品总消费,以及对最终的消费效用的影响,我们发现人均减免 1/3 人均面积的价值均要优于人均减免 2/3 和全部人均面积的价值。

本章通过构建理论模型和数据测算,将现有的房地产税研究进一步推进到家庭消费领域,这使我们前期的系列研究更进了一步。在已有的税制设计要素框架下,结合纳税能力基础上的差异化税率设计,通过分析测算房地产税对家庭各个方面的影响,比较不同减免方案下的消费效应和最终效用变化,我们试图得到税制要素设计中的最优减免方案。这一结论对房地产税改革的实践有直接的政策意义,有助于税制要素在不同层面的逐步完善。

当然,本章仍存在一些不足之处。首先,理论模型基于完全理性假设,其效用最优化的消费结构与实际的家庭消费状况会有一定出入,家庭消费也可能会有效用外的其他考量。其次,本章使用的是家庭微观数据,尽管有 8 000 多个有效观察值,但基于省一级(每个省级区域约 300 个)的测算对于极具地方化特色和差异的房地产税仍然显得较粗,这需要未来进行更加精细的数据测算。另外,家庭的消费结构是基于当前的消费状况计算的静态结果,以后家庭的消费结构也可能会有进一步变化。但这一问题在实践中可以根据当地现状,通过模型参数的修正得出因地制宜的结果。最后,我们只是重点比较了不同的减免方案,关于税制要素的其他方面(如合宜的税率等)也还需要进一步深入研究。

第五章 房地产税的收入再分配效应

房地产税是一种财产税,其开征本身即是对财富的再分配。从收入角度看房地产税将如何影响收入分配呢?本章运用《中国家庭跟踪调查》2018年的数据,对不同情境下的房地产税税制要素设计如何影响税负分布和收入(福利)再分配效应进行研究。结果发现,低税率的房地产税对收入差距的再分配效应较弱;由于低收入群体的房产价值在家庭财富中的占比相对较高,某些情况下房地产税对收入分配有逆向调节作用。普适性减免可以一定程度上降低房地产税对收入分配的逆向调节;与普适性减免相比,断路器政策对低收入者的纳税能力有定向保护作用,此时如果适当提高税率水平,可以显著提升房地产税的再分配效应。房地产税作为受益税,通过提供公共服务带来的净福利,能产生重要的再分配效应;此时与断路器政策结合使用,房地产税的征收可以在保持合理税收规模的前提下有效调节收入(福利)分配。

第一节 引　　言

随着党的十九大和近年来政府工作报告对推进房地产税改革思路的逐步明确,居民对房地产税改革后可能出现的种种问题也讨论颇多,十分关注。2021年10月16日出版的第20期《求是》杂志,发表了习近平总书记重要文章《扎实推动共同富裕》,其中提到,"要积极稳妥推进房地产税立法和改革,做好试点工作"。10月23日,全国人民代表大会常务委员会授权国务院在部分地区开展房地产税改革试点工作。房地产税改革的进程再次受到广泛关注。关注点之一就是房地产税的再分配效应。房地产税作为财产税的重要构成,多大程度上能够调节收入分配?与个人所得税相比,有何优势和劣势?根据2011年房产税试点政策出台时的官方表态,房地产税的政策目标包括"调节收入分配,促进社会公平,引导合理住房消费和促进节约集约用地"。① 一些人诟病现在的个人所得税实际上只是少数中产阶级群体在缴纳(穷人不用交,富人收不到),那么房地产税会不会像个人所得税一样,成为所谓的"中产阶级税"? 这也是部分居民对房地产税开征存有疑虑的原因之一。

当然,房地产税的核心目标并不是调节收入分配。开征房地产税的直接目的,是赋予基层政府稳定的自有财源,使之能够更好地提供基本公共服务;间接和最终目的是从多个维度促进和改善地方治理。② 朱青认为只有当家庭财产结构相同时,征收房地产税才会起到调节收入分配、缩小收入差距的作用,所以国外很少将房地产税作为收入分配调节工具。③ 在当前房价高位运行的背景下,需要充分考虑居民的纳税能力和纳税意愿,优先保障房地产市场平稳,房地产税短期难以成为地方重要税种。④ 因此,房地产税的政策目标与其收入分配效应并不矛盾。房地产税改革初期可以设置一定范围的减免,降低改革阻力,并适当强调其再分配效应。同时为了使得再分配效应真正有效[幅度大小即基尼系数变化和覆盖面(即影响人群)],需在更大意义上强调其受益税属性。房地产税的收入分配效应与"共同富裕"的战略目标相适应,同时也契合房地产税未来成为地方重要税种的目标,并作为受益税提升地方治理能力。

那么,房地产税到底多大程度上能够调节收入差距? 如果开征房地产税,税负的最终承担者到底是哪个群体,或者说房地产税负担在不同收入群体之间将如何分布? 什么样的房地产税税制要素设计更加有利于调节收入差距? 房地产税作为受益税用于基本公共服务又会对再分配效应产生何种影响? 对这些问题的阐释将有助于未来房地产税改革的平稳落地和顺利推进实施。本章基于相关衡量指标,模拟测算房地产税的总体再分配效应及其在不同收入层次中的具体表现,并将不同税制要素设计下的结论进行对比。从理论一般性的角度,我们进一步测算房地产税作为受益税用于基本公共服务是否能够有效调节收入(福利)分配,以期对中国房地产税改革提

---

① 财政部、国家税务总局及住房和城乡建设部有关负责人就房产税改革试点答记者问(2011年1月27日)文字稿。资料来源:国务院新闻办公室,http://www.scio.gov.cn/xwfbh/gbwxwfbh/xwfbh/swzj/Document/891758/891758.htm,最后浏览日期:2022年5月1日。
② 侯一麟、马海涛:《中国房地产税设计原理和实施策略分析》,《财政研究》2016年第2期,第65~78页。
③ 朱青:《论优化我国税制结构的方向》,《税务研究》2021年第10期,第5~9页。
④ 张平、姚志勇、冯懿男:《房地产税渐进改革路径——基于税制要素设计的实证研究》,《经济理论与经济管理》2021年第12期,第79~92页。

供基于理论和数据测算的启示。

本章的主要结论包括：高房价收入比背景下，符合居民纳税能力的房地产税税率相对较低，低税率的房地产税对收入差距的再分配效应较弱，简单设计下的房地产税作为"调节税"的目标在当下难以达到。从不同收入层次看，由于低收入群体的房产价值在家庭财富中的占比较高，某些情况下房地产税对收入分配有逆向调节作用。普适性减免可以一定程度上降低房地产税对收入分配的逆向调节作用，但房地产税此时仍然不能有效缩小收入差距；与普适性减免相比，断路器政策对低收入者的纳税能力有定向保护作用，此时如果适当提高税率水平，可以显著提升房地产税的再分配效应。最后，如果房地产税作为受益税用于基本公共服务，房地产税带来的净福利（公共服务受益减去税额）具有重要的再分配效应；此时与断路器政策结合使用，房地产税可以达到有效调节收入（福利）分配的重要目标。

后文的结构安排如下。第二节对相关文献进行综述，介绍其他税收的再分配效应与房地产税的再分配效应及其影响因素。第三节讨论再分配效应的理论测算方法。第四节介绍数据，探讨基于数据的测算方法和相关结果，分析在不同情境下的房地产税税制要素设计如何影响税负分布以及最终产生怎样的再分配效应。最后一节为结论和政策建议探讨。

第二节 文 献 综 述

我们梳理了国内外关于税收再分配效应的相关研究，多数文献的讨论聚焦于个人所得税，也有部分研究涉及房地产税和间接税的再分配效应。我们从税收的再分配效应（包括个人所得税、其他间接税和税制三个方面）和房地产税再分配效应的影响因素两大维度对文献进行阐述。

一、税收的再分配效应

近年来关于税收再分配效应的研究文献，可以归纳为各税种的再分配效应和不同税制的再分配效应两方面。关于不同税种的再分配效应可进一步分为两类：一是关于个人所得税的再分配效应；另一类是其他税种的再分配效应。

第一，关于个人所得税的再分配效应。国内大部分学者基于统计数据、基尼系数、MT 指数、K 指数等衡量指标对再分配效应作出测算；多数结论认为个税具备较强的累进性,但由于平均税率过低,中国个人所得税的再分配效应相对有限。其中,部分学者通过测算个人所得税税前税后基尼系数的变化,发现以2002年为转折点,个人所得税开始发挥正向调节的作用。① 大部分研究选择纵向探究历次个税改革的再分配效应。② 部分学者针对2018年实施的个人所得税改革进行实证评估,发现提高免征额和增加专项附加扣除弱化了个人所得税的再分配效应。③ 陈建东、覃小棋、吴茵茵提出专项附加扣除中的房贷利息及住房租金税前扣除在降低居民税收负担的同时,产生了逆向调节居民收入分配的非预期政策效应;认为此次改革总体不利于城镇居民的收入调节,产生了横向公平的负效应,带来的平均税率降低也影响了纵向公平效应。④

第二是关于其他税种的再分配效应。除去个人所得税的相关研究,对于其他税种的研究多聚焦于间接税的再分配效应。多数学者聚焦于福利属性以及城乡居民和不同群体的负担程度进行讨论。平新乔等则对间接税转嫁因素进行讨论,认为营业税的福利伤害程度对于各个消费群体而言均大于增值税。⑤ 聂海峰、岳希明则认为间接税对低收入群体影响较大,强化了城乡内部的不平等,但可以达到降低城乡间不平等的作用,整体而言其略微恶化了整体收入不平等的状况。⑥ 田志伟针对中国五大税种的再分配效应进行研究,认为直接税税收累进性强,但平均税率较低限制了直接税种再分配效应的发挥,间接税调节消费支出差距的能力有限,差别税率也没有起到很好的调节收入分配的效果;就不同群体的税收负担而言,高收入阶层与低

---

① 王亚芬、肖晓飞、高铁梅:《我国收入分配差距及个人所得税调节作用的实证分析》,《财贸经济》2007年第4期,第18~23页、第126页、第128页。李延辉、王碧珍:《个人所得税调节城镇居民收入分配的实证研究》,《涉外税务》2009年第1期,第38~42页。
② 彭海艳:《我国个人所得税再分配效应及累进性的实证分析》,《财贸经济》2011年第3期,第11~17页、第136页。岳希明、徐静、刘谦、丁胜、董莉娟:《2011年个人所得税改革的收入再分配效应》,《经济研究》2012年第9期,第113~124页。徐建炜、马光荣、李实:《个人所得税改善中国收入分配了吗——基于对1997~2011年微观数据的动态评估》,《中国社会科学》2013年第6期,第53~71页、第205页。骆永民、翟晓霞:《中国税收自动稳定器功能的双重约束研究》,《经济研究》2018年第7期,第106~120页。
③ 张德勇、刘家志:《新个人所得税对劳动收入再分配的影响》,《中国社会科学院研究生院学报》2020年第2期,第52~64页、第145页。韩秀兰、陈星霖:《我国新个人所得税的收入再分配效应研究》,《统计与决策》2020年第9期,第134~137页。王凯风、吴超林:《个税改革、收入不平等与社会福利》,《财经研究》2021年第1期,第18~31页。
④ 陈建东、覃小棋、吴茵茵:《房贷利息及住房租金个人所得税前扣除的效应研究》,《税务研究》2021年第3期,第52~59页。
⑤ 平新乔、梁爽、郝朝艳、张海洋、毛亮:《增值税与营业税的福利效应研究》,《经济研究》2009年第9期,第66~80页。
⑥ 聂海峰、岳希明:《间接税归宿对城乡居民收入分配影响研究》,《经济学》(季刊)2013年第1期,第287~312页。

收入阶层在再分配中受损，中等收入阶层则收益①。尹音频、闫胜利提出，虽然假设居民完全承担间接税的条件下的测度夸大了间接税的效应，但中国的间接税确实具备逆向调节的负效应，不利于社会公平。②

第三是关于不同税制的再分配效应。安体富、任强提出在中国当时的税制下，税收中发挥再分配效应的主要是所得税，另外则是具备准税性质的社会保障费。③ 在效用方面，童锦治、周竺竺、李星认为整体看中国税制对城镇居民的收入再分配效应表现为微弱的逆向调节作用，呈现直接税收正效应，间接税收负效应。④ 卢洪友、杜亦譔对于中国财政再分配和减贫效应的测度表明，直接税对基尼系数的边际贡献为1.19%，具备正向调节作用，而间接税的边际贡献为－1.57%，起逆向调节作用。⑤ 王茜萌、倪红福通过引入增值税抵扣机制的投入产出模型测算，发现增值税的累退性显著高于营业税，因而增收增值税会导致贫富差距加大。⑥ 总体看，中国整体税制呈累退性，因而总税收整体加重了收入不平等的现象。詹鹏、李实认为绝大部分税种都潜在扩大了收入不平等状况，当前的房产税再分配效应较低，累进税率设计要比固定比例税率更有利于调节收入不平等。⑦ 汪昊、娄峰构建可计算一般均衡模型测算得出：来源端间接税、政府社会保障支出和支出端间接税分别使基尼系数上升1.7%、1.3%和3.2%，而转移支付、社会保障缴费和个人所得税分别使基尼系数下降3%、0.4%和0.7%。⑧

国外的相关研究也重点集中在所得税的再分配效应上，不同国家以及不同时期对再分配效应的研究结果也存在较大差异。理查德·伯德（Richard M. Bird）和埃里克·佐尔特（Eric M. Zolt）针对多数发展中国家的研究，发现由于累进性较低，这些国家的所得税对收入的不平等程度影响

---

① 田志伟：《中国五大税种的收入再分配效应研究》，《现代财经》（天津财经大学学报）2015年第8期，第33～43页。
② 尹音频、闫胜利：《我国间接税的归宿与收入再分配效应》，《税务研究》2017年第4期，第20～26页。
③ 安体富、任强：《税收在收入分配中的功能与机制研究》，《税务研究》2007年第10期，第22～27页。
④ 童锦治、周竺竺、李星：《我国城镇居民税收的收入再分配效应变动及原因探析》，《财贸经济》2011年第6期，第31～37页。
⑤ 卢洪友、杜亦譔：《中国财政再分配与减贫效应的数量测度》，《经济研究》2019年第2期，第4～20页。
⑥ 王茜萌、倪红福：《中国整体税收负担的再分配效应——基于CFPS微观家庭调查数据的实证研究》，《商业研究》2019年第3期，第20～28页。
⑦ 詹鹏、李实：《我国居民房产税与收入不平等》，《经济学动态》2015年第7期，第14～24页。
⑧ 汪昊、娄峰：《中国财政再分配效应测算》，《经济研究》2017年第1期，第103～118页

较小,再分配效应较小。① 泽利科·博格蒂奇(Zeljko Bogetic)和法里德·哈桑(Fareed Hassan)使用保加利亚关于家庭收支调查中分析所得税对家庭收入影响的研究成果,发现城镇居民税负高于农村居民,推断所得税有效调节了收入的不平等程度,具备较显著的再分配效应。② 法布里齐奥·马泰西尼(Fabrizio Mattesini)和洛伦扎·罗西(Lorenza Rossi)通过NK-DSGE的相关模型建立,对累进税制发挥的效应进行研究,认为所得税充当稳定器的作用,具备对福利收益以及收入和产出乃至通胀的调节作用。③ 法提赫·古文宁(Fatih Guvenen)等利用生命周期模型模拟个税的再分配作用,得出结论认为:累进性较强的个税会动态缩小税前工资的不平等,再分配效应较为显著。④ 乔纳森·希思科特(Jonathan Heathcote)等则认为,累进性个税对税前收入的调节作用很小,甚至还具备负效应,可能会带来市场扭曲。⑤ 国外研究也涉及企业所得税的再分配效应,如托马斯·皮凯蒂(Thomas Piketty)和伊曼纽尔·赛斯(Emmanuel Saez)对比多个国家税制,发现企业所得税具备调节收入分配的作用。⑥ 间接税方面的相关实证研究则多为经验分析,其通常借助数据考察税收的相关影响,如安德鲁·里昂(Andrew Lyon)和罗伯特·施瓦布(Robert M. Schwab)运用计量方法研究美国消费税的居民负担分布。⑦

当收入存在不平等时,根据艾伦·梅尔策(Allan H. Meltzer)和斯科特·理查德(Scott F. Richard)的假设,⑧如果中间投票者的收入低于平均收入,这些起决定性作用的中间选民将会应用所得税进行再分配。⑨ 根据

---

① Richard M. Bird, and Eric M. Zolt, "Dual Income Taxation and Developing Countries," *Columbia Journal of Tax Law*, 2010, 1(2), pp.174-217.
② Zeljko Bogetic and Fareed Hassan, "Distribution of income and the income tax burden in Bulgaria," No. 1421. *Policy Research Working Paper from The World Bank*, 1995.
③ Fabrizio Mattesini and Lorenza Rossi, "Monetary policy and automatic stabilizers: the role of progressive taxation," *Journal of Money, Credit and Banking*, 2012, 44(5), pp.825-862.
④ Fatih Guvenen, Burhanettin Kuruscu and Serdar Ozkan, "Taxation of human capital and wage inequality: a cross-country analysis," *The Review of Economic Studies*, 2014, 81(2), pp. 818-850.
⑤ Jonathan Heathcote, Kjetil Storesletten and Giovanni L. Violante, "Optimal Tax Progressivity: An Analytical Framework," *Staff Report*, 2014, 132(4), pp.1693-1754.
⑥ Thomas Piketty and Emmanuel Saez, "How progressive is the US federal tax system? A historical and international perspective," *Journal of Economic perspectives* 2007, 21(1), pp.3-24.
⑦ Andrew Lyon and Robert M. Schwab, "Consumption Taxes in a Life-Cycle Framework: Are Sin Taxes Regressive?," *The Review of Economics and Statistics*, 1995, 77(3), pp.389-406.
⑧ Allan H. Meltzer and Scott F. Richard, "Tests of a rational theory of the size of government," *Public Choice*, 1983, 41(3), pp.403-418.
⑨ Lars-Erik Borge and Rattso Jorn, "Income Distribution and Tax Structure: Microeconomic Test of the Meltzer-Richard Hypothesis," *CESifo Working Paper Series* (No 543), 2001.

该模型,税前收入分配越不平等,则再分配效应越强。基于这一思路,税收将具有天然的再分配属性,关于这一思路的系列文献可追溯至最优再分配的税收设计①以及有关所得税边际累进性的讨论。② 在相关的实证文献中,梅尔策-理查德模型也常被作为解释政府规模大小的理论。③ 在此基础上,拉斯-埃里克·博尔赫(Lars-Erik Borge)和拉特索·乔恩(Rattso Jorn)认为由于所得税税基的分配不同于财产税基的分配,因此收入分配会直接影响税收结构。④ 斯蒂芬·卡拉布雷斯(Stephen Calabrese)基于税收和公共品分配的福利效应和再分配效应理论模型和量化模拟测算,认为相对于单一制国家,由于联邦制度中多数投票会导致联邦的更大程度的再分配,财税政策会使得贫困家庭的境况变好,富裕家庭的境况变差。⑤ 卡拉布雷斯等进一步基于联邦制度的理论模拟发现,联邦政府的收入分配效应较强,地方再分配较少,且地方政府偏爱使用财产税而不是所得税资助地方公共物品。⑥

二、房地产税再分配效应及其影响因素

中文文献中对房地产税收入分配效应的结论存在一定争议。有人认为由于房产的消费和投资也存在随收入增长而边际消费(投资)倾向递减的规律,房地产税总体呈现累退性,⑦但多数研究发现房地产税的收入分配效应总体为正。⑧ 中国当前上海和重庆的房产税试点政策只针对少数高档住宅或拥有房产较多的人群,因此具有累进性,可以降低收入分配差距;但试点

---

① Kevin WS. Roberts, "Voting over income tax schedules," *Journal of Public Economics*, 1977, 8(3), pp. 329-340. Thomas Romer, "Individual welfare, majority voting, and the properties of a linear income tax," *Journal of Public Economics*, 1974, 4(2), pp. 163-185.
② Alex Cukierman and Allan Meltzer, "A political theory of progressive income taxation," in A. Meltzer, A. Cukierman, & S. Richard, eds., *Political Economy*, New York: Oxford University Press, 1991.
③ Allan H. Meltzer and Scott F. Richard, "Tests of a rational theory of the size of government," *Public Choice*, 1983, 41(3), pp. 403-418. Gordon Tullock, "Further tests of a rational theory of the size of government," *Public Choice*, 1983, 41(3), pp. 419-421.
④ Lars-Erik Borge and Rattso Jorn, "Income Distribution and Tax Structure: Microeconomic Test of the Meltzer-Richard Hypothesis," *CESifo Working Paper Series*(No 543), 2001.
⑤ Stephen Calabrese, "Political economy of centralized redistribution and local government fiscal structure," Working Paper, Tepper School of Business. Carnegie Mellon University, 2014.
⑥ Stephen Calabrese, Dennis Epple and Richard Romano, "Majority Choice of Taxation and Redistribution in a Federation," *Nber Working Papers*, 2018.
⑦ 刘学良:《房产税再分配效应和税制设计》,《中国金融》2019年第20期,第80~81页。
⑧ 李娇、向为民:《房产税收入分配效应的实证检验——基于结构和整体的视角》,《当代财经》2013年第12期,第28~35页。詹鹏、李实:《我国居民房产税与收入不平等》,《经济学动态》2015年第7期,第14~24页。

房产税的再分配效应也只有个人所得税的21%～41%。① 范子英和刘甲炎发现重庆房产税试点使得大面积住房价格下降的同时,与中低收入阶层对应的小面积住房价格反而大幅度上升,这些阶层不得不增加他们的储蓄来应对上升的房价,因此该试点对收入分配有负面影响。②

从房地产税再分配效应的影响因素看,平均税率低、税收规模小是制约其调节收入分配作用的主因。③ 也有学者强调应综合考虑纳税和公共服务收益的综合作用,以此测算房地产税对不同家庭的最终再分配效应。④ 比较不同的房地产税征收方案,人均价值减免征税方案的再分配效应与潜在税收能力均优于其他三种征税方案。⑤

国际上有不少国家存在关于房地产税再分配效应的讨论,包括美国⑥、北爱尔兰⑦、韩国⑧等。房地产税的再分配效应的影响因素包括重新评估的滞后性(reappraisal lag)和税收减免等方面。迈克尔·福格蒂(Michael S. Fogarty)考察了房地产税重新评估的滞后性对再分配效应的影响,发现重新评估滞后增加了低价值住房业主的财产税负担,同时减轻了高价值住房业主的税收负担;如果考虑商业地产与居住房产的关系后,税收负担的重新分配则变得更为复杂。⑨ 哈里·鲍曼(Harry W. Bowman)认为美国各地都有政府房产免于缴纳房地产税的政策,其主要是基于已经过时的历史考虑,

---

① 詹鹏、李实:《我国居民房产税与收入不平等》,《经济学动态》2015年第7期,第14～24页。
② 范子英、刘甲炎:《为买房而储蓄——兼论房产税改革的收入分配效应》,《管理世界》2015年第5期,第18～27页。
③ 李娇、向为民:《房产税收入分配效应的实证检验——基于结构和整体的视角》,《当代财经》2013年第12期,第28～35页。
④ 刘学良:《房产税再分配效应和税制设计》,《中国金融》2019年第20期,第80～81页。
⑤ 张平、侯一麟:《房地产税的纳税能力、税负分布及再分配效应》,《经济研究》2016年第12期,第118～132页。王文甫、刘亚玲:《房地产税不同征税方案的再分配效应与潜在税收能力的测算与比较》,《税务研究》2020年第4期,第41～48页。
⑥ Haydar Kurban, Ryan M. Gallagher and Joseph J. Persky, "Estimating Local Redistribution through Property-Tax-Funded Public School Systems," *National Tax Journal*, 2012, 65(3), pp. 629-651. Mark Skidmore, Charles L. Ballard and Timothy R. Hodge, "Property value assessment growth limits and redistribution of property tax payments: Evidence from Michigan," *National Tax Journal*, 2010, 63(3), pp. 509-537.
⑦ William J. McCluskey, Peadar Davis and Lay Cheng Lim, "Residential property tax reform in Northern Ireland: impact analysis and spatial redistribution," *Journal of Property Tax Assessment & Administration*, 2007, 4(3), pp. 59-70.
⑧ Myung-ho. Park, "The Income Redistribution Effects of the 2018 Housing Property Tax Strengthening Policies in Korea," *Journal of Budget and Policy*, 2019(8), pp. 101-121.
⑨ Michael S. Fogarty, *Income distribution effects of the urban property tax with emphasis on the reappraisal lag: a theoretical and empirical analysis of the Multnomah Couny experience*. (Ph. D.), Portland State University, 1970.

而不是基于逻辑。① 奎泽·巴伦苏埃拉-斯托基(Quitzé Valenzuela-Stookey)讨论了房地产税减免的再分配效应,发现对富裕地区的支出进行限制和/或征税的政策是帕累托改进,这些政策减少了受教育机会的不平等,同时增加了资金不足学校的支出。②

现有文献对房地产税的收入再分配效应研究,往往基于单一视角和侧面进行分析,得出有限条件下的结论,这使得不同研究的结论往往不尽一致,甚至完全相反。本章尽可能全面综合评估房地产税的再分配效应,试图从不同角度结合房地产税的税制要素设计(尤其是税率设计和断路器机制减免)分析房地产税的收入再分配效应,并测算其对不同收入层次家庭的差别影响。据此可基于房地产税的政策目标,选择恰当的征收模式。本章的主要结论对未来的房地产税设计有直接的现实意义。

第三节 再分配效应的理论测量

要衡量税收对收入不平等的调节作用,首先需要测量收入的不平等程度。当前衡量收入不平等最常用的是基尼系数,其计算依据是洛伦兹曲线(Lorenz curve),采用的分析与测算方法主要有几何计算法、曲线拟合法与分布函数法3种。③ 在基尼系数基础上衍生出的税收分配效应测量指标包括K指数④和MT指数⑤:

$$K = C_T - G_X$$
$$MT = G_X - G^*$$

其中,C_T表示税收集中的指数,G_X为税前收入的基尼系数,G^*为税后收入的基尼系数。本章也会基于这两个指数的基本原理对房地产税的再分配效

---

① Harry W. Bowman, "Reexamining the Property Tax Exemption," *Land Lines*, 2003, 15(3), pp. 5-7.
② Quitzé Valenzuela-Stookey, "Redistribution through Tax Relief," *arXiv: 2011.03878*, 2020.
③ 成邦文:《基于对数正态分布的洛伦兹曲线与基尼系数》,《数量经济技术经济研究》2005年第2期,第127~135页。
④ Nanak C. Kakwani, "Measurement of tax progressivity: An international Comparison," *Economic Journal*, 1976, 87(345), pp. 71-80. Nanak C. Kakwani and Hyun Hwa Son, "Normative Measures of Tax Progressivity: An International Comparison," *The Journal of Economic Inequality*, 2021, 19(1), pp. 185-212.
⑤ Richard A. Musgrave and M. T. Thin, "Income Tax Progression, 1929-48," *Journal of Political Economy*, 1948, 56(6), pp. 498-514.

应进行测算。

另外,税收的再分配效应很大程度上取决于税率设计。如果随着收入增加税率上升,则该税具有累进性。庇古提出了测算税率累进性的方法[①],公式为:

$$ARP = \frac{\frac{T_1}{Y_1} - \frac{T_0}{Y_0}}{Y_1 - Y_0}$$

其中 ARP 表示平均税率的累进性,Y 是收入,T_1 为较高收入者所缴纳的税额,Y_1 为较高收入者的收入,T_0 为较低收入者税额,Y_0 为较低收入者收入($Y_1 > Y_0$)。税率的累进性为平均税率(T/Y)变化与收入变化之比:当 $ARP > 0$,表示该税是累进的,具有收入分配正效应;当 $ARP < 0$,则说明该税是累退的,具有逆向再分配作用。由此可见,要使房地产税起到调节收入分配的作用,不仅要使高收入群体缴纳的税收更多($T_1 > T_0$),且要使得高收入家庭的税额占收入的比重比低收入家庭更高$\left(\frac{T_1}{Y_1} > \frac{T_0}{Y_0}\right)$。

令税额 $T = \tau V$,V 为住房价值,τ 为房地产税实际比例税率($\tau_1 = \tau_0$),则公式可转换为:

$$ARP = \frac{\tau\left(\frac{V_1}{Y_1} - \frac{V_0}{Y_0}\right)}{Y_1 - Y_0} = \frac{\tau(\theta_1 - \theta_0)}{Y_1 - Y_0},$$

$\theta = V/Y$ 为不同家庭房产价值与收入的比重。

住房同时具有消费品和投资品的双重属性。从消费品角度看,"边际消费倾向递减"的规律使得 $\theta_1 < \theta_0$,此时 $ARP < 0$,则房地产税具有累退性。如果把家庭的第一套住房视为生活必需品,在没有任何税收减免的情形下,第一套住房缴纳房地产税的累退性显著,这也是社会普遍关注家庭首套房是否需要缴纳房地产税的重要原因之一。从投资品角度看,高收入家庭可能会有更高比例的财富用于住房投资,此时 $\theta_1 > \theta_0$,$ARP > 0$,则房地产税具有累进性,有利于调节收入分配。但是,如果现实中存在打击投资或投机多套房产的政策制约,如限购、限贷或差异化交易税费等,则 $\theta_1 > \theta_0$ 的可能性降低。综上,当税率为统一的比例税率时,房地产

[①] Arthur Cecil Pigou, *A Study in Public Finance*, New York: St. Martin's Press Inc., 1928.

税的收入再分配效应很大程度上取决于不同家庭资产配置中房产价值与收入比重的对比关系。

此外，如果实际税率为累进税率 $\tau_1 > \tau_0$，则公式为：

$$ARP = \frac{\tau_1\theta_1 - \tau_0\theta_0}{Y_1 - Y_0},$$

此时即使 $\theta_1 < \theta_0$，只要税率的累进性足够，$ARP > 0$ 也仍可能实现，即房地产税具有更高的累进性。需要说明的是，尽管从各国实践看，房地产税的税率设计除了少数情况下会有累进税率外，名义税率一般为比例税率，但是在名义税率为比例税率的同时，对低收入群体设置一定的减免（包括断路器政策）后则可能实现实际税率的累进性。

需要补充的是，不同的减免方案对实际税率累进性的贡献不尽相同。举例说，人均或家庭面积减免可能导致发达城市中心地区的家庭获得更多税收减免，因为这些区域的单位面积房价普遍更高，而这些家庭并非低收入家庭，因此基于家庭收入的税率累进性不明显。人均或家庭房产价值减免的累进性相对较好，因为无论是在城市间亦或是城市内，总体而言家庭收入与房产价值间具有正相关性，但是价值减免方案仍然无法精准地对低收入家庭给予税收优惠。相对而言，断路器政策主要通过保护房产价值占收入比重过高的人群来实现优化税负分布，识别更精准，且在设计时可以通过设定可享受该优惠的家庭收入上限，从而保证该政策只惠及中低收入家庭。因此，房地产税的收入再分配效应与其税制要素直接相关，本章将基于数据测算不同场景下房地产税的收入再分配效应。

第四节 数据、方法与结果

本章与前述章节一样，用北京大学中国社会科学调查中心的《中国家庭追踪调查》(China Family Panel Studies, CFPS) 2018 年数据进行测算。我们经过数据整理剔除缺失值后，保留约 5 000 个有效观察值（不同的变量观察值略有差异），分布在 25 个不同省份。[①] 基于家庭微观数据计算省级层

---

① 这项调查未包含内蒙古、海南、西藏、青海、宁夏、新疆等 6 个省级行政区域。为避免极值的影响，删去主要变量的缺失值后，我们进一步去除了首尾 0.1% 的观察值，最终剩下 5 050 个有效观察值。从样本数据看，住房拥有率为 91.8%。有房户中拥有 1 套、2 套和 3 套及以上的比重分别为 76.1%、19.2% 和 4.7%。无房户的平均收入高于有房户，因此如果考虑所有家庭，房地产税的再分配效应会有所下降。

面的均值,在纳税能力基础上,参考张平、侯一麟的相关研究成果,①若使各省居民用约3%左右的家庭收入用于缴纳房地产税时,计算各省可行的房地产税税率。② 其计算公式为:

$$rate_i = \frac{fincome_i \times 3\%}{property_i}$$

其中,i为省份,$rate_i$为各省房地产税税率。$fincome_i$为各省的家庭收入中位数,$property_i$为各省家庭住房价值中位数(包括多套房)。计算得到各省的房地产税税率后,i省j家庭的房地产税税额($propertytax_{ij}$)则对应为:

$$propertytax_{ij} = property_{ij} \times rate_i$$

以纳税能力指数为基础,我们首先计算出不同省份的实际税率水平和家庭平均税负及其分布状况,并基于税前和税后基尼系数和泰尔指数的变化,测算了房地产税在不同税制要素设计下(包括税率和减免的变化)的再分配效应。其次,我们将家庭分为不同的收入层次(以20%为界分为5个层次),测算房地产税负在不同收入层次家庭间(不同人群中)的税负分布。以此探讨再分配效应的内在机制,即到底哪部分人群承担了更多的再分配效应。最后,基于房产的价值捕获效应和房地产税的受益税特征,我们计算房地产税在一定假设条件下的再分配效应。

一、税负分布与再分配效应

基于测算方法,如表5-1所示,我们根据不同省份的房价和收入水平计算出实际税率和户均税额。可以看出,从纳税能力角度看,北京、上海等大城市的税率仅为0.15%左右,低于多数国家的1%左右的平均税率,这是由于这些大城市的房价收入比过高所致。尽管使用了不同数据,该结果也与之前张平、侯一麟③的研究结论相一致,说明中国的房价收入比长期维持着偏高的状态。在此背景下,多数地区的税率相对较低,平均为0.59%。

---

① 张平、侯一麟:《中国城镇居民的房地产税缴纳能力与地区差异》,《公共行政评论》2016年第2期,第135~154页、第207~208页。张平、侯一麟:《房地产税的纳税能力、税负分布及再分配效应》,《经济研究》2016年第12期,第120~134页。
② 以家庭平均收入的3%缴纳房地产税测算税率作为基准,下文也同时分别测算了家庭平均收入的6%和9%用于缴纳房地产税时的情形。
③ 张平、侯一麟:《中国城镇居民的房地产税缴纳能力与地区差异》,《公共行政评论》2016年第2期,第135~154页、第207~208页。张平、侯一麟:《房地产税的纳税能力、税负分布及再分配效应》,《经济研究》2016年第12期,第120~134页。

表 5-1　不同省份的房地产税差异化税率和户均税额(无减免)

编号	省级行政区域	样本量(家庭户)	实际税率	房产价值(万元)		家庭年收入(元)		税额(元)	
				中位数	均值	中位数	均值	中位数	均值
11	北京	32	0.14%	400	464.4	190 000	200 861	5 700	6 617
12	天津	43	0.32%	110	142.2	116 000	143 249	3 480	4 500
13	河北	235	0.47%	45	72.7	70 000	81 707	2 100	3 393
14	山西	155	0.62%	25	38.3	52 062	67 389	1 562	2 393
21	辽宁	521	0.88%	25	42.1	73 200	94 891	2 196	3 700
22	吉林	88	0.73%	25	29.9	60 500	89 095	1 815	2 167
23	黑龙江	250	1.64%	12	21.8	65 500	82 710	1 965	3 570
31	上海	554	0.15%	278	356.4	140 000	192 621	4 200	5 385
32	江苏	156	0.38%	80	122.3	100 000	132 114	3 000	4 586
33	浙江	119	0.59%	75	126.1	147 200	182 359	4 416	7 426
34	安徽	150	0.77%	30	43.7	76 900	93 727	2 307	3 357
35	福建	47	0.41%	60	111.3	81 950	155 682	2 459	4 559
36	江西	66	0.48%	50	75.3	80 530	109 192	2 416	3 641
37	山东	259	0.53%	40	63.3	70 000	82 551	2 100	3 323
41	河南	527	0.53%	40	66.4	70 000	93 062	2 100	3 484
42	湖北	106	0.48%	73	125.2	115 600	144 924	3 468	5 987
43	湖南	223	0.63%	40	68.0	84 522	122 475	2 536	4 311
44	广东	492	0.47%	60	111.8	94 690	139 408	2 841	5 291
45	广西	80	0.72%	20	42.3	47 990	60 706	1 440	3 042
50	重庆	57	0.59%	40	48.1	79 000	94 813	2 370	2 851
51	四川	232	0.80%	25	37.9	66 500	88 946	1 995	3 022
52	贵州	100	0.60%	40	73.2	80 601	137 813	2 418	4 427
53	云南	106	0.66%	30	56.3	65 730	95 523	1 972	3 699
61	陕西	96	0.60%	50	76.4	100 000	118 674	3 000	4 582
62	甘肃	356	0.47%	40	53.5	62 020	85 911	1 861	2 489
总计/平均		5 050	0.59%	69	98.7	87 620	115 616	2 629	4 072

表 5-2 为房地产税开征前后家庭收入不平等的变化情况。我们使用最常用的基尼系数和泰尔指数来衡量不平等程度,两个指标的结论完全一致。从基尼系数可以看出,住房财富的不平等程度(基尼系数为 0.643)远大于收入的不平等程度(基尼系数为 0.467)。房地产税开征后,税负平均为家庭收入 3% 时,收入的基尼系数从 0.467 上升到 0.473,即基尼系数不降反升。这一趋势在税率提高时同样存在,且在税率更高时基尼系数反而提高得更为明显,即收入不平等程度上升更多。这一结论显然出乎意料:房地产税对收入不平等产生了明显的逆向调节作用。参考张平、侯一麟[①]关于房地产税税制要素中减免的设计,我们进一步测算了分别减免人均 10、30、50 平米房产价值后,家庭收入不平等的变化情况。结果显示,与无减免相比,加入减免后家庭收入的不平等程度下降,且减免额度越大,基尼系数越小。当人均减免 50 平米房产价值时,基尼系数基本回到税前水平。以上结果说明,房地产税对收入差距的再分配效应较弱,调节收入差距的目标难以达到。增加减免设计后,房地产税对收入不平等的逆向调节作用减弱,这一定程度上说明了房地产税减免设计的必要性。房地产税对收入不平等逆向调节作用的内在机制是什么?为考察这一问题,我们进一步将不同家庭根据收入进行分层。

表 5-2 房地产税对收入不平等的影响

类别	税负为收入 3%		税负为收入 6%		税负为收入 9%	
	基尼系数	泰尔指数	基尼系数	泰尔指数	基尼系数	泰尔指数
住房财富	0.643	0.855				
收入	0.467	0.588				
税后收入(无减免)	0.473	0.604	0.481	0.621	0.491	0.639
税后收入(人均 10 平米价值)	0.469	0.596	0.472	0.604	0.477	0.612
税后收入(人均 30 平米价值)	0.467	0.590	0.468	0.592	0.470	0.595
税后收入(人均 50 平米价值)	0.467	0.588	0.467	0.589	0.468	0.589

说明:这里的税率为各省级区域差异化的税率,房价收入比更高的地区税率更低;由于房价收入比较高的地区的收入也相对较高,产生逆向调节的部分原因是高收入地区享受了较低的税率(尽管税额仍然相对更高)。因此,我们同样尝试了全国统一税率(0.5%),此时税后基尼系数为 0.470,房地产税对收入差距仍然有逆向调节作用。这说明房地产税对收入差距的逆向调节作用不仅存在于省内(由于住房作为消费品的属性),在跨省间同样存在。设置减免后,逆向调节作用基本消失,分别减免人均 10、30、50 平米房产价值后,税后基尼系数分别为 0.469、0.467、0.467。

---

① 张平、侯一麟:《房地产税的纳税能力、税负分布及再分配效应》,《经济研究》2016 年第 12 期,第 120~134 页。张平、侯一麟:《中国城镇居民的房地产税纳税意愿——基于不同减免方案的模拟分析》,《公共行政评论》2019 年第 2 期,第 45~64 页、第 194~195 页。

二、不同收入分层的再分配效应

根据收入水平,我们将不同家庭分为5个百分位,即0~20%、20%~40%、40%~60%、60%~80%、80%~100%,分析房地产税在不同收入分层中的再分配效应。表5-3和图5-1为不同减免方案下房地产税的税负分布情况。可以看出,在不同方案下,高收入组均承担了房地产税主要税负:在无减免时,低收入家庭组(0~20%)承担不到10%的总税负,中低收入组(20%~40%)为12%,中等收入组(40%~60%)为15%,中高收入组(60%~80%)约为24%,高收入家庭组(80%~100%)承担近40%的税负。房地产税的税负在低、中低和中等三个收入组中的比重差异并不明显,尤其是随着减免额度的增加,这三个收入组的税负更趋接近。当减免额度增加时,由于低收入家庭中不纳税的比例更大,高收入组承担的税负比重进一步提高。当人均减免50平米价值时,最高收入组(80%~100%)承担的税负比重达到了58%,最富有的1%家庭承担了9%的房地产税税负。因此,一定的减免设计确实可以增加房地产税对收入的再分配效应。

表5-3 不同减免方案下房地产税的税负分布

收入区间	无减免	减免10平米	减免30平米	减免50平米
低:0~20%	9%	7%	7%	7%
中低:20%~40%	12%	10%	7%	6%
中等:40%~60%	15%	13%	10%	8%
中高:60%~80%	24%	24%	23%	21%
高:80%~100%	40%	46%	54%	58%
75%~90%	22%	24%	23%	22%
90%~95%	9%	10%	11%	11%
95%~99%	12%	14%	18%	21%
99%~100%	4%	5%	7%	9%
75%~100%	47%	53%	59%	63%

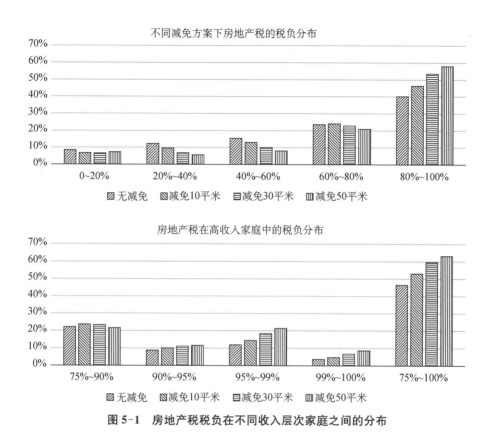

图 5-1 房地产税税负在不同收入层次家庭之间的分布

开征新税,务必要考虑可获得的税收,税收偏少则该税不应开征。随着房地产税减免额度的增加,房地产税的纳税户数和潜在税额都会迅速下降。如表 5-4 所示,当人均减免 10 平米和 30 平米价值时,纳税户数和潜在税额都下降为不减免时的 2/3 和 1/3 左右;当人均减免 50 平米时,纳税户数和潜在税额则分别下降到不减免时的 16% 和 20%。从不同家庭收入组别来看,低收入家庭的纳税户数和潜在税额下降都明显快于高收入家庭。例如,当人均减免 10 平米时,最低收入组(0~10%)的纳税户数和潜在税额下降到 50% 左右,而最高收入组(80%~100%)的纳税户数和潜在税额仍然分别为 86% 和 77%。但随着减免额度的增加,最低收入组的潜在税额下降速度反而慢于中低收入组(20%~40%)和中等收入组(40%~60%)。因此,我们需要进一步测算房地产税对不同收入分层的再分配效应,以探讨这一现象存在的原因。

表 5-4　不同减免方案下房地产税收入和纳税户数的变化

家庭收入组别	减免10平米时下降百分比		减免30平米时下降百分比		减免50平米时下降百分比	
	纳税户数	潜在税额	纳税户数	潜在税额	纳税户数	潜在税额
0~20%	44%	53%	14%	27%	7%	17%
20%~40%	55%	52%	18%	19%	8%	9%
40%~60%	65%	56%	26%	23%	11%	11%
60%~80%	75%	68%	39%	33%	19%	18%
80%~100%	86%	77%	55%	46%	32%	29%
合计	65%	66%	30%	34%	16%	20%

表 5-5 通过不同家庭组别的收入占比展示了房地产税对不同收入分层家庭的再分配效应。结果显示,最低收入组家庭(0~20%)的收入占比与住房财富占比(房地产税税基)存在非常明显的差异:该收入组家庭的收入比重为 3.7%,但住房财富比重达到了 6.3%。而其他收入组家庭的收入比重与住房财富比重则基本相当。也正因如此,最低收入组家庭(0~20%)缴纳房地产税后的税后收入比重反而下降,且税率越高,该收入组家庭的收入比重越低:在税负平均为收入的 3%、6%和 9%三档时,该收入组家庭的税后收入比重分别下降为 3.5%、3.3%和 3.1%。当增加减免设计后,该收入组家庭的税后收入比重有明显回升,但即便减免额度较高时,其收入比重也仅仅是恢复到了税前水平(见表 5-5)。也就是说,在不同的税种要素设计下,房地产税难以达到调节收入分配的作用,且在无减免时还会起到明显的逆向调节作用:即低收入组家庭缴纳的税负比重超过了其收入比重。

表 5-5　房地产税对不同收入分层的再分配效应

收入分层	住房财富比重	收入比重	税后收入比重(无减免)	减免10平米价值	减免30平米价值	减免50平米价值
税负为收入的 3%						
0~20%	6.3%	3.7%	3.5%	3.6%	3.7%	3.7%
20%~40%	9.6%	9.5%	9.4%	9.5%	9.5%	9.5%
40%~60%	13.5%	14.2%	14.2%	14.2%	14.3%	14.3%
60%~80%	21.5%	21.0%	20.9%	21.0%	21.0%	21.0%
80%~100%	49.2%	51.6%	52.0%	51.7%	51.5%	51.5%

(续表)

收入分层	住房财富比重	收入比重	税后收入比重（无减免）	减免10平米价值	减免30平米价值	减免50平米价值
税负为收入的6%						
0~20%	6.3%	3.7%	3.3%	3.6%	3.6%	3.7%
20%~40%	9.6%	9.5%	9.3%	9.5%	9.5%	9.5%
40%~60%	13.5%	14.2%	14.1%	14.3%	14.3%	14.3%
60%~80%	21.5%	21.0%	20.8%	20.9%	21.0%	21.0%
80%~100%	49.2%	51.6%	52.4%	51.8%	51.5%	51.5%
税负为收入的9%						
0~20%	6.3%	3.7%	3.1%	3.5%	3.6%	3.6%
20%~40%	9.6%	9.5%	9.1%	9.5%	9.6%	9.6%
40%~60%	13.5%	14.2%	14.1%	14.3%	14.4%	14.4%
60%~80%	21.5%	21.0%	20.7%	20.8%	21.0%	21.0%
80%~100%	49.2%	51.6%	52.9%	52.0%	51.5%	51.4%

图5-2以更加直观的方式展示了在不同的减免方案下，房地产税在不同收入家庭之间的分布情况。使用的方法类似计算基尼系数时的洛伦兹曲线。横轴把所有家庭按收入由低到高排列。纵轴为税收负担，由左向右为

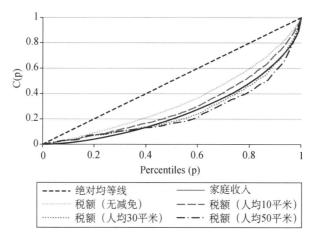

图5-2 不同减免方案下房地产税额在不同收入家庭之间的分布

所有家庭缴纳的房地产税占总税额的比重,曲线越偏离45度线(绝对均等线),表明税收负担越向高收入家庭倾斜。从该图可以看出,相对于无免除方案,房地产税增加减免后明显是更多的由富人承担。增加减免设计后,尽管高收入组家庭缴纳了绝大部分税收,但税额洛伦兹曲线与收入曲线在大约40%处出现了交叉,最低收入组(0~20%)与中低收入组(20%~40%)承担的税负比重超出了他们的收入比重。

房地产税对收入差距的调节作用较弱的原因有三个:一是尽管高收入群体承担了主要税负,但其承担房地产税的比重需要高于其收入比重才能真正有效调节收入分配;二是房地产税相对于收入的比重较低,即使高收入群体承担的税负比重高于其收入比重,因为税负有限导致对收入分布的影响有限;三是按照固定面积的房产价值设置减免额,实际上导致所在地区的单位房价更高的家庭获得了更大的税收优惠,而这些家庭在全国样本中并不属于低收入家庭,削弱了减免政策的再分配效果。最终不同收入组别的家庭承担的税负与其收入比重仍基本相当,因此收入不平等状况维持不变。不同收入组家庭税前和税后的收入占比基本一致,这与上一节基尼系数衡量的结果一致。

三、"断路器"机制与普遍减免的比较

图5-3为家庭收入和住房财富的基尼系数与洛伦兹曲线。可以看出,家庭收入的基尼系数(0.467)明显低于住房财富的基尼系数(0.643)。但当横轴把所有家庭按收入由低到高排列,而纵轴为对应家庭的住房财富累计比重时,其洛伦兹曲线表达的住房财富不平等程度却低于收入不平等程度(曲线更偏离45°线),我们将此曲线叫作"交叉基尼系数"(见图5-4)。此时,总住房价值相对收入的"交叉基尼系数"为0.412,现住房价值相对收入的"交叉基尼系数"仅为0.347。这一结果与表5-5中的数据一致,说明低收入家庭组别的住房财富地位要远高于这些家庭的收入水平在人群中的地位。出现这一现象的原因是,中国住房财富的分配除了市场化方式(自己购买商品房)外,还可通过其他各类非市场化方式获得住房,例如单位分房、经济适用房、房改房、军转房等等。尤其是住房改革期间,部分低收入家庭通过非市场方式获得了住房,随后的房价快速上涨推高了这些家庭的住房财富在人群中的地位。[①] 正是因为这一现象的存在,房地产税甚至会对收入

---

① Ping Zhang, Lin Sun and Chuanyong Zhang, "Understanding the role of homeownership in wealth inequality: Evidence from urban China(1995~2018)," *China Economic Review*, 2021(2).

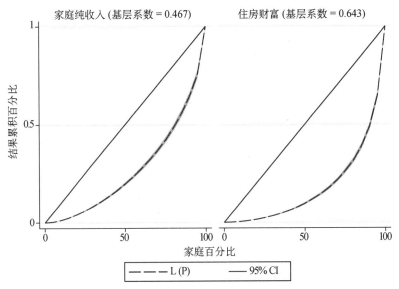

图 5-3　家庭收入和住房财富的基尼系数与洛伦兹曲线对比

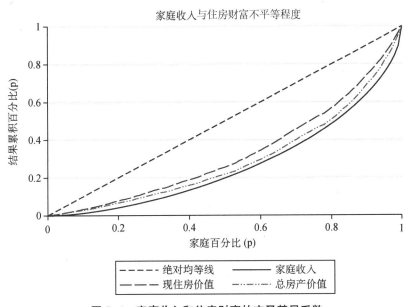

图 5-4　家庭收入和住房财富的交叉基尼系数

分布产生逆向调节作用,且针对所有家庭的普适性减免也无法有效调节现有的收入不平等。这些结果都说明未来开征房地产税需要对中低收入家庭的税收负担给予更多的关注。

从其他国家的实践经验看,房地产税对中低收入家庭带来的负担也得到了较多的关注,除了一般的普遍减免外,其解决办法通常是采用"断路器机制"。电气设备中的断路器(Circuit Breaker)指的是电流超过一定负荷后自动关闭电流的装置,主要目的是预防电路高负荷运行带来的风险。为了防止税负给居民带来的负担过重,一些国家在房地产税政策实践中设计了房地产税的"断路器":当房地产税税负超过家庭收入一定比例时,政府对超过的部分给予全部或部分减免。通过前文的结论可以看出,普遍的减免尽管可以一定程度上提升房地产税的再分配效应,但即便减免很慷慨的情况下,税后的基尼系数仍然比税前更高,即高减免的房地产税仍然无法降低家庭收入的不平等程度。那么,针对低收入群体的"断路器机制"是否可以使房地产税真正能调节收入分配呢?

尽管关于"断路器"有多种设计思路,从简化比较并不失一般性的角度出发,我们假设将"断路器"政策设计为房地产税超过家庭收入的固定比例后则超过部分可免除,且该政策仅适用于特定收入家庭。在本章中,我们将"断路器"政策的阈值设定为家庭收入的5%、10%、15%、20%四类,政策适用范围是家庭收入在中位数以下或中位数两倍以下者两类。在此基础上,我们测算了不同税率水平下房地产税的税负分布及其带来的再分配效应。表5-6为"断路器"政策下房地产税对收入基尼系数的影响。我们的模拟测算结果显示,当"断路器"的政策范围确定在收入为中位数的两倍以下时(列2),房地产税可以更好地调节收入分配(税收基尼系数相对更小)。[①] 在不同的"断路器"政策下,与无减免相比,"断路器"政策总可以有效降低税后收入的基尼系数,尤其是税负较高时,这一效应更为明显:在平均税负为收入的9%场景下,无减免时的税后收入基尼系数为0.491,增加收入阈值为5%的"断路器"政策后,税收收入的基尼系数迅速下降为0.462,甚至低于税前基尼系数。这说明当税负较高时,"断路器"政策能够更好地减轻低收入家庭的税收负担,同时让高收入家庭更多地承担税负,进而对收入产生再分配效应。为便于比较和阐述,下文测算中"断路器"的政策范围均确定在收入为中位数的两倍以下。

---

① "断路器"政策范围确定在收入为中位数的三倍时,税后基尼系数又重新升高,为节省版面,这里不再列出。

表 5-6 "断路器"政策下房地产税对收入基尼系数的影响

类别	税负为收入 3%		税负为收入 6%		税负为收入 9%	
	(1)	(2)	(1)	(2)	(1)	(2)
税前收入	0.467					
税后收入(无减免)	0.473		0.481		0.491	
税后收入("断路器"1)	0.469	0.468	0.468	0.466	0.467	0.462
税后收入("断路器"2)	0.471	0.470	0.472	0.470	0.473	0.468
税后收入("断路器"3)	0.471	0.471	0.474	0.473	0.476	0.473
税后收入("断路器"4)	0.472	0.472	0.476	0.475	0.479	0.476

说明:同一税率水平的两列中:(1)指家庭收入在中位数以下才可享受"断路器"政策。(2)指家庭收入在中位数的两倍以下都可享受"断路器"政策。断路器1、断路器2、断路器3和断路器4分别指"断路器"政策的阈值分别为家庭收入的5%、10%、15%和20%(下同)。

表 5-7 进一步展示了不同"断路器"政策下房地产税在不同收入分层的税负分布。从测算结果可以看出,不同方案下高收入群体都承担了主要税负:无减免时,80%～100%收入区间家庭承担了 40%的税负,采用"断路器"政策后,房地产税的税负更多地向高收入群体倾斜;且税率越高,"断路器"阈值越低,这一倾向愈加明显。当税负占收入的比重平均为 9%,"断路器"政策阈值为中位数收入 5%时,80%～100%收入区间家庭承担了 61.4%的房地产税税负,而 0～20%收入区间家庭仅承担了 2.8%;而无减免时这两个比重分别为 40.1%和 8.5%。

表 5-7 不同"断路器"政策下房地产税在不同收入分层的税负分布

税负/收入	收入区间	无减免	"断路器"1	"断路器"2	"断路器"3	"断路器"4
3%	0～20%	8.5%	4.6%	5.7%	6.3%	6.7%
	20%～40%	12.3%	10.3%	11.6%	12.1%	12.3%
	40%～60%	15.4%	14.8%	15.6%	15.7%	15.7%
	60%～80%	23.6%	22.6%	23.7%	23.9%	23.9%
	80%～100%	40.1%	47.7%	43.4%	42.0%	41.4%
6%	0～20%	8.5%	3.5%	4.6%	5.2%	5.7%
	20%～40%	12.3%	8.4%	10.3%	11.1%	11.6%
	40%～60%	15.4%	12.5%	14.8%	15.5%	15.6%
	60%～80%	23.6%	20.1%	22.5%	23.3%	23.7%
	80%～100%	40.1%	55.6%	47.8%	44.9%	43.4%

(续表)

税负/收入	收入区间	无减免	"断路器"1	"断路器"2	"断路器"3	"断路器"4
9%	0~20%	8.5%	2.8%	3.9%	4.6%	5.1%
	20%~40%	12.3%	7.1%	9.3%	10.3%	10.9%
	40%~60%	15.4%	10.6%	13.6%	14.8%	15.4%
	60%~80%	23.6%	18.1%	21.3%	22.5%	23.1%
	80%~100%	40.1%	61.4%	51.9%	47.7%	45.5%

由于0~20%和80%~100%这两个收入区间家庭的税前收入比重分别为3.7%和51.6%(参见表5-5),在税负平均为收入的9%时,"断路器"1政策下(阈值为中位数收入5%)的税负分布中,这两个收入区间的税负比重分别为2.8%和61.4%,即低收入群体税负占比明显低于其收入占比,而高收入群体正相反(参见表5-7)。表5-8为"断路器"政策下不同收入分层家庭的房地产税潜在税负的变化。可以看出,在"断路器"1政策下,低收入组家庭(0~20%)的税负下降为原来的44%,而高收入组家庭(80%~100%)则并无太大变化(96%)。随着"断路器"政策收入阈值的提高,低收入组和中低收入组家庭的税负均有明显上升,再分配效应也随之下降。从整体的税收收入潜力看,在"断路器"1政策下房地产税的税收仍可以达到无减免时的81%,远高于表5-4中人均减免10平米价值的66%。这说明与普适性减免相比,"断路器"政策不仅可以更好地调节收入分配,而且还可以更有效地保留房地产税收入潜力。

表5-8 不同"断路器"政策下房地产税潜在的税负变化

家庭收入组别	"断路器"1	"断路器"2	"断路器"3	"断路器"4
0~20%	44%	61%	71%	76%
20%~40%	68%	87%	94%	97%
40%~60%	78%	93%	97%	99%
60%~80%	77%	92%	96%	98%
80%~100%	96%	99%	100%	100%
合计	81%	92%	95%	97%

图5-5为不同"断路器"政策下房地产税的税负分布洛伦兹曲线,横轴仍将所有家庭按收入由低到高排列,而纵轴为对应家庭的房地产税累计比

重,此时"断路器"1中房地产税的税负明显比收入更偏向富人(离45°绝对均等线更远),而"断路器"2中的房地产税税负分布已经与税前收入基本一致,"断路器"3和4的税负分布洛伦兹曲线则比税前收入离绝对均等线更近,这不利于调节收入分配。我们进一步模拟测算发现,"断路器"阈值越高,房地产税税负分布越接近无减免时的形态,即再分配效应越弱,甚至有逆向调节作用。

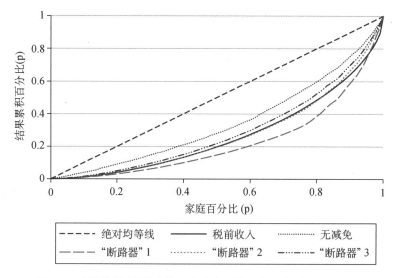

图5-5 不同"断路器"政策下房地产税的税负分布(洛伦兹曲线)

图5-5中的税负分布也验证了表5-6中只有在税负平均为收入的9%时,且在"断路器"1政策下,税收收入的基尼系数才会(0.462)低于税前水平(0.467)。尽管此时图5-5中房地产税税负分布与税前收入分布的洛伦兹曲线有较大差异,看似应该具有较高的收入调节效应,但税后和税前的基尼系数差额却非常小(仅为0.005),似乎有些反常。其原因正是前文所述三个方面的第二个维度:房地产税相对于收入的比重较低,即使高收入群体承担的税负比重高于其收入比重,因为税负有限,导致对收入分布的影响仍然很小。

四、净福利的再分配效应

房地产税作为受益税主要用于地方基本公共服务已成为理论界和实践部门的基本共识。在此背景下,我们假设中国的房地产税未来也将作为地方税用于基本公共服务,与张平、侯一麟的研究①一致,我们进一步假设"公共服务在辖区内均匀分布",家庭人数越多,能够享受的公共服务受益就越多,不同的家庭根据人口数获得相应的受益。以此为基础,根据所在区域和家庭成员数可以计算出每个家庭通过房地产税能够得到的公共服务受益。② 若将该公共服务受益量化为居民收入(福利)的一部分,则家庭的税后收入(福利)应为:

$$税后收入(福利) = 税前收入 - 房地产税税额 + 公共服务受益$$

据此,我们进一步测算出不同场景下家庭税后收入的基尼系数。表5-9为假设房地产税作为受益税,并考虑净福利条件下的再分配效应,结果表明房地产税作为受益税可以明显提升其再分配效应,在多数情况下,税后(同时考虑公共服务受益)的基尼系数比税前更小,即收入不平等程度有所改善。从不同的政策设计看,"断路器"政策的减免方式要显著优于普遍的人均价值减免。而人均价值减免的再分配效应要优于首套减免和人均面积减免,③因此,从再分配效应角度看,"断路器"政策的减免是最优的一种方式。在"断路器"政策下,公共服务受益后,在同等税率水平下,不同的断路器政策带来的再分配效应非常接近。区别在于税率高低,税率越高,再分配效应越强。当税负平均为家庭收入的9%时,考虑公共服务受益的税后基尼系数为0.443~0.445之间,再分配效应最为显著。

表5-9 净福利条件下的再分配效应

类别	考虑公共服务受益的税后基尼系数		
	税负/收入3%	税负/收入6%	税负/收入9%
住房财富	0.643		
收入	0.467		
税后收入(无减免)	0.461	0.458	0.458

---

① 张平、侯一麟:《房地产税的纳税能力、税负分布及再分配效应》,《经济研究》2016年第12期,第120~134页。张平、侯一麟:《中国城镇居民的房地产税纳税意愿——基于不同减免方案的模拟分析》,《公共行政评论》2019年第2期,第45~64页、第194~195页。
② 由房地产税转化为公共服务的相关管理成本这里暂忽略不计,也可设定一个转化系数(如0.8),参数越大再分配效应越强,但其大小不影响这里的基本结论。
③ 张平、侯一麟:《房地产税的纳税能力、税负分布及再分配效应》,《经济研究》2016年第12期,第120~134页。

(续表)

类别	考虑公共服务受益的税后基尼系数		
	税负/收入3%	税负/收入6%	税负/收入9%
税后收入（人均10平米价值）	0.468	0.466	0.462
税后收入（人均30平米价值）	0.470	0.470	0.468
税后收入（人均50平米价值）	0.471	0.473	0.473
税后收入（"断路器"1）	0.459	0.451	0.443
税后收入（"断路器"2）	0.459	0.451	0.443
税后收入（"断路器"3）	0.460	0.452	0.444
税后收入（"断路器"4）	0.460	0.453	0.445

如图5-6所示的是"断路器"政策下房地产税的税负和公共服务受益分布（洛伦兹曲线），出现上述结果的原因是：房地产税的再分配效应更多地来源于公共服务受益的再分配；由于房地产税相对于收入的比重较低，房地产税本身带来的再分配效应相对很小。而所有房地产税加总后转化为公共服务由居民均等受益时，这部分受益分布相对均等，对低收入家庭来说这将是很重要的一部分。图5-6中显示的公共服务受益分布已比较接近绝对均等

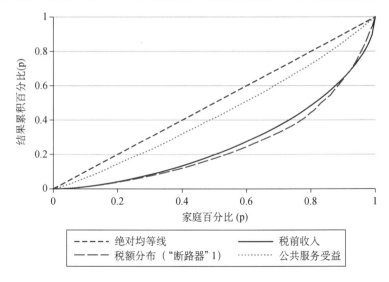

图5-6 "断路器"政策下房地产税的税负和公共服务受益分布（洛伦兹曲线）

分布，仍然存在的部分偏离来源于区域差异：由于房地产税是地方税，再分配效应局限在本区域内；不发达地区房地产税总额相对较少，但低收入群体相对更多，因此即便假设公共服务在区域内均等分布，低收入群体的公共服务受益仍然相对较小，但其均等化程度已经远远超过了税前收入和房地产税额的分布。

表 5-10 更细致地说明了差异化政策下不同收入分层的税额与受益对比情况。可以看出，将房地产税作为受益税用于基本公共服务后具有明显的更好的再分配效应：低收入家庭缴纳了较少的房地产税税额，但获得相对较多的公共服务受益；高收入家庭则与此相反。从不同的政策设计看，与上文基尼系数的变化一致，"断路器"政策具有更好的再分配效应。以 0～20% 收入区间家庭为例，3 档税率未减免时的受益均是税额的 1.61 倍 (965/598)，而在"断路器"政策 1 条件下，三档不同税率下公共服务受益分别是税额的 2.96 倍(769/260)、3.94 倍(1 241/315)和 4.82 倍(1 620/336)，其再分配效应远远高于无减免时的结果。

从表 5-10 中的人均税额还可看出不同政策设计下的房地产税收入潜力变化情况。在第一档税率下，人均税额为 1 047 元。设置低税率的目的是为了适应居民的纳税能力，而如果采用"断路器"政策，则相当于对居民的纳税能力增加了一种保护机制，此时适当提高税率则不会给中低收入家庭带来太大的税收负担。尤其在"断路器"政策 1 场景下，对收入在中位数两倍以下的家庭，其房地产税均不会超过收入 5%，超过部分将给予免除。因此，"断路器"政策一定程度上解开了中国房价收入比较高带来的对税率的约束。通过比较人均税额可以看出，以第一档税率无减免作为基准，在第二档税率下使用"断路器"政策 1(税额/收入＜5%)可征得的房地产税可达到基准值的 1.26 倍(1 324/1 047)，但 0～20% 收入区间家庭需要缴纳的平均税额只有基准值的 52.7%(315/598)；在第三档税率下这一结论依然成立。通过适当提高税率，"断路器"政策下可以征得更多房地产税税额的同时，低收入家庭的税负仍会有明显下降，使得房地产税具有更好的收入再分配效应。也就是说，从低收入家庭税负、税收潜力和再分配效应等角度看，"断路器"政策均要优于普遍的税收减免。尤其是在中国房价收入比偏高的背景下，"断路器"政策可成为未来房地产税税制要素设计的重要政策选择。

表 5-10　差异化政策下不同收入分层的税额与受益对比(单位:元)

税负/收入	收入区间	无减免		减免10平米		减免30平米		减免50平米		"断路器"1		"断路器"2		"断路器"3		"断路器"4	
		税额	受益	税额	受益	税额	受益	税额	受益	税额	受益	税额	受益	税额	受益	税额	受益
3%(一档)	0~20%	598	965	317	624	160	320	104	192	260	769	367	876	422	911	454	927
	20%~40%	671	999	348	641	130	324	62	191	454	800	581	911	629	947	651	964
	40%~60%	826	1 038	465	675	187	342	88	200	644	834	770	949	802	986	816	1 003
	60%~80%	1 202	1 103	813	738	400	387	217	230	928	893	1 108	1 015	1 158	1 053	1 177	1 070
	80%~100%	1 929	1 291	1 482	894	888	480	566	279	1 856	1 063	1 919	1 205	1 927	1 245	1 929	1 261
	平均	1 047	1 080	686	715	353	371	207	219	831	872	952	992	991	1 029	1 009	1 046
6%(二档)	0~20%	1 195	1 929	633	1 249	320	640	208	384	315	1 241	520	1 538	648	1 679	733	1 752
	20%~40%	1 343	1 999	696	1 282	260	647	125	382	596	1 288	907	1 600	1 068	1 747	1 162	1 822
	40%~60%	1 651	2 075	929	1 349	374	685	175	400	872	1 340	1 287	1 669	1 467	1 821	1 539	1 898
	60%~80%	2 404	2 207	1 627	1 477	801	775	434	459	1 330	1 439	1 857	1 786	2 092	1 949	2 216	2 030
	80%~100%	3 859	2 581	2 963	1 787	1 776	959	1 133	559	3 483	1 712	3 712	2 125	3 807	2 318	3 838	2 409
	平均	2 094	2 159	1 372	1 430	706	741	415	437	1 324	1 405	1 663	1 745	1 823	1 904	1 904	1 983
9%(三档)	0~20%	1 793	2 894	950	1 873	480	960	312	576	336	1 620	590	2 050	780	2 308	918	2 464
	20%~40%	2 014	2 998	1 043	1 923	390	971	187	573	652	1 678	1 088	2 130	1 361	2 400	1 538	2 564
	40%~60%	2 477	3 113	1 394	2 024	560	1 027	263	600	961	1 741	1 573	2 219	1 931	2 503	2 138	2 674
	60%~80%	3 606	3 310	2 440	2 215	1 201	1 162	651	689	1 562	1 872	2 334	2 379	2 785	2 679	3 046	2 861
	80%~100%	5 788	3 872	4 445	2 681	2 664	1 439	1 699	838	5 002	2 222	5 378	2 832	5 568	3 188	5 676	3 402
	平均	3 141	3 239	2 058	2 144	1 059	1 112	622	656	1 708	1 827	2 200	2 323	2 494	2 617	2 673	2 795

说明:由于房地产税转化为公共服务的相关管理成本这里暂忽略不计,总体人均税额和人均受益应该相等,这里存在少量差异是由于同省份的观察值数量不同导致的。

第五节 结论与讨论

关于中国房地产税改革的讨论已持续近20年,上海、重庆的房产税试点至今也已10年,但关于房地产税对经济社会影响的讨论在很多领域都仍然没有定论。本章对不同情境下的房地产税税制要素设计如何影响税负分布以及最终产生怎样的再分配效应进行了探讨。结果发现,由于收入的限制,低税率的房地产税对收入差距的再分配效应较弱,房地产税作为"调节税"的目标在当下难以达到。从不同收入分层看,某些情况下房地产税对收入分配有逆向调节作用,这从另一个维度说明了在当下的改革初期设计一定减免的必要性。尽管房地产税的核心目标并不是调节收入分配,但其对收入分配的调节作用会直接影响居民对推进房地产税改革的支持程度,同时也符合实现共同富裕的长期战略目标。作为受益税的房地产税,无论是从短期还是长期看,都会存在较为明显的再分配效应。

一般来说,普适性减免对低收入家庭的税负减免占总税负的比例更高,因此可以在一定程度上降低房地产税对收入分配的逆向调节作用。但由于再分配效应的核心是高收入家庭的税额占收入的比重比低收入家庭要高,普适性减免的房地产税仍然不能有效缩小税前收入差距。与普适性减免相比,"断路器"政策对低收入者的纳税能力有定向保护作用,此时如果适当提高税率水平,可以显著提升房地产税的再分配效应,且更好地保留房地产税收入潜力。最后,基于房地产税作为受益税用于基本公共服务的假设,房地产税带来的净福利(公共服务受益减去税额)具有重要的再分配效应;此时与"断路器"政策结合使用,房地产税可以达到有效调节收入(福利)分配的重要目标。

本章的结论具有重要的政策意义。首先,房地产税并不天然具有非常强的再分配效应,其原因正是由于住房既是生活必需品又是重要财富的特殊性:部分低收入家庭通过政府住房政策以非市场方式获得了住房,随后的房价快速上涨推高了这些家庭的住房财富在人群中的地位。这有助于低收入家庭的财富积累,但也增加了这部分家庭的房地产税负担。房地产税政策需要考虑如何在关注这部分群体负担的同时做到税制公平。其次,房地产税的再分配效应与减免政策的设计直接相关。由于再分配效应的关键是要使高收入群体承担的税负比重高于其收入比重,减免政策如果能够有效使得低收入群体的税负下降但更多地保留高收入群体的税负,此时的减免设计可有效调节税前收入差距。与普适性减免相比,"断路器"政策正属于这一类减免政策。再次,一个税种要具备显著的再分配效应,其税负需要达到一定幅度是重要前提。但由于低收入群体的纳税能力较低,这一定程度上限制了中国房地产税的税率水平。而"断路器"政策相当于可以"定向"将低收入群体的税负维持在较低水平,因此总体税率在需要时可以适当提高以提升再分配效应。最后,如果房地产税能够作为受益税用于基本公共服务,这对提升其再分配效应的作用最强,远远高于税率和减免等税制要素设计的其他方面。这说明从调节分配角度看,房地产税的使用也是政策设计需关注的重点所在。当然,房地产税政策设计的目标涉及多个维度,再分配效应只是其中一个方面,具体税制要素如何设计将取决于对多方面的综合考量。

需要说明的是,本章分析的对象仅包括有房家庭,样本中的住房拥有率达到90%以上,本章的结论具有普遍意义。同时,由于样本只包括城镇,其中无房户的平均收入要高于有房户,文中结论认为房地产税对有房户的再分配效应,要低于对全样本的再分配效应。这从另一个层面说明需要为相对低收入群体设置减免的必要性。另外,"断路器"政策直接依赖收入信息,其有效实施需要政府对家庭收入信息有完整、准确的把握,近年来对个人所得税的改革正在有效推进这方面政策的完善和优化,这为"断路器"政策实施提供了重要的信息基础。部分家庭有记录的收入相对较低,但其房产价值却高达千万,有人认为这样的家庭资产丰厚,不应该再享受相应的减免政策。针对这样的情形,各地可以根据当地房价水平在"断路器"政策中对房产价值设置一定的上限。

第六章 房地产税的财富再分配效应

尽管房地产税的税基是住房财富,但学界关于房地产税对财富分布影响的量化测算并不多见,尤其对中国背景下房地产税财富再分配效应的内在机制,目前学界对之仍然缺少研究。本章基于财富结构分层和不同的税制要素,对房地产税的财富再分配效应进行了模拟分析,发现:由于财富水平较低的家庭房产财富占比相对更高,如果开征房地产税,且征税不用于基本公共服务,房地产税对财富分布有一定的逆向调节作用,结果反而使得财富不平等程度上升。如果房地产税用于基本公共服务,在无减免的税制设计下,家庭财富不平等程度会下降5%~10%。房地产税的财富再分配效应不是来自收税环节,而主要源于所提供公共服务的资本化效应。减免越多,房地产税对财富分布的调节作用就越弱;减免超过一定水平时,房地产税对财富分布也会产生逆向调节作用。在四种断路器设计下,房地产税对财富分布的再分配效应与无减免时基本接近。本章对财富结构分解的结论佐证了房地产税在实现价值捕获中的重要意义;我们在强调房地产税财富再分配效应的同时,还需要充分考量侵蚀受益税属性和强化居住隔离的潜在成本,这对未来房地产税的税制要素设计具有重要政策意义。

第一节 引 言

房产是中国家庭财富结构的最重要部分,占到家庭财富的70%左右。房地产税的税基是房产的评估价值,与房产的财富价值(市场价)基本相当,在此基础上,人们可能会默认房地产税会对财富起到直接的再分配作用。2021年10月16日,习近平总书记在《求是》杂志发表《扎实推动共同富裕》一文,其中第四部分就加强对高收入的规范和调节提到,"要积极稳妥推进房地产税立法和改革,做好试点工作"。由此可以看出,政府对房地产税的预期中包含了其对贫富差距的调节作用。那么,如何看待房地产税的财富再分配效应?如果房地产税的最终承担者也主要是中产阶级,而不是真正的富有阶层,其是否具备相应的合理性,对之应该如何阐明?由于存在公共服务的资本化效应,政府重点投入区域的房价增速较快,在该区域购置房产的家庭财富增值也相应较快,这对财富分布会产生直接影响,即房价增值使更多的购房者获得了更多的财富积累。从价值捕获的角度看,房地产税可以捕获一部分并不是由个人努力带来的增值,这也会产生一定程度的再分配效应,是对房产增值部分的部分矫正。如果政府将房地产税用于基本公共服务,这又会形成新的资本化过程,包括房地产税和公共服务两者的资本化。[①] 因此,房地产税与财富分布相关的讨论中包括了住房购置成本、增值收益、税收负担、资本化效应以及住房最终价值等多个维度。从房产作为一种财富积累方式以及房地产税是否具备合理性的角度来探讨,无论税负的承担者身处什么阶层,从再分配的视角看,这一税种是否具备法理上的合理性?本章将对房地产税与财富分布之间的这些重要问题进行探讨。

第二节 文献综述

目前学术界对房地产税是否具有财富再分配效应仍有争议,主要有两种具有竞争性的观点:一种观点将房地产税视为对资本存量的征税,在资本和人口可以在不同辖区内自由流动的情况下,地方政府提高房地产税会导致特定行政辖区内人口的外溢。[②] 因此,地方政府实际上是全国平均资本税率的价格接受者,地方政府在特定财政年度制定的房地产税税率高于全国资本的平均税率时,便会导致辖区内资本和人口的流出,从而降低下一期的房地产税税率,这就使得各地的房地产税税率围绕着全国资本平均税率波动。[③] 根据国

[①] 张平、侯一麟、李博:《房地产税与房价和租金——理论模拟及其对中国房地产税开征时机的启示》,《财贸经济》2020 年第 11 期,第 35～50 页。

[②] Wallace. E. Oates, *Fiscal Federalism*, Harcourt Brace Jovanovich, New York: 1972. George J. Stigler, *The Tenable Range of Functions of Local Government*, Retrieved from Washington DC, 1957.

[③] Rebecca Fraenkel, "Property Tax-Induced Mobility and Redistribution: Evidence from Mass Reappraisals," 2021. Jennifer C. Gravelle, "Who pays property taxes? A look at the excise tax effects of property taxes across the states," Paper presented at the Annual Conference on Taxation and Minutes of the Annual Meeting of the National Tax Association. 2007, Vol. 100, pp. 94-97.

外的经验,在波动发生时,价值较高的房产面临着更高的交易成本,相较价值较低的房产,其流动性较差,无法有效规避地方房地产税税率与全国平均税率偏离带来的额外负担。因此,该观点认为,价值较高的房地产所有者更多地承担地方税率波动带来的额外税负,房地产税具有一定的累进特征,具有调节公民财富再分配的功能。①

另一种观点则将房地产税视为地方政府提供公共服务所收取的费用,房地产税的高低直接取决于当地公共服务的种类和质量。② 作为一种受益税,房地产税的纳税人享受其所在辖区提供的具有排他性的特定公共服务;另一方面,辖区内的居民投票决定该辖区的房地产税税率,从而确定公共服务的种类和水平。③ 即使部分公共服务不直接使辖区内部分房地产税纳税者受益,这一部分公共服务会通过资本化的方式使房地产升值,从而维持受益税的属性。由于特定辖区内,拥有不同价值房地产的纳税人享受的是均等化的公共服务,价值较高的房地产所有者面临每单位公共服务的成本更高,承担着辖区内更大份额的公共服务费用。因此,从公共服务成本负担的角度考虑,房地产税同样具有累进的特征。

实际上,这两种观点均遵从家庭福利最大化的基本假设,一方面,房地产所有者希望缴纳尽可能低的税款,从而提升房地产作为资本的收益率;另一方面,房地产所有者希望获得尽可能优质的公共服务,使其缴纳的税款"物有所值"。

---

① Russell Krelove, "The persistence and inefficiency of property tax finance of local public expenditures", *Journal of Public Economics*, 1993, 51(3), pp. 415-435. Peter M. Mieszkowski, "The property tax: An excise tax or a profits tax?" *Journal of Public Economics*, 1972, 1(1), pp. 73-96. J. D. Wilson, "The Property Tax: Competing Views and a Hybrid Theory," In S. Cnossen and H.-W. Sinn (Eds.), *Public Finances and Public Policy in the New Century*, Cambridge: MIT Press, 2003, pp. 217-236. George R. Zodrow, "The property tax as a capital tax: A room with three views," *National Tax Journal*, 2001, 54(1), pp. 139-156. George R. Zodrow and Peter Mieszkowski. "Pigou, Tiebout, property taxation, and the underprovision of local public goods," *Taxation in theory and Practice: Selected Essays of George R. Zodrow*, 1986, pp. 525-542.

② Robert C. Ellickson, "Cities and homeowners associations," *University of Pennsylvania Law Review*, 1982, 130(6), pp. 1519-1580. Eric J. Heikkila, "Are municipalities Tieboutian clubs?" *Regional Science & Urban Economics*, 1996, 26(2), pp. 203-226. William. H. Rogers, "Measuring the Price Impact of Municipal Incorporation on Homeowner Associations," *Land Economics*, 2010, 86(1), pp. 91-116.

③ Rodney A. Erickson and Michael J. Wasylenko, "Firm relocation and site selection in suburban municipalities," *Journal of Urban Economics*, 1980, 8(1), pp. 69-85. B. Evenson and W. C. Wheaton, "Local Variation in Land Use Regulations," *Brookings-Wharton Papers on Urban Affairs*, 2003(4), pp. 221-260. William Alan Fischel, "Fiscal and Environmental Considerations in the Location of Firms in Suburban Communities," In E. S. Mills, and Wallace E. Oates (Eds.), *Fiscal Zoning and Land Use Controls*. Lexington, MA: Heath-Lexington Books, pp. 119-173. William Franklin Fox, "Local Taxes and Industrial Location. Public Finance Quarterly," 1978, 6(1), pp. 93-114. W. Warren Mchone, "Supply-Side Considerations in the Location of Industry in Suburban Communities: Empirical Evidence from the Philadelphia SMSA," *Land Economics*, 1986, 62(1), pp. 64-73.

有学者认为,决定这两种观点谁占主导的关键因素是辖区内的土地供给,对于远离都市的行政辖区,由于其土地供给相对充足,资本以新住房投资的形式流入的可能性更大,因此,房地产税更有可能以资本税的方式产生作用;而土地供给紧张的城市辖区情况则相反[1]。

如果仅仅以房地产税纳税额占家庭年收入的比重作为衡量税负的标准,国外经验表明,房地产税税负在实践环节往往具有一定的累退性。[2] 这主要源自房产价值评估环节的系统性偏误,一方面,价值较高的房地产交易次数往往较少,这就导致评估人员根据类似房产交易价格估算的该套房屋市场价值容易出现偏差;另一方面,价值较高的房地产所需缴纳的税额更高,房产价值越高的家庭,其申诉的积极性也越高,因此更容易获得较低的税负。[3] 实际上,如果将财产税视为一种受益税,则每个家庭的实际税负应该是其享受的公共服务的平均价格。在同一行政辖区内,高价房产所有者和低价房产所有者享受相同的公共服务,而高价房产所有者缴纳了更多的房地产税,因此承担了辖区内公共服务更多的成本。即使评估环节存在偏误,致使高价房产所有者的相对税负低于低价房产所有者,从总税额的角度看,其依然承担了更多的公共服务成本,因此房地产税依然具有累进的性质。

关于财富税和遗产税等其他财产税,目前学界普遍认为其可以缓解公民间的财富不平等状况,有利于公民财富再分配,近年来,随着公民财富差距在世界范围内的扩大,越来越多的学者呼吁对超额的资本所得进行征税。[4] 有学者通过计算机模拟了不同税率的所得税和财富税在复杂的经济

---

[1] Byron Lutz, "Quasi-Experimental Evidence on the Connection between Property Taxes and Residential Capital Investment," *American Economic Journal Economic Policy*, 2015, 7(1), pp. 300-330. Wallace E. Oates and William A. Fischel, "Are Local Property Taxes Regressive, Progressive, or What?" *National Tax Journal*, 2016, 69(2), pp. 415-434.

[2] Marcus T. Allen and William H. Dare, "Identifying Determinants of Horizontal Property Tax Inequity: Evidence from Florida," *Journal of Real Estate Research*, 2002, 24(2), pp. 153-164. John W. Birch and Mark A. Sunderman, "Regression Modeling for Vertical and Horizontal Property Tax Inequity," *Journal of Housing Research*, 2014, 23(1), pp. 89-104. Mark Sunderman, J. Birch, R. Cannaday and T. Hamilton, "Testing for vertical inequity in property tax systems," *Journal of Real Estate Research*, 1990, 5(3), pp. 319-334.

[3] Natee Amornsiripanitch, "Why are Residential Property Tax Rates Regressive?" *Social Science Electronic Publishing*, 2021.

[4] Arun Advani, George Bangham and Jack Leslie, "The UK's wealth distribution and characteristics of high-wealth households," *Fiscal Studies*, 2021, 42(3-4), pp. 397-430. Spencer Bastani and Daniel Waldenstrm, "How Should Capital Be Taxed?" *Journal of Economic Surveys*, 2020, 34(4), pp. 812-846. Thomas Piketty, *Capital in the Twenty-First Century*, Cambridge, Massachusetts: Harvard University Press, 2014. Emmanuel Saez and Stefanie Stantcheva, "A simpler theory of optimal capital taxation," *Journal of Public Economics*, 2018, 162, pp. 120-142.

博弈模型下对公民财富基尼系数的影响,发现宽税基、低税率的财富税对基尼系数的改善程度要远远大于较高税率的所得税。① 有学者则认为,对资本的超额所得征税所取得的成效与社会总体的不平等状况相关,在资本通过跨国流动避税的问题得到解决的情况下,公民财富差距越大,财富税对经济行为的扭曲就越小,效果就越好。②

中国房地产税改革的目的之一是缩小社会财富差距,这在社会各界存在一定的共识。③ 基于中国家庭的数据测算发现,房地产税对家庭房产价值的再分配效应较强,但对家庭财产价值的再分配效应有所减弱。④ 姚涛和牛舒则发现房产税对调节财富分配不公起到了积极的作用,且主要在调节城镇住房财富的分配方面具有比较明显的效果;并建议制定基于适中的免征额与较高的累进税率的房产税改革方案。⑤ 尽管房地产税的税基是住房财富,但学界关于房地产税对财富分布影响的量化测算并不多见,尤其在中国背景下,学界对房地产税财富再分配效应的内在机制也缺少研究。本章将在这方面试图作较为深入的探索。

第三节 理 论 框 架

假设居民的财富分为住房财富和其他财富两大类型:

$$W = W_H + W_O$$

其中,W_H 为住房财富,W_O 为其他财富,包括耐用消费品、存款、金融资产和其他资产。我们根据中国的房地产市场发展和税制演变过程,将模型分为三期:第一期为居民取得住房,以住房成本计入财富;第二期为房价上涨,居民财富中的住房财富价值有明显提升,但此时未开征房地产税;第三期为开

---

① Christopher W. Kulp, M. Kurtz, N. Wilston and L. Quigley, "The effect of various tax and redistribution models on the Gini coefficient of simple exchange games," *Chaos: An Interdisciplinary Journal of Nonlinear Science*, 2019, 29(8), 083118.
② Stuart Adam and Helen Miller, "The economic arguments for and against a wealth tax," *Fiscal Studies*, 2021, 42(3-4), pp. 457-483.
③ 汪利娜:《房地产税的关联因素与良性方案找寻》,《改革》2015 年第 4 期,第 81~90 页。姚涛:《促进财富公平分配的房产税制度创新路径研究》,《地方财政研究》2015 年第 2 期,第 13~17 页。
④ 蔡昌、林森:《房地产税的财富再分配效应研究——基于家庭规模与财产口径视角》,《贵州财经大学学报》2020 年第 4 期,第 11~17 页。
⑤ 姚涛、牛舒:《房产税财富分配效应的微观模拟分析》,《中央财经大学学报》2018 年第 1 期,第 12~19 页。

征房地产税之后。则

$$W_i = W_{Hi} + W_{Oi}$$

$i=1,2,3$,分别代表不同时期。我们假设房地产税不影响非住房财富 W_O,房地产税的财富效应主要体现为在第 3 期对居民的住房财富 W_{H3} 产生影响,比较开征房地产税前后住房财富(W_{H3} 和 W_{H2})的差异。

房产价值、房地产税与公共服务之间关系的重要性在文献中得到了学者较多的讨论。[1] 资本化理论表明,房地产税会降低房产价值,但相应的公共支出又会对房产价值起到支撑作用。公共服务的资本化体现了居民对相关税收(主要是房地产税)的纳税意愿。尽管房地产税和公共服务存在资本化已被大多数学者所接受,但对资本化的程度仍然有争议。这方面的大多数研究均延续了奥茨的模型设定方式。[2] 根据资本化理论:

$$V = \sum_{i=1}^{N} \frac{Y_n}{(1+r)^i} = \sum_{i=1}^{N} \frac{Y - \tau V}{(1+r)^i}$$

其中,V 为住房价值,Y 为年度总租金收入,Y_n 为税后净租金,τ 为税率,r 为折现率。此时:

$$W_{H2} = \frac{Y}{r}$$

$$W_{H3} = \frac{Y}{r+\tau}$$

$$\frac{W_{H3}}{W_{H2}} = \frac{r}{r+\tau}$$

奥茨模型假定在有限期内总租金 Y 不变,未考虑开征房地产税后公共服务的资本化效应(房租变化)。我们将模型扩展,考虑房地产税作为受益

---

[1] Bruce W. Hamilton, "Effects of Property Taxes and Local Public Spending on Property-Values — Theoretical Comment," *Journal of Political Economy*, 1976, 84(3), pp. 647-650. Wallace E. Oates, "The Effects of Property Taxes and Local Public Spending on Property Values: An Empirical Study of Tax Capitalization and the Tiebout Hypothesis," *Journal of Political Economy*, 1969, 77(6), pp. 957-971. Henry O. Pollakowski, "Effects of Property Taxes and Local Public Spending on Property Values — Comment and Further Results," *Journal of Political Economy*, 1973, 81(4), pp. 994-1003.

[2] Wallace E. Oates, "The Effects of Property Taxes and Local Public Spending on Property Values: An Empirical Study of Tax Capitalization and the Tiebout Hypothesis," *Journal of Political Economy*, 1969, 77(6), pp. 957-971. Wallace E. Oates, "Effects of Property Taxes and Local Public Spending on Property Values — Reply and yet Further Results," *Journal of Political Economy*, 1973, 81(4), pp. 1004-1008.

税，公共服务资本化后的税后租金为：

$$Y_t = Y + \Delta Y$$

进一步计算得出：

$$W_{H3} = \sum_{i=1}^{N} \frac{Y_t - \tau W_{H3}}{(1+r)^i} \approx \frac{Y_t - \tau W_{H3}}{r}$$

则

$$W_{H3} \approx \frac{Y_t}{r+\tau} = \frac{Y+\Delta Y}{r+\tau}$$

同理：

$$W_{H2} = \sum_{i=1}^{N} \frac{Y}{(1+r)^i} \approx \frac{Y}{r}$$

$$\frac{W_{H3}}{W_{H2}} = \frac{Y+\Delta Y}{Y} \times \frac{r}{r+\tau}$$

要使 $W_{H3} > W_{H2}$，则

$$\frac{\Delta Y}{Y} > \frac{\tau}{r} \tag{1}$$

式中 ΔY 的大小取决于房地产税带来的公共服务受益。

假设 g 为家庭从房地产税转化的公共服务获得的受益，$g = N^{-\alpha}G$，N 为分享公共服务的人数，G 为公共服务总量。α 表示公共服务的竞争程度，取值区间为 $[0,1]$：无竞争性的纯粹公共品 $\alpha=0$，完全竞争性的私人物品 $\alpha=1$。从成本角度看，每个居民分摊的公共服务成本 (E) 为 $[E(N)/N]G$，其中 $E(N)$ 为单位公共服务的平均成本。[①] 结合每户家庭公共服务受益 $g = N^{-\alpha}G$，则 $E(N) = N^{\alpha}$，每个居民分担的单位公共服务成本应为 $E = G \times N^{\alpha-1}(\alpha \leqslant 1)$。对无竞争性纯粹公共品，成本对人数的一阶导数为 0：$E'(N) = 0 (\alpha = 0)$；如果公共服务因为消费人数较多而导致拥堵从而产生竞争性，例如公园和高速公路，或者公共服务具备其他私人物品的特征时，成本对人数的一阶导数为正：$E'(N) > 0$，[②]此时 $0 < \alpha \leqslant 1$。

[①] Henderson, J. V., "Theories of group, jurisdiction, and city size," P. Mieszkowski, M. Straszheim (Eds.), *Current Issues in Urban Economics*, Baltimore: The John Hopkins University Press, 1979.

[②] Rubinfeld, D. L., "The economics of the local public sector," A. Auerbach, M. Feldstein (Eds.), *Handbook of Public Economics*, Amsterdam: North Holland, 1987, pp. 571-645.

公共服务总量由房地产税总额和相关的转化系数决定：

$$G = \delta \sum V_j \tau = \delta \tau V^*$$

其中，V_j 为家庭 j 的住房价值，τ 为房地产税税率，V^* 为该区域的房产总价值。房地产税转化为公共服务会存在管理成本，δ 表示"转化系数"（$0 < \delta < 1$），管理成本越低，转化系数越高。若公共服务受益全部在租金中体现（full capitalization，完全资本化），[1] 则

$$\Delta Y = g = N^{-\alpha} \delta \tau V^*$$

将 ΔY 代入公式（1），

$$\frac{\Delta Y}{Y} = \frac{N^{-\alpha} \delta \tau V^*}{Vr} = N^{-\alpha} \delta \times \frac{1}{V/V^*} \times \frac{\tau}{r}$$

要使 $\frac{\Delta Y}{Y} > \frac{t}{r}$，则

$$N^{-\alpha} \delta > \frac{V}{V^*}$$

因此，对某个家庭来说，作为受益税的房地产税对住房财富的影响取决于三大因素：(1) 房地产税的使用。房地产税用于公共品属性越高的产品（$\alpha \to 0$，$N^{-\alpha} \to 1$），每个家庭能够获得的公共服务受益（$g = N^{-\alpha} G$）越大。同时，人数（N）越多，公共服务的规模效应越大，房地产税的财富效应与当地的人口规模也有关系。另外，如前所述，当消费人数较多时，一些公共产品或服务会导致拥堵从而产生竞争性，此时 α 会发生变化。因此，一个产品的公共品属性（α）在很多情况下又是消费人数（N）的函数，即 $\alpha = \alpha(N)$。(2) 房地产税向公共服务转化的系数（δ）。政府效率越高，管理成本越低，则转化系数越高。(3) 家庭的房产价值占该地区房产总价值的比重（V/V^*）。该比重越低，家庭相对受益越高。公共服务的非竞争性和正外部性将会（部分）对冲房地产税转化为公共服务的行政成本（转化系数）。[2]

另外，中国一些城市的房产存在租售异权（不同权）的特征，租售异权时公共服务仅能部分转化为租金价值。向租金的部分转化涉及房产价值的两

---

[1] 当资本化程度不是1时，可设定一个相应系数，该系数可并入公共服务 δ 中，因此不影响下文结果。

[2] 由于城市公共产品的受益主体绝大多数是当地居民，例如离公园较远的，因来往不便，往往会选择较近的公园，政府也就需要结合居民聚集情况多建一些公园。因此能够共同从公共产品受益的居民人数 N 往往并不能太大，α 取值也不宜太低，例如在 0.8～1 之间。

大部分:居住价值和公共服务价值。租售不同权时:对租金的影响发生变化,不传导至租金或仅仅是部分税负转嫁,但对房价的资本化效应不变。此时:

$$V = \sum_{i=1}^{N} \frac{Y_t - \tau V}{(1+r)^i} + D' - D$$

其中,D 和 D' 分别为房地产税开征前后租房比之购房的权益差异,开征房地产税后这部分权益差异也会发生变化。① 当公共服务权益差异为 ΔY 时:

$$D' - D = \sum_{i=1}^{N} \frac{\Delta Y}{(1+r)^i}$$

即,未能在租金中体现的公共服务增量将会全部在权益差异的变化中得到体现。因此,从房地产税的财富效应角度看,租金只是房地产税对住房财富影响机制的一种表达方式,租售异权不会影响房产拥有者(owner)的财富效应。

第四节 数据、方法与结果

与前面一样,本章用北京大学中国社会科学调查中心的《中国家庭追踪调查》(China Family Panel Studies,CFPS)2018 年数据(数据包含的信息同前述)进行测算。与家庭财富相关的重要变量包括净资产、净房产和总房产等,经过数据整理,剔除缺失值后,保留约 6 500 个有效观察值(不同的变量观察值略有差异),分布在 25 个不同省份。②

一、房地产税对财富基尼系数的影响

房地产税对财富的影响主要体现在住房财富税后(W_{H3})和税前(W_{H2})的变化。根据理论阐述,若房地产税不转化为公共服务,税后和税前的房产价值

---

① 张平、侯一麟、李博:《房地产税与房价和租金——理论模拟及其对中国房地产税开征时机的启示》,《财贸经济》2020 年第 11 期,第 35～50 页。
② 这项调查未包含内蒙古、海南、西藏、青海、宁夏、新疆等 6 个省级区域。为避免极值的影响,删去主要变量的缺失值后,我们进一步去除了首尾 0.1% 的观察值,最终剩下 5 050 个有效观察值。从样本数据看,住房拥有率为 91.8%。有房户中拥有 1 套、2 套和 3 套及以上的比重分别为 76.1%、19.2% 和 4.7%。无房户的平均收入高于有房户,因此如果考虑所有家庭,房地产税的再分配效应会有所下降。

关系为 $\frac{W_{H3}}{W_{H2}} = \frac{r}{r+\tau}$，若房地产税用于基本公共服务，两者的关系为 $\frac{W_{H3}}{W_{H2}} = \frac{Y+\Delta Y}{Y} \times \frac{r}{r+\tau}$。基于家庭微观数据计算省级层面的均值，在纳税能力基础上，参考张平、侯一麟的研究成果，[①]若使各省居民以约3%左右的家庭收入用于缴纳房地产税时，计算各省可行的房地产税税率。[②]

在此基础上我们可以测算出不同地区的房地产税税率以及每个家庭的应纳税额，不同场景下的公共服务受益进一步资本化到房产价值中。在此过程中，每个家庭的税收房产价值（W_{H3}）均会发生不同程度的变化，我们据此可计算出不同场景下的家庭财富基尼系数。计算税后的财富涉及税收和公共服务资本化效应，我们统一假设房地产税税额转化为公共服务的转化系数为0.8，公共服务使辖区内所有家庭共同均等受益，公共服务的资本化程度为100%（完全资本化）。即本章中使用的参数为：贴现率 $r=0.04$，公共品属性（非竞争性）参数 $\alpha=0.8$，房地产税转化为公共服务的转化系数 $\delta=0.8$。在此基础上，我们分别计算了房地产税对家庭总房产、家庭净住房和家庭净资产的基尼系数的影响。从表6-1可以看出，这三者税前的基尼系数都为0.65左右，若开征房地产税，在无减免且税收收入不用于公共服务的情况下，财富基尼系数没有下降，反而略有上升，说明财富不平等程度反而有所提高，此时房地产税对财富分布有一定的逆向调节作用。这是由于财富水平较低的家庭房产财富占比相对更高，针对房产征税且不用于基本公共服务使得这部分家庭的财富下降更为明显。但如果将房地产税用于基本公共服务（转化系数为0.8），房地产税对财富分布的效应立刻会发生方向性变化，此时三个财富衡量指标的基尼系数均有明显下降，根据房地产税税率的不同，下降幅度在5%～10%之间。这是由于拥有房产财富更多的家庭需要缴纳更多的房地产税，而其转化的公共服务使得辖区内所有家庭共同均等受益，考虑公共服务的资本化效应后，就会明显存在房产财富的高净值人群向低净值人群的再分配效应。

---

① 张平、侯一麟：《中国城镇居民的房地产税缴纳能力与地区差异》，《公共行政评论》2016年第2期，第135～154页，第207～208页；张平、侯一麟：《房地产税的纳税能力、税负分布及再分配效应》，《经济研究》2016年第12期，第120～134页。
② 以家庭平均收入的3%缴纳房地产税测算税率作为基准，下文也同时分别测算了以家庭平均收入的6%和9%用于缴纳房地产税时的情形。

表 6-1　房地产税对财富基尼系数的影响

类别	家庭总房产			家庭净住房			家庭净资产		
	税负/收入			税负/收入			税负/收入		
	3%	6%	9%	3%	6%	9%	3%	6%	9%
税前	0.65			0.66			0.64		
税后（无减免、无公共服务）	0.65	0.67	0.68	0.68	0.69	0.70	0.65	0.66	0.67
税后（无减免、有公共服务）	0.61	0.59	0.57	0.62	0.60	0.58	0.61	0.59	0.57
税后（人均10平米价值）	0.62	0.61	0.60	0.64	0.62	0.61	0.62	0.61	0.60
税后（人均30平米价值）	0.63	0.64	0.64	0.66	0.65	0.65	0.63	0.63	0.63
税后（人均50平米价值）	0.64	0.65	0.65	0.66	0.67	0.67	0.64	0.64	0.64
税后（"断路器"1）	0.61	0.59	0.58	0.62	0.60	0.59	0.61	0.59	0.58
税后（"断路器"2）	0.61	0.59	0.57	0.62	0.60	0.58	0.61	0.59	0.57
税后（"断路器"3）	0.61	0.59	0.57	0.62	0.60	0.57	0.61	0.59	0.57
税后（"断路器"4）	0.61	0.59	0.57	0.62	0.60	0.58	0.61	0.59	0.57

说明：对于"断路器"政策，本章设定为家庭住房财富在中位数的两倍以下才可享受"断路器"政策。"断路器"1、"断路器"2、"断路器"3 和"断路器"4 分别指"断路器"政策的阈值分别为家庭收入的 5%、10%、15%和 20%（下同）。

但如果适用减免，房地产税对财富分布的调节作用就会减弱，且减免越多，调节作用越弱。当人均减免 10 平米价值时，房地产税对财富分布仍有一定的调节作用；当人均减免 30 平米价值时，房地产税对财富分布的调节作用消失；但当人均减免达到 50 平米价值时，税后的财富基尼系数超过了税前，房地产税对财富分布又产生了逆向调节作用。在税率较低时（税负/收入为 3%），当人均减免达到 50 平米价值，税后基尼系数与无公共服务时基本相同，这是由于此时能够征得的房地产税税额已经很少（仅约为潜在税额的 10%），即便存在公共服务的资本化，由于数额过小，也难以对财富分布产生调节作用。这也从另一个维度说明，房地产税的财富再分配效应不是来自于收税环节（因为低财富家庭房产占比反而更高），而主要来源于所提供公共服务的资本化效应，这时税额的充分性（adequacy）显得尤其重要。为了防止税负给居民带来的负担过重，一些国家在房地产税政策实践中设计了房地产税的"断路器"：当房地产税税负超过家庭收入一定比例时，政府对超过的部分给予全部或部分减免。断路器设计的好处是，可以更加定向地降低部分纳税能力较低家庭的税负。正是由于这一特征，在四种断路器设计下，房地产税对财富分布的再分配效应与完全无减免时基本接近，达到了较好的再分配效果。

表6-2为房地产税对收入财富交叉基尼系数的影响。可以看出,税前和税后的基尼系数变化与表6-1基本一致。房地产税在无减免且税收收入用于公共服务时对财富的再分配效应最为明显,随着减免的增加,房地产税对财富分布的正向调节作用逐步减小,减免过高时会产生逆向调节作用。"断路器"政策下,房地产税的财富再分配效应与无减免时基本相当。

表6-2 房地产税对收入财富交叉基尼系数的影响

类别	家庭总房产 税负/收入			家庭净住房 税负/收入			家庭净资产 税负/收入		
	3%	6%	9%	3%	6%	9%	3%	6%	9%
税前	0.414			0.409			0.418		
税后(无减免、无公共服务)	0.423	0.430	0.437	0.418	0.426	0.432	0.426	0.432	0.437
税后(无减免、有公共服务)	0.395	0.380	0.367	0.388	0.372	0.359	0.401	0.388	0.378
税后(人均10平米价值)	0.405	0.396	0.389	0.399	0.390	0.382	0.410	0.403	0.397
税后(人均30平米价值)	0.414	0.413	0.412	0.408	0.407	0.405	0.418	0.417	0.416
税后(人均50平米价值)	0.418	0.420	0.422	0.412	0.415	0.416	0.421	0.423	0.425
税后("断路器"1)	0.396	0.384	0.375	0.389	0.376	0.367	0.402	0.392	0.385
税后("断路器"2)	0.395	0.381	0.370	0.389	0.373	0.362	0.402	0.390	0.381
税后("断路器"3)	0.395	0.380	0.369	0.389	0.373	0.360	0.402	0.389	0.379
税后("断路器"4)	0.395	0.380	0.368	0.389	0.372	0.359	0.402	0.389	0.379

二、不同财富分层的税负分布

在房地产税对整体财富分布影响的基础上,我们进一步测算房地产税在不同财富分层的税负分布。我们根据财富和收入将不同家庭分为5个百分位,即0~20%、20%~40%、40%~60%、60%~80%、80%~100%,表6-3为家庭财富和收入分层结构及占比情况。结果显示,以家庭总房产、家庭净住房和家庭净资产划分的结果基本接近,不平等程度明显很高:最高的80%~100%百分位家庭占有总财富的三分之二左右,而最低的0~20%家庭仅占有总财富的2%以下。以收入分层的不平等程度相对缓和:最高的80%~100%百分位家庭占有总财富的47%,占有总收入的52%;最低的0~20%家庭占有总财富的7%,占有总收入的4%。

表 6-3　家庭财富和收入分层结构及占比

分层类型	家庭总房产	家庭净房产	家庭净资产	家庭年收入
家庭总房产分层				
0~20%	1.3%	1.3%	2.1%	9.8%
20%~40%	4.0%	4.1%	5.0%	13.4%
40%~60%	8.3%	8.1%	9.0%	16.8%
60%~80%	17.1%	16.8%	18.4%	22.5%
80%~100%	69.2%	69.7%	65.5%	37.5%
家庭净房产分层				
0~20%	1.5%	1.1%	2.0%	9.9%
20%~40%	4.5%	4.1%	5.0%	13.8%
40%~60%	8.1%	7.9%	8.9%	17.0%
60%~80%	16.2%	16.0%	17.4%	21.8%
80%~100%	69.7%	70.9%	66.7%	37.5%
家庭净资产分层				
0~20%	1.7%	1.4%	1.3%	8.9%
20%~40%	4.7%	4.4%	4.7%	12.1%
40%~60%	8.9%	8.6%	9.0%	16.9%
60%~80%	17.2%	17.0%	17.5%	22.2%
80%~100%	67.4%	68.6%	67.5%	39.9%
家庭年收入分层				
0~20%	7.2%	7.4%	6.8%	4.0%
20%~40%	11.0%	11.1%	10.5%	9.1%
40%~60%	13.4%	13.6%	14.0%	14.0%
60%~80%	21.8%	21.9%	21.7%	20.8%
80%~100%	46.6%	46.0%	47.0%	52.0%

表 6-4 为家庭净资产（家庭净值）分层下不同层次家庭的房地产税税负状况，在无减免和普适性减免情况下，不同税率下的税负分布基本一致。无减免时，80%～100%层次的家庭承担税负比重为51.2%，0～20%层次的家庭承担税负比重为3.3%。随着减免的加入，高净值家庭承担的税负占比增加，减免10、30、50平米价值时，80%～100%层次家庭承担的税负比重分别达到63.1%、78.1%、86.0%，而0～20%层次家庭承担的税负比重依次降为0.5%、0.1%、0.01%，20%～40%层次家庭承担的税负比重也分别下降为3.3%、0.9%、0.4%。可以看出，随着减免幅度的增加，由于多数家庭被减免后不需缴纳税负，房地产税主要由高净值家庭（80%～100%）承担。在"断路器"政策下，与普适性减免不同，不同分层家庭的税负分布与无减免时基本相当。这说明"断路器"政策的受益对象在不同财富分层家庭中的分布相对均衡，一些高净值家庭也可以使用"断路器"减免，因此"断路器"减免并没有极大增加高净值家庭的税负占比。这说明住房财富分布与收入分布存在一定的错位，即低收入家庭存在住房财富较多的现象，高住房财富家庭也存在收入不高的现象。

表 6-4 房地产税在不同财富分层中的税负分布

家庭净资产分层	无减免	减免10平米价值	减免30平米价值	减免50平米价值	"断路器"1	"断路器"2	"断路器"3	"断路器"4
税负为收入的3%								
0～20%	3.3%	0.5%	0.1%	0.0%	3.2%	3.3%	3.3%	3.3%
20%～40%	8.0%	3.3%	0.9%	0.4%	7.6%	7.8%	7.9%	7.9%
40%～60%	13.7%	9.6%	3.8%	1.9%	13.2%	13.6%	13.6%	13.7%
60%～80%	23.8%	23.4%	17.2%	11.7%	23.8%	23.8%	23.8%	23.8%
80%～100%	51.2%	63.1%	78.1%	86.0%	52.0%	51.5%	51.3%	51.3%
税负为收入的6%								
0～20%	3.3%	0.5%	0.1%	0.0%	3.0%	3.2%	3.3%	3.3%
20%～40%	8.0%	3.3%	0.9%	0.4%	6.9%	7.6%	7.8%	7.8%
40%～60%	13.7%	9.6%	3.8%	1.9%	12.0%	13.2%	13.5%	13.6%
60%～80%	23.8%	23.4%	17.2%	11.7%	24.0%	23.9%	23.8%	23.8%
80%～100%	51.2%	63.1%	78.1%	86.0%	54.0%	52.0%	51.6%	51.5%

(续表)

家庭净资产分层	无减免	减免10平米价值	减免30平米价值	减免50平米价值	"断路器"1	"断路器"2	"断路器"3	"断路器"4
税负为收入的9%								
0~20%	3.3%	0.5%	0.1%	0.0%	2.8%	3.1%	3.2%	3.3%
20%~40%	8.0%	3.3%	0.9%	0.4%	6.2%	7.3%	7.6%	7.8%
40%~60%	13.7%	9.6%	3.8%	1.9%	10.9%	12.6%	13.2%	13.4%
60%~80%	23.8%	23.4%	17.2%	11.7%	24.2%	24.0%	23.9%	23.8%
80%~100%	51.2%	63.1%	78.1%	86.0%	55.9%	52.9%	52.0%	51.7%

三、不同财富分层的再分配效应

表6-5和表6-6进一步测算了房地产税对不同财富分层和不同收入分层的财富分布的影响。从不同财富分层看(见表6-5),无减免且房地产税不转化为公共服务时,0~20%层次家庭的净财富比重从税前1.3%下降,且税率越高下降越明显,税负为收入的9%时该比重下降为1.0%。而80%~100%层次家庭的净财富比重从税前67.5%上升,税率越高上升越明显,税负为收入的9%时该比重上升为70.3%。这进一步说明由于低财富家庭住房占比相对更高导致了房地产税的逆向调节效应。如果房地产税可以转化为公共服务,在资本化的作用下,房地产税的财富再分配作用凸显:0~20%层次家庭的净财富比重上升为2.4%~3.8%,80%~100%层次家庭的净财富比重下降为62.6%~65.5%,此时税率越高再分配效应越强。当适用普适性减免后,再分配效应开始减弱,且减免越多,再分配效应越弱,这是由于慷慨的减免使得房地产税纳税人群快速减少所致。在断路器减免政策下,房地产税的财富再分配效应与无减免时基本相同,这也与前文的结论一致。

从不同收入分层看(见表6-6),无减免且房地产税不转化为公共服务时,0~20%层次家庭的净财富比重从税前6.8%下降,且税率越高下降越明显,税负为收入的9%时该比重下降为6.2%。而80%~100%层次家庭的净财富比重从税前47.0%上升,税率越高上升越明显,税负为收入的9%时该比重上升为48.6%。这说明,无论从什么角度进行分层,房地产税如果不用于基本公共服务,对财富分布会产生一定的逆向调节作用。如果房地

表6-5 房地产税对不同财富分层的财富效应

净资产分层	净资产比重（税前）	无减免（无服务）	无减免（有服务）	减免10平米价值	减免30平米价值	减免50平米价值	"断路器"1	"断路器"2	"断路器"3	"断路器"4
税负为收入的3%										
0~20%	1.3%	1.2%	2.4%	2.0%	1.6%	1.4%	2.3%	2.4%	2.4%	2.4%
20%~40%	4.7%	4.4%	5.4%	5.1%	4.8%	4.7%	5.4%	5.4%	5.4%	5.4%
40%~60%	9.0%	8.7%	9.5%	9.2%	9.0%	8.9%	9.4%	9.4%	9.4%	9.4%
60%~80%	17.5%	17.1%	17.3%	17.2%	17.1%	17.1%	17.3%	17.3%	17.3%	17.3%
80%~100%	67.5%	68.6%	65.5%	66.5%	67.5%	67.9%	65.6%	65.5%	65.5%	65.5%
税负为收入的6%										
0~20%	1.3%	1.1%	3.1%	2.5%	1.9%	1.6%	3.0%	3.1%	3.1%	3.1%
20%~40%	4.7%	4.3%	6.0%	5.5%	4.9%	4.7%	5.9%	6.0%	6.0%	6.0%
40%~60%	9.0%	8.4%	9.8%	9.4%	9.0%	8.8%	9.7%	9.8%	9.8%	9.8%
60%~80%	17.5%	16.7%	17.1%	17.0%	16.9%	16.8%	17.1%	17.1%	17.1%	17.1%
80%~100%	67.5%	69.6%	63.9%	65.7%	67.4%	68.2%	64.3%	64.0%	64.0%	63.9%
税负为收入的9%										
0~20%	1.3%	1.0%	3.8%	2.9%	2.1%	1.7%	3.5%	3.6%	3.7%	3.7%
20%~40%	4.7%	4.1%	6.5%	5.8%	5.1%	4.7%	6.2%	6.4%	6.5%	6.5%
40%~60%	9.0%	8.2%	10.1%	9.6%	9.0%	8.7%	9.9%	10.0%	10.1%	10.1%
60%~80%	17.5%	16.4%	17.0%	16.9%	16.7%	16.6%	17.0%	17.0%	17.0%	17.0%
80%~100%	67.5%	70.3%	62.6%	64.9%	67.2%	68.3%	63.4%	62.9%	62.7%	62.7%

表 6-6 房地产税对不同收入分层的财富效应

收入分层	净资产比重（税前）	无减免（无服务）	无减免（有服务）	减免10平米价值	减免30平米价值	减免50平米价值	"断路器"1	"断路器"2	"断路器"3	"断路器"4
税负为收入的3%										
0~20%	6.8%	6.6%	7.4%	7.1%	6.9%	6.8%	7.4%	7.4%	7.4%	7.4%
20%~40%	10.5%	10.3%	10.9%	10.7%	10.5%	10.5%	10.9%	10.9%	10.9%	10.9%
40%~60%	14.0%	13.9%	14.3%	14.1%	14.0%	14.0%	14.3%	14.3%	14.3%	14.3%
60%~80%	21.7%	21.6%	21.6%	21.6%	21.6%	21.6%	21.6%	21.6%	21.6%	21.6%
80%~100%	47.0%	47.7%	45.8%	46.4%	47.0%	47.2%	45.9%	45.9%	45.8%	45.8%
税负为收入的6%										
0~20%	6.8%	6.4%	7.9%	7.4%	7.0%	6.8%	7.8%	7.9%	7.9%	7.9%
20%~40%	10.5%	10.1%	11.2%	10.9%	10.6%	10.4%	11.1%	11.2%	11.2%	11.2%
40%~60%	14.0%	13.8%	14.5%	14.3%	14.1%	14.0%	14.5%	14.5%	14.5%	14.5%
60%~80%	21.7%	21.6%	21.5%	21.5%	21.6%	21.6%	21.5%	21.5%	21.5%	21.5%
80%~100%	47.0%	48.2%	44.9%	45.9%	46.8%	47.3%	45.1%	45.0%	44.9%	44.9%
税负为收入的9%										
0~20%	6.8%	6.2%	8.3%	7.7%	7.1%	6.8%	8.1%	8.2%	8.2%	8.3%
20%~40%	10.5%	10.0%	11.5%	11.0%	10.6%	10.4%	11.3%	11.4%	11.4%	11.5%
40%~60%	14.0%	13.7%	14.7%	14.4%	14.1%	14.0%	14.6%	14.7%	14.7%	14.7%
60%~80%	21.7%	21.5%	21.4%	21.5%	21.5%	21.5%	21.4%	21.4%	21.4%	21.4%
80%~100%	47.0%	48.6%	44.1%	45.4%	46.7%	47.4%	44.6%	44.3%	44.2%	44.2%

产税可以转化为公共服务,在资本化的作用下,房地产税的财富再分配作用同样明显:0~20%层次家庭的净财富比重上升为7.4%~8.3%,80%~100%层次家庭的净财富比重下降为44.1%~45.8%,此时税率越高再分配效应越强。当适用普适性减免后,再分配效应开始减弱,且减免越多,再分配效应越弱,这同样是由于慷慨的减免使得房地产税纳税人群快速减少所致。在"断路器"减免政策下,房地产税的财富再分配效应与无减免时基本相同,这与财富分层的结论完全一致,进一步说明"断路器"政策受益对象的广泛性。

四、财富不平等及再分配效应的分解

表6-7为房地产税财富再分配效应的大小对比。从自住房购房成本和增值的比重看,低净值家庭(0~20%)付出了7.0%的成本,但只获取了增值部分的2.2%。与此相比,高净值家庭(80%~100%)付出了44.6%的成本,但获取了增值部分的63.3%。"溢价归公"是征收房地产税的合理性原因之一,因此房地产税的财富再分配效应最极端的情况可能是将所有的增值部分都收归政府所有,如此将会产生很大的财富再分配效应。但在中国高房价收入比背景下,由于收入限制了纳税能力,使得税率水平较低,房地产税对财富的调节效应非常有限。未来随着房价收入比的收敛,房地产税的实际税率将会逐步提高,这也会对财富再分配产生积极的影响。

表6-7 房地产税财富再分配效应的分配

净资产分层	自住房购房成本	自住房增值	净资产比重（税前）	无减免（无服务）	无减免（有服务）	减免10平方米价值	减免30平方米价值	减免50平方米价值
0~20%	4.2%	2.2%	1.3%	1.1%	3.1%	2.5%	1.9%	1.6%
20%~40%	10.2%	5.9%	4.7%	4.3%	6.0%	5.5%	4.9%	4.7%
40%~60%	16.6%	10.4%	9.0%	8.4%	9.8%	9.4%	9.0%	8.8%
60%~80%	24.4%	18.1%	17.5%	16.7%	17.1%	17.0%	16.9%	16.8%
80%~100%	44.6%	63.3%	67.5%	69.6%	63.9%	65.7%	67.4%	68.2%

说明:表中税率设定为税负平均收入的6%。

表6-8左侧为税前不同财富构成的基尼系数,右侧为税后家庭净资产的基尼系数,从基尼系数的情况可以看出,税前自住房购房成本的基尼系数为0.525,自住房增值部分的基尼系数则达到0.852,远高于购房成本的基

尼系数。税前总房产净值的基尼系数为 0.631，高于家庭净资产基尼系数（0.608），说明住房资产不平等程度加剧了家庭净资产的不平等。这说明住房资产是家庭财富的重要组成部分，也是财富不平等的重要来源，而住房财富增值在住房资产中也占据重要位置，因此通过房地产税适当调节以达到价值捕获和财富再分配的意义明显，这将是未来房地产税改革需要发挥的重要作用之一。

表 6-8 基于价值捕获视角的再分配效应

财富构成(税前)	基尼系数	家庭净资产(税后)	基尼系数
自住房购房成本	0.525	无减免(无服务)	0.618
自住房增值	0.852	无减免(有服务)	0.583
自住房价值	0.557	减免 10 平米价值	0.595
总房产价值	0.596	减免 30 平米价值	0.606
总房产净值	0.631	减免 50 平米价值	0.610
家庭净资产	0.608	"断路器"1	0.583
		"断路器"2	0.583
		"断路器"3	0.583
		"断路器"4	0.583

第五节 结论与讨论

本章基于财富结构分层和不同的税制要素对房地产税的财富再分配效应进行了模拟分析。本章的理论框架主要基于资本化效应，即房地产税的资本化使得房产价值下降，由于税基为房产价值，税收的负向资本化效应与房产价值成正比；而房地产税转化的公共服务受益在人群中分布相对均等，这使得同一区域的公共服务受益与房产价值没有直接关系。两种资本化效应的共同作用使得房地产税对财富分布尤其是住房财富产生直接的再分配效应。

本章的主要结论：首先，由于财富水平较低家庭的住房财富占比相对更高，如果开征房地产税且不用于基本公共服务，房地产税对财富分布有一定的逆向调节作用，反而使得财富不平等程度上升。如果房地产税用于基本公共服务,在无减免的税制设计下,家庭财富不平等程度会下降5%～10%。如果适用减免,房地产税对财富分布的调节作用就会减弱,且减免越多,调节作用越弱;减免超过一定水平时,房地产税对财富分布又产生了逆向调节作用。断路器设计可以有效降低低收入家庭的税负,同时保持多数高收入家庭的税负不变化,从而提高房地产税税额的充分性;在四种断路器设计情景下,房地产税对财富分布的再分配效应与无减免时基本接近。这些结论同时说明,房地产税的财富再分配效应不是来自收税环节,而主要来源于所提供公共服务的资本化效应,这时税额的充分性显得尤其重要。

不同财富分层的税负分布和再分配效应分解都进一步证实了以上结论,这些结论具有重要的政策意义。从财富的来源结构看,住房市场价值增值构成了财富不平等的重要组成部分,这进一步凸显了通过房地产税实现价值捕获的重要意义。房产的价值捕获功能在不同收入阶层中均很重要,因此从"溢价归公"角度看,房地产税具备一定的合理性。这相当于将政府支出带来的房产价值中的一部分通过税收形式回收,如此也为政府支出的可持续性提供了支撑。从房地产税的受益税属性看,再分配效应的对立维度正是受益税属性,再分配效应越高说明更多的家庭获得公共服务受益低于其房地产税负担,而其他家庭获得公共服务的受益高于其房地产税负担;再分配效应的实现程度衡量的实际上是税收负担和公共服务受益错位的程度。

因此,在同质性社区,要同时考虑房地产税和公共服务,对多数家庭来说,两者基本相抵,受益税属性明显,再分配效应较弱;在异质性社区,房地产税和公共服务的资本化对多数家庭存在正向或负向错位,这时尽管社区层面仍然存在较强的受益税属性(房地产税用于公共服务),但在家庭层面体现更多的则是资本化后的财富再分配效应。家庭层面的受益税属性越强,则居民的纳税意愿越高;再分配效应越强,则相对受损家庭的纳税意愿会越低。这也会进一步导致这些受损家庭(一般为社区房产价值相对较高的家庭)在居住地选择上的行为变化,例如搬迁到同质性更高的社区,一定程度上这会加剧居住隔离现象。从这些维度看,房地产税的财富再分配效应存在侵蚀受益税属性和加强居住隔离的成本,我们在强调房地产税的财富再分配效应的同时需要将这些成本进行综合考量。另外,由于中国房价收入比偏高,相对较低的平均收入限制了税率水平,房地产税对财富的调节效应有限,而对中国财富分布的调节需要寄希望于真正的财富税。

第七章　房地产税的法理基础：土地所有权与土地使用权辨析

中国1982年颁布的宪法规定"城市土地归国家所有"，城镇居民对住房占地只拥有自政府转让时起不超过70年的使用权。因而凡说到房地产税，公众普遍质疑土地产权公有以及已经收取出让金等条件下征收房地产税的合法及合理性。这些质疑涉及该税是否具备适当、充分的法理基础，是开征前必须澄清的深层次问题。此前，中国的财税、法律学者对之多为分头研究，鲜有跨界。本章打通此两领域，意使法学相关讨论触及公共财政实质，也让财税学有关论述基于法理之上。本章从公共财政的视角梳理、综述20世纪90年代以来国内法学家相关研究，区分所有权、使用权、受益权，阐述"土地所有权"与"建设用地使用权"之间的法理，从基本原理论证土地出让金与房地产税的关系，勾勒房地产税在中国的法理基础，提出关于土地出让金征收的解决思路并分析其合理性。本章综合张少鹏[1]、高富平[2]之说：建设用地使用权指在使用期内享有对土地的占有、使用和受益权以及对使用权的处置权，是一种"特殊所有权"，并得出结论：房地产税在中国相应制度安排下具备法理基础。房地产税与土地出让金在理论上性质不同，现有制度安排使得土地出让金中可能包含部分房地产税，这可在税制设计中作适当安排。关于现行使用权期满后的安排，本章采纳侯一麟、马海涛[3]的方案：将政府一次性、前置式征收使用期内的全部出让金，改为业主逐年缴纳租金，还利于民，方便税政，稳定税收，促使房地产市场良性、稳定运行。

---

[1]　张少鹏：《"土地使用权"是独立的不动产物权》，《中国法学》1998年第6期。

[2]　高富平：《土地使用权客体论——我国不动产物权制度设计的基本设想》，《法学》2001年第11期。

[3]　侯一麟、马海涛：《中国房地产税实施政策建议》，中央财经大学中国财政发展协同创新中心2015年10月课题发布会发布稿；侯一麟、马海涛《中国房地产税设计原理和实施策略分析》，《财政研究》2016年第2期，第65～78页。

第七章 房地产税的法理基础：土地所有权与土地使用权辨析

第一节 引　　言

根据1982年颁布的《中华人民共和国宪法》，中国城市土地归国家所有，农村土地归集体所有。在对开征房地产税持续进行了多年的热烈讨论之后，房地产业界、学界人士和较多公众仍然普遍对土地产权公有条件下征收房地产税的合法性存在疑问，对房地产税与土地出让金是否涉及重复征收存在疑问。这两个以及类似问题涉及房地产税是否具备适当、充分的法理基础，是房地产税开征之前必须妥善回答好的深层次重大问题。只有阐明了房地产税的法理基础，开征该税才能名正言顺；消除了公众对关键问题的质疑，才能赢得民心，有助于社会安定；只有如此，才能顺利推进税制改革，稳定房地产市场，落实长效机制，助力经济发展。否则，法理不清、民心不稳、行业不顺、经济受挫。所以，对这两个重点问题必须回答清楚，解释明白。

对于城市（镇）的商品房来说，居民只拥有该地块自政府转让时起不超过70年的"使用权"。如果只具有"土地使用权"，那么对坐落于"使用权"之上的房产开征房地产税是否合适呢？浏览媒体意见，稍加总结，我们把普遍存在的质疑大致归为两类：(1)这个税到底是"房地产税"还是"房产税"？如果是"房地产税"，既然土地是国家所有，就没有道理向居民征税。(2)房主已经通过支付土地出让金购买了70年的"土地使用权"后，为什么还需要为"使用权"继续支付费用（房地产税）？如果是"房产税"，居民只是租用国有土地在上面建房子；所以，若征税就必须先扣除土地的价格。还有一个相关的质疑：若开征房地产税，是否应该取消土地出让金？凡讨论房地产税，这些疑问就会出现。对于以上质疑，赞同征收房地产税的一方每每会提到英国、新加坡、马来西亚及中国香港特区等等地的情况，以资佐证，[①]力图说明即使土地不是私有仍然可以征收房地产税。但这样的回答未能使有疑问方心悦诚服，因为没有从基本原理和法理上澄清有疑问方所质疑的要害。

本章阐述房产价值的本质，以所有权、使用权、受益权等不同权利之间的法理关系为基础，从基本原理的角度逐一解释、回答上述质疑。中国的"土地使用权"与"土地所有权"到底是什么关系？如果开征"房地产税"，如何看待政府已经征收的土地出让金？房地产税与土地出让金之间是什么关系？除商品房之外，还有单位分房、经济适用房、房改房等各种产权类型。

---

① 曾梅芬：《香港差饷税制：评估、征收及管理》（第二版），中国香港差饷物业估价署，2013年。

厘清"土地使用权"与"土地所有权"之间的关系后,如何讲清楚产权类型复杂多样的房产市场,或者将对解决这一问题会产生怎样的助益?下文的讨论将围绕这几个问题逐步展开。

第二节 房产价值的本质

任何一处房产,其价值均由其所坐落的土地的价值和建筑物自身的价值两部分构成。建筑物包括地上和地下等所有组成部分;建筑物的价值可以用重置成本(replacement cost)来衡量。① 除此之外的其他价值,包括区位价值、可以享受的各项公共服务权利(折算成价值)等,都通过土地价值来体现。一般来说,在多数发达地区,土地价值要高于建筑物价值;且随着社会经济的发展,土地价值所占比重呈现上升的趋势。② 城市土地的区位带来的上乘就业机会、优质教育资源和便利生活设施等也是一种资本,会体现为该土地区位的价值。③ 这也是为什么一般认为区位才是房产价值最重要因素的原因。

依中国《土地管理法》和《城镇国有土地使用权出让和转让暂行条例》的规定,城镇土地属于国家所有,城镇居民只拥有其居住用地的使用权且不超过70年。在发达城市,建筑物(住房)本身的价值相对有限;就是说,房产的价值主要是土地所在区位价值的体现。一线城市的一栋房产,各项物理指标保持不变,平移至四线城市,其价值就会大打折扣,甚至可能只有原来的十分之一。这时就出现一个显而易见的问题:为什么对土地没有所有权、只有固定期限使用权的中国居民愿意付出几百万甚至上千万的高价去购买房产呢?这样高昂的市价所体现的,是所购得的房产的实际价值吗?如果是,这里房产价值的本质是什么?

实际上,中国居民之所以愿意支付很高的价格去购买并没有土地所有权的房产,是由于购买房产之后,不但拥有可用于居住的住房以及相应的区位所带来的生活便利,还具备了享受各项与所在区位对应的公共服务(例如学区教育)的权利。因此,房产所在地块的"使用权"就不仅仅是人们一般所认为的"依照法律

---

① Davis, Morris A, & Heathcote, Jonathan, "The price and quantity of residential land in the United States," *Journal of Monetary Economics*, 2007, 54(8), pp. 2595-2620. Davis, Morris A, & Palumbo, Michael G., "The price of residential land in large US cities," *Journal of Urban Economics*, 2008, 63(1), pp. 352-384.

② Davis, Morris A, & Heathcote, Jonathan, "The price and quantity of residential land in the United States," *Journal of Monetary Economics*, 2007, 54(8), pp. 2595-2620.

③ Bilal, Adrien, & Rossi-Hansberg, Esteban, "Location as an Asset," National Bureau of Economic Research Working Paper Series, No. 24867, 2018, doi:10.3386/w24867.

规定对土地加以利用的权利",①而且包括享受与该地块相对应的各种公共服务的专有权利。所以,房产价值由房地产本身的使用权利和基于土地区位的公共服务权利共同构成。在很多情况下,房产价值的本质主要体现于后者。

　　房产价值的本质显示了巨量的税基,给公平征缴房地产税提供了基本视角。从公平的角度看,征税要考虑两个原则:一是谁受益谁纳税;二是能力强的多纳税。受益原则着眼于房产价值中的基本公共服务。房地产税作为地方主体税种,是一种受益税,②其征管的地方性特质和很多国家的长期实践证明,房地产税最适宜基层政府征收、使用。③ 国内学界尽管在是否应当开征上争论未休,但在这方面已经趋向于达成共识。④ 房地产税作为受益税,一般用于当地的基本公共服务。即使有的居民因种种原因未享受相应的公共服务,这些公共服务也会资本化到房产价值中。房地产税的最终受益者仍是房产的拥有者。⑤ 至于房产之下的土地权利是所有权还是使用权,不影响公共服务在房产价值上的资本化。在中国,依据《物权法》第146、147条,基于"房地一体"的原则,房产价值的受益者同时是土地的"使

---

① 丘金峰、杨树鑫:《房地产法辞典》,法律出版社1992年版;张少鹏:《"土地使用权"是独立的不动产物权》,《中国法学》1998年第6期。

② Hamilton, B. W., "Zoning and Property Taxation in a System of Local Governments," *Urban Studies*, 1975, 12(2), pp. 205-211. Hamilton, B. W., "Effects of Property Taxes and Local Public Spending on Property-Values — Theoretical Comment," *Journal of Political Economy*, 1976, 84(3), pp. 647-650. IPTI, International Property Tax Institute, *Survey Prepared for the Workshop on Modernizing Property Taxation in CEE Countries*, Toronto, Ontario, Canada: 2015. Oates, Wallace E, "The Effects of Property Taxes and Local Public Spending on Property Values: An Empirical Study of Tax Capitalization and the Tiebout Hypothesis," *Journal of Political Economy*, 1969, 77(6), pp. 957-971. Oates, Wallace E, "Effects of Property Taxes and Local Public Spending on Property Values — Reply and yet Further Results," *Journal of Political Economy*, 1973, 81(4), pp. 1004-1008. 金子宏:「固定資産税の性質と問題點」,『税研』50號(1993年),3頁。

③ Almy, Richard, *A Global Compendium and Meta-Analysis of Property Tax Systems*, Cambridge, MA: Lincoln Institute of Land Policy, 2013.

④ 胡洪曙:《我国财产税改革研究:一个关于理论及其应用的探讨》,经济科学出版社2011年版;倪红日:《对我国房地产税制改革的几点建议》,《涉外税务》2011年第2期;张学诞:《房地产税改革对地方财政的影响》,《中国财政》2013年第17期。蒋震、高培勇:《渐进式推进个人房产税改革》,《宏观经济研究》2014年第6期;贾康:《房地产税离我们并不远》,人民出版社2015年版;侯一麟、任强、马海涛:《中国房地产税税制要素设计研究》,经济科学出版社2016年版。

⑤ Hamilton, B. W., "Zoning and Property Taxation in a System of Local Governments," *Urban Studies*, 1975, 12(2), pp. 205-211. Hamilton, B. W., "Effects of Property Taxes and Local Public Spending on Property-Values — Theoretical Comment," *Journal of Political Economy*, 1976, 84(3), pp. 647-650. Oates, Wallace E, "The Effects of Property Taxes and Local Public Spending on Property Values: An Empirical Study of Tax Capitalization and the Tiebout Hypothesis," *Journal of Political Economy*, 1969, 77(6), pp. 957-971. Oates, Wallace E, "Effects of Property Taxes and Local Public Spending on Property Values — Reply and yet Further Results," *Journal of Political Economy*, 1973, 81(4), pp. 1004-1008.

用权人"。①

　　量能原则着眼于房产的权利人享受的财产权益；在这个意义上，房地产税是一种"财产税"。在法律上，所有权人是财产权益的最终归属者；使用权人虽然在现实中享受着使用利益，但这是以租金为对价从所有权人处换取的部分权益，使用权人并不完全享有房产价值。因此，在量能纳税的角度，通常不以使用权人，而以所有权人为房地产税的纳税人。然而，中国的城镇建设用地不仅使用权期限长，而且权能宽泛。根据中国《物权法》和《城镇国有土地使用权出让和转让暂行条例》的规定，土地使用权可以依法"转让、互换、出资、赠与或者抵押"，甚至可以"出租"，这几项明确罗列的权利极大地推升了房产用地的价值。这些权利使得房产价值的本质已经超出了"简单的土地使用权"的范畴，使国有土地所有权虚权化，以致于即便从"财产税"的角度看，也应当以土地使用权人作为房地产税的纳税人。下面从民法和税法的法理基础出发，对这一问题做深层次剖析，以期达到彻底澄清的目的。

第三节　中国的土地所有权与土地使用权

　　要解答是否可以对土地使用权人征收房地产税的问题，首先要从法理上厘清中国的"土地使用权"与"土地所有权"之间的关系。依据《物权法》和《土地管理法》的规定，中国的土地使用权在广义上包括建设用地使用权、土地承包经营权、宅基地使用权和集体经营性建设用地使用权，其中后三类以农村集体所有权为基础，不涉及国有土地。因此，以下的讨论主要围绕"建设用地使用权"和"国有土地所有权"的关系展开。在中国法律中"建设用地使用权"是一个物权概念，指使用权人依法对国家所有的土地享有占有、使用和收益的权利，并有权利用该土地建造建筑物、构筑物及其附属设施（见《物权法》第135条）。关于建设用地使用权的性质，法学界有两个对立观点：一是"地上权说"；二是"特殊所有权说"。下文分析哪一种观点更符合中国的法律制度架构。

---

　　① 英国的土地为英王所有，房地产税（council tax）的受益人被称为住户（tenant），也即实际上的使用权人。在法律观念上，并不是说领主享有土地的所有权（ownership）而住户享有对领主所有的土地的"他物权（iura in re aliena）"；正确的理解是，领主和住户都是土地的所有权人，或者说，他们都是对土地享有保有权限的住户。（参见 Simpson, A. W. B., *History of the Land Law*, Oxford: Oxford University Press, 1986。）

一、"地上权说"

"地上权说"认为,建设用地使用权是"用益物权"的一种,性质上是他物权。在传统的大陆法体系中,物权分为自物权和他物权。前者指所有权;后者称限制物权,即"对他人所有物的限制",其中包括"用益物权"(地上权、永佃权、地役权等)和"担保物权"(抵押权、质权、留置权等)。因此,建设用地使用权的体系定位是"物权—他物权(限制物权)—用益物权—地上权"。[①] 依照"地上权说",中国《物权法》虽然没有在条文中直接使用"地上权"的概念,但是建设用地使用权相当于传统大陆法中的"地上权"。例如,房绍绅等[②]认为,土地使用权与地上权并无差别,"地上权"概念准确、统一,完全可以取代"土地使用权"。

建设用地使用权是下述权能的综合体:(1)土地的占有、收益和使用收益(见《物权法》第135条);(2)占有、收益和使用收益的可流转性(同法,第143条);(3)建筑物、构筑物及其附属设施的所有权归属(同法,第142条),即阻断不动产之间的附和,防止土地所有权吸收建设于土地上下的建筑物、构筑物及附属设施的所有权。依照"地上权说",所有权具有绝对性;而建设用地使用权仅在上述三项权能上形成对所有权的限制,在本质上仍是"他物权"。除上述法定权能之外,其他权能悉归所有权人。

此时,所有权人保留的权能包括:(1)限制地上权的时间、空间和用途。首先,所有权人在设定地上权时可以附加条件和期限。一旦条件成立或者期限届满,所有权人享有收回权。其次,地上权以保有地上或地下建筑物、构筑物及其附属设施的所有权为目的,效力所及的空间有限。最后,尽管地上权人对土地享有占有、使用和收益的权利,但不得以有害土地的方式为之,不具备所有权人享有的毁灭性处分权。(2)设定其他用益物权。所有权人可以在不与地上权相冲突的范围内,设置其他用益物权。例如:允许地铁从地下通过或者设定通行地役、汲水地役、眺望地役等。(3)享受矿权、渔权、水权等准物权。(4)设定担保物权。所有权包含使用价值和交换价值两个层面。地上权对前者形成限制,但后者依旧由所有权人享受。所有权人可以在已经设有地上权的土地上继续设定抵押权,

---

[①] 崔建远:《物权:规范与学说》,清华大学出版社2011年版,第533页;梁慧星、陈华彬:《物权法》(第六版),法律出版社2016年版,第240页;反对意见参见尹田著:《物权法》,北京大学出版社2013年版,第382页:"就土地使用权而言,我国立法未采用传统民法上的'地上权'的概念,而是沿用了我国改革开放以来各种政策、法律文件所一直采用的有关称谓,这种做法能够正确地反映我国特有的土地制度和土地政策下各种土地权利的不同性质和特点"。

[②] 房绍绅、丁海湖、张洪伟:《用益物权三论》,《中国法学》1996年第2期。

将现时的其他权能以及未来的使用收益提前变现。"所有权人享有设定担保物权的权能"的法理,鲜明地折射出土地所有权与土地使用权的经济价值差异。

二、"地上权说"与"所有权绝对论"

"地上权说"是以"所有权绝对论"为理论背景的,具有大陆法色彩。① 具体而言,所有权是对自有物的全面支配,一切权能、全部利益皆归所有权人。《物权法》第39条规定的"占有、使用、收益和处分"四项权能,并非所有权的全部权能,只是典型权能的列举。依"所有权绝对论",所有权与限制物权之间的关系具有三个特征:(1)所有权的不可分性。所有权原则上处于权能饱满的状态,如同气球。限制物权之于所有权,如同对气球的挤压,而不是拆分、让与所有权的一部分。这是"一物一权原则"。(2)限制物权的法定性。受挤压而缩小的那部分物权必须由法律明确予以规定,未明确规定的即归于所有权人。限制物权自身不再派生新的物权。这就是"物权法定原则"。(3)所有权的弹力性。如同对于气球的挤压一旦消失,气球即回复原有的饱满状态一样,限制物权的权利人一旦失去权利,该权利自动回复至所有权人处,不会旁落于他人。综合三个特征,唯有法律明文规定才能够形成对所有权的限制,生成限制物权;限制物权以外的权能皆归所有权人。这是所有权作为自物权的显著特征。

所有权的绝对性是近代法与封建地产制诀别的标识,与契约自由和过失责任一道,构成近代私法的三大支柱。② 所有权的绝对性要求,若所有权变更,全部权能必须一次性完全转手,严控限制物权的种类。这样做的目的是避免拆分上层所有权与底层所有权,防止封建地产制死灰复燃。③ 传统民法在物权上采用"所有权-限制物权"二层架构,目的正是为了拱卫所有权的绝对性。

然而,即便在传统的大陆法国家,"所有权-限制物权"的二层架构也已经开始松动。以地上权、承租权为代表的使用权崛起,而所有权则弱化为事实上的"地租收取权"。④ 这在理论上有其必然性。土地是自然物,不是资本投入的产物,本身不产生价值;其价格无外乎是资本化的地租。地租的本

---

① 关于所有权绝对论,参见陈华彬著:《民法物权》,经济科学出版社2016年版,第141页以下。
② 梁慧星:《民法总论》(第四版),法律出版社2011年版,第41页。
③ 我妻荣,『新訂物権法』,岩波书店,1983,25頁。稻本洋之助,『民法Ⅱ(物権)』,青林书院新社,1983,52頁。
④ 我妻荣,『新訂物権法』,岩波书店,1983,352頁。

质是土地所有权人从使用人的资本利润中截留的一部分，而土地所有权本身对于资本利润乃至商品价格的创造并无关系。① 作为资本的要素发挥机能的是土地使用权，马克思称之为"资本所有权"；土地所有权只会给土地使用权的资本机能带来不合理的压迫，马克思称之为"无用的瘤"。② 这一政治经济学上的洞见对法学有深刻的影响。法律之所以保护物的所有权，是因为物是资本投入的产物；使资本投入的产物在法律上归属于资本投入者，是资本运行的基础。然而，土地是自然物，与人的资本投入行为无关，本来没有给予其以法律保护的正当性。③ 近代资本主义之所以保护土地所有权，是因为所有权"可以通过租赁而成为使用者的资本利润的一部分。"④换言之，土地所有权能够为使用权所限制，是土地资本化的前提，农地、工商业用地如此，住宅用地也是如此。近代法中与之相应的原则就是，充实土地使用权的权能，将土地所有权弱化为低额地租收取权，以避免土地所有权压迫土地使用权的资本机能。因此，近代土地制度的应有形态是弱化的所有权与强化的使用权的组合，而不是"绝对的所有权"。⑤ 至于已经弱化的土地所有权，制度上将其废止并国有化，在资本主义的法律体系中也是理论上可能的选项。⑥ "地租收取权化的国有土地所有权——强化的土地使用权（资本所有权）——派生于土地使用权的土地他项权"，这个三级架构恰好符合中国现行的土地制度。

三、"特殊所有权说"

特殊所有权说认为，中国《物权法》中的"建设用地使用权"概念以国家所有权为背景，是不可流转的国家土地所有权与市场对接的制度工具，不同于传统民法学中的地上权。⑦ 建设用地使用权派生于国家土地所有权，但是派生后即成为一种独立权利，不附属于国家土地所有权，在民法上一直扮演着"自物权"的角色。⑧ 中国的土地使用权具备了土地所有权的四项权

---

① 马克思：《资本论》（第三卷），人民出版社2018年版，第728～730页。
② 马克思：《剩余价值学说史》，郭大力译，新中国书店1949年版，第199、282页。
③ 渡辺洋三，《土地・建物の法律制度》，東京大學出版會，1960，4頁。
④ 水本浩，「英國近代成立期における不動産賃貸法の構造」，『法社會學』10號，1957a，66～67頁。
⑤ 水本浩，「近代イギリス法における借地権の性質」，『法律時報』29卷3號，1957b，24～25、29頁。
⑥ 甲斐道太郎，『不動産法の現代的展開』，法律文化社，1986，115頁。
⑦ 高富平：《土地使用权的物权法定位——〈物权法〉规定之评析》，《北方法学》2010年第4期，第5～15页。
⑧ 孙宪忠：《国有土地使用权财产法论》，中国社会科学出版社1993年版，第46～49页。

能,不仅可以占有、使用、收益,还可以通过转让、出租、抵押等方式加以处分,其实质绝不同于四项权能中的使用权,因此有学者建议将其改称为"土地财产权"。① 甚至有学者称之为一种"特殊的所有权,即带有期限的所有权"。②

"特殊所有权说"的理论背景是"分割财产权论",即土地所有权可以纵向拆分。中国的土地使用权相当于英美法上的"地产权"(estate),就是在土地最高权利人和直接占有人之间置入的一个抽象权利状态,其目的是在不动摇所有权人对土地的最终支配权的前提下,使分散的民事主体实现对土地的利用和不动产物权的流转。③ 主张"特殊所有权说"的学者为数不少,但其中多数仅止步于指出中国的"使用权和所有权几乎没有差异",④而未能说明典型的四项权能之外的法律利益的归属,难以说服主张"地上权说"的学者。

在传统大陆法中,抵押权和地役权是所有权所派生、与地上权相并列的权利。也就是说,即便一块土地上设有地上权,也不妨碍所有权人继续在该土地上设定抵押权和地役权。然而,中国《物权法》虽然在用语上将建设用地使用权归为"用益物权",但却允许土地使用权人在土地上设定地役权(同法第161条),甚至设定抵押权(同法第143条)。高富平⑤明确指出,中国的土地使用权"不仅支撑房屋等建筑物所有权,而且支撑抵押权、地役权等他项权。在这个意义上,它是自物权,具有土地所有权的功能"。抵押权和地役权之中,抵押权的意义尤其关键。因为抵押权是针对物的整个交换价值的物权类型,抵押权的实现会直接导致物的处分(拍卖或变卖)。因此,抵押权的设定权限究竟掌握在所有权人还是使用权人手中,是测试使用权人是否享有关于物的一切利益的"试金石"。如此,中国的土地使用权有着显著的自物权的性质。

据此,高富平⑥主张,应当放弃"所有权-限制物权"的二层架构,采用"土地所有权-土地使用权-土地他项权"的三层架构。只有将土地使用权独立出来,使其相当于土地所有权而成为私权利的逻辑起点,才能彻底解决中

---

① 张少鹏:《"土地使用权"是独立的不动产物权》,《中国法学》1998年第6期,第49~56页。
② 周康:《中日不动产法比较——土地使用权及其性质》,《比较法研究》1994年第3、4期
③ 高富平:《土地使用权客体论——我国不动产物权制度设计的基本设想》,《法学》2001年第11期,第44~51页。
④ 张千帆:《城市土地"国家所有"的困惑与消解》,《中国法学》2012年第3期,第190页。
⑤ 高富平:《土地使用权的物权法定位——〈物权法〉规定之评析》,《北方法学》2010年第4期,第5~15页。
⑥ 同上。

第七章 房地产税的法理基础：土地所有权与土地使用权辨析

国目前在这一点上存在的立法上的逻辑和体系混乱问题。[①] 在此基础上，席志国[②]进一步指出了分割所有权的经济意义，即"随着资本主义的发展，物作为资产的功能逐渐蜕化，作为资本的功能逐渐彰显；到后来所有权人不再为自行使用和收益的目的利用标的物，而是将标的物作为资本进行投资，从而获得价值相当的回报。这叫物权的价值化。……价值化的结果，要求法律制度承认并创设出将土地权能在所有者与使用者之间进行分割的用益物权"。上文提到传统大陆法国家强化土地使用权，其中的政治经济学原理于此若合符节。

一旦土地使用权独立出来，成为附期限的"特殊所有权"，那么土地使用权与土地所有权的关系就必须重新被审视，这是一个关于"派生"的悖论：中国的土地使用权是从国家土地所有权中派生的权利吗？理论上，国家土地所有权本来就不能流转，不得设定担保物权，更不允许被放弃；唯一可实施的处分，就是设定土地使用权。本来不存在的权利也无所谓"派生"。实际上，国家所有权的功能并不在于"派生"新权利，而在于管理作为"特殊所有权"的土地使用权。因此，处于"土地所有权-土地使用权-土地他项权"三层架构顶层的国家所有权不具有私权属性。[③] 国家以出让方式将土地分配给市场主体之后，除非以立法的方式限制土地使用权人的权能，否则没有必要再以土地所有权人的身份参与民事活动。

长期以来，在中国的土地问题上，国家既是公共管理者又是所有权人。这个双重身份的问题造成了很多困扰。"行政管理权又容易以所有权的形式出现，使政府的不必要干预合法化、经常化，带有不可抗拒性"。[④] 土地权利的三层架构化解了国家身份重叠的问题。在三层架构中，国家土地所有权的功能不在于私法权能，而在于对土地使用权的公法管制。国家仅在土地出让时具有私法上的所有权人的身份，此后即蜕去私法属性，成为超然的公共管理者。

至此，土地所有权与土地使用权之间的关系就清楚了。关于土地使用权，"特殊所有权说"以及"国家土地所有权-土地使用权-土地他项权"的三层架构论更适合中国的所有制形态和《物权法》的立法构造。在法理上，中

[①] 席志国：《民法典编纂中集体土地权利体系新路径》，《国家行政学院学报》2018年第1期，第109~113、第151页。
[②] 同上。
[③] 李凤章：《物权体系重构应变土地所有权为非限定土地使用权》，《交大法学》2018年第1期，第41~48页。
[④] 陈云良：《公共管理者和所有者——论国家干预经济时的双重身份》，《中央政法管理干部学院学报》1998年第3期，第16~18页。

国的土地使用权是自物权,在实质上享有土地所有权的私法权能。这一结论为解答公众对开征房地产税的质疑提供了重要依据。

第四节 中国的土地使用权与房地产税

一、"特殊所有权说"之下的房地产税

如前所述,中国的"土地使用权"实质上享有与土地所有权一样的私法权能。土地出让后,国家不再享有土地经营的分成;收取土地使用期内的交换价值的权能已被法律完全赋予了土地使用权人。既然土地使用权人是土地财产价值的归属者,理论上应当由其负担房地产税。

在"特殊所有权说"的法律建构之下,土地使用权的"出让"相当于民事上的"买卖",而非连续性的地上权设定合同。出卖人有义务移转土地的各项法律权能,并担保移转之时土地无瑕疵,但是出卖人并不担保买受人未来能够获得来自国家的法律保障乃至地方政府的公共服务。例如,买受人购买土地后,土地被他人侵占或者下水系统年老失修的情形下,买受人无权要求出卖人负责处理,因为这是买受人和国家之间通过税收关系解决的问题,和出卖人无关。不能因为土地的出卖人恰巧是国家,就要求出卖人永久地提供法律保障和公共服务。认为支付了出让金就可以免缴房地产税的想法,混淆了国家在土地出让中身兼出卖人和公共服务提供者的双重身份。一次性支付的出让金原则上只是国家出让土地所有权的各项私法权能的对价,不当然覆盖未来70年的公共服务(不否认出让金可能会包含使用权人对国家未来提供某些公共服务的预期,详见本章第五节"土地出让金与房地产税")。因此,究竟以哪个税种征收为土地提供公共服务的资金,是一个政治判断的问题,在法理上不存在障碍。如果国家认为长期不征收房地产税会形成地方财政对土地出让金的过度依赖,那么在必要时开始征收房地产税,具备法理基础。

在基本公共服务之外,政府可能投资于特定的公共设施,使特定区域内的房地产增值。这种开发利益的回收涉及土地发展权的归属和利用,目前也在热议之中。土地发展权指改变土地利用状态和强度的权利。理论上,对一块土地的投资是以牺牲其他土地的投资为代价的,限制一块土地的用途会增进其他土地的价格。对因政府的投资规划而发生的土地增值,原则上应当由政府回收并以此补偿受损的土地。由于存在价值漂浮

(floating)和价值转移(shifting)的地价变化机制,个别回收和个别补偿在财政上难以实现。一劳永逸的做法是,由国家把全国的土地发展权国有化,之后在对特定地块进行开发时,通过事先回购、规划协议或者征收土地增值税等方式将其中部分或全部的土地增值捕获归公。[1] 特别投资开发中政府支出的价值回收,本来与房地产税并无直接关系。但是,土地增值税存在征收拖延问题(lock-in effect),即土地增值税仅在交易时征收,在未交易时土地权利人也能够通过居住、出租等方式享受开发利益。征收拖延不仅有违税收公平,而且达不到及时收回投资的财政目的。鉴于此,有观点认为,开发投资利益会直接体现在房产价值上,年度征收的房地产税会相应获得增加,所以房地产税也发挥着土地增值税的补完税机能。[2]

二、"地上权说"之下的房地产税

即便认为中国的土地使用权出让不是一次性的"买卖",而是持续性的"地上权设定",鉴于中国的土地使用权的制度设置(住宅用地70年期限、出让金一次性付清),在税制上仍有必要以土地使用权人作为纳税人。因为一次性约定70年的租金超出了人的理性预测范围,不仅在民法上欠缺拘束力,而且在税法上违反实质课税原则。

同样是对土地的利用,租赁合同有法定最长期限——租赁期限不得超过20年,超过的部分无效,转为不定期租赁(见《合同法》第214、236条)。这一规则给予当事人以调节租金的机会,毕竟在时间面前人的理性是有限的。超长的合同期限会导致当事人无从应对可能发生的重大经济情势变化。[3] 与租赁相比,中国的土地使用权期限更长(40~70年),而出让金却是一次确定的,不得更改。这在制度供给上形成失衡:土地所有权人必须支出费用以维持土地的状态,期限长达租赁合同的数倍,而面对经济情势的变化却无法像租赁合同那样,至少20年有一次调租的机会。这个问题在日本也曾经出现过,并导致税收征管困难,我们应当引以为戒。

1896年,《日本民法典》制定当时,关于土地的使用,对承租权和永佃权都有时间限制(前者不得超过20年,后者不得超过50年),而对地上权却没有限制。这是因为地上权以承载房屋的所有权为目的,而房屋的存续时间

---

[1] 彭錞:《土地发展权与土地增值收益分配——中国问题与英国经验》,《中外法学》2016年第6期,第1536页以下。
[2] 野口悠紀雄,『土地の経済学』,日本経済新聞社,1989,154~155頁。宮尾尊弘,『土地問題は解決できる』,東洋経済新報社,1991,第63~65頁。
[3] 王利明:《合同法分则研究》(上),中国人民大学出版社2012年版,第256页。

不一,难以设置统一的期限。① 这诱发了奇异的法律现象:当事人出于各种目的(主要原因是当时外国人无法取得日本的土地所有权)设定了超长期限的地上权,有的甚至长达999年或2 500年。

这种存续期限在50年以上的地上权,学界称之为"地上权型定期所有权"。② 从"强化土地使用权"的近代法原则看,"问题毋宁是地租无法随经济状态的变化而调整。只要当事人约定了地租调整的标准,或者在没有约定情形下能够依照情事变更增减地租,……即便承认永久的地上权,民法的物权体系也不会崩溃"。③ 换言之,只要法院能够积极适用情事变更原则依实际情况调节租金,使租金恢复传导土地收益的功能,承认永久的地上权也无妨。

可是,20世纪初期的日本法院未能积极适用情事变更,结果造成税务征管困难:所有权人几乎无法从土地上获得收益,却必须为地上权人缴纳房地产税(日本法上称"固定资产税")。起初,租金的运用收益或可支付房地产税,但是时过境迁,因通货膨胀或增税等原因,所有权人无力支付房地产税。这种情况下,很多所有权人只得放弃所有权。此时,税务部门面临的境况是,居住在土地上的地上权人切实地享受着地方政府的道路、下水道、警察、消防、医疗、学校、公园等财政支出及公共服务,而不再有人会为这块地支付房地产税。税务部门也无法转向地上权人征收税款,因为他们不是"所有权人"。

对此,1905年《日本地租条例》不得不为此做出修改,新的第13条第1款规定:"约定100年以上存续期间的地上权,以地上权人为纳税人。"立法理由是:"地上权人享有几乎和所有权人一样的利益,而所有权人几乎不享有任何利益。所有权人不缴纳地租时,完全没有应对之策。"④之后,该条为1931年《日本地租法》第12条继承,现在被列为《日本地方税法》第343条。对此,学者明确指出,"土地所有权人只有空名而无实益,实际的所有权如同归属于地上权人的,应当以其实际规定纳税人"。⑤ 这里的"以其实际",即指不囿于民法的概念,而以实质的经济利益状况决定税法上的纳税人。

---

① 成田博,「999年の地上権(上)」,载『法學セミナー』535號,1999,85~86頁。
② 小柳春一郎,「地上権者への固定資産税課税についての沿革的考察」,『獨協法學』49號,1999,399頁。
③ 我妻栄,『新訂物権法』,岩波書店,1983,352頁。
④ 內閣官報局,『帝國議會衆議院議事速記録(第21回議會)明治37年』,東京大學出版會復刻版第20卷,1979,137頁。
⑤ 広瀬武文,『借地借家法の課題』,日本評論社,1964,252頁。

这和中国的情况何其相似。国家出让土地之后几乎不享有土地收益，却必须不断支付费用提供新的公共服务，而出让金是一次确定的，70年中无从更改，因而丧失了传导土地收益状况的能力。理论上，房地产税以土地所有权人为纳税人，是以"土地所有权人享有土地收益"为前提的，而在70年的星移斗转面前，仅以租金反映土地收益的构造是极其脆弱的。从日本的经验看，在不能期待法院适用情事变更调节租金的情形下，税法自身必须作出改变，即"依其实际"，以实质上享有土地收益的土地使用权人作为房地产税的纳税人。长时间对不真正享有土地收益的名义上的"所有权人"征税，违反了税法的实质课税原则，既不公平，也无法持续。只不过，中国的特殊情况是，土地所有权人是国家，不像私人那样有放弃土地所有权的选项，只好依赖其他税收或新的土地出让金。在经济上，新的土地出让金的支付者不仅在支付自己的土地使用权益的对价，而且在支付之前的土地使用权人的公共服务费用。

综上，无论中国的土地使用权在权能上属于"特殊所有权"，还是仅为传统意义上的"地上权"，在税制上都应当由使用权人缴纳房地产税。

第五节　土地出让金与房地产税

与永久的所有权不同，中国的"土地使用权"存在确定的年限，其中居住用地为70年。在厘清土地使用权与所有权的法理关系基础上，设定有限使用年限的好处是在制度上控制了土地兼并风险，更加有利于土地流转改革。关于土地使用年限届满后的展期制度以及对地上建筑物等的处理问题，经过广泛讨论后，《物权法》第149条给予了明确规定："住宅建设用地使用权期限届满的，自动续期。"居民对地上房屋则拥有永久所有权。2018年9月《中国民法典（草案）》向社会公布，有关机构向社会公开征求意见，草案规定："产权年限到期自动续期，续期费用的缴纳或减免会另有规定。"2019年12月16日定稿的《中国民法典（草案）》进一步明确为："住宅建设用地使用权期限届满的，自动续期。续期费用的缴纳或者减免，依照法律、行政法规的规定办理。"

"自动续期"的规定没有说明居民是否需要再次缴纳土地出让金、如何缴纳以及缴纳多少。这些还需要其他文件对之作出规定。我们目前可以理解为：国家通过收取土地出让金转让了70年的土地使用权，且70年后居民可以继续使用。但从法理上讲，"土地使用权"的使用年限届满时，国家可以无偿收回土地,对(地上)建筑物的权利所有人给予合理补偿。① 因此,中国的土地使用权70年到期后,居民需要继续支付出让金来维持广义的土地使用权,包括转让、出租、抵押等各项权利。

那么,已经缴纳的70年土地出让金与房地产税到底是什么关系,收取土地出让金后再征收房地产税是不是重复征税呢?本章第三节的法理基础剖析已经说明,居民在拥有土地使用权的70年期间是实质上的土地所有权人。因此,业主购房时缴纳的土地出让金可以看作是购买70年的土地使用权,是70年地租的折现。这类似于在土地私有的国家购买土地(房产)时需要支付的相应对价;所不同的是,土地私有制下业主购买的是永久使用权,而中国居民支付土地出让金购买的是70年的使用权。这种购买意味着获取财产权,而房地产税则是政府以该财产为课税对象而征收的财产税和用于提供基本公共服务的受益税。在土地私有的国家,购买行为是私人之间的活动,政府不参与,只逐年收取房地产税。在土地国有的情况下,政府实质上参与了居民的房产购买过程。这就使居民误认为政府在重复征税。因此,在城市土地国有的背景下,可以将中国的政府参与区分为两种角色:一是转让土地(财产)权利的土地所有者;二是收取房地产税的公共管理者。有效区分这两种角色有助于我们从本质上理解土地出让金(地租)与房地产税之间的关系。

在多数国家,政府征收房地产税主要用于提供当地的基本公共服务,从这个角度看,房地产税可以被看作受益税。② 政府还会运用其他收入(借债融资和其他税收等)投资于基础设施等公共服务,这些也会资本化到房价中。在土地私有的环境中或是在土地公有的使用权有效期限内,这部分增值会被房产所有人获取。因此,房地产税也被认为是价值捕获工具,但土地增值直接带来的应是地租的提高,所以价值捕获功能实际上应通过地租变化来实现(土地增值税也是一种选择)。无论是有限期还是无限期,土地使用者往往通过地租折现的方式一次性购买很多年的所有权,政府额外投资产生的增值收益往往不能通过地租的变化来进行捕获,只能将这部分在理论上本应由地租来完成的价值捕获,通过征收房地产税来实现。从这个意义上说,房地产税如果同时承担受益税和价值捕获的功能,其税额高于居民

---

① 张少鹏:《"土地使用权"是独立的不动产物权》,《中国法学》1998年第6期,第49~56页。
② 当这里的基本公共服务为消耗性支出时,税额和受益是对等的;但当基本公共服务为资本性支出(如基础设施)时,对应的受益为长期受益,税额与当期受益不对等,但长期受益的预期也会资本化到房产价值中,成为业主获益的房价升值收益,因此税额和总受益(包括公共服务受益和房产增值收益)仍然是对等的。这里房产增值因使用房地产税收入而产生,如果是由其他非房地产税收入投资带来的房产增值,则属于另一种范畴。

享受的公共服务支出,在理论上是合理的,基本公共服务支出对应的只是房地产税作为受益税的那部分。

现有文献将房地产税的受益税属性(管理服务费用)和价值捕获功能(地租增额)混在一起,不利于厘清地租和房地产税的区别。在土地私有制下,居民会一次性获取土地永久所有权。即便由于非预期的其他政府投入导致房产价值提升,政府也不能再征收地租,价值捕获通过房地产税实现。在土地国有的情况下,对地租和房地产税进行明确区分是可行且合理的。

基于这一原理,我们可以较好地解释不同制度下的差异化实践。例如,中国香港特区在土地转让时会收取一次性出让金,除此之外每年还额外收取市场租金3%的年租,这部分土地出让金之外的额外年租即可看作政府的价值捕获。这就是因为一次性出让金只体现了年租价值的一部分,另外一部分则通过市场租金3%的年租方式收取。

美国的土地为私有产权,土地价值为无限期(永久)年租的折现价值。在美国和中国香港,除了上述提到的地租的不同形式外,每年也都在征收房地产税。美国在房地产税中以征收超过受益税的额度来实现价值捕获。实际上,无论通过地租或者房地产税实现价值捕获功能,政府往往并不会将增值收益全部转化为政府收益,而是只征收其中一部分,其余则留利于民。[①]

中国是将转让期限内的年租价值全部通过一次性出让金的方式收取。需要注意的是,这里的土地出让金与房地产税是否有部分重叠至关重要,这涉及未来房地产税制要素设计中的税率设计,以及如何厘清中国土地出让金和房地产税之间的关系。我们认为,从中国过去20多年的土地出让历程来看,土地出让金中除了纯粹的地租外,某些情形下也会包含一部分未来"管理服务费用"的预期(一些天价地的土地出让金溢价即是未来预期的价值体现),这相当于在某些情形下有一小部分房地产税已通过土地出让金的形式收取。如前所述,出让金应为转让期限内地租价值的折现。在中国尚未开征房地产税用于提供公共服务的情况下,出让金中还会包含未来公共服务价值的折现。[②] 一个地区的公共服务供给规划会直接影响出让金的数额。中国的土地出让金包含了一部分出让期限内的房地产税,但由于经济

[①] 政府要进行价值捕获的原因包括公平性、财政的可持续性等多个方面,对之已有较多文献进行讨论,这里不作展开。实际上,更准确地说,地租是使用土地的成本(该成本会随土地价值变化而变化),土地增值税才是纯粹进行土地价值捕获的方式。但土地增值税只能在土地发生交易时进行征收,价值捕获的及时性和连续性不足(土地出让金将地租一次性前置收取的弊端与此类似)。因此,年化地租是实现价值捕获的较好方式。

[②] 在基本公共服务全部由房地产税提供的场景下,公共服务的资本化会被对应的房地产税所抵消,因此出让金只包括未来地租的折现。

的快速增长使得多数地区的公共服务质量提升都超出了土地出让时的预期，这部分超出预期的公共服务明显未被体现在出让金中，在财力不足时将需要由居民通过未来的房地产税支付对应的成本。因此，由于出让金中体现了一部分本应由房地产税提供的公共服务价值，在土地使用权到期前先适用相应较低的房地产税税率存在一定的合理性。

土地使用权70年到期后，居民对地上房屋仍拥有永久所有权。结合上述土地出让金与房地产税的关系阐述，此时对之该如何处理？到期前和到期后地租与房地产税之间的关系又该如何界定？70年的土地出让金占房产价值的比重较高（一般认为在30%～50%左右），若到期后再用一次性收取的方式明显会使居民负担过重，那么是否存在其他处理方式呢？下文结合房地产税改革，提出可能的解决思路并论证其法理上的合理性。

第六节 土地使用权到期后的解决思路

在法理基础无疑义的前提下，一个操作性的问题是，在土地使用权70年到期后，按法理看，如果居民再续期70年，需要一次性缴纳的土地出让金占到房产价值的30%～50%，这对绝大多数居民的支付能力都是挑战。大多数居民可能无法一次性拿出如此巨额的资金缴纳土地使用权续期费用。此时，一个可能的解决思路是70年使用期过后，续延时按照年化租金的方式收取，[1]这一思路也得到了一些学者的认同。[2] 其优点体现在两个方面：一是将原本巨额的土地出让金转化为年度租金后，使其变得可以承受，可行性提高；二是对于拥有不同土地使用权年限的居民，在土地使用权有效期间无需缴纳地租，在到期后逐年缴纳。这较好地体现了对不同居民的公平性，且可在不同居民之间形成一定的示范效应，居民在对其他人的观察中形成确定的预期。有人提出应该为居民提供一定的选择空间，因为或许有居民仍然愿意以类似出让金的形式一次性缴纳多年的地租。对此，政府可以提供关于收取方式的不同选择：年化缴纳、一次缴清或两者的结合。实际上，这些方式对政府的财政收入来说是异曲同工，因为政府可以通过年

---

[1] 侯一麟、马海涛：《中国房地产税实施政策建议》，中央财经大学中国财政发展协同创新中心2015年10月课题发布会发布稿。侯一麟、马海涛：《中国房地产税设计原理和实施策略分析》，《财政研究》2016年第2期，第65～78页。

[2] 孙玉栋：《房屋70年产权到期后怎么办——土地财政的视角》，《公共管理与政策评论》2016年第5期，第81～82页。黄文浩：《城市土地使用权到期续租与否？——基于财政可持续性的分析》，《公共行政评论》2017年第10期第2卷，第27～47页。

化地租作抵押在金融市场获得一次性收入后再利用年租逐年偿还。①

从居民的视角看,土地使用权到期后最好能够免费自动续期。但如前所述,这里强调土地使用权到期后政府继续征收年租,并不是帮助政府攫取居民的财富。从基本原理的角度看,土地使用权的转让需要有这样的租金来体现市场的价值,这对整个社会的经济效率和公平公正都有很大的好处;也有助于我们厘清中国住房复杂多样的产权状况,以期能够公平公正地让不同的群体都可以享受经济发展的成果,同时不允许分配过程中出现少部分人因铤而走险的行为获取巨额私利。例如,中国存在多种不同使用权类型的住房,这些房产的市场价值差异的存在正是由于使用权期限内收取的地租不同,进而使相关的权利有差异所导致。在特征价格模型中加入产权类型和可获取的相关权利,应能解释这些价值差异的很大一部分。通过理顺土地转让租金的收取,将不同产权和使用权的土地纳入同一理论框架,这对中国未来统一管理复杂使用权状况下的房地产市场具有重要意义。而且,如果"统一管理"不是基于行政手段,而是基于经济效率手段和公平公正的方式,就更加值得期待。

土地使用权到期后应该收取年租,但是否足额收取可视情况而定。从"溢价回收"的角度看,政府应该全额收取;从"还富于民"的角度看,政府可以少收或不收。尽可能减轻居民负担应该是政府考虑的重点,但其前提应是保证社会的公平公正。② 如果公平地收取,并能够用于对社会长远发展有益的重大工程,尽管当前居民或许没有额外受益,也可以说服居民接受。房产或土地的价值体现的是区位优势以及各项权利,这些价值来源于经济社会的不断发展。不同政策下导致的房产价值的变化也体现了社会财富的再分配。因此,一味盲目让利不一定就是好政策,制订土地政策时要小心谨慎,力求公平、公正、公开,以使社会财富真正为民所享用。

总而言之,地租是土地的年化价值,房地产税是公共服务的价格。土地出让金包含了未来地租的折现,业主在土地使用权有效期内只需缴纳房地产税。使用权到期后,地租变为每年收取,业主需同时缴纳地租和房地产税

---

① 有人提出为了给居民更多的选择,如果居民想一次性缴清并愿意通过贷款的方式获得资金,政府应该提供相应贷款。对于这一思路,我们可以再行讨论。

② 对此,可参见康宇雄关于"溢价回收"和"还富于民"的讨论。为何要溢价回收?主要是考虑到公共服务设施项目的建设及公共政策的制定会产生外部性,具有一定的溢出效应,在溢价回收条件下,只有从相关公共服务设施项目中直接受益的群体才需要支付相应的费用;还富于民的观点是指未来的租赁将不再缴纳租金,而是通过缴纳房地产税金来补贴政府财政收入,政府利用财政收入进行公共设施建设,进而还富于民。资料来源:http://news.cqu.edu.cn/newsv2/show-14-8820-1.html,最后浏览日期:2022年5月1日。

部分,此时可以将其合二为一通过房地产税一并收取。前文提到,在中国尚未开征房地产税的情况下,一次性前置收取的土地出让金可能包含了一部分未来的房地产税。因此,前后衔接时对地租和房地产税各自的税率设定要进行较为精确的测定,土地使用权到期前和到期后的房地产税税率会有所差异。接下来的问题是,土地出让金中包含的房地产税比例是多少,在不同城市有何差异? 在不同地区和不同时间出让的土地,如何通过税率设计来公平地体现居民的利益分配? 本章限于篇幅对之不作进一步讨论,我们将另文专述,通过细致测算回答这些问题。

第七节 结论与讨论

本章从房产价值的本质出发,阐明了房价主要包含各项权利的资本化价值。我们同时分析了土地使用权和土地所有权之间的法理关系,说明中国的土地使用权实际上是三层架构论中接近于土地所有权的特殊所有权(不动产物权)。进一步阐述发现,土地出让金是获取土地使用权的一种地租实现方式,与房地产税性质、属性均大不相同,在理论上基本不存在重叠的可能性。当然,在实践中,有的政府部门可能会利用税基雷同的原因在征收房地产税时混入额外的地租,此时居民应该盯住房地产税是否用于当地基本公共服务这一重要特征。如果政府源于某种公共服务的需要加收房地产税,应公开让居民参与决定,而地租从性质上说是使用土地的成本和价值捕获的工具。

回到本章开始时提到的几个问题,到底是"房产税"还是"房地产税"? 居民拥有的"使用权"实际上就是在土地公有制条件下近似于特殊所有权的土地使用权。因此,并不存在需要去除土地价值的道理,显然其应该是"房地产税"。并且,由于土地价值往往是各项权利资本化价值的体现,房地产税的税基自然需要算上土地的价值。不算土地价值,只算地上建筑物价值,且这一价值会不断贬值的说法实际上是混淆视听。另外,由于政府通过一次性收取土地出让金的方式只转让了70年的土地使用权,到期后居民还需要以一定的方式支付地租以继续保有土地使用权。从操作上看,土地使用权到期后,转化为以年化租金的方式收取并提供给居民相应的选择权是一种可行的思路。

那么,将土地出让金转变为年度租金后,对居民、政府和社会将产生怎样的影响? 首先,对居民来说,由于土地出让金由房地产税中的"年租"部分替代，房价中原本包含的土地出让金部分（约占房价的 30%~50%）将不复存在。也就是说，土地出让金由"年租"替代后，房价将变为原来的 50% 至 70%。居民可以用更低的价格购买"没有"土地出让金的住房。这里的"没有"加上引号是因为，低价格的住房并不是免费的午餐。土地出让金只是由前置一次性收取转变为 70 年以"年租"的方式收取，土地出让金转变为"年租"相当于政府主动为居民提供了以出让金为额度的长期贷款。简言之，土地出让金所占的房款部分全部转变为贷款，每年的还款额正是这里的"年租"。这一转变对居民的直接影响是，购房的初始价格降低，而持有房产的 70 年中增加了"年租"的负担（如果购房时剩余土地使用权不足 70 年，也会通过市场房价反映出来）。初看下，这样房价降低会显著提高居民对房产的支付能力。但由于这里房价下降的部分直接转化为类似贷款的"年租"，购买低价房的同时也增加了居民的负债，这部分负债同样需要用居民未来的收入来偿还。因此，购买不含土地出让金的低价房会使居民债务负担上升，进而降低居民能够从金融市场进一步贷款的空间。如果居民原本需要贷款的额度就超过土地出让金部分的价值，在同样的预算约束下，居民对这类房产的购买能力并没有提升。而对于不需要贷款或是原有贷款额度低于土地出让金部分的家庭，他们对这一类低价格住房的购买能力会提高，因为他们此时初始购房付出的价格低于原本可以拿出的现金额度。这样的变化会如何影响住房市场，此时政府是否应该对这类房产的购房者设定相应的限购政策待另文进行分析。

其次，对政府来说，土地出让金变为"年租"会使政府的一次性大量收入变为 70 年少量的持续收入。从表面看，这对政府的收入结构和激励机制都是巨大的转变，地方政府不会有动力进行这样的转变，官员的政绩需要也使得他们更倾向于一次性获得土地出让金以满足相应的建设和投资需求。考虑到这一点，其解决办法也简洁明了。由于这里未收取的土地出让金有未来 70 年稳定持续的"年租"收入作为重要支撑，这 70 年的稳定现金流可以证券化并出售给市场上的金融机构。也就是说，金融机构购买这些证券后将一次性按政府原本的"土地出让金"部分的额度支付，而这 70 年的现金流归证券持有者（金融机构）所有。如此，对于政府来说，仍然是前置一次性拿到了"土地出让金"，原有的政府收支模式不会因为这里的土地出让金和"年租"的转变发生变化。这些证券也可以通过委托代售的方式在公开市场销售给其他机构投资者或个人投资者，这也给缺乏投资渠道的中国居民提供了一项具备稳定保障的投资选择。这样转变的另一重要作用即是将地方政府的债务显性化，通过市场化的方式提供监督和问责，为逐步规范地方政府借债行为提供了重要的推动力,这对改善地方治理甚至提升整个社会治理水平都大有裨益。

综上所述,可以发现土地出让金变为"年租"在一些方面出现了变换,同时不影响原先的财政和治理框架。那么,为什么要"费心费力"进行这一转变,其益处到底有哪些?其一,这一转变可以在保证快速投资基础设施资金来源的前提下(通过证券化提前获得资金),基于市场化运作,减少经济扭曲和效率损失。在市场化作用下,这会直接关系到证券的销售状况和利息成本。其二,大型基础设施尤其是使用时间跨越几代人的基础设施建设通常包含着重要的代际公平问题,如果一次性前置收取土地出让金用于这些建设,无异于让当代的购房人以高价买房的方式补贴未来几代人。通过转化为"年租"的方式,则能很好地使得这些公共设施的使用者(居民)通过"年租"的方式承担建设成本,这可以较好地解决代际公平问题。其三,在一次性收取土地出让金时,关于70年使用权到期后的政策迄今仍未有明确的说法,这给居民带来了较大的不确定性。并且,如果70年土地使用权到期后需要一次性再缴纳未来70年的土地出让金,普通的居民显然难以一次性拿出如此的巨量现金。即使非常富裕的居民,这样的缴纳对他们的现金流也会产生巨大冲击。土地出让金转变为"年租",就将70年后的不确定性变为了确定的预期,70年后居民仍可以用继续缴纳"年租"的方式保有其土地使用权,年化后的租金不会对当年收入产生太大冲击。其四,年化的土地出让金变为"年租"后可以证券化,这些债券进入市场,为居民提供了更多的投资渠道和选择,也可以活跃和规范债券市场。与向国有银行借款相比,其同时对政府借债行为形成了重要的市场化硬约束。其五,一次性前置收取的地租失去了价值捕获的功能。尽管未来的地租折现一定程度上体现了未来地租变化的预期,但在期限往往为几十年的超长期限中,现实与预期往往有很大差异。而"年租"则可以较好地起到价值捕获的作用。"年租"随土地市场价值变化而变化,会将政府治理与税收收入联系在一起,可以更好地促进政府提高支出效率和管理水平。除去"年租"证券化后每年需要支付的还本付息支出,价值捕获和效率提升可以为政府获得额外的"超额"收入,为提升政府治理能力形成正循环机制。其六,最后一点,也是我们之所以要考虑这一转变的重要出发点:为推进房地产税改革提供重要的辅助机制,这样做对澄清房地产税改革中的相关问题具有重要意义。正如侯一麟、马海涛[①]所建

---

① 侯一麟、马海涛:《中国房地产税实施政策建议》,中央财经大学中国财政发展协同创新中心2015年10月课题发布会发布稿。侯一麟、马海涛:《中国房地产税设计原理和实施策略分析》,《财政研究》2016年第2期,第65~78页。

议的,房地产税分为"年租"和"服务税"两部分,其目的正是为了回答很多居民"已经交了土地出让金为什么还要缴纳房地产税"的问题。房地产税与土地出让金的缴纳不是重复征税,它们是属性完全不同的两个部分。如此,已经交过土地出让金的房产,在70年到期前无需缴纳"年租"部分,只需缴纳"服务税"部分。所有房产均各自在70年到期后再开始缴纳"年租"部分。从这一点来说,土地出让金转变为"年租"同时解决了三个重要问题:(1)土地出让金和房地产税之间的关系问题;(2)70年到期后如何续期和不确定性问题;(3)不同类型的房地产之间的公平性问题。这里提到的不同类型房产包括土地出让金转变为"年租"改革前和改革后的房产,以及改革前的不同类型房产,包括未缴纳或未全部缴纳土地出让金的小产权房、房改房等。关于土地出让金与"年租"的问题,我们同时也考虑了可以用于解决和规范这些不同类型房产的市场交易行为的问题,限于篇幅我们将另文讨论不同房产类型的市场化规范之道。

第八章　房地产税与地租和土地出让金的关系

各国土地制度迥异，仅所有权就包含私有、国有、集体所有、组织所有等多种形式。土地的所有权和使用权可以分离，土地使用权的界定及其与所有权的关系类别纷繁，使得与土地相关的权利关系异常复杂。本章从理论层面对不同的土地所有权与使用权提出一般化的解释框架，并分析不同土地所有权与使用权之间的关系。本章结论：无论土地所有权的形式如何，都会有年化地租，只是体现形式不同；地租与房地产税的属性和特征是完全不同的两个方面。因此土地所有权形式与房地产税法理基础无关，地租与房地产税不重叠。在中国场景下，土地出让金是地租折现价值和预期内存量公共服务折现价值之和。存量公共服务包括预期内和预期外两部分，预期外的存量公共服务价值未体现在土地出让金中，但从尊重契约的角度看，对这部分价值不宜再征收房地产税，在使用权到期前居民无需缴纳这部分超预期公共服务对应的房地产税。在居民拥有选择权的前提下，可以开征房地产税用于增量公共服务。在土地使用权到期后，业主需要同时缴纳年化地租，以及与存量和增量公共服务对应的两类房地产税。本章的结论对我们从本质上认识不同国家的土地所有权和使用权制度大有裨益。在中国逐步推进房地产税改革的背景下，本章的探讨对我们厘清房地产税的法理基础（尤其是其与土地出让金的关系），测算房地产税在不同产权形式、不同使用期限的房产之间的税负差异，考量房地产税对不同居民所体现的公平性具有重要的理论意义。

第八章 房地产税与地租和土地出让金的关系

第一节 引 言

各国土地制度迥异,仅所有权就有私有、国有、集体所有、某个组织所有等多种形式。土地又与其他产品有所不同,所有权和使用权可以分离,土地使用权的界定及其与所有权的关系更是种类繁多,这使得与土地相关的权利关系异常复杂。这方面的文献中,介绍各国实践的文章汗牛充栋,但尚未有研究从理论层面针对不同的土地所有权与使用权提供一般化的解释框架,以及分析不同土地所有权和使用权之间有何种联系。因此,本章尝试使用一般性理论框架,从基本原理的角度对这一问题进行阐述,这对我们从本质上认识不同国家的土地所有权和使用权制度大有裨益。在透彻理解不同的土地所用权和使用权制度的基础上,我们才能从基本原理层面厘清房地产税、地租、土地出让金几个重要变量之间的关系,并从根本上认识不同实践间的联系。例如,不同的国家转让土地的方式有所不同,有些通过政府转让并收取土地出让金,有些纯粹是私人之间的交易,不同所有权和使用权的界定类型与土地的价值关系如何?在不同的制度下,房地产税、地租与土地出让金之间的关系有何差异?房地产税的法理基础和税制要素设定与土地的权利属性又有什么关系?这些都是中国未来房地产税改革亟需解答的重要问题。同时,这些问题也是在一般意义上分析不同国家地区土地所有权和使用权制度的重要抓手。

在土地私有的国家,居民可以购得土地所有权。与土地非私有的国家相比,这一购买价格类似于购买了永久使用权的土地出让金,包括了未来享受各类公共服务的折现价值,拥有房产需要缴纳的房地产税也会折现成为相应的成本,部分抵消未来公共服务的价值。这一推论也已被资本化理论所证明:公共服务会提升房产的价值,而房地产税会降低房产的价值。如果同等的公共服务不是通过房地产税提供,而是由政府通过其他财政收入来源提供,此时公共服务的成本与房产没有关系;对于房产来说,就只有公共服务对房产价值正的资本化,房产价值因此更高。

在土地非私有的国家和地区,以中国为例,居民(开发商)一般只能通过土地出让金等方式获取土地使用权。土地出让金相当于获取一定期限使用权的地租的折现价值,业主仍然没有所有权,这一点与土地私有制的国家有所不同。但在享受公共服务等方面,与土地私有的国家类似,获取了土地使用权的业主同时可以享受使用权期限内的各项公共服务,而且在中国未开征房地产税的背景下其无需承担相应的房地产税成本。

比较土地私有和非私有的国家或地区,土地所有权和使用权的制度多样繁杂,但其运作思路却也存在一些共通之处。那么,房地产税、地租与土地出让金三者之间到底是什么样的关系?张平、班天可、侯一麟[1]基于土地所有权与土地使用权的关系辨析讨论房地产税在中国的法理基础,论证中国的土地使用权是一种"特殊所有权"。本章内容是该研究的进一步延伸,试图从更加一般性的角度,基于基础理论分析如何从本质上认识不同国家的土地所有权和使用权制度。我们将结合土地私有和非私有,以及不同所有权和使用权制度(有限期和无限期)的多样性,运用一般性的理论框架分析房地产税、地租与土地出让金三者在不同场景下的理论关系和测算依据。在中国逐步推进房地产税改革的背景下,这对我们厘清房地产税的法理基础(尤其是其与土地出让金的关系),测算房地产税在不同产权形式、不同使用期限的房产下的税负差异,考量房地产税对不同居民所体现的公平性具有重要的理论意义。

本章具体内容安排如下:第二节运用基本原理证明不同所有权土地之间的价值关系;第三节讨论房地产税与地租的关系;第四节阐述房地产税与土地出让金之间的逻辑关系和可能的比例差异及测算方式;最后是文章的结论与讨论。

第二节 地租的基本原理

根据张平、班天可、侯一麟[2]的论述,广义土地使用权类似于所有权,使得原有的所有权被虚化,这实际上跟所有权本身是私有或国有并没有直接关系。即便所有权是私有,如果转让的是广义土地使用权(包括对土地的占有权、使用权和受益权,以及对土地所有权的处置权等),此时的广义土地使用权拥有者获取的是近似于土地所有权的权利,原有的所有权虚化为"一纸契书"。当然,广义土地使用权与土地所有权的区别是,广义土地使用权很多时候仍然存在有限期限,此时土地使用权重新回归所有权人所有;根据广义土地使用权转让的相关规定,也可规定所有权人在期限内可以在协商一致的基础上提前收回广义土地使用权,但需给予使用权人相应补偿。因此,

---

[1] 张平、班天可、侯一麟:《土地所有权与土地使用权辨析:论房地产税在中国的法理基础》,工作论文,2019年。

[2] 同上。

从货币化价值的角度看,无限期的广义土地使用权与土地所有权(无限期)几乎具有相同的货币价值。尤其是当产权为国有或集体所有时,土地的价值必须通过转让广义土地使用权的方式来实现。

如果将广义土地使用权物权化,不同产权的土地在使用权的交易、流转、租赁等各方面就不存在法理问题,甚至对农村的土地也不一定需要在农村集体土地所有制的基础上做实所有权主体。① 本章尝试设计出一种适用于各种产权制度、将广义土地使用权物权化的土地转让制度,并通过"年租"的方式对到期的土地使用权进行衔接。这一制度设计具备广泛的一般性,使得不同土地所有权和使用权的形式均是我们模型设计的特例之一。下面我们从基本原理和实践的解决思路两个方面,阐述运用"年租"为广义土地使用权定价的制度设计模式。

表 8-1 不同产权形式的土地价值表征方式和期限

产权形式	价值表征方式	期限
私有产权	土地价值	无期限
非私有产权	一次性出让价值、年租或两者相结合	无期限
非私有产权	一次性出让价值、年租或两者相结合	有期限

如表 8-1 所示,根据现有不同国家和地区的实践来看,两者的价值表征方式有所不同。私有产权的土地价值通过土地的市场价值(空地)或房地产市场价值的土地部分来表征,而非私有产权的土地价值则必须通过出让价值和(或)地租来实现和表征。我们可以分三种不同模式对之逐一进行分析:(1)私有土地(无限期);(2)非私有土地(无限期);(3)非私有土地(有限期)。最后基于这三种不同模式,我们设计可容纳不同产权状况的一般模型进行阐述。

一、三种不同模式

(一) 私有土地(无期限)

在土地为私有时,居民购买的是土地所有权(实际是无限期的土地使用权),土地价值可以表达为无限期的年租的折现值。由于经济社会的发展,

---

① 刘灿、韩文龙:《农民的土地财产权利:性质、内涵和实现问题——基于经济学和法学的分析视角》,《当代经济研究》2012 年第 6 期,第 62～69 页。

我们假设"年租"会逐年以一定的比率上涨。与戈登股利增长模型类似,此时可得:

$$X_{t+1} = X_t(1+g)$$

因此,

$$L = \sum_{i=0}^{+\infty} X_1 \left(\frac{1+g}{1+r}\right)^i = X_1 \times \frac{1-\left(\frac{1+g}{1+r}\right)^{+\infty}}{1-\frac{1+g}{1+r}}$$

其中 X_i 为第 i 年标准化的"年化地租"(即使对私有土地来说不需要再缴纳"年化地租",此时也可根据土地价值计算出数学意义上的"年化地租")。g 为年租的增长率,r 为贴现率。由于 L 是一个有限值,可以认为年租的增长率 g (一般近似于消费价格指数CPI)低于贴现率 r,即 $g < r$,此时:①

$$L = X_1 \times \frac{1}{1-\frac{1+g}{1+r}} = X_1 \times \frac{1+r}{r-g}$$

(二) 非私有土地(无期限)

对于非私有土地来说,一般会通过出让广义土地使用权的方式(加上部分年化地租)来捕获土地价值。类似私有土地,在出让期限无限时:

$$L_1 + L_2 = X_1 \times \frac{1}{1-\frac{1+g}{1+r}} = X_1 \times \frac{1+r}{r-g}$$

其中,L_1 为一次性支付的土地价格,L_2 为剩余年化地租的折现值。L_1 的支付价格(出让金)可以是所有年租的折现,也可能只是部分年租的折现;剩余部分为年化地租 L_2。

(三) 非私有土地(有期限)

在土地出让年限为有限期时(N 年),我们进一步假设房价会逐年以一定的比率上涨,而"年租"也以同样的比率逐年上升,因此每年的"年租"为房价确定的比率("年租"的税率固定)。与戈登股利增长模型类似,此时可得:

---

① 从期望值来看,如果 $E(g) = A$,因为未来存在不确定性,贴现率需要体现出风险溢价,则 $E(r) > A$,因此,$g < r$。

$$P_{t+1} = P_t(1+g)$$
$$X_{t+1} = X_t(1+g)$$

假设土地使用权年限为 N，N 年里广义土地使用权的价值为：

$$L_1 + L_2 = \sum_{i=0}^{N-1} X_1 \left(\frac{1+g}{1+r}\right)^i = X_1 \times \frac{1-\left(\frac{1+g}{1+r}\right)^N}{1-\frac{1+g}{1+r}}$$

令 $x = \dfrac{g-r}{1+r}$，则①

$$\left(\frac{1+g}{1+r}\right)^N \cong (1+x)^N$$

$$X = \frac{-\rho P}{\dfrac{1}{x}\left[1-(1+x)^N\right]},$$

其中，$x = \dfrac{g-r}{1+r}$，P 为房价，$\rho = (L_1+L_2)/P$ 为土地价值 (L_1+L_2) 占房价的比重。因此，"年租"部分的税率（年租/房价）为：

$$t = \frac{X_i}{P_i} = \frac{\rho}{\dfrac{1}{x}\left[(1+x)^N - 1\right]},$$

$\left(\text{当 } g=r \text{ 时}, t = \dfrac{\rho}{N}; \text{当 } g<r, \text{且 } N \text{ 较大时}, t \cong -\rho x = \dfrac{\rho(r-g)}{1+r}\right)$。

二、可容纳不同产权状况的一般模型

结合上述过程，我们可以推演出一个可以容纳不同产权状况以及不同

---

① 由于 $x^2 \to 0$，利用泰勒展开式可得（x^4 以上高次项可忽略），以 $N=70$ 为例，

$$\left(\frac{1+g}{1+r}\right)^{70} = (1+x)^{70} \to 1 + C_{70}^1 \times x + C_{70}^2 \times x^2 + C_{70}^3 \times x^3 + C_{70}^4 \times x^4$$

$$\to 1 + 70 \times x + 70 \times 69 \times \frac{x^2}{2!} + 70 \times 69 \times 68 \times \frac{x^3}{3!} + 70 \times 69 \times 68 \times 67 \times \frac{x^4}{4!}$$

因此，

$$X \cong \frac{0.4(r-g)P}{(1+r)\left[-70 \times \dfrac{g-r}{1+r} - 70 \times 69/2 \times \left(\dfrac{g-r}{1+r}\right)^2 - C_{70}^3 \times \left(\dfrac{g-r}{1+r}\right)^3 - C_{70}^4 \times \left(\dfrac{g-r}{1+r}\right)^4\right]}$$

$$= \frac{0.0057 \times P}{1 + 34.5 \times \dfrac{g-r}{1+r} + 23 \times 34 \times \left(\dfrac{g-r}{1+r}\right)^2 + 23 \times 17 \times 67 \times \left(\dfrac{g-r}{1+r}\right)^3 + \cdots}$$

出让期限情况的一般模型。在"年租"逐年以一定比率上涨时：

$$L = L_1 + L_2 = \sum_{i=0}^{N-1} X_1 \left(\frac{1+g}{1+r}\right)^i = X_1 \times \frac{1 - \left(\frac{1+g}{1+r}\right)^N}{1 - \frac{1+g}{1+r}}$$

如果我们可以分离出土地部分的价值，令 $x = \frac{g-r}{1+r}$，则"年租"相对于土地价值的比率为：

$$t_1 = \frac{X}{L} = \frac{-x}{1-(1+x)^N}$$

由于 $g < r$，当 N 较大时，

$$t_1 \cong -x = \frac{r-g}{1+r}$$

表 8-2 不同场景下"年租"与土地价值的比重（假设贴现率为 5%）

贴现率-增长率($r-g$)	1%	2%	3%	4%	5%
"年租"/土地价值	0.95%	1.90%	2.86%	3.81%	4.76%

表 8-2 为假设贴现率 r 为 5% 时，不同场景下"年租"与土地价值的比重。实际上，由于"年租"的增长往往存在较大的不确定性，同时为了吸引投资者购买土地，[①]在以出让方式一次性收取出让金（该出让金可以是所有年租的折现，也可能只是部分年租的折现，用 L_2 表示）时，此时往往假设"年租"几乎不变而为固定值，或者出让时愿意出价的"年租"增长率 g' 低于增长率的期望值 $g(g' < g)$。此时：

$$L_2 = \sum_{i=0}^{N} \frac{X(1+g')}{(1+r)^i} = X \times \frac{1 - \left(\frac{1+g'}{1+r}\right)^N}{1 - \frac{1+g'}{1+r}}$$

当 N 较大时，

$$L_2 \cong X \times \frac{1+r}{r-g'}$$

---

① Hong, Yu Hung, "Transaction Costs of Allocating Increased Land Value Under Public Leasehold Systems: Hong Kong," *Urban Studies*, 1998, 35(9), pp. 1577-1595.

因此，

$$L_1 = L - L_2 = X \times \frac{1}{1 - \frac{1+g}{1+r}} - X \times \frac{1+r}{r-g'}$$

即，

$$L_1 = X \frac{(g-g')(1+r)}{(r-g)(r-g')}$$

$$\frac{L_2}{L} = \frac{r-g}{r-g'}$$

从上述推导过程可以看出，这里的一般模型可应用于不同的产权状况，土地为私有时，即相当于土地持有人拥有无限期的使用权（$N \to +\infty$），土地非私有时也可以根据使用权年限 N 的变化进行不同的应用。这里的数学表达也同时包含了一次性出让和年租的多种组合形式，包括全部价值一次性出让、全部价值以年租形式收取和分为两部分（部分一次性收取和另一部分以年租方式收取）等。当然，这里的年租还可以指通过不同的形式收取，包括每年固定的数额、以土地价值或房产价值的某个比率，或是以市场租金的某个比率（例如，香港的年租为市场租金的3%）。

全部价值以年租形式收取时，在绝大多数情况下（N 较大时），理论上的年租与土地价值的比率只与贴现率和增长率的差值有关（$r-g$），该比率大概在1%至5%之间（见表8-2）。全部价值一次性出让时，由于存在不确定性，理论上的一次性出让金也会低于所有年租的现值，这一比重（L_2/L）取决于市场环境和对未来的预期等各项因素，这也可以解释一般情况下一次性土地价格均低于年租的原因。政府想要捕获土地增值，但同时又不想让这一捕获过于打击私人投资土地和房产的积极性，两者折衷，就使得实际的出让价格要低于理论上的全部捕获值。[①]

在这里的一般模型中，土地所有权是否私有不再重要，土地使用权的期限是无限期或有限期也不再重要，这些都是该一般模型的特例之一。土地

[①] Alterman, Rachelle, *Land value recapture: design and evaluation of alternative policies: Centre for Human settlements*, the University of British Columbia, 1982. Doebele, William A., "The interaction of land-based taxation and land policy: a planning per-spective," paper presented at the International Conference on Property Taxation and Its Interaction with Land Policy, 1991. Dunkerley, Harold B., *Urban land policy: Issues and opportunities*, The World Bank, 1983. Hagman, Donald G, & Misczynski, Dean J., *Windfalls for wipeouts*, American Society Planning Association, 1978. Hong, Yu Hung, "Transaction Costs of Allocating Increased Land Value Under Public Leasehold Systems: Hong Kong," *Urban Studies*, 1998, 35(9), pp. 1577-1595.

的所有权(主权,sovereign)与使用权之间的关系更多地是通过土地总价值 L 中的交易价值 L_1 与年租折现值 L_2 的索取权体现。例如,矿产资源的所有权属于国家,而开采权交易价格 L_1 是经济价值的体现形式,开采权的转移相当于土地所有权的展示;开采权转移后是否需要缴纳年化租金 L_2,会影响开采权交易价格 L_1(在总价格 L 不变的情况下)。一般来说,L_1 相当于主权(所有权)的体现,L_2 为价值捕获。价值捕获部分相当于资本利得税(capital gain tax),但由于增值部分并未变现,是基于假想的利润(based on hypothetical profits),这与韩国的土地超额利得税(Land Excess Profits Tax Law)类似,但韩国这一税种是对闲置2年以上的非经营用地征收的。[①] 房价与房地产税的关系与此类似,下文将房产价值 H 分为 H_1 和 H_2 两部分,H_1 为房产的交易价格,H_2 为房地产税的折现价值。

在该模型框架下,可以阐明不同国家以及同一国家不同地区的制度设计差异,并提出合理的解释。例如,在中国香港,除了收取市场租金3%的年租外,土地转让时还会收取一次性出让金,这就是因为市场租金3%的年租只体现了年租价值的一部分,另外一部分则通过一次性出让金的方式收取;美国的土地为私有产权,此时的土地价值即为无限期年租的折现价值;在中国内地,转让期限内的年租价值全部通过一次性出让金的方式收取,等等。地租之外,中国香港和美国同时都采用收取房地产税的方式来提供基本公共服务,这显示了实践中地租和房地产税不是重叠的关系。但还需从理论上厘清两者的关系,进而有利于我们透彻理解地租和房地产税的作用机制,该一般性模型也可以为分析土地开发和价值捕获中的诸多问题提供一些启示。

第三节 房地产税与地租

在上文阐述地租本质的基础上,房地产税与地租之间的关系是什么?房地产税会使土地增值吗?什么情况下会使土地增值呢?要更加透彻地理解地租,我们有必要先弄清楚这些问题。房地产税在为每年的公共服务付费,增加每年的房地产税(使房价下降)同时作其转化为公共服务(使房价上升)对房产价值的影响由消费偏好决定(Hedonic model)。在受益税场景下,房地产税相当于将私人消费转化为公共品消费,房地产税对房产价值的影响取决于居民对这两类消费的偏好取向。而地租是区位各项价值的

---

① 韩国对于闲置2年以上的土地及法人的非经营用地,按土地评估价增值额的50%征收土地超额利得税。

体现,①是房产价值的一部分,这部分土地价值可以通过一次性收取(土地出让金)或每年收取的方式(年租)来体现。简单地说,地租是为了获取土地支付的价值,是房产价值的一部分,而房地产税是持有房产期间为获取公共服务支付的受益税。

那么,房地产税的大小会影响地租吗?我们知道,地租是房产价值的一部分,联系房地产税对房价的可能影响,我们简要推断即可发现,房地产税对地租的影响是通过居民的消费偏好来实现的。如果该地区的居民偏好低税率,更高的税率会降低居民的福利效应,也就会使该地区土地的地租下降;反之亦然。因此,房地产税税率的大小最终体现的应是当地居民的消费偏好。如图 8-1 所示,房地产税通过消费偏好影响地租,进而影响土地价值并最终影响房产价值的大小。这里讨论房地产税和地租的关系,也可进一步帮助我们阐明房地产税对房产价值的影响机制。这一机制或许可以帮我们间接解释,为什么同一个国家不同地区的房地产税实际税率会有较大的差异,房地产税实际税率的差异体现的是当地居民的消费偏好(这一偏好跟当地的经济社会发展程度甚至政治氛围等各项因素紧密相关),这一税率的理想值应是在已有各项条件下可以使地租最大化和使房产价值最大化的值。尽管有众多的文献通过经验证据证明了房地产税和公共服务对房价的影响,我们这里进一步通过基本原理阐明房地产税影响地租进而影响土地价值和房产价值的理论机制。

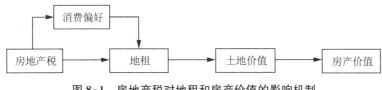

图 8-1　房地产税对地租和房产价值的影响机制

进一步讨论价值捕获的概念,我们可以发现,不少学者认为开征房地产税的意义在于价值捕获。② 实际上,如前文所述,从理论上说,如果政府征

---

①　Bilal, Adrien, & Rossi-Hansberg, Esteban, "Location as an Asset," National Bureau of Economic Research Working Paper Series, No. 24867, 2018.
②　Chi-Man Hui, Eddie, Sze-Mun Ho, Vivian, & Kim-Hin Ho, David, "Land value capture mechanisms in Hong Kong and Singapore: A comparative analysis," *Journal of Property Investment & Finance*, 2004, 22(1), pp. 76-100. Ingram, Gregory K., *Value capture and land policies*, Lincoln Institute of Land Policy, 2012. Smith, Jeffery J, & Gihring, Thomas A., "Financing transit systems through value capture: An annotated bibliography," *American Journal of Economics and Sociology*, 2006, 65(3), pp. 751-786.

收的房地产税全部用于当地基本公共服务,这样取于民用于民后,政府并没有捕获土地或房产价值的升值部分。此时,房地产税转变为公共服务所起的作用是将升值的一部分在不同群体中进行一定的再分配,同区域的不同居民缴纳不同的房地产税额,获取同一水平的公共服务。① 从这点看,地租的特征则有所不同。无论是一次性收取还是年化地租,体现的均是土地本身的价值,政府可通过调整年租的税率来征收额外的地租,捕获土地的增值,这部分征收的地租如果不通过公共服务的方式返还给居民,即为纯粹的价值捕获手段。从这一比较看,房地产税作为公共服务的资金来源,应该取之于民用之于民;年化地租作为价值捕获的手段,则不一定要用于基本公共服务,而可以像土地出让金一样,将年化地租用于基础设施投资等促进经济增长的支出。从"溢价回收"的角度看,政府看似可以全额收取;但是,由于很多情况下土地价值增值还同时来源于企业的投资,年化地租不应该是对价值的足额捕获。因此,从"还富于民"的角度看,政府可以少收或不收。尽可能减轻居民负担应该是政府考虑的重点,但其前提应是保证社会的公平公正。

在美国,由于土地私有,年化地租完全通过一次性折现的土地价值体现,这样政府就缺少了通过年化地租来捕获土地增值的可能性。此时的一个可能思路是,通过增加房地产税税率获得价值捕获的功能,但这样无法在政治上向居民交代。征收房地产税是为了提供公共服务,土地是私有的,业主已经通过一次性购买土地价值的方式付清了未来无限期的地租折现值,不应该再支付地租;用额外的房地产税代替地租而不转化为基本公共服务则有违房地产税作为受益税的预设,实际上也是对居民财产权的暗中攫取。此时由于价值捕获功能不能通过地租实现,政府会在房地产税中征收超过受益税的额度来获得价值捕获的功能。

土地国有时,无论转让期限是有限还是无限,均可以通过收取年化地租的方式进行价值捕获(所有权的体现),这部分收入可用于抵押发行基本建设债券并还本付息。从这一角度看,土地所有权的不同形式尽管在财务价值体现上并不重要,但从长期的政府财政治理看,土地公有制要优于土地私有制。或许有人会用"有恒产者有恒心"来反驳这一结论,但实际上从"有恒产者有恒心"的角度看,土地的所有权形式是不重要的,包含了占有权、使用权、受益权以及处置权的广义土地使用权就是一种恒产,问题在于如何能够

---

① 因此,在同质性较高的区域,再分配效应较弱;反之,在异质性较高的区域,再分配效应较强。

向居民阐明这一理念。土地公有制还可以使国家保留对所有权的最终处置权,这一点在国家或政府需要对土地进行大规模重新规划时会具备一定的优势。当然,要使居民相信广义土地使用权就是一种恒产,需要在制度层面规范所有权人(可以是政府)最终处置权的范围和区间并严格执行,让使用权人的权利得到充分保护。

基于这些分析,我们可以进一步提出相关问题,即价值捕获的地租税率所对应的税基以及房地产税税率所对应的税基是不是应该是土地价值?与总的房产价值相比,税基为土地价值(土地税)有哪些优点和缺点?这些问题值得在以后的研究中进一步深入探讨。在中国的场景下,除了房地产税与地租的关系外,中国采取的是在有限期限内一次性征收土地出让金的方式转让土地使用权。根据以上阐述,土地出让金中包含了年化地租的折现价值,这部分价值即是获取土地使用权应该支付的对价。除此之外,土地出让金中是否还包含房地产税呢?下一节专门阐述这一问题。

第四节 房地产税与土地出让金

以上分析已经充分说明了中国的广义土地使用权是实质上的所有权(有限期限内),年化地租的折现值与房地产税是属性和特征完全不同的两个部分。从实践的角度看,一个基本结论是:无论土地所有权的形式如何,都会有年化地租,只是体现形式不同;而地租与房地产税是属性和特征完全不同的两个方面。因此,土地所有权形式与房地产税法理基础无关,地租也与房地产税毫不重叠。

对比一下美国和中国香港。美国的大多数土地为私有,居民购买房产时已一次性支付无限期使用权的地租,但持有房产时还需要每年缴纳房地产税用于当地的基本公共服务。中国香港的例子更为典型,1841年英国人在香港开始以收取一次性出让金的形式出让土地,后来又将其中一部分转化为年化地租,这样转让价值由相对之前较低的一次性出让金和年化地租两部分构成;[1]在此基础上,1845年香港开始征收房地产税("差饷")用于投入当地的基本公共服务。[2] 自此开始,香港的地租和房地产税并列存在至今。实际上,美国和英国也存在一些对国有土地(房产所有者只拥有土地使

---

[1] Nissim, Roger., *Land administration and practice in Hong Kong* (Vol. 3), Hong Kong: Hong Kong University Press, 2011.
[2] 曾梅芬:《香港差饷税制:评估、征收及管理》(第二版),中国香港差饷物业估价署,2013年。

用权)征收房地产税的情形。以上的基本原理和这些地区的相关实践互相印证了地租和房地产税两者不同属性的关系。这一结论解决了房地产税的法理基础问题,但仍未回答土地出让金中是否包含(部分或全部)房地产税的问题。

中国的城市居住土地一次性出让70年,土地出让金数额占房价比重较高,很多人认为中国的土地出让金实际上就是房地产税,因此在使用权有效期内不应再开征房地产税。在这一背景下,厘清中国场景下房地产税与土地出让金之间的关系直接影响房地产税的税制要素设计。假设比较两类情况:同样出让70年有效期的土地,一块不征收房地产税,一块征收对应公共服务的房地产税。如果两块土地的使用权和享有的公共服务受益完全相同,两块土地的出让金数额一定不同:土地出让金的差额应是转让期限内房地产税税额的折现。在预期不征收房地产税的情况下,土地出让金仅仅是地租,还是也包含了一部分房地产税呢?这一问题至关重要,直接关系到已经缴纳土地出让金的房产开征房地产税的法理基础和税负大小问题。

要理解这一问题,可以从几个不同的视角和可能性进行分析:

第一种理解是:对于征收房地产税提供公共服务的土地,出让金(地价)只包括地租,是获取土地使用权的价格;不征收房地产税的土地,出让金包括两部分:地租和房地产税的折现。从这一视角看,这部分房地产税的折现是预期内公共服务对应的折现价值,这部分价值不包括超过预期的公共服务。也就是说,预期外的公共服务所对应的房地产税,出让金中并没有包括。实际上,中国经济高速发展带来的基础设施等方面的超预期变化,也使得出让金中的地租部分不能完全反映出让期限内的年化地租情况(使用权价值)。对政府来说,在土地使用权有效期内,由于快速经济增长带来了超预期的土地价值和公共服务提升(这是房价快速上涨的重要原因),政府希望征收额外的年化地租达到价值捕获的作用,同时新开征额外的房地产税对应超预期的公共服务。但从契约角度看,这不具备法理上的合理性。有人甚至会从极端的角度说,如果知道事后会开征房地产税就不买这个房子了(言外之意是政府突然开征房地产税是对契约的破坏)。部分居民正是从这个角度理解房地产税,进而得出缴纳土地出让金后不应再开征房地产税的结论。

第二种理解是:地租对应的价值中包含土地区位所对应的基础便利设施(amenity),如公园、道路等,对应存量的概念;而房地产税对应的价值则是居民日常使用的一般公共服务(public service)以及相应的运营和维护成本,对应流量的概念。同样,这里的地租可以是年化地租,也可以是有限或无限期折现的一次性地租;征收房地产税的土地体现为年化的房地产税,不征收房地产税的土地则体现为折现价值加入到一次性土地出让金中。在中国，经济的快速增长对这两部分价值都带来了超过预期的变化。但如前所述，如果是前置折现价值的一次性转让，从契约角度看这部分超预期的价值也不应该再额外征税。那么，在一次性收取土地出让金的背景下，中国居住用土地在 70 年期限内是否能够在遵守契约的同时征收房地产税？其法理基础是什么？

在尊重契约的基础上，征收房地产税的法理基础与房地产税的使用直接相关。如果房地产税可以作为现有公共服务的补充，通过开征新的房地产税提供额外的公共产品和服务，这部分额外的公共服务对应的房地产税则具备相应的法理基础。中国过去几十年里，尽管基础便利设施和一般公共服务的数量和质量都有超预期的增长，但经济社会条件的快速变化也带来了居民对相关公共产品和服务的更高需求。现有的政府供给不能完全满足居民对公共产品和服务的消费偏好，所以会有一些社区通过征收高额物业费维持高质量的封闭式小区服务，庞大的中产阶级对这类社区的需求也居高不下。如此，房地产税仍然是一种受益税，这部分受益对应的是在已有公共服务基础上的增量公共服务。在这种情形下，房地产税与土地出让金的关系是什么呢？

其取决于房地产税的定义和定位。如果新开征的房地产税全部用于"新增"公共服务，且居民具有一定的选择权。这里的选择权不一定指某个居民或家庭有权决定是否接受房地产税，而是指在一定区域内存在众多的政策差异（包括"不征税、低税率、高税率"以及不同公共服务数量和质量的多种选择集），居民可以通过用脚投票的方式决定是否愿意接受房地产税带来的新增公共服务，以及税负大小和新增公共服务的数量和质量。短期内，房地产税直接对应增量公共服务。① 可以认为，这种情形下原先的土地出让金与这部分房地产税没有交集，土地出让金中不包括房地产税。对于政府出让土地时承诺的和规划内的公共服务，可以认为这部分价值的折现已经体现在土地出让金中。由于契约的存在，未来的公共服务即便超过预期，政府也不能额外征收相应的税费。这部分超预期的公共服务，其原因可能是由于土地规划的改变和财政投入结构的转变等，这与房地产税带来的公共服务增量有所不同。对居民来说，超预期的公共服务是政府行为带来的被动结果，而缴纳房地产税带来的增量公共服务可以看作居民的主动选择。

---

① 长期来看，房地产税带来的一般公共服务流量，最终也会部分沉淀为类似基础便利设施（amenity）的存量，从而改变地租和房产价格。这部分存量价值和一般公共服务一样会资本化到房价中，由房主受益。因此，广义来说，基础便利设施和一般公共服务会与前期的房地产税有关。

主动选择权的体现,需要各地根据当地居民的经济社会状况和消费偏好差异进行不同的房地产税税制要素设计,且需要有一定的多样性。

开征房地产税的直接目的是赋予基层政府稳定的自有财源,使之能够更好地提供基本公共服务;间接和最终目的是从多个维度促进和改善地方治理。① 随着时间的推移,地方政府对土地出让金的依赖在可预期的将来会越来越不可持续,财力不足所导致的各类问题会逐步显现,因此需要通过房地产税改革赋予基层政府稳定的自有财源。在土地使用权有效期内,部分地区(尤其是财力本不充裕的地方政府)可能就会面临财政资金紧张,原有的公共服务也需要使用部分房地产税进行维系。此时,房地产税与已经缴纳的土地出让金就出现了部分重叠。此时,可以将与房产相关的税费分为三个部分:地租、存量公共服务对应的房地产税、增量公共服务对应的房地产税。土地出让金包括了地租和存量公共服务对应的房地产税(如果有)的折现。土地使用权到期后,这两部分均可以转化为年化的方式缴纳。

两类房地产税(用于存量公共服务和用于增量公共服务)使得居民在土地使用权到期前和到期后的税负变化有所不同(见表8-3)。在房地产税只用于增量公共服务时,土地使用权到期前和到期后的房地产税额度并没有差异,不同的是到期后居民需要开始缴纳年化地租,体现的差异为是否需要缴纳地租。在房地产税用于增量和部分或全部存量公共服务时,土地使用权到期前和到期后,业主除了面对是否需要缴纳年化地租的差异外,还有存量公共服务对应的房地产税。也就是说,土地使用权到期前,业主不需要缴纳年化地租和这部分存量公共服务对应的房地产税,而到期后这两项都需要缴纳。小产权房等未缴纳土地出让金的非商品房则需要同时缴纳这三部分。②

表8-3 房地产税构成与土地使用权到期前后的负担变化

不同类型房产	年化地租	房地产税一(存量公共服务:包括预期内和预期外)	房地产税二(增量公共服务)
商品房(到期前)	否	否	是
商品房(到期后)	是	是	是
非商品房(未缴纳土地出让金)	是	是	是

---

① 侯一麟、马海涛:《中国房地产税设计原理和实施策略分析》,《财政研究》2016年第2期,第65~78页。

② 各类非商品房针对房地产税政策的处置方式,即是否需要补缴土地出让金以及政府的确权等问题,还需要从不同维度进行探讨,限于篇幅,我们将另文专述。

综合以上阐述,可以总结为:土地出让金是地租折现价值和预期内存量公共服务折现价值之和。存量公共服务包括预期内和预期外两部分,预期外的存量公共服务价值未体现在土地出让金中,但从尊重契约的角度看,对这部分价值不宜再征收房地产税,在使用权到期前居民无需缴纳这部分超预期公共服务对应的房地产税(见表8-3第一行)。在居民拥有选择权的前提下,可以开征房地产税用于增量公共服务。从操作上看,年化地租和存量公共服务对应的房地产税这两部分可以合并为一块,甚至可以统一归并到地租中,但在法理上确实需要进行澄清,以明确不同房产在房地产税负担上的差异。从现有的改革目的和趋势看,房地产税不仅会用于增量公共服务,还会逐步成为地方重要的自有收入来源,成为提供公共服务(包括存量和增量)的重要财力支持。因此,在这种情况下,土地出让金确实包含了一部分房地产税,也就是存量公共服务中需要通过房地产税提供的部分。这也可以解释部分居民所提出的疑问:现在没有缴纳房地产税,也同样在享受相应的公共服务,为什么又要通过缴纳房地产税才能享受公共服务受益呢?此时,我们就可以如此回答:为获取70年使用权一次性缴纳的土地出让金确实包含了存量公共服务价值的折现,在使用权到期前,这部分公共服务不需要再额外缴纳房地产税,而享受的增量公共服务部分则需要缴纳相对应的房地产税。在70年使用权到期后,业主则需要同时缴纳年化地租,以及存量和增量公共服务对应的两类房地产税(见表8-3第二行)。

表8-4 土地使用权到期前后的房产价值构成

房产价值构成	地租	存量公共服务（预期内）	存量公共服务（预期外）	增量公共服务
到期前	土地出让金		—	房地产税
到期后	年化地租	房地产税		

那么,这部分存量的公共服务对应的房地产税占多大的比例呢?要回答这一问题,也就是要计算土地出让金中到底包含了多大比例的房地产税(见表8-4)。这对确定已经缴纳了土地出让金的居民应该承担的房地产税负大小至关重要。通过基本推理可知,土地出让金中地租和房地产税的各自比重与当地的土地使用价值(与土地区位、稀缺性、供给量等因素相关)和公共服务数量和质量(预期内)直接相关,因此不同国家之间,甚至同一国家不同城市之间都会有差异。例如,美国大多数土地归私有,但私人购入土地后要每

年缴纳与公共服务对应的房地产税,公共服务和房地产税对土地价值的影响相互抵消,土地价格中主要是永久土地使用价值(地租)的折现。而中国的地价中(土地出让金)同时包含地租和存量公共服务的折现,因此同等条件下,中国地价占房价的比重会比美国更高。但与其他亚洲国家相比,由于土地资源相对稀缺,日本、韩国等地的地价占房价的比重可能会更高。[①] 这也是为什么不同国家和地区的地价占房价比重存在明显差异的重要原因。

有文献提到国外地价与房价的关系可分成四类:一是地价低房价也低的国家(瑞典);二是地价低房价不低的国家(美国);三是地价高房价不高的国家(新加坡与英国);四是地价高房价也高的国家(韩国与日本)。[②] 实际上,这四类现象都可以纳入本章的一般性理论框架进行阐述。其基本框架为:土地价值为地价和年化地租折现之和;房产价值(土地+住房)为房价和房地产税折现之和(在同等公共服务条件下)。结合地租的基本原理,可以得出:

$$L = L_1 + L_2$$
$$H = H_1 + H_2$$

其中,L_1 为一次性支付的土地价格,L_2 为年化地租的折现值;H_1 为一次性支付的房产价值,H_2 为每年房地产税的折现值。而住房的价值为土地价值与地上建筑物价值(B)之和:

$$H = L + B$$

即

$$H_1 + H_2 = L_1 + L_2 + B$$

因此,我们所观察到的地价和房价分别为 L_1 和 H_1,地价 L_1 的大小同时取决于 L 与 L_2,房价 H_1 的大小同时取决于 H 与 H_2。由于住房的价值中包含了土地价值,地租 L_2 和房地产税 H_2 都会同时影响土地价值 L_1 和住房价值 H_1。供求关系会影响的是土地总价值 L 和住房总价值 H,地价和房价的不同情况均可以由这里的一般模型来阐述。

关于上述提到的几类情形,地价和房价都低可能由于土地供给较多或需求较弱(瑞典不少地区天气较寒冷,不宜居);地价低房价不低往往是因土地供给多(L 较低)或地租高(L_2 较大)而房地产税较低(因此地价中多数存

[①] 宋勃、高波:《房价与地价关系的国际比较及其引申》,《改革》2007年第2期,第21~27页。
[②] 张文新、蒋立红:《国外地价与房价关系及其启示》,《中国土地科学》2004年第3期,第50~54页。

量公共服务的价值通过房价H_2或地租L_2体现);地价高房价不高则往往是因地租低而房地产税较高(因此地价中含有一定的存量公共服务价值);地价高房价也高的地区往往是土地资源稀缺的地区(如日本和韩国,新加坡土地资源稀缺但房价不高是由于大量组屋由政府提供,不能反映市场价值)。因此,如表8-5所示,在同等供求条件下(给定L和H),地价低的原因可能是地租高;房价低的原因可能是房地产税高。

表8-5 地价和房价与地租和房地产税的关系

地价L_1 \ 房价H_1	高	低
高	地少人多(供小于求),且地租和房地产税均低	地租低,房地产税高
低	土地供给多或地租高,房地产税低	地多人少(供大于求),或地租和房地产税均高

若地上建筑物B的价值以重置成本计算,公共服务的价值会同时在总地价L和总房价H中体现;而观察到的地价和房价还分别与年租L_2与房地产税H_2有关。随着经济社会的发展,各项基础便利设施(amenity)逐步完善,土地的使用价值(地租)也会逐步上升。因此,在同一制度条件下,地价占房价的比重也会呈现不断上升的趋势。美国几十年的发展过程就证明了这一点。①

至此,关于房地产税与土地出让金的关系,我们可以得出基本结论,即中国土地出让金的构成为:地租+存量公共服务对应的房地产税。在使用权到期前,这两部分均不需要再缴纳,只需缴纳与增量公共服务对应的房地产税。在使用权到期后,居民缴纳的"广义"房地产税包括三部分:地租、存量和增量公共服务对应的两类房地产税(参见表8-3)。土地出让金中包含的房地产税份额与土地所在地的地租(土地使用价值)、存量公共服务和土地稀缺性等因素都直接相关。我们可以通过不同国别(制度差异),以及同一国家甚至同一城市中土地出让金(土地价值)的差异,来测算不同地块上土地出让金所占房地产税的额度。这将是我们下一步研究的重要维度之一。

---

① Davis, Morris A, & Heathcote, Jonathan, "The price and quantity of residential land in the United States," *Journal of Monetary Economics*, 2007, 54(8), pp. 2595-2620. Davis, Morris A, & Palumbo, Michael G., "The price of residential land in large US cities," *Journal of Urban Economics*, 2008, 63(1), pp. 352-384.

第五节 结论与讨论

在各地土地所有权和使用权制度复杂多样的背景下,本章从一般性的视角建构了理论框架。在这一框架下,可以解释不同土地制度下各个环节之间的价值(价格)对应关系,并从基本原理角度厘清了中国背景下房地产税、地租和土地出让金之间的重叠关系。

基于本章的一般理论框架分析,土地的所有权形式并不重要,所不同的只是土地价值的体现形式发生了变化。例如,私有土地转让时的一次性价格,也就相当于公有土地无限期广义使用权的地租折现价值。由于土地的所有权和使用权可以分离,土地使用权的界定及其与所有权的关系更是种类繁多,这使得与土地相关的权利关系异常复杂。从价值实现的角度看,所有权形式(公有或私有)不是土地价值的重要影响要素,土地使用权的范围和广度才是土地价值的决定因素。如果土地使用权的约束条件完全一样,两块不同的土地若在占有权、使用权、受益权以及处置权方面的权利相同,国有、公有或私有不会对其价值产生大的影响。

从提升土地经济效率的角度看,农村土地私有化常常会成为重要的政策建议。但从本章的一般理论框架分析结论可以看出,土地私有化或许并不是经济效率高低的决定因素。对土地来说,无论何种产权形式,只要对广义使用权有明确清晰的界定,都可以起到促进流动提高效率的作用。对中国来说,维持农村土地的所有权性质同样可以优化效率,且避免了可能带来的社会风险;如前所述,城市土地国家所有,也使国家或政府在需要重新规划土地时具备优势。因此,只要能够对中国土地的广义使用权进行有效合理的设计,就能发挥土地利用的最大效率。在此基础上,中国的土地所有权归国家或集体所有不仅不输私有制的效率优势,反而具备额外的制度优势。[①]

对于未来房地产税改革来说,一块土地是否需缴纳房地产税,是否要在土地使用过程中缴纳年化地租等,实际上都是不同土地使用权制度的表现形式。这些要素显然会直接影响土地的价值和交易价格。在当前中国背景下,土地转让期限内不需要缴纳年化地租,也暂时未开征房地产税。基于一

[①] 陈志武提出"把国资委转变成一个国民权益基金、国民产权基金,然后把基金分成很多的份额,均分给13亿中国公民,这样把财产还给中国的老百姓",可以认为也是多此一举了。(参见陈志武:《为什么百姓收入赶不上GDP增长》,《国际融资》2008年第9期,第52~55页。)

般理论框架,我们详细讨论了中国的土地出让金的价值构成,发现其中包含了有效期限内的年化地租以及预期内的存量公共服务的折现价值。这里的结论为未来开征房地产税的法理基础提供了一般化的分析框架,并通过比较不同土地制度下各个部分和阶段的价值对应关系,从本质上厘清了中国背景下房地产税与土地出让金的关系。这也为房地产税税制要素设计中,关于不同地区、不同居民的税率设计提供了重要的理论依据。

关于房地产税与土地出让金的关系,本章提供的是一个理论解释,而要测算土地出让金中到底包含了多大比例的房地产税,则要基于详细复杂的数据测算。这与土地价值的比重直接相关,而不同的制度环境、发展阶段都会直接影响土地价值的比重。即使在中国统一的制度环境下,不同省份甚至同一省份的不同城市中,这一结果都会有所差别。这是未来值得进一步深入研究的一个重要方向,对房地产税在不同地区进行合理的差异化设计至关重要。

下编　实施策略

　　本书的后五章为下编,其中第九至第十二章从多个维度探讨房地产税的实施策略问题。下编讨论的问题包括房地产税的具体税制要素设计、房地产税的渐进改革路径、房地产税在公共品价格改革中的作用机制、房地产税改革的治理意义。这些问题将在本书的下编得到充分细致的讨论和解答。

第九章　房地产税的税制要素设计[①]

房地产税的税制要素主要包括税基、税率、减免范围和征收方式，以及税收用途等。从税基角度看，按套数和面积征收的做法已渐渐少被提及，房地产税按评估价值征收逐步成为共识。官方也明确表态，对工商业房地产和个人住房按照评估值征收房地产税。在税率方面，由于中国的大城市房价收入比很高，房地产税改革中的税率设计至关重要，且地区差异化设计的必要性显著，需要充分考虑不同地区居民的纳税能力。在减免方面，就对不同收入群体的公平性、调节收入分配的作用以及简化政策实施难度等方面而言，"人均价值减免"要优于"家庭首套减免"和"人均面积减免"。从税收用途角度看，房地产税最适宜由基层政府征收、使用，居民缴纳当地的房地产税，同时享受与税负相应的公共服务。房地产税作为地方税是其发挥治理作用的重要前提，有利于房地产市场的长效机制与地方税体系建设。

第一节　引　　言

房地产税作为一种"直接税"，纳税人往往感受强烈，纳税意愿低。要想顺利推进房地产税改革，提高居民纳税意愿，就要在房地产税征收和使用上做到公开、透明、民主，实现取之于民、用之于民的目的，否则在高收入房价比和居民纳税能力有限的条件下，房地产税改革很难成功推进。此外，这对基层政府的治理结构和治理能力也提出了很高要求。因此，配合房地产税改革的展开，基层政府的治理机制也需要进行相应的改革和调整，以适应新

[①] 本章部分内容曾发表于《新金融评论》期刊，参见侯一麟、张平、任强、马海涛：《房地产税税制要素设计》，《新金融评论》2019年第2期，第106～114页。

形势要求。

表 9-1 列出了房地产税税制要素设计的几个重要方面。基于税制设计要素的分析可以发现,尽管社会上对税制设计的方案有很多不同的讨论,但在几个重要的税制要素方面存在一定的共识。官方明确表态,将按照"立法先行、充分授权、分步推进"的原则,推进房地产税立法和实施。对工商业房地产和个人住房按照评估值征收房地产税。① 在这些原则的基础上,结合相关的政策目标,什么样的税制设计方案才现实可行?我们需要分析房地产税对房价的可能影响,并基于微观家庭纳税能力和意愿的数据进行分析,提出具体的税制要素设计方案。

表 9-1 房地产税不同税制要素设计的比较

	税基	税率	减免	用途
方案	套数	2%或更高	家庭减免一套	中央省级调配
	建筑面积	1%	人均面积减免	市区政府共享
	评估价值	0.1%~0.5%	人均价值减免	基层行政区专用

说明:各竖栏中三选项与其他竖栏各选项可交叉匹配,共有 81 种可能搭配。

第二节 税制要素的几个维度

一、税基界定

从税基的宽窄来看,宽税基是关键。税基宽,逃税避税难,经济效率高。宽税基有助于提高建筑使用效益,加强公众监督。税基宽能把税率压至最低,增加该税的可接受性。宽税基不把社会福利政策嵌入房地产税,对特殊人群的照顾可通过其他形式体现。从宏观看,不是住房拥有率短期内越高越好。对年轻人来说,不一定拥有住房早越好。不论对谁,不是住房面积越大、档次越高越好,要根据个人当下和将来的收入、家庭人口和需要来调节。在普遍征收的前提下,可对自住房设置一定减免,以提高纵向的公平和可接受性,又不过多增加税政难度。

---

① 资料来源:《人民日报》(新浪财经转述), http://finance.sina.com.cn/china/2017-12-20/doc-ifypxmsq8428264.shtml。最后浏览日期:2022 年 4 月 30 日。

从税基的衡量方式看,按套数和面积征收的做法在效率和公平方面均存在一些问题,"对个人住房按照评估值征收房地产税"成为了普遍认同的标准。当前多数国家的房地产税也均以房产的市场(评估)价值或购买价值作为税基。也有人提出可以考虑以租金作为税基(类似香港的差饷)。当收入相对稳定而房价快速上涨时,以评估价值作为税基可能会导致居民的税负突然加大(纳税能力下降)。美国和日本都曾出现过房价快速上涨期间,居民因为税负过重而要求降低税率,或者给评估值设置上限(参见1978年美国加州的13号法案)等方式降低税负。因为租金往往与收入水平直接相关,如果税基是租金,则出现上述问题的可能性较低。

尤其在中国背景下,我们需要对"评估价值"和"租金"作为税基的优缺点进行分析讨论。中国的住房市场除商品房外,还存在经济适用房、房改房、军转房、小产权房等多种房产类型。对这些非完全产权的房产,是否应该同样征收房地产税,目前对此仍存在诸多争议。一个潜在的方案是这些房产应以租金为基础征收房地产税。若以市场价值作为征收基础,这些非完全产权的房产往往市场价值较低,使房地产税在不同住房类型之间的征收公平性存在挑战。而如果均按租金进行征收,相对来说则可以较好地平衡税负和公共服务受益(会体现在租金中)之间的关系。在系统比较价值和租金为不同税基的理论和实践文献基础上,我们还需要分析房地产税以租金作为税基在不同地区的可能性,并全面阐述房地产税若以租金为征收基础,在当前背景下平衡不同产权房产的权益,以及房地产税作为受益税等方面的考量和比较分析。

二、税率设计

从税率角度看,参考十余年来国内公共财政学者根据各地实际情况,从不同角度用各种数据做的测算,0.1%~1%是大致的起始参考区间。从经验借鉴的角度看,直接参考国外的税率设计不一定符合中国居民的纳税能力状况,进而影响可行性和适应性。例如,美国房地产税的平均税率为1%左右,而纽约、波士顿等发达地区可以高达2.5%至3%左右,这在中国高房价背景下居民负担显然会过重。根据房价和收入之间的关系,同样的税率水平下不同地区之间的居民纳税能力会有很大差异。这进一步突出了房地产税的地方税特征,地方政府需要因地制宜,采取不同的税收制度设计。在税率设计方面,不同地区可根据当地居民的纳税能力,测算本地可行的房地产税税率。

另外,当前中国一线城市的房价收入比大致在 30 倍左右。① 房地产税的开征可能会打破高房价均衡。简单测算可以看出,若是以 1% 的税率征收,一线城市的居民平均需要用近 30% 的家庭收入来支付房地产税,这对居民来说负担明显过高。若以这样的税率征收可能会对房地产市场造成较大冲击。因此,探讨房地产税税制要素设计,可行的税率是非常重要的考虑因素。这里更应基于居民收入的纳税能力来设计税率,且不同地区应有所差异。

根据初步测算,不超过 0.5% 的税率在当下中国可能比较适当。这里不超过 0.5% 的税率是指平均水平,并不意味着每个地区都是如此,最终采用的税率将是充分考虑不同基层行政区之间差异的本地化差别税率。从居民纳税能力出发测算出的不同地区差异化税率看,北京、上海等地为 0.1% 至 0.2% 左右,居民的房地产税税额约为家庭收入的 3% 至 6%,这样的占比与国际水平也较为接近。基于这一测算也可看出,由于中国的一线城市房价收入比很高,房地产税改革中的税率设计至关重要,且地区差异化设计的必要性显著。但在中国背景下,地方政府没有税率的决定权,在税率统一的前提下,也可以通过不同地区设定差异化的评估率(税基评估值/市场评估值)达到将实际税率差异化的目的。

三、税负减免

关于房地产税有没有免除的问题,基于经济学和财政学的理论,无论从效率还是公平的角度,宽税基、少豁免甚至无豁免地对所有业主征收是理论上的最优。针对某些特定群体的减免或差别税率,其动态结果并不公平,随着时间推移,不公平的程度还会加速放大,造成严重的社会问题。但在现实中,开征房地产税能不能一步到位,不设任何免除?这还有待仔细研究。从中国当前的高房价背景和舆论环境看,不设免除可能会面临较大的阻力。鉴于房地产税牵涉面广,开征新税也往往面临方方面面的阻力,为了获得大多数人的支持,不少专家学者主张,开征房地产税必须以大范围的减免为代价。但究竟应该怎么免,专家们仍然各执一词。那么,房地产税的开征到底应该设不设减免?怎么免?

---

① 房价收入比的较常见算法是 90 平米的普通住房与当地家庭年收入的中位数之比。资料来源:Numbeo, http://www.numbeo.com/property-investment/rankings.jsp,最后浏览日期:2022 年 5 月 1 日。根据这一资料显示,中国的一线城市北京、上海、深圳的房价收入比均达到了 40 倍或以上(广州相对较低,为 20 多倍),考虑到中国的收入可能被低估等各种因素,这里以 30 倍作为基准进行计算。

由于上海的试点政策只针对增量房产等原因,之前社会上流传着一种房地产税方案,叫"只做增量,存量房暂不征税",即:新房上市就纳税,旧房待至上市交易或继承过户时再开始纳税。这个方案的出发点,是考虑到新税开征阻力巨大,设法减少阻力,使新税尽早上路;但问题在于这样把短痛变成长痛,造成长期不公平,尤其对急需改善住房条件的人群尤为如此。例如:一无房户为解决刚性需求购房,一旦买了房马上就要缴税;与之对照,另一户在新税颁布之前早有5套,却无需缴纳,还把多余房产出租获取租金,加剧了这两类人群的差别。这样做是对多数人不公,同时造成市场极大扭曲。另外,房地产税是针对持有环节征收的税种,存量房不征就不是房地产税。因此,在进一步的研究和讨论中,这一方案基本已被摒弃。

现在流行的减免方案还有家庭首套减免和人均面积减免。"家庭首套减免",即指凡是家庭只有一套住房的,不加区别一律免税,以期获得大多数人支持。但不同居民的"首套"在面积价值区位等方面差异巨大,不公平性明显,还存在有人试图以假离婚逃避缴税等问题。该方案另一个突出的问题是,多房户当然都会要求扣除大套的、高档的、位置好的、价格贵的房产;于是,中心城区、风景名胜区、优秀学区等地的税基消失,取而代之的是远郊区、环境差、生活不方便区域的房产。若实行这样的方案,必然是对大众、多数后来购房者的不公甚至歧视;还将造成房产市场长时间的扭曲。失去税基的行政区域的政府和民众也不会同意。相对于"家庭首套减免"来说,"人均面积减免"避免了假离婚等问题。这个方案看似合理、公平,尤其照顾低收入人群和弱势群体,其实问题照样存在。若按照人均面积扣除,则对房产的档次、位置有失考虑。同样的人均30平米扣除,住别墅的跟住普通住宅待遇就出现了天壤之别。相同档次、大小的三栋房子,一栋在市中心,生活等事事方便;另一栋不在闹市但在公园旁,环境优美、清静、空气清新;还有一栋在郊区,环境差,交通、生活、就学、就医、上班事事不便。这样三栋房子相同待遇或者相同面积抵扣,数字面积上看上去公平,实际上对低收入人群和弱势群体极不公平,必然造成市场行为扭曲。

与这几种方案相比,"人均价值减免"无需考虑房产区位、档次、面积等因素,所有家庭均根据当地经济社会状况按人均免除一定的房产价值。例如若按上海免首套的平均价值500万折算,上海人均可相应免除100万元~200万元房产价值,如此对于一个普通的3口之家,其最终效果与家庭首套减免类似,而单个房产价值很高的3口之家同样也只能免除等量价值。从对不同收入群体的公平性考量,对调节收入分配的作用以及简化政策实施的难度等方面看,按"人均价值减免"要优于"家庭首套减免"和按"人均面积减免"的方案。"人均价值减免"方案与税基为市场评估价值也互相匹配。减免市值可以当地当年中位房价为基础，参照当地人均住房面积因地制宜，基于可行性和适应性的不同地区具体减免额度测算，我们将在未来进一步研究探讨。

四、税收使用

从税收用途角度看，"基层行政区专用"是迄今最广泛的做法，也是基层政府征管动力最高、居民纳税意愿最高的设计。由于不同城市税基差别巨大，同一城市范围内的不同辖区之间财政能力也有高低之别，如果房地产税全部归基层政府，可能进一步拉大地方政府财力差距。一种可能的做法是部分房地产税收入归高层级政府用于调节地区间差异。例如，70％属于区县，30％属于地市或省级。具体做法可以基于数据进行测算和讨论。

房地产税作为治理工具的一个重要特征是可以连接收入和支出的两端。这里的支出之所以重要是由于房地产税用在了与居民密切相关的公共服务上。例如，美国的房地产税主要用于教育、医疗、公共安全等基层社区的基本公共服务，其中教育约占房地产税支出的一半左右。从支出的范围看，房地产税用于当地基本公共服务，提高公共服务供给的经济效率，促进居民监督和政府透明，从而改善地方治理这一逻辑路径已经被理论所证明。但是，房地产税具体应该用于哪些公共服务似普遍没有定论。例如，美国的房地产税在不同地区以及不同类型的地方政府下，所提供的公共服务也有所区别，其通过不同政府类型的叠加产生了更多的公共服务组合，可以满足各种不同的消费偏好。但总的来说，美国的房地产税提供的公共服务基本以教育、医疗和公共安全等为主，对一些特殊的公共服务需求再辅以特别区政府（special districts）的形式来提供。那么，中国的房地产税应该如何使用？在房地产税收入比例较低的阶段（尚不能成为地方主体税种），是平均用于不同公共服务，还是集中用于一两类公共服务？对这些问题还需要在未来进行深入研究。

结合中国当前的实际情形，房地产税的使用范围和对不同公共服务的支持力度将很大程度上影响房地产税改革的推进。一方面，居民在房产方面已经有了过多的投入，不愿意再添加额外的负担；另一方面，地方政府现在的公共服务支出不充分不平衡，不能满足居民的更高需求。如果开征房地产税，同时用于提供这些居民亟需的公共服务，将会产生怎样的结果？将缴纳的房地产税用于更好更优质的公共服务，可以一定程度上提高居民对房地产税的纳税意愿。这相当于将原来需要通过私人消费获得的高质量服务,以缴纳房地产税的形式来实现。正因如此,房地产税的使用需要真正契合居民的实际需求。从这个角度看,不同地区不同收入层次的居民对亟需的公共服务有自己的判断。低收入人群可能会倾向于将不多的收入留下维持基本的生活需求,但他们对教育和医疗等基本服务也有应该变得更好的呼声;高收入人群相对而言会更愿意缴纳一定的房地产税以获得更高质量的教育、更好的社区环境和基础设施。总体来说,在这些基本公共服务之中,基础教育仍然是居民最看重的。但同时,基础教育与其他公共服务有着本质的不同,由于每个人都有平等受教育的权利,教育更能体现社会公平正义和改变低阶层的命运,实现向高阶层流动的作用。尤其是在阶层固化日益明显的背景下,房地产税用于教育后,富人和穷人获得的教育质量差异明显加大,可能加剧阶层固化现象。这亦是在美国实践中,房地产税作为地方主体税种令人诟病的缺陷之一,即便是上级政府转移支付的介入也难以完全解决这一问题。因此相关研究亦有设想将房地产税用于与阶层流动不直接相关的公共服务,如社区环境、医疗和公共安全,或一些特定的公共服务领域。中国的房地产税将如何使用,是否要用于基础教育,如何平衡对居民的纳税激励和地区间差异扩大?房地产税的税收使用如何因地制宜?对这些问题,我们将在未来进行探索研究。

第三节　设计方案的可行性与适应性

在地区差异背景下,房地产税的税制要素设计必须基于可行性和适应性进行充分论证和研究。未来需要从居民综合影响(税负和公共服务)、房地产市场(房价和租金会如何变化)、政府潜在财力、政府行为和地方治理完善等角度,研究如何结合当地特征进行不同的税制要素设计,使得房地产税的改革具备可行性,且适应当地的经济社会发展。

结合房地产税在不同地区的经济社会影响及其可行性和适应性,在其政策意义方面,未来我们需要尝试回答这样几个问题:

(1) 什么样的税制要素设计更具备可行性,效率损失更小,更公平?

(2) 对居民来说,哪些居民负担会较重(在税制设计减免中予以考虑,或税收征管中重点关注)?如果收入用于基本公共服务,对不同收入层次居民的福利影响有何差异?

(3) 对政府来说,哪些城市有更大的税收潜力,哪些城市可获取的税收较少?这将如何影响政府对房地产税改革的态度?

(4) 哪些地区更具有开征的动力,哪些地区可能阻力更大?

(5) 房地产税会如何影响房价和租金,对建立房地产市场的长效机制的意义何在?

需要说明的是,对以上问题的分析思路可以同时采取两种做法:一是局部均衡(静态)分析:假定经济增长、房产价格、居民收入等不因房地产税发生重大变化。这一做法不需要特别复杂的技术或模型,一般的模拟分析即可做到。第二种方法是一般均衡(动态)分析,这需要通过建立一般均衡模型,将更多的变量考虑进去,与静态结果进行对比。在地方政府获得授权后具备一定自主性的条件下(地方政府对开征时点和相关要素设计具有一定决策权),作为进一步的延伸研究,未来可以利用考克斯比例风险模型,从政府意愿的决定因素角度研究开征房地产税的相关内部因素和外部因素,进而分析不同地区开征房地产税的可能性。这些研究将为未来的房地产税改革和不同地区的差异化决策提供重要的理论基础。

一、居民综合影响

房地产税作为受益税,其收入用于基本公共服务的特征,使之可以形成收支相连的居民监督、政府治理和社会和谐的良好治理体系。对居民来说,如果需要缴纳房地产税且由地方政府支配,因为房地产税的支出与自己能够获得的相关公共服务数量和质量直接相关,这会很大程度上促进社区居民对政府的监督。房地产税由地方政府征管和使用进一步使这种监督成为可能,对政府透明度不断增加的要求和居民逐步参与政府相关政策制定过程的背景也为此提供了正当性的支撑。同时,纳税人意识缺乏也是当下中国社会的重要问题。中国的税制结构以间接税为主,绝大多数个人很少接触税务部门。即便收到工资时清楚自己缴纳了所得税,消费时知道其中包含了自己缴纳的增值税和消费税等税种,但很少会将这些税负与自己所获得的公共服务联系起来。实际上,这些税种根据分税制的安排也确实大多归于中央政府,然后再以转移支付等各种形式分配到不同的地方政府手中。房地产税作为地方税将极大地提高居民的纳税人意识和对政府的充分监督,促进政府的制度化管理和透明度提升。

具体到对居民的综合影响方面,房地产税将对不同收入水平的居民(低收入、中等收入、高收入)带来多大的税收负担?在不同税制要素设计下,房地产税(如果是比例税率)对收入有多大的影响?这一影响是累退还是累进的?我们将从三个维度展开分析:(1)财产。房产价值与缴纳税额两者之间的关系,累退还是累进?(2)收入。税额占收入的比重(纳税能力),累退还是累进？（3）净福利效应（为正还是为负）。若用于相关基本公共服务，对不同收入层次的居民影响如何？（需要同时将纳税能力和纳税意愿考虑进来，进行定量分析测算）。这些将是从居民的角度在可行性和适应性方面进行探讨和深入研究的问题。

二、政府潜在财力

对政府来说，房地产税的收入财力用于基本公共服务的支出责任。良好的公共服务供给又会被资本化到房价之中，使本地区的房地产市场价值提高，从而增加房地产税的税基。这样可以形成一个良性循环：政府提供公共服务，公共服务供给使本地区房价升值，税基增加使房地产税收入提高。这样的循环可以使得政府有充分的动力来提供公共服务支出，一定程度上改变当下一些地方政府过于重视发展型支出，轻视服务型支出的问题。从这一视角看，现行的上海、重庆试点方案由于纳入征税对象的房产比重很低（仅1％左右），且收入用于保障房建设，从收入充足性和支出对象来看均未起到房地产税作为受益税，通过收支相连的属性提高政府治理的作用。因此，仅基于这两地试点的结果对房地产税做价值评判显然有失偏颇。

在房地产税影响政府潜在财力的测算方面，我们各选取一些典型城市（一二三四线），测算不同税制要素结构下潜在的房地产税税收收入，进而测算如何改变这些城市的财政收入结构，同时比较房地产税对不同类型城市的影响。被选取城市的经济社会状况的基本信息包括财政收支、房产存量、家庭收入等数据信息。如果能获取到城市内部不同区县或街道一级的相关信息，我们还将对城市内部的不同区域之间进行比较分析。

三、地方治理完善

对社会来说，房地产税改革牵涉面广泛且与居民生活息息相关。由于不同地区的发展程度差异，其相应的公共服务供给水平也大相径庭。例如，北京、上海的基础教育、道路设施等基本公共服务已达到发达国家水平，而中西部一些地区公共服务还较落后。这种巨大的地区差异之所以较易引起社会的普遍不满，是由于在一定程度上不同地区的居民并没有为相应的公共服务"付费"。房地产税作为受益税，可以很好地在不同的公共服务之间引入不同的消费成本，提高公共服务差异的公平性内涵。这里的"公平"意味着享受高水平公共服务的同时也需缴纳较高的房地产税，甚至同一个城市的不同地区也会根据不同房地产税税负提供差异化的公共服务。居民也可以根据自己的偏好选择相应的居住区域。房地产税的开征可以形成不同税率水平和不同质量的公共服务的地区差异,为居民提供可选择性更多也更加"公平"的多元化社会。

财权财力与事权事责的匹配是提高政府财政效率和治理水平的关键着眼点。尤其在中国一些地方政府一直以来财权财力不足而支出责任过大的背景下,财权事权与支出责任的匹配是财政学者持续关注的焦点。房地产税的税基是房产,与其他税基(包括直接税和间接税的各个税种)相比,其重要特征是作为生活必需品、不可移动且是家庭财产的重要组成部分。房地产税税基的不可移动使得政府可以很好地将房地产税纳税人和公共服务受益者进行匹配,以之构成房地产税作为受益税的重要基础。也正因如此,地方政府承担提供相关公共服务事责的同时,房地产税作为其重要收入来源可以成为财权事责相匹配的天然工具。在地方治理完善层面,未来需要继续研究:如果中国未来的房地产税设计也将其作为地方税且赋予基层政府充分的征收管理权和支配权,在中国背景下将如何实现从房地产税征收到地方治理完善的过程?在地方政府层面实现国家治理体系和治理能力的现代化?

四、政府意愿的决定因素(内部和外部)

从地方政府的角度看,需要充分考虑政府开征房地产税的意愿和顾虑,这也是房地产税有效实施的必要条件。是否开征房地产税这一政策选择的决策因素包括内部和外部两个方面。

我们可适当借鉴考克斯比例风险模型进行分析,在内部因素方面,包括激励(motivation)、阻碍(obstacle)、资源(resource)和其他(other)。具体到房地产税改革,激励因素可能包括收入潜力、财政压力、改革动机(创新驱动)、上级政府的政策推动、居民对房地产税的态度和意愿等;阻碍因素包括房价下跌风险、征管成本、抗税发生的可能性和居民满意度降低等;资源因素为房产评估技术和人员以及房产市场的发达程度(税基)等;其他方面的因素则包括居民已有税负、居民的收入水平(纳税能力)等。

另一方面,房地产税改革的外部因素包括横向扩散和纵向扩散效应。例如,一个城市(区县)相邻的地区如果先开征且取得不错的效果,可能会促成该地区也尝试开征(横向扩散)。或者,一个省的大城市或重要城市如果先开征,可能会带动其他省内城市开征(纵向扩散)。

在这些因素指标的基础上,我们可以根据政策创新理论框架发展综合这些指标,构建出一个理论上的房地产税采纳(adoption)概率指数。基于不同地区的基础数据,进而利用主成分分析法(Principal Component Analysis,

PCA)计算这个指标值(数值为1~100)。我们还可以进一步排序,例如用指数的中位数(50百分位数)作为房地产税采纳概率的阈值,前50%的地方政府则更有可能征收房地产税;这一阈值也可以改为75百分位数等等。下一步就可以使用蒙特卡罗模拟(Monte Carlo simulation)预测不同的指数阈值(75、90、95百分位等)对未来征收房地产税收收入的影响。如此,我们可以将政府开征房地产税的意愿(采纳概率)及排序(早开征还是晚开征)与不同税制要素设计的可行性和适应性结合起来,进而测算房地产税改革在不同地区的治理优化指数。同时,在考虑房地产税税制要素设计和可行性与适应性基础上,正确选择房地产税改革的路径事关改革的成败,因此我们将尝试对其可能的改革路径进行探讨性分析。我们希望能够在未来几年内系统完成这些系列研究。

第四节 税制要素设计的技术因素

本书中基于数据测算提出的实施策略也即理论上较为理想的税制要素设计,但其在实践中还需要对诸多问题仔细斟酌,例如考虑中国当前高房价背景下居民的纳税能力、居民对房地产税的心理接受程度,以及税收征管的成本等多方面因素,对于房地产税税制要素还需要在技术上进行必要的精巧设计。由于目前中国房价高和住房市场的复杂性等原因,进行房地产税的税制要素设计,需要对相关现实因素予以充分考虑,并结合当前各国房地产税实践中的有益经验,适当考量居民心理和非理性因素。

一、税基界定:交易价与市场价

关于房地产税的税基界定,如前文所述,套数、面积和价值三者中,以套数和面积为税基在效率和公平维度方面均存在问题,相对来说以价值为税基更好,也符合房地产税作为财产税的特征,官方也已明确表态"对工商业房地产和个人住房按照评估值征收房地产税"。若以价值为税基,那么是以市场价还是交易价?从政府表态来看,未来的房地产税将市场评估价值为税基,这符合财产税的基本原则。在中国高房价背景下,社会上对以市场评估价为税基存在两个方面的担忧:一是房价收入比高,部分家庭早期以较低价格购得房产或以单位分房或经济适用房等非市场方式获得住房,以市场评估价为税基可能会导致一定比例的家庭交不起税;二是以市场评估价为税基可能会对房地产市场产生较大的冲击,进而影响房地产市场稳定,甚至有产生系统性风险的可能。

关于第一项担忧,确实有部分家庭的收入相对不高但持有房产的价值较高,这本质上是纳税能力问题。其中的典型家庭是长期居住在市中心的低收入家庭,他们有些是在政府或国企工作时分得了这套住房,甚至已经退休,以他们的收入明显不能承受以高房产价值为税基的税额。对这样的家庭,人们的第一直觉是应该设置相应的减免税政策,但从税制设计的角度看,应该尽可能减少筹划空间,降低征管成本,提高税收效率。例如,如果将减免税政策设置为收入低于某个限额的退休人员家庭或低收入家庭免税,则显然会有一些家庭通过将房产转移至已退休父母名下,或者通过非正式渠道开具低收入证明等方式获得减免税资格。也就是说,若是在税制设计中考虑了这些不同的情况并设定相应的减免政策,则必然为税收筹划提供了一定的空间,而且往往富人有更多的渠道更强的能力利用这些筹划空间。因此,很多原本为了低收入群体设计的政策最终反而被高收入群体筹划利用,进一步导致税收的不公平,税收效率和税收公平同时受损。对于市中心只有一套房的低收入家庭,他们确实存在纳税能力不足的问题,但如前所述,此时也不应在税制设计方面留下空间,否则会被筹划利用,导致更大的不公平。

那如何解决低收入家庭纳税能力不足的问题呢?我们的设想是,对这样的家庭,通过相应的申请程序并经过审核符合相关条件时,政府可以通过"记账"的方式先将这部分房地产税税额记录在案,通过"缓"而非"免"的方式处理这部分税额。这些历年累加的暂缓税额将在房产交易、转让或继承时一并被缴清。当然,考虑到部分人有可能会利用这样的缓交政策当作获取无息贷款,一个可能的做法是将这些记录在案的暂缓税额按法定利率计算相应的利息,使居民考虑这部分资金成本,是否计息可以根据当时当地的情况决定。这样的好处是可以在不改变税制设计的情况下,较好地解决房价收入比较高背景下部分家庭确实纳税能力不足的问题。关于第二项担忧,这与房地产税具体的税制要素设计,尤其是税率大小和税额使用直接相关,若通过渐进的方式推进改革,政府将会有充足的工具和时间来调节房地产税对房地产市场带来的影响。

因此,上述的"担忧"并不构成房地产税不能以评估价值征收的理由。从居民的可接受度看,多数居民仍然希望以当时的交易价为基础征收。尽管以评估价为基础征收更加符合效率和公平原则,但从房主的立场看,他们普遍希望自己的税负越低越好。现行上海和重庆的房产税试点也是在交易价的基础上进行设计和征收的,这让居民在这方面存在一些期待。为避免矛盾,减少争议,并确保新建立的房地产价值评估机制可以在短时间内投入使用,防止对房地产税的开征造成不良影响,我们也可以提出以交易价为起点的参考方案。① 首先,在起步阶段,以房地产登记价格(即原来的交易价格)为纳税税基,并公布3~5年为不动期。这一做法的好处在于承认历史,减少矛盾,从而获得社会的认可,也便于公众接受这一新建立的房地产价值评估机制,减少房地产税开征初期的阻力。具体而言,对于商品房采用其成交价格,对于二手房采用其交易价格,对于公房出售采用优惠价格(即二手房交易价格打折)作价等,形成了不同类别房产起步时的定价机制。为了将预期价与原交易价之间的差距逐渐消除,可以采用如下方式:对所有原交易价低于预期价的房产(包括一般商品房和公房出售后商品房),每三年将原交易价上调10%~15%,逐步向预期价靠拢,在这段时间内,将按照不断上升的"原交易价"征收房地产税。同样,预期房价(市场评估价)也是每三到五年调整一次,这一调整主要通过根据交易登记系统中的价格信息更新标杆房价来完成。预计在15~20年时间内,二者可以达到一致。在此之后,将直接按照预期价征收房地产税。

从正面角度说,第一,其最大的好处是这一计划有利于房地产税的税收政策出台以及实际开征。在方案中,无论是税基、税率还是减免额度,都有"渐进式"的显著特点,即在开征初期税负相对较低,此后逐年提升。这一安排正是考虑到"万事开头难",希望能够在房地产税开征的前几年尽可能减小政策推进和实施的阻力,也有利于广大纳税人在心理和思想上更顺利地接纳房地产税作为一个新税种的出现。第二,这样做也充分考虑到了历史沿革,是在此基础上的逐步改进完善。这一点主要体现在税基,即房地产价值评估方面,其以系统中登记的原交易价作为最初的征税税基,往后逐渐向评估价(预期价)靠拢。众所周知,承认历史是改革得以快速推行并获得最终成功的重要基石;反之,如果一项改革过于激进,颠覆性极强,将原有的规则和信息全部抛诸脑后、弃于不顾,则往往会因为破坏性太强、步子迈得过大而遭遇挫折和阻挠。第三,房地产税的推出从某种程度上鼓励倡议了房地产市场"只住不炒"的良好风气。原因在于,一旦某套房产发生了买进卖出交易,则从交易发生的时间点往后,房产拥有者必须按照新的交易价或者高于新交易价的评估价缴纳房地产税,而相比原来旧的交易价,新交易价一般要高出不少。因此,出于避免高额税负的考虑,预期在房地产税推出后,

---

① 以交易价为税基一定意义上相当于以评估值为基础同时适当考虑原值,本质是为了照顾既得利益。美国加州的13号法案实际上采用的是将以市场评估价为税基转变为同时考虑原交易价的方法,从税制效率和公平的角度看,这是一种倒退做法。

市场上将出现"交易冰冻期",即长期没有买进也没有卖出或买进卖出数量较少,使得房产的原交易价慢慢向评估价过渡。对于纳税人而言,运用这一策略将能够最大程度地享受渐进式政策带来的税收优惠。从宏观角度看,这无疑是房地产市场从先前过快上涨的亚健康状态迈向长期平稳健康发展的重要一步。

通过市场交易价向评估价过渡的方式确定税基,并随着房价收入比收敛,逐步提高税率,降低减免,从而在中长期内达到中国房地产税改革的两大政策目标——"维护房地产市场平稳"和"房地产税成为地方主体税种",进而真正有效提升地方治理能力,这是中国房地产税改革确定税基的基本思路。

二、政策设计的几个细节问题

本书第一章的结论表明,房地产税的资本化(增加持有成本)会使房价下降,但若把税收收入用于改善、增加当地基本公共服务,相应的公共服务资本化又会促使房价上升,所以开征房地产税对房价的最终影响取决于上述两个效应的相对强弱。短期来看,由于公共服务质量的变化需要时间积累,房地产税对房价的影响主要体现为房地产税的负向影响。也就是说,如果当前房价中存在较大的泡沫,开征房地产税可能导致房价在较短时间内出现较大幅度的下跌,增大房地产市场大幅波动的风险。而从全社会福利和整体经济效率的角度分析,房价剧烈波动可能造成的系统性金融风险和普遍的社会隐患,是首要的防范目标。因此,相关试点省市应在国家宏观指导下,加强辅助政策工具研究,妥善应对开征过程中的风险问题。一些政策设计的细节如开征时机、操作方式等也会对征管难度产生重要影响,政府需要在这些方面做好充分的准备。基于相关研究结论,我们提出如下具体建议。

从开征时机看,不宜在房地产市场过热时开征。有专家建议在房价快速上涨时开征房地产税给市场降温,这与股票市场过热时去杠杆类似,实际上会加大房地产市场的波动。建议为降低房地产税对房地产市场的冲击,应在房价泡沫受挤压一段时间且房价较稳定的时段开征。如果可以确定近年来一些主要城市的房价从高点缓慢下行,是正确实施金融政策和释放泡沫的结果;那么,待这一阶段趋于平稳后,房地产市场泡沫成分较低可能是开征房地产税的候选时机,因为这时供给得到了充分释放;房价下跌后,需求增加,也更有利于支撑此时的房市。

从操作时机看,可以在房地产税公布和生效之间留出时间窗口。上海和重庆均为 2011 年 1 月 27 日发布试点房产税的公告,28 日开始实施。建议未来新开征房地产税,可以考虑在相关政策文件公布之日后留出一定的时间窗口,再行实施。如此可以拉长房地产市场反应时间,降低房价的短期波动。公布政策文件的目的是给市场主体提供稳定预期留出时间窗口,让公众根据新的稳定预期有足够的时间优化资产配置。公众也会用这段时间建立纳税心理预期和做好纳税准备。关于试点城市范围和试点方案也可以适当提前一段时间告知公众,这样可有效降低类似股市熔断导致的投资市场踩踏风险,推进房地产税平稳落地,逐步建立房地产市场的长效机制。

从操作方式看,如前一章所述,可以考虑渐进改革的路径,即:从低税率高减免起步,结合纳税能力和纳税意愿,逐步降低减免额度,逐步提高实际税率,最终达到房地产税成为地方政府主体税种,作为受益税连接收支两端,促使公众监督政府提升地方治理能力的政策目的。

从信号释放看,要做好房地产税开征的预期管理。目前人民群众对房地产税的预期仍然不足,多数人仍然对 2011 年上海和重庆的试点政策存在认知依赖,认为房地产税跟自己关系不大。如果对房地产税政策的认知超过多数人的预期,也会加大房地产税对房地产市场的影响和波动。建议通过各类宣传渠道释放信号,告知公众未来的房地产税可能会和大多数人有关,建立公众对房地产税的确定预期。这样当房地产税真正推出时,对市场的冲击和影响将会下降到最低,并有效提升公众对房地产税的接受度。

从政策衔接看,开征房地产税的同时宜适当放松原有市场限制政策。房地产税对房价会带来向下的压力。为对冲这部分影响,建议在开征房地产税的同时,适当放松限购、限贷等调控房地产市场的政策。放松限购限贷等调控政策有助于为房地产市场提供支撑,对冲房地产税的影响,保持房地产市场平稳。即便如此,政府还需要同时在房地产业的生产、消费、流通等几个方面由住建、财政、金融等相关部门做好预案,充分运用好手中的政策工具,保证房地产业平稳发展。

从长期效应看,整合优化房地产相关税收有助于完善房地产健康稳定发展的税制体系。建议:开征房地产税的同时可适当降低住房开发、建设和交易环节的税费,整合优化房地产相关税收体系。开征房地产税会对市场形成一定压力,在房地产商普遍面临困难的情况下,降低住房开发建设交易环节税费,有助于房地产商建立稳定预期,减少税收负担,从而帮助开发商度过当前房地产市场的转折期和困难期。

从公众接受度看,宜引入较大幅度的税基折扣。上海当前的试点房产税按应税住房市场交易价格的 70% 计算缴纳,各国在实践中通常会在计算税基时引入一定折扣。未来开征房地产税,无论是以交易价还是评估价计算税基,建议均引入较大幅度的税基折扣。例如税基折扣为50%,房价1 000万时只以50%(500万)税基计算,这在心理上会大幅提升公众的接受度。此时,结合公众纳税能力可以适当提高名义税率(税基折扣为50%时,实际税率是名义税率的一半)。在税收收入一定的情况下(税基折扣为50%,名义税率提高一倍,则实际税率不变),设计税基折扣可以有效降低公众对税基价值的敏感程度,提升公众纳税意愿,提高纳税遵从率,减小社会风险。

从税收用途看,应明确主要用于基本公共服务。房地产税可以"引导住房合理消费和土地资源节约集约利用,促进房地产市场平稳健康发展"。在财政和治理方面,房地产税的直接目的是赋予基层政府稳定的自有财源,使之能够更好地提供基本公共服务,间接和最终目的是从多个维度促进和改善地方治理。建议:进一步明确房地产税收主要用于地方基本公共服务,这将使房地产税和公共服务对房价的影响达到均衡,有利于房地产市场保持平稳,建立房地产市场的长效机制。亦可使房地产税带来更好的基本公共服务,有效提升公众的纳税意愿,降低社会风险和减少税收征管成本。

从缴纳方式和频率看,随着信息技术和电子支付的发展,越来越多的中国居民开始适应无纸化交易。建议在提供政府大厅纳税服务的同时更多地利用电子化手段,使得纳税过程尽可能便利化和简单化。另外,由于房地产税具有单次数额大、"痛苦指数"高的特征,可以通过适当增加缴纳频率的方式(例如每季度缴纳一次)降低单次缴纳的税额。在征收方式上也可以使用税收托管(tax escrow)等方式,降低居民对税负的敏感性。卡布拉尔和霍克斯比认为是由于房地产税的高度显性化导致了房地产税的不受欢迎以及抗税的普遍发生。他们利用税收托管的差异来衡量不同地区房地产税显性化的程度。税收托管是指一些纳税人将每年的房地产税按月份划分,等额加入房产的银行贷款月供中。在使用税收托管的纳税人中,大约46%的居民授权银行直接从银行账户自动扣款,这样就使得房地产税缴纳一定程度上变成了"被动"缴税,显性化程度降低。研究结果确实发现在房地产税显性化程度低的地区,房地产税税额更高,房地产税抗税行为也更少发生。

上述这些政策设计的细节如果得到有效的关注,将有助于征管过程的顺利推进和实施,形成良性的反馈机制以获得更好的政策效果。但这些政策细节更多地体现了运用人的心理效应来降低居民对房地产税的反感度,而要使居民真正支持房地产税征收,关键还是要在其使用上下功夫,使其充分用于当地基本公共服务。实际上,只要是税都有再分配意义,关键是税入要得到有效使用;只要能够用好税收,一般都是有利于普通老百姓的,从而实现预算支出和政府治理的现代化;实践中,只要税制合理公平,税则执行公道据理,最终必定令人信服。

第十章　房地产税的渐进改革路径①

在保持房地产市场平稳的前提下,使房地产税成为地方重要税种是中国房地产税改革的重要政策目标,但在高房价收入比背景下,这二者相互冲突。本章基于房地产税制要素设计和微观家庭数据测算,探讨中国房地产税的渐进改革路径及其影响,认为鉴于居民纳税能力受高房价收入比限制,房地产税可从低税率、高减免起步;伴随房价收入比收敛,逐步提高税率、降低减免。起步阶段,税制改革应重视居民纳税能力和纳税意愿,优先实现房地产市场平稳软着陆;中长期目标,房地产税可逐步成为地方政府主体税种,起到完善税制和地方税体系、提升地方治理能力的作用。

第一节　引　　言

随着中国经济快速增长,家庭财富也在稳步积累,中产家庭数量增长迅速,房产成为绝大多数城市家庭最重要的资产。② 随着房价的快速上涨,近年来对房地产税的讨论也越来越多,尤其是房地产税对房价以及租金的影响成为广大居民关注的焦点。关于中国房地产税改革的讨论已历经十余年。2018年的中国政府工作报告确定了房地产税改革的总体方向,即

---

① 本章主要内容曾发表于《经济理论与经济管理》期刊,张平、姚志勇、冯懿男:《房地产税渐进改革路径:基于税制要素设计的实证研究》,《经济理论和经济管理》2021年第12期,第79~92页。

② 参见经济日报社中国经济趋势研究院:《中国家庭财富调查报告2016》(人民网,http://finance.people.com.cn/n1/2017/0526/c1004-29301038.html,最后浏览日期:2022年5月1日)。中国人民银行2019年中国城镇居民家庭资产负债情况调查也表明,家庭资产以实物资产为主,住房占比近七成,资产分布分化明显(搜狐网,https://www.sohu.com/a/390780265_114984,最后浏览日期:2022年5月1日)。

健全地方税体系，稳妥推进房地产税立法。2019年的政府工作报告进一步明确提出"健全地方税体系，稳步推进房地产税立法"。2019年的《全国人大常委会工作报告》称："集中力量落实好党中央确立的重大立法事项，包括审议民法典、制定房地产税法等。"2020年5月，《中共中央国务院关于新时代加快完善社会主义市场经济体制的意见》进一步提出："稳妥推进房地产税立法。健全地方税体系，调整完善地方税税制，培育壮大地方税税源，稳步扩大地方税管理权。"2021年5月，财政部等四部门在京召开房地产税改革试点工作座谈会，表明房地产税改革正在积极稳妥地推进着。

政府对房地产税改革的关注从2003年至今已有近20年之久，相关政策的具体落地仍有待观察。房地产税的征收可能对房价带来的震荡，是各级政府推动房地产税改革的重要原因之一。目前房地产价格高位运行增加了房地产税对市场影响的不确定性，当下仍缺少缓和市场冲击及消除居民疑虑的可操作性方案，难以在实质上推动房地产税改革。以上海和重庆的试点为例，其对房价和居民影响较小，但其税制设计并不是普遍征收的房地产税。那么，是否存在这样的改革路径：既可以控制房地产税对市场造成的风险，又不过度增加居民税收负担？

围绕房地产税改革，在保持房地产市场平稳的前提下，使房地产税成为地方重要税种是中国房地产税改革的重要政策目标。但在当前高房价收入比的背景下，二者相互冲突：要使房地产市场稳定，税率必然不能过高；要使房地产税成为地方政府重要财源，在税基确定的情况下税率就需要达到一定幅度。而当前中国居民的纳税能力决定了税率不能太高。在约束条件下，有的文献尝试讨论房地产税改革路径，①但基于量化测算研究具体路径及其影响的文献仍不多见。根据房地产市场的现状，基于房地产税制要素设计，本章提出审慎渐进改革路径：房地产税从低税率、高减免起步，以降低房地产税对市场的冲击，并减轻居民税收负担；然后通过长周期（15～20年）税率和减免等税制要素渐进变化的方式，使房地产市场平稳软着陆，房价收入比收敛到合理区间；最终使房地产税成为地方政府主要财源，达成完善税制提升地方治理能力的目标。

---

① 赵伟伟、白永秀：《我国房地产税改革的路径思考与设计——基于国际经验和国内试点效应》，《财政科学》2019年第3期，第48～58页。

第二节 税制要素探讨

房地产税的税制设计要素主要包括税基、税率、减免范围和方式,以及税收用途等。各国实践和长期研究表明:从税基角度看,房地产税按套数或面积征收的做法存在的问题较多,按评估价值征收获得普遍认可。① 从税率角度看,0.1%~1%是大致的起始参考区间。参考其他国家房地产税占家庭收入的比重这一指标(约为3%~6%),税率(房地产税额/房产价值)不超过0.5%在当下中国可能比较适当。②

关于房地产税的减免方案,学者和政策界现行讨论较多的包括"家庭首套减免"和"人均面积减免",但这两种方案如前所述均存在问题。而"人均价值减免"的方案比较合乎当前中国现实。例如,一户拥有两套分别价值500万的住房,另一户拥有一套价值3 000万的别墅;若人均减免300万评估价值,两户都为3人户的情况下均减免900万评估价值,后者缴纳的房地产税要远远高于前者。尽管前者拥有两套房,而后者只有一套,但后者的家庭财富(房产价值)远高于前者,这样房地产税负担也符合财产税纵向公平的基本原则。在人均价值减免方案下,税负向富人倾斜也更加明显,其对收入的调节作用最高。③ 比较几种典型的减免方案,按人均价值减免要优于家庭首套减免和按人均面积减免的方案。但人均价值减免方案中到底免除"多少"评估价值,对之仍需进一步进行探讨。

从税收用途角度看,不同城市的房价、税基差别巨大,将房地产税用于提供公共服务必然加剧地区间财政能力差距,这是该税收入由中央和省级政府统一调配的理由之一。即便在同城范围内,辖区之间财政能力也有高低之别,这也是市区共享房地产税收入的缘由。④

本章接下来分析房地产税对房价的可能影响,并在相关理论框架基础上,基于微观家庭数据分析居民纳税能力和纳税意愿,提出具体税制要素设

---

① 侯一麟、马海涛:《中国房地产税设计原理和实施策略分析》,《财政研究》2016年第2期,第65~78页。
② 张平、侯一麟:《中国城镇居民的房地产税缴纳能力与地区差异》,《公共行政评论》2016年第2期,第135~154、第207~208页。这里不超过0.5%的税率是指平均水平,最终每个地区采用的税率将是充分考虑不同基层政区之间差异的本地化差别税率。
③ 张平、侯一麟:《房地产税的纳税能力、税负分布及再分配效应》,《经济研究》2016年第12期,第118~132页。
④ 侯一麟、任强、马海涛:《中国房地产税税制要素设计研究》,经济科学出版社2016年版。

计方案和可行的改革路径。

第三节 理论框架

本节基于理论模型推导在不同的税制要素设计条件下,房地产税对房产价值的影响(稳定市场)以及房地产税收入的潜在数额(重要税种),在理论上说明稳定市场和重要税种这二者之间的冲突关系。

这里仍然使用前面章节用过的英格[1]的投标排序模型。居民面临的预算约束为:

$$Y = C + PH + \tau V = C + PH + \tau \frac{PH}{r} = C + PH(1 + \tau/r) \tag{1}$$

其中 Y 是收入,P 为住房单位面积的年度价格,τ 为房地产税税率,V 是房产价值,$V = \dfrac{PH}{r}$,r 是贴现率。

(1) 无减免时。房地产税税额为 $T = \tau V$,文献中对纳税能力的衡量方法包括收入、消费、财富等,为便于阐述同时不失一般性,这里用收入指标计算。用收入与纳税额的比重计算家庭房地产税的纳税能力(Ability to Pay,ATP):

$$ATP = \frac{Y}{\tau V} = \frac{1}{\tau} \frac{1}{V/Y} \tag{2}$$

公式中 V/Y 即为房价收入比。公式表明:房地产税的纳税能力与房价收入比(V/Y)和税率(τ)负相关。即房价收入比越高,纳税能力越弱;税率越高,纳税能力越弱。

房地产税的房价效应(对房地产市场的影响)可表达为[2]:

$$\frac{\Delta P}{P} = (\delta\beta - 1)\frac{\tau}{r} \tag{3}$$

---

[1] Yinger, J., "Capitalization and the Theory of Local Public-Finance," *Journal of Political Economy*, 1982, 90(5), pp. 917-943. Yinger, J., "Hedonic Markets and Sorting Equilibria: Bid-Function Envelopes for Public Services and Neighborhood Amenities," *Journal of Urban Economics*, 2015, 86(March), pp. 9-25.

[2] 张平、侯一麟、李博:《房地产税、房价与租金——理论模拟及其对中国房地产税改革的启示》,《财贸经济》2020年第11期,第35~50页。

其中 δ 是房地产税转化为公共品的转化率，β 为居民对公共品的偏好，$\delta\beta - 1 < 0$。[①] 显然，在其他条件一致的情况下，税率（τ）越高，房价降幅 $\left(\dfrac{\Delta P}{P}\right)$ 越大。开征房地产税后，房产价值发生变化：

$$V'_i = \left(1 + \frac{\Delta P}{P}\right) V_i = V_i \left[1 + (\delta\beta - 1)\frac{\tau}{r}\right] \tag{4}$$

上式进一步表明，征收房地产税会降低房产价值，公共品转化率 δ 和居民对公共品的偏好 β，会部分抵消这种影响，对房产价值起到支撑作用。

此时房地产税税额占地方政府收入的比重为：

$$S = \sum_{i=1}^{N} \tau V'_i / R = \frac{\tau}{R}\left[1 + (\delta\beta - 1)\frac{\tau}{r}\right] \sum V_i \tag{5}$$

其中 R 为地方政府一般预算收入。在动态分析下（房价根据房地产税税率变化），能够收取的房地产税税额是税率（τ）的凸函数（$\delta\beta - 1 < 0$）。此时存在一个最优税率，使得房地产税税额最高，即：

$$\text{Max}_{:\tau} \left[1 + (\delta\beta - 1)\frac{\tau}{r}\right] \tag{6}$$

根据一阶条件，可以得到最优税率为：

$$\tau^* = \frac{r}{2(1 - \delta\beta)} \tag{7}$$

代入取值区间（$\beta = 1$，$\delta = 0 \sim 0.5$，$r = 4\% \sim 6\%$），[②] 可以计算得出房地产税税收收入最大化的税率区间为 2% 至 6%。由公式（3）可知，该税率区间

---

① 式（3）是张平等的主要结论。若居民的公共服务偏好较高（$\beta > 1$），可能出现"超资本化"现象；在税入-服务转化率（δ）也较高的情况下，征收房地产税可能导致房价上升（$\delta\beta - 1 > 0$），但在现实中"超资本化"的情形较少出现。

② 贴现率是影响个体购房行为的重要参数，房产作为居民重要的资产之一，在股利贴现模型框架下（DDM），根据资本市场内无套利原则，住房市场贴现率的选取与其他资产无异。这里数值模拟中贴现率的选择（4%～6%）主要依据中国市场情况和参考其他文献。Zhang 将贴现率范围设置为 3%～6%（Zhang, F., 2015, "Inequality and House Prices," University of Michigan, Working Paper.），在 Chen & Wen 的论述中贴现率为 4%（Chen, K., and Y. Wen, "The great housing boom of China," *American Economic Journal: Macroeconomics*, 2017, 9(2), pp. 73-114.）。此外，贴现率和利率之间存在联系，文献认为贴现率为利率的倒数或者近似为相加等于 1（Aiyagari, S. R., "Uninsured idiosyncratic risk and aggregate saving," *The Quarterly Journal of Economics*, 1994, 109(3), pp. 659-684. Iacoviello, M., and M. Pavan, "Housing and debt over the life cycle and over the business cycle," *Journal of Monetary Economics*, 2013, 60(2), pp. 221-238)。中国的利率（银行间拆借利率）长期在 5% 水平波动，因此这里将贴现率设定在 4%～6%。

对房价冲击巨大,对居民的纳税能力和纳税意愿也是很大的挑战,尤其在高房价收入比下明显不可行。因此,房地产税制要素设计的原则不能是税收收入最大化,而是应将纳税能力和纳税意愿作为前提,实行较低税率,并进行必要的税收减免。

(2) 有减免时(减免额度为 ΔV)。居民的纳税能力变为:

$$ATP_1 = \frac{Y}{\tau(V-\Delta V)} = \frac{1}{\tau}\frac{1}{(V-\Delta V)/Y} \tag{8}$$

房地产税对房地产市场的影响相应变为:

$$\frac{\Delta P_1}{P} = (\delta\beta - 1)\frac{\tau}{r}\frac{V-\Delta V}{V} \tag{9}$$

此时,房产价值变为:

$$V'_{i1} = \left(1 + \frac{\Delta P_1}{P}\right)V_i = V_i + (\delta\beta - 1)\frac{\tau}{r}(V_i - \Delta V) \tag{10}$$

房地产税税额占地方政府收入的比重为:

$$S_1 = \sum_{i=1}^{N}\tau(V'_{i1}-\Delta V)/R = \frac{\tau}{R}\left[1 + (\delta\beta - 1)\frac{\tau}{r}\right]\sum(V_i-\Delta V) \tag{11}$$

在相同条件下,相比无减免,有税收减免的情形下居民纳税能力提高,房地产税对市场价格影响变小,但同时房地产税税额在政府收入中的比重也相应下降。

因此,在高房价收入比背景下,居民对房地产税的纳税能力有限,市场稳定和主体税种在短期内无法兼顾。高税率低减免会使房地产税有潜力成为地方政府的主体税种;但与此同时,可能无法满足居民纳税能力对房地产税的约束,并对房地产市场造成较大的压力,难以保证市场平稳。这二者相互冲突,该如何权衡? 在高房价收入比背景下,本章试图通过税制设计,寻找一条可行的房地产税改革路径,在满足居民纳税能力约束的前提下,实现"稳定市场"和"主体税种"之间的动态平衡。围绕税率和减免的税制要素设计是实现该动态平衡的关键(图10-1)。

图 10-1 高房价收入比背景下房地产税改革的目标与受到的约束

第四节　基于微观家庭数据测算的税制设计:低税率高减免起步

在房地产税的税制设计方案中,有一个问题至关重要:开征房地产税,对房价会有什么样的影响?一些房地产市场的研究者倾向于夸大房地产税的冲击和影响,而力主推动房地产税改革的学者和实践部门相关人员又倾向于淡化其对房地产市场的影响。这两个倾向都失之偏颇,我们需要理性看待开征房地产税可能对市场供求带来的冲击。

房产价值、房地产税与公共服务之间关系的重要性在文献中很早就得到了充分讨论。[①] 如式(3)、式(4)所示,"资本化理论"表明房地产税会降低房产价值,但相应的公共支出又会对房产价值起到支撑作用。这方面的实证研究多数延续了奥茨的模型设定方式。[②] 随后不同的学者对资本化的程度以及是否存在超资本化(over-capitalization)和完全资本化(full capitalization)进行了充分的探讨。[③]

资本化模型主要探讨的是房产价值,而价格的波动还会受到各种政策扰动的影响。在关于房地产税与房价的关系中,房地产税对房价的影响与房地产市场中的消费需求(刚需)和投资需求的变化息息相关。中国城市房价普遍处于高位,房地产税作为一个新税种,其对基本公共服务的改善作用需要一定的时间才能体现。因此,房地产税对房价的影响在短期内主要由

[①] Hamilton, B. W., "Effects of Property Taxes and Local Public Spending on Property-Values — Theoretical Comment," *Journal of Political Economy*, 1976, 84(3), pp. 647-650. Oates, W. E., "The Effects of Property Taxes and Local Public Spending on Property Values: An Empirical Study of Tax Capitalization and the Tiebout Hypothesis," *Journal of Political Economy*, 1969, 77(6), pp. 957-971. Oates, W. E., "Effects of Property Taxes and Local Public Spending on Property Values — Reply and yet Further Results," *Journal of Political Economy*, 1973, 81(4), pp. 1004-1008.

[②] Oates, W. E., "The Effects of Property Taxes and Local Public Spending on Property Values: An Empirical Study of Tax Capitalization and the Tiebout Hypothesis," *Journal of Political Economy*, 1969, 77(6), pp. 957-971. Oates, W. E., "Effects of Property Taxes and Local Public Spending on Property Values — Reply and yet Further Results," *Journal of Political Economy*, 1973, 81(4), pp. 1004-1008.

[③] King, A. T., "Estimating Property-Tax Capitalization — Critical Comment", *Journal of Political Economy*, 1977, 85(2), pp. 425-431. Palmon, G., and B. A. Smith, "New evidence on property tax capitalization," *Journal of Political Economy*, 1998, 106(5), pp. 1099-1111. Reinhard, R. M., "Estimating Property-Tax Capitalization — a Further Comment," *Journal of Political Economy*, 1981, 89(6), pp. 1251-1260.

房地产税对房产消费需求和投资需求的效应决定。房地产的特有属性使其同时存在消费和投资两个市场，而投资市场的需求可以迅速转化为消费市场的供给，这使得房地产市场受税收等外部政策的影响时效快，波动大。中国的大中城市存在着房地产投资甚至投机市场，拥有两套以上住房的家庭比例不低，相关研究也表明开征房地产税会对房地产市场价格造成一定的下行压力。① 但房地产税对不同城市房价的影响，根据当地的消费和投资需求结构不同会有很大差异，具体判断需要基于数据进行严格精确测算。

当前中国一线城市的房价收入比大致在30倍左右（表10-1）。房地产税的开征可能会打破高房价均衡。简单测算可以看出，若以1%的税率征收，一线城市的居民平均需要用近30%的家庭年收入来支付房地产税，②这对居民来说负担明显过高。若以这样的税率征收会对房地产市场造成很大的冲击。③ 因此探讨房地产税对房价的影响，首先要考虑可行的税率。由于中国的一线城市房价收入比很高，房地产税改革中的税率设计至关重要。房地产税对房价的影响也很大程度上取决于税制要素设计。

表10-1 2009~2020年中国一线城市的房价收入比和世界排名情况

年份	北京		上海		广州		深圳	
	房价收入比	排名	房价收入比	排名	房价收入比	排名	房价收入比	排名
2020	44	5	42	7	33	10	45	4
2019	45	3	45	4	29	11	42	5
2018	48	1	43	2	21	12	40	4
2017	34	5	33	7	25	11	44	2
2016	33	5	30	8	18	31	30	9
2015	33	6	27	15	25	20	21	34
2014	34	5	29	9	27	15	26	18
2013	30	5	28	8	29	6	35	3
2012	29	17	30	10	28	18	41	3
2011	26	13	40	6	23	21	39	8

---

① 张平、侯一麟、李博：《房地产税、房价与租金——理论模拟及其对中国房地产税改革的启示》，《财贸经济》2020年第11期，第35~50页。
② 此时，$V=30$，$Y=1$，$\tau=1\%$；因此税额占收入的比重为$\tau V/Y=30\%$。
③ 如公式(3)所示，如果$\tau=1\%$，$r=4\%$，$\delta=0$（因税收无法在短期内转化为公共品），房产价格短期波动可以达到25%。

(续表)

年份	北京		上海		广州		深圳	
	房价收入比	排名	房价收入比	排名	房价收入比	排名	房价收入比	排名
2010	22	10	21	12	—	—	—	—
2009	22	6	18	12	—	—	—	—

资料来源:根据 Numbeo 数据库整理,http://www.numbeo.com/property-investment/rankings.jsp,最后浏览日期:2022 年 5 月 1 日。

根据以上分析,我们进一步基于《中国家庭追踪调查》2016 年的家庭微观数据进行测算。该数据也包含详细的住房特征和家庭特征:住房特征有市场价值、住房面积和购买年份等;家庭特征有收入、消费、财富以及若干家庭行为信息。[①] 基于该家庭微观数据计算省级层面的均值,在纳税能力基础上,参考张平和侯一麟的研究结果,[②] 若使每个省份的纳税能力定为全国的平均水平,即各省居民均用 5% 左右的家庭年收入用于缴纳房地产税,计算各省可行的房地产税税率。其计算公式为:

$$rate_i = \frac{fincome_i \times 5\%}{property_i}$$

其中,i 为省份,$rate_i$ 为各省房地产税税率。$fincome_i$ 为各省的家庭年平均收入,$property_i$ 为各省家庭平均住房价值(包括多套房)。计算得到各省的房地产税税率后,i 省 j 家庭的房地产税税额($propertytax_{ij}$)则对应为:

$$propertytax_{ij} = property_{ij} \times rate_i$$

如表 10-2 所示,要使各省市的纳税能力处于合理的全国平均水平(房地产税税额为家庭年平均收入的 5%),而北京和上海的税率分别为 0.19% 和 0.22%,黑龙江的税率会达到 1%。可以看出,北京、上海等发达地区税率较低,但其户均税额却远高于中西部地区。这是由于尽管北京、上海的平均收入是中西部地区的 2 至 3 倍,但房价却是后者的 5 至 6 倍甚至更高,所以在同等税率水平下,一线城市的纳税能力反而低于中西部地区。家庭年

[①] 数据经过整理,剔除缺失值后,保留约 3 200 个有效观察值(不同的衡量指标略有差异),分布在 25 个省级区域。http://www.isss.pku.edu.cn/cfps/wdzx/yhsc/index.htm? CSRFT=6MQB-HOQ2-SSM7-Z2DY-6AAT-6TH3-GD0R-3VJT,最后浏览日期:2022 年 5 月 1 日。

[②] 张平、侯一麟:《中国城镇居民的房地产税缴纳能力与地区差异》,《公共行政评论》2016 年第 2 期,第 135~154、第 207~208 页。张平、侯一麟:《房地产税的纳税能力、税负分布及再分配效应》,《经济研究》2016 年第 12 期,第 118~132 页。

收入的高低不能直接决定房地产税的纳税能力,收入与房地产价值的比重才是决定纳税能力大小的关键指标。在同等纳税能力水平下,发达地区的可行税率反而更低。

表 10-2 不同省级区域的房地产税差异化税率和人均税额

编号	省级区域	样本量（户）	房产价值（万元）	家庭年收入(元)	可行有效税率	户均税额（元）
11	北京	19	408.4	117 305	0.19%	7 873
12	天津	39	90.4	98 111	0.58%	5 210
13	河北	171	58.2	46 584	0.49%	2 867
14	山西	89	43.6	49 625	0.67%	2 940
21	辽宁	340	40.3	58 532	0.74%	2 973
22	吉林	56	32.3	55 961	0.89%	2 875
23	黑龙江	102	28.4	51 613	1.02%	2 888
31	上海	350	375.9	124 156	0.22%	8 281
32	江苏	123	86.4	83 835	0.70%	6 037
33	浙江	73	74.9	105 952	0.80%	6 019
34	安徽	103	49.4	73 202	0.75%	3 700
35	福建	25	95.4	70 376	0.46%	4 427
36	江西	57	73.0	69 470	0.55%	4 027
37	山东	145	57.1	56 377	0.60%	3 397
41	河南	353	60.9	54 719	0.59%	3 578
42	湖北	83	99.9	78 463	0.48%	4 819
43	湖南	169	64.0	80 617	0.76%	4 842
44	广东	329	89.9	94 254	0.67%	5 990
45	广西	46	58.9	46 426	0.52%	3 085
50	重庆	42	43.0	58 946	0.90%	3 885
51	四川	139	36.6	43 011	0.72%	2 640
52	贵州	75	83.8	55 267	0.49%	4 078

(续表)

编号	省级区域	样本量（户）	房产价值（万元）	家庭年收入(元)	可行有效税率	户均税额（元）
53	云南	70	50.9	63 367	0.75%	3 833
61	陕西	67	50.8	67 694	0.73%	3 727
62	甘肃	203	59.1	56 400	0.57%	3 369
总计/平均		3 268	96.7	71 998	0.62%	4 436

说明：(1)"可行有效税率"是根据全国纳税能力的平均水平(税额约为家庭年收入的5%)调整后的各省的实际税率。(2)房地产税作为地方税的"地方"是指基层政府。在征收实践中，不同的基层(区县)政府可以采纳不同的税率。这里为了便于比较，我们以省为单位进行计算。

由于中国的房价收入比偏高，房地产税限于居民的纳税能力只能采取较低的税率。在这样的情况下，房地产税能否成为地方政府的主体税种？从表10-3可以看出，房地产税潜在税额占一般预算收入的比重在10.8%（天津）和37.8%（湖南）之间，平均值为22.6%。而要使房地产税成为地方主体税种，例如若房地产税占一般预算收入的比重平均达到50%以上，多数城市的税率要提高至原来的两倍以上。而北京、上海的税率需要提高至近4倍为0.8%左右。在当前的房价收入比背景下，居民需要将近四分之一的年收入用于缴纳房地产税。这显然不可行，违背了税收的纳税能力和纳税意愿原则。因此，在起初开征时，由于居民纳税能力所限，只能采取低税率，房地产税暂时还不能成为地方政府主要收入来源，但20%左右的比重使其无疑可以成为地方政府收入的重要补充。

表10-3 不同省级区域的潜在房地产税税额

编号	省级区域	户均税额（元）	人均一般预算收入(元)	家庭户规模（人/户）	潜在房地产税额/一般预算收入
11	北京	7 873	23 384	2.62	12.9%
12	天津	5 210	17 436	2.77	10.8%
13	河北	2 867	3 815	3.26	23.1%
14	山西	2 940	4 229	3.11	22.4%
21	辽宁	2 973	5 026	2.74	21.6%
22	吉林	2 875	4 624	2.85	21.8%
23	黑龙江	2 888	3 023	2.75	34.7%

(续表)

编号	省级区域	户均税额（元）	人均一般预算收入（元）	家庭户规模（人/户）	潜在房地产税额/一般预算收入
31	上海	8 281	26 472	2.47	12.7%
32	江苏	6 037	10 153	3.18	18.7%
33	浙江	6 019	9 485	2.68	23.7%
34	安徽	3 700	4 314	3.32	25.8%
35	福建	4 427	6 853	3.05	21.2%
36	江西	4 027	4 685	3.64	23.6%
37	山东	3 397	5 891	2.87	20.1%
41	河南	3 578	3 308	3.48	31.1%
42	湖北	4 819	5 271	3.11	29.4%
43	湖南	4 842	3 955	3.24	37.8%
44	广东	5 990	9 447	3.10	20.5%
45	广西	3 085	3 217	3.55	27.0%
50	重庆	3 885	7 309	2.75	19.3%
51	四川	2 640	4 102	3.02	21.3%
52	贵州	4 078	4 392	3.33	27.9%
53	云南	3 833	3 799	3.55	28.4%
61	陕西	3 727	4 810	3.23	24.0%
62	甘肃	3 369	3 015	3.45	32.4%
	平均	**4 436**	**6 309**	**3.11**	**22.6%**

说明：表中的"人均一般预算收入"和"家庭户规模"数据来源于2017年中国统计年鉴（2016年数据）。

这里我们再来看一下前面章节中显示过的不同减免额度下房地产税税额在不同收入家庭之间的分布图（见图10-2）。同样可以看出，相对于无免除方案，人均价值减免的额度越高，房地产税税负则越来越多地由富人承担。这是由于当减免额度越来越高时，需要缴纳房地产税的家庭会越来越少，此时房地产税更像是"调节税"而非"受益税"。那么，是否可以将房地产税定位为"调节税"开征呢？根据进一步测算，当人均减免10平方米价值

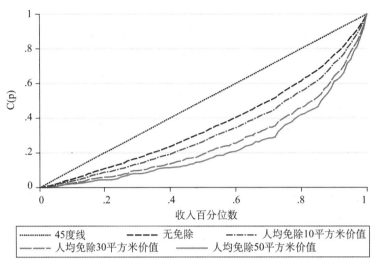

图 10-2　人均价值减免不同额度下房地产税税额在不同收入家庭之间的分布

时,可能征得的房地产税为无免除时潜在税额的 65.9%,即三分之一的税基被扣除了。而当人均减免 30 平方米和 50 平方米的价值时,房地产税额进一步减为潜在税额的 31.9% 和 17.3%(见表 10-4)。

表 10-4　不同减免份额下的潜在房地产税税额与一般预算收入比重

编号	省级区域	无减免	人均减免10平方米价值	人均减免30平方米价值	人均减免50平方米价值
11	北京	12.9%	9.8%	5.1%	3.2%
12	天津	10.8%	6.0%	1.9%	0.5%
13	河北	23.1%	13.9%	5.9%	2.7%
14	山西	22.4%	13.7%	5.3%	2.0%
21	辽宁	21.6%	12.7%	4.6%	1.8%
22	吉林	21.8%	12.3%	3.3%	1.0%
23	黑龙江	34.7%	17.3%	7.1%	4.0%
31	上海	12.7%	9.7%	5.5%	3.0%
32	江苏	18.7%	12.0%	5.3%	2.2%
33	浙江	23.7%	12.0%	3.6%	1.2%
34	安徽	25.8%	15.6%	6.2%	3.3%

(续表)

编号	省级区域	无减免	人均减免10平方米价值	人均减免30平方米价值	人均减免50平方米价值
35	福建	21.2%	11.8%	3.2%	0.5%
36	江西	23.6%	16.3%	7.8%	4.5%
37	山东	20.1%	14.0%	6.7%	3.3%
41	河南	31.1%	21.5%	11.2%	6.8%
42	湖北	29.4%	22.7%	13.6%	8.9%
43	湖南	37.8%	28.8%	16.7%	11.0%
44	广东	20.5%	11.4%	4.7%	2.5%
45	广西	27.0%	18.0%	10.1%	7.9%
50	重庆	19.3%	11.1%	2.9%	1.2%
51	四川	21.3%	10.1%	4.2%	2.3%
52	贵州	27.9%	22.5%	16.1%	12.7%
53	云南	28.4%	18.1%	6.4%	1.9%
61	陕西	24.0%	14.5%	4.7%	1.7%
62	甘肃	32.4%	22.3%	11.5%	6.8%
平均		**22.6%**	**14.9%**	**7.2%**	**3.9%**

根据上述分析，在高房价收入比背景下，纳税能力和纳税意愿的限制决定了低税率高减免可能是较好的起步方式，这样也一定程度上能够保证房地产市场平稳。但此时房地产税收入占一般预算收入的比重较低，这与房地产税成为地方政府重要财源的目标相去甚远。

第五节 房地产税的渐进改革路径分析

由上节的微观测算可知，房地产税在开始的几年里还不能成为地方政府的主体税种。一些观点据此反对房地产税改革。那么，房地产税在地方财源方面到底可以扮演怎样的角色？如果在起步时不能作为主体税种，是否存在渐进改革路径，可以使房地产税逐步担当起主体税种的角色？从房地产税对房价的影响看，这样的渐进路径对房价的演变又会起到怎样的作用？本节将在对渐进改革路径的阐述中逐步回答这些问题。

由于纳税能力等问题在一线高房价城市更为明显，为便于阐述，这里以一线城市为例说明房地产税的渐进改革路径，其他城市可以采用类似的渐进策略，当然也可根据当地情况因城施策。以北京、上海为例，房地产税在开征初期可以采取低税率（例如0.1%至0.2%），并配之以高减免额度（例如人均减免200~300万元房产价值）。这样的税率和减免额度，必然导致只有少部分家庭缴纳房地产税，可以征得的房地产税税额也只是潜在税额的很小一部分。根据上节家庭微观数据的测算，低税率、高减免的设计明显不能使房地产税起到地方政府主体税种的作用。但这种设计作为房地产税征收起步的设计具有几项好处，下面以税率为0.1%，减免为人均300万元房产价值为例进行说明。首先，低税率、高减免的设计在导致纳税家庭较少的同时，也会减少整个社会对该税种的征收阻力。相对来说，只有较高收入（财富）的家庭才要缴纳房地产税。一个三口之家，只要房产价值总额小于900万，就暂时不需要缴纳房地产税。即便总房价达到2 000万，经过减免后适用0.1%的税率也仅需缴纳11 000元（1 100万×0.1%），这对拥有2 000万资产的家庭来说应该不算太大的负担。其次，如果房地产税对整个社会影响面较小，则其对房价和房地产市场的影响自然也较小。① 因此，相对于一步到位使房地产税成为地方政府主要收入来源（在当前高房价收入比的纳税能力限制下这几乎不可能），低税率、高减免的设计为房地产税的初步落地减少了阻力，同时也降低了可能带来的房价下跌和税收不遵从的风险。

需要说明的是，这里以低税率、高减免作为房地产税设计的起点，只是作为最终达到宽税基房地产税的权宜之计，即起步阶段的过渡选择。房地产税一旦开征，低税率、高减免不会也不应一直被维持。因为，房地产税具有促进提供良好的公共服务和提升地方治理水平等功能，而这些功能可以实现的前提是，房地产税是提供公共服务的重要收入来源，其能够帮助地方政府建立起收支相连的受益税体系。要做到这一点，需要绝大多数家庭根据自身的房产价值水平缴纳房地产税，这样的房地产税必须是宽税基、低减免的设计。因此，房地产税的慷慨减免需要被不断降低直至取消，税率需要根据纳税能力的变化状况相应提高。也就是说，随着时间的推移，人均减免300万的普惠式措施会逐步被降低直至取消。考虑到居民的承受能力以及房地产税对市场和社会的影响，减免额度的降低可以采取每年一次适当调

---

① 根据公式(3)，令 $r=4\%$，$\delta=0$，短期里 0.1% 的税率会使房价下降 2.5% 左右。

降的方式,整个过程可以持续较长一段时间。例如今年人均减免300万,明年285万,依此类推,这样用20年的时间,普惠式减免就将被全部取消。由于房价变化和通货膨胀因素的存在,减免额度对居民的影响也会越来越弱,这在一定程度上可以加快减免降低的力度和速度。

从税率来看,随着家庭年收入的上升,税率也可以渐进式提高。如果房价保持相对稳定而收入逐步上升(收入增长速度超过房价上涨速度),以收入的固定比例用于缴纳房地产税,此时税率将逐步提高。房价收入比不可能一直处于30倍左右的高位,最终要回归到10~15倍的范围。房价收入比如何回归决定了房价是硬着陆还是软着陆,房价大跌带来的回归将是硬着陆,而房价不变(或略有下跌,或较慢上涨)同时收入上升带来的房价收入比回归则是软着陆(具体模拟过程如表10-5所示)。如果未来15~20年内房价在一定的波动区间即维持房价基本稳定,收入上涨至原来的2~3倍(年度增长率约为8%),那么房价收入比也就可以在房价稳定的前提下回归至15倍左右的区间。在此过程中,房地产税税率可基于纳税能力的提高逐步上升。同时,房地产税的存在也有助于房价收入比进入"逐步收敛"的轨道。

表10-5 房价软着陆过程的各参数变化模拟过程

未来1~15年	房价	收入	房价收入比	税率
1	30.0	1.00	30.0	0.17%
2	30.9	1.08	28.6	0.17%
3	31.8	1.17	27.3	0.18%
4	32.8	1.26	26.0	0.19%
5	33.8	1.36	24.8	0.20%
6	34.8	1.47	23.7	0.21%
7	35.8	1.59	22.6	0.22%
8	36.9	1.71	21.5	0.23%
9	38.0	1.85	20.5	0.24%
10	39.1	2.00	19.6	0.26%
11	40.3	2.16	18.7	0.27%
12	41.5	2.33	17.8	0.28%

(续表)

未来 1~15 年	房价	收入	房价收入比	税率
13	42.8	2.52	17.0	0.29%
14	44.1	2.72	16.2	0.31%
15	45.4	2.94	15.4	0.32%

说明:表中房价和收入的单位均经过标准化处理,模拟的收入年度增长率为8%,房价年增长率为3%。房地产税的税率根据家庭年收入的5%用于缴纳房地产税进行测算。从房价来看,在房价收入比已经如此高的条件下,房价如果继续大涨,其与收入的差距将进一步拉大。政府显然也不愿意看到这一情形发生,并会利用各种政策工具抑制房价继续上涨。此外,从市场角度看,房价收入比也不可能无限制地越来越大,最终会有一个收敛的过程。如果收入上涨的速度不及文中的假设,房价收入比的收敛将需要更长的时间,但最终总会收敛至一个较为理性的区间。因此,这里假设的结果具有较强的合理性,只是不同的条件需要的年限可能会有所差异。

如前所述,当房地产税税率为1%,在房价收入比达到30时,家庭每年需要用30%的年收入来缴纳房地产税,这显然负担过重且不可持续。但若房价收入比逐步收敛至10左右,那么,在1%的房地产税税率情况下,居民需要用10%左右的家庭年收入来缴纳房地产税。这一比重与美国纽约和新泽西等州的发达城市基本一致。房价收入比的收敛使得房地产税税率从纳税能力角度考虑存在一定上升空间。实际上,房地产税税率和房价收入比收敛是一个相互促进的过程,最终会达到类似美国发达城市的均衡:大城市公共服务支出的需求和成本较高,需要较高的房地产税税率作为收入支撑政府的支出需求。

因此,本章提出的房地产税改革的渐进路径可以总结为:以北京、上海一线城市为例,从低税率、高减免起步(例如税率为0.1%,人均减免300万房产价值),结合纳税能力和纳税意愿,逐步降低减免额度,逐步提高实际税率,最终达到房地产税成为地方政府的主体税种,其作为受益税连接收支两端,促进居民监督政府提升地方治理的政策目的。这一路径亦是房地产税作为房地产市场的长效机制之一逐步得到建立的过程。在15~20年后,减免逐步取消,房地产税的平均实际税率会在1%左右,在这样的税率水平下,房地产税发挥"杠杆作用",将房价和居民收入联系在一起,会使房价不至于偏离收入太远。也就是说,房价将处于居民买得起的区间(发达城市居民平均可以用8~12年的收入购买一套房)。

这样的改革路径将通过渐进方式达成政府的几项目标:(1)初期税率低不至于对房地产市场造成很大冲击(消除了政府的重要担忧);(2)减免逐步降低,税率逐步提高,将使房地产税在未来有潜力成为地方政府主体税种;

(3)最终一个稳定的房地产税制度将成为房地产市场的重要长效机制之一。渐进改革方式也契合中国过去几十年里多个领域的改革路径,政府、居民、社会都更加易于接受和消化政策的变化,政府也可以在渐进变化的过程中因地制宜适时调整,完善其他的配套政策,不断完善自身治理结构,提升治理能力。

第六节 结论与政策建议

从地方治理角度看,房地产税的开征并没有所谓最佳时机,很多治理问题的解决显然是越早越好。从对房地产市场可能产生的影响看,房地产税改革在时机的选择尤其是税制要素的设计方面确实需要作一定的策略甚至战略性考虑。关于房地产税政策的影响和结果可以从短期和长期两个维度来考虑:短期来说,无论房地产税如何设计,必须保持房地产市场平稳,这也是房地产税改革得以顺利有效推进实施的前提;长期来说,随着房地产市场持续发展和居民收入逐步提高,房地产税的收入潜力将继续增大,未来可成为地方政府主体税种和主要收入来源。

受限于当前居民的纳税能力和纳税意愿,结合房地产税的政策目标(为地方政府提供稳定财源和提升地方治理水平),如前已述,本章提出了中国房地产税的渐进改革路径。相对于一步到位的改革,这种渐进改革路径也符合中国过去几十年其他多个领域改革的特征,这种低风险可控性强的特征更易于各级政府操作。或许有人觉得用15年到20年左右时间去进行这样的渐进改革,时间太长。但一项制度的完善,不应过于追求速度,而更应看重在各个要素完善的过程中是否能够因地制宜符合当时当地的情况。渐进改革过程需要的时间只是一种假设,具体的变化情况则是根据纳税能力变化速度而定的,其取决于收入增长和房价收入比的收敛速度。对于房价收入比一直维持高位的城市,纳税能力的限制将使税率一直较低,所以也许需要更长时间才能完善整个制度。同时,渐进改革为各级政府完善配套措施,改善自身治理争取了时间,也给广大居民认识、接受和消化房地产税提供了时间。文中描述的渐进过程在实践中不一定会像理想中的那样平滑顺利,但结合中国房地产税改革的政策目标和面临的各种约束条件,其总体应该在理论上有效和实践上可行的。

当然,本章仍存在一些不足。首先,笔者对房价走势的分析多从总体方向进行判断,缺少基于数据的精确测算。其次,房地产税渐进改革路径对房地产市场的影响同时取决于众多要素,要准确得出不同阶段不同时点的影响程度需要笔者进行一般均衡分析。对这一具有战略意义的政策来说,以上不足值得笔者在未来投入大量时间和精力进行系统研究。最后,本章提出的渐进改革路径只是一个整体思路,各地税率和减免额度的设计完全可以根据当时当地的情况相机抉择。

第十一章　房地产税在公共品价格改革中的作用机制

随着中国市场经济的逐步建立,私人消费品的价格改革已经基本完成,但公共产品的价格改革这一主题尚未被进行充分研究。本章分析房地产税在公共产品价格改革中将起到什么样的作用,以及如何进行税制要素设计(尤其是关于税基界定和税额使用),以达到兼顾效率和公平的目的。我们结合房地产税改革探讨城市公共产品价格改革的思路,分析公共产品价格改革是否可以采取类似"双轨制"或"渐进式"的改革模式及其在不同改革路径下的可能结果。结论是区分商品房和非商品房的"双轨制"可能不适用于房地产税改革,同等对待所有住房更加符合效率和公平原则;"渐进式"的改革思路是多个政策目标之间取得平衡的折衷选择。从公共产品价格看,渐进改革中的公共产品价格"双轨制"可能是一条合理可行的路径:商品房和非商品房同等对待,已有的公共产品和服务仍由原有的财政收入提供,而增量部分逐步引入价格要素,最终建立以房地产税为主体的公共产品价格机制。以房地产税为楔子的城市公共产品价格改革,还将触及户籍制度改革的本质,有利于提升效率和社会公平。

第一节　引　言

1984年,由一些中青年经济学者举办的"莫干山会议"提出了很多重要的改革思想,为中国的经济改革和持续发展作出了重要贡献。价格改革,尤其是价格双轨制就是其中的重要思想。这一思想带来了商品的市场化改革,使市场经济的能量得以迸发并推动经济持续发展。无论是私人消费品,还是公共产品,价格都是市场效率和资源优化配置的核心。因此,价格体系和价格体制的改革曾经是市场经济改革的核心和枢纽。① 价格改革也成为了当时讨论经济改革的焦点,②价格改革涉及到农产品、药品、煤炭、粮食、成品油等几乎所有领域的产品。时至今日,当前社会的主要矛盾是"人民日益增长的美好生活需要和不平衡不充分的发展之间的矛盾",对高质量公共产品的需求是美好生活需要的重要构成部分。有效的价格机制是资源优化配置的核心,私人消费品的价格改革已经基本完成,但中国公共产品的价格改革这一主题尚未得到充分研究。已有研究表明,公共产品的价格改革对效率提升和社会公平具有重要意义,③但在中国的实践中,多数公共产品的供给尚未建立起有效的价格机制。公共产品供给机制的改革对税制改革、户籍制度和地方治理都有直接意义。本章结合房地产税改革探讨公共产品价格改革的思路,分析房地产税在公共产品价格改革中将起什么样的作用?公共产品价格改革是否可以采取类似"双轨制"或"渐进式"的改革模式,其在不同改革路径下会有何种差异化结果?

公共物品具有消费的非竞争性和受益的非排他性,这一特殊属性使其难以像私人物品那样利用边际成本和边际受益的关系在市场中进行定价;消费者还会对公共品产生隐藏个人偏好和搭便车的行为,因此对公共品不能通过市场化的价格机制进行供给和管理。公共产品的供给往往通过政府介入的方式进行,但价格机制在其中的作用同样显著。中国经过40年的快速经济发展,已经基本建立了以市场决定资源配置方式的社会主义市场经济,而公共产品的供给中,价格机制的作用仍然有待加强,在当前阶段更需要对公共产品进行价格改革。无论是从世界各国还是从中国实践看,义务教育、基本医疗、公共卫生、社会保障、公共文化和公共安全等都被视为最基本的公共服务。④ 这些往往多属于地区性公共产品,而地区间的差异异常明显。例如,从义务教育看,2020年普通小学生均一般公共预算教育经费,

---

① 张维迎:《论价格改革》,《内蒙古经济研究》1984年第4期,第5~10页;华生、何家成、蒋跃、高梁、张少杰:《论具有中国特色的价格改革道路》,《经济研究》1985年第2期,第27~32页。

② 田源、乔刚:《中国价格改革研究》,电子工业出版社1991年版,第1984~1990页;李慧中:《中国价格改革的逻辑》,山西经济出版社1991年版。

③ Burns, Michael E., and Cliff Walsh, "Market provision of price-excludable public goods: A general analysis," *Journal of Political Economy*, 1981, 89(1), pp. 166-191. Crane, Randall, "Price specification and the demand for public goods," *Journal of Public Economics*, 1990, 43(1), pp. 93-106. Diederich, Johannes, & Goeschl, Timo, "To Give or Not to Give, The Price of Contributing and the Provision of Public Goods," *Journal of Consumer Psychology*, 1995, 4(1), pp. 1-32.

④ 项继权、袁方成:《我国基本公共服务均等化的财政投入与需求分析》,《公共行政评论》2008年第3期,第89~123页。

北京为35 411.73元,广西仅为7 665.53元。① 2015年11月,国务院印发《关于进一步完善城乡义务教育经费保障机制的通知》,规定了城乡义务教育学校生均公用经费基准定额,其中各地差异明显。② 这一差异主要源于各地的经济发展和财政收入差距,这种状况显然与基本服务均等化的理念不符。从居民权利角度看,无论生活在哪里,都是中华人民共和国公民,都应享有9年义务教育的权利,为什么教育服务质量差异如此之大?这是一个需要解决的大问题。相反,在私人消费领域,居民在消费和购买私人消费品时,会根据自身的支付能力和偏好选择价格相对较低的普通产品或价格更高的高质量产品。在私人消费品差异方面,居民并没有觉得不公平,因为每个人都为自己的选择支付了相应的成本(价格不同)。而地区公共品则有所不同,不同的本质原因是居民并没有为地区公共品支付相应的对价。这就涉及到公共产品的供给机制问题。

本章以下内容结构安排如下:首先,介绍当前公共产品的供给机制;其次,讨论房地产税改革如何作为一个楔子为公共产品供给提供价格机制,进而说明如何通过房地产税改革的不同设计,达到"双轨制"改革和"渐进式"改革的目的;再次,在此基础上进一步讨论公共产品价格与户籍制度改革之间的关系,说明如何通过理顺公共产品价格体系来促进户籍制度改革。最后是关于本章的结论与讨论。

第二节 公共产品的供给机制

从产品属性的角度划分,满足人们的公共需求、具有"公共品"性质的产品和服务就是公共产品和公共服务。具有外部效应的公共产品无法有效地由私人提供,只能以各级政府为主导进行供给。由于公共产品本身的特性使其缺乏市场定价机制,故如何有效提供公共产品是各国所面临的共同问题。

公共产品可以分为农村公共产品和城市公共产品。农村的重要公共产

---

① 数据来源:教育部、国家统计局、财政部关于2020年全国教育经费执行情况统计公告,http://www.moe.gov.cn/srcsite/A05/s3040/202111/t20211130_583343.html,最后浏览日期:2022年5月1日。
② 教育部:《31省份出义务教育经费实施方案,年生均小学基准600元起》(2017年3月13日),中国教育网,http://xiaoxue.eol.cn/news/201703/t20170313_1497117.shtml,最后浏览日期:2022年4月16日。

品包括灌溉设施、基础教育、医疗保健等,其供给也经历了宗族制度、制度外筹资、"自上而下"和多元化供给体制等阶段。① 在现代社会,伴随城市化的进程,公共产品的供给越来越集中于人群聚集地的城市。公共产品根据可受益范围又可分为全国性公共产品和地区性公共产品。全国性公共产品(包括国防、货币稳定、公平分配等)应该由中央政府无偿提供。地区性公共产品外溢性较小,且受益群体相对固定,属于俱乐部产品范畴(也称作准公共品,具有排他性和非竞争性)。对于这类产品,政府无偿提供不合理,但由于外部性的存在,私人提供也会造成效率损失,此时建立公共产品供给的价格机制极其重要。因此,本章的讨论限于城市提供的地区性公共产品,这些公共产品往往代表着政府最重要最基本的公共产品投入,对整个经济社会的运行发展具有重要意义。

在公共产品的供给机制方面,尽管自身性质、技术条件、政府职能理念、公平效率标准、政府政策倾向、需求状况和私人资本规模都可能导致不同的供给方式,②公共产品的性质特征仍然是供给机制的决定因素。根据竞争性和排他性的特征,可以将物品分为四种类型:公共产品(非竞争性和非排他性)、准公共产品(非竞争性和排他性)、共有资源(竞争性和非排他性)和私人物品(竞争性和排他性)。(1)对于纯粹的公共产品(国防、知识等),由于其具有较强的正外部性(非竞争性)且容易出现"免费搭便车"现象(非排他性),这一类型公共产品的供给主要由政府提供。(2)对于准公共产品(消防、有线电视等),由于可以较容易地利用价格机制进行排他,政府和私人均可成为供给的主体;但与人民生活联系紧密的电力、煤气及水等公用事业产品往往由政府提供。(3)对于共有资源(海洋中的鱼、草原等),由于具有竞争性且排他成本较高,容易产生过度使用的现象,因此往往由政府供给并有控制地进行使用或开发。(4)私人物品则主要由市场提供,政府作为监管者不过多直接介入。

当前对公共产品定价的研究多数针对具有排他性的准公共产品(quasi-public goods,一般称为俱乐部产品),③在可以利用价格排他的情况下,学者

---

① 施威、王思明:《农村公共产品供给机制变迁的历史困境及其突破》,《中国农史》2007年第3期,第96~103页;樊丽明、石绍宾:《当前中国农村公共品政府供给机制的运行及完善》,《税务研究》2008年第12期,第9~14页。

② 樊丽明、石绍宾:《当前中国农村公共品政府供给机制的运行及完善》,《税务研究》2008年第12期,第9~14页。

③ Head, John G, "Public goods and public policy," *Readings in industrial economics*, Palgrave, London, 1972, pp. 66-87.

们聚焦于如何确定价格,①由谁(政府、非盈利组织、私人部门等)提供更加具有效率,②以及相关的福利效应展开研究。③ 本章所讨论的城市提供的地区性公共产品,包括道路基础设施、公共安全、社区环境等,更多地具有竞争性和非排他性的共有资源特征。④ 这一类公共产品是政府提供的公共产品中体量最大的部分,也是与居民工作、生活相关度最大的部分。除了公共教育以外,这类公共产品在名义上不具有排他性,其他城市甚至全国各地的居民都可以来到这个城市,从这个城市的道路基础设施、公共安全等公共产品中受益。但实际上,由于地理距离的限制,城市公共产品的受益主体绝大多数是当地居民,对外地居民来说,这类公共产品具有排他性。

因此,城市提供的地区性公共产品,是具有竞争性(在城市内部)和排他性(对其他城市来说)的一类特殊公共产品。这一类公共产品看似难以利用价格机制进行排他,但其受益范围一般具有明确的地理边界(在不同城市之间有一定的排他性),因而其供给方式往往是一城一策:在一个城市的公共财政收支框架内尽可能兼顾地区内的基本公共服务均等化。如前所述,当前"一城一策"的公共产品供给方式引起了较多的不满,尤其是各地间基本公共服务的差异予人以较强的不公平感。但是,由地方政府进行地区性公共产品的供给决策可以发挥地方政府在信息方面的优势,⑤"一城一策"的实践操作确实有其重要的理论支撑。那么,核心问题在哪里?实际上,"一城一策"无可厚非,其根本的原因是:城市内公共产品的价格机制缺失,不同城市居民并未因为基本公共服务差异支付不同的价格。有人认为,城市是一个劳动力市场,一个城市的财政收入主要来源于居民缴纳的税收,因此他们享受的基本公共服务差异源于他们的税收贡献。这一观点的问题在于,

---

① Baumol, William J and Ordover, Janusz A, "On the optimality of public-goods pricing with exclusion devices," *Microtheory: Applications and Origins*, 1986, p. 84. Clarke, Edward H, "Multipart pricing of public goods," *Public Choice*, 1971, pp. 17-33. Hellwig, Martin F, "The provision and pricing of excludable public goods: Ramsey-boiteux pricing versus bundling," *Journal of Public Economics*, 2007, 91(3-4), pp. 511-540.

② Burns, Michael E., and Cliff Walsh, "Market provision of price-excludable public goods: A general analysis," *Journal of Political Economy*, 1981, 89(1), pp. 166-191. Hellwig, Martin F, "The provision and pricing of excludable public goods: Ramsey-boiteux pricing versus bundling," *Journal of Public Economics*, 2007, 91(3-4), pp. 511-540.

③ Seneca, Joseph J, "The welfare effects of zero pricing of public goods," *Public Choice*, 1970, pp. 101-110.

④ 公共教育可以较容易地实现排他,同一个城市中也会形成不同教育质量的差异。但由于基本公共服务均等化的要求,同一城市内的不同学校获得的政府投入正逐步趋于均等化。

⑤ Oates, Wallace E, "An essay on fiscal federalism," *Journal of economic literature*, 1999, 37(3), pp. 1120-1149.

劳动力市场是一个流动的市场，在当前的户籍制度、税收分享制度框架下，财政收入的贡献者和基本公共服务受益者错位明显。首先，在开放经济条件下，很多产品的市场分布于全国甚至全球各地，已经很难说财政收入来源于当地居民。其次，在当地就业的居民，由于户籍制度的限制，非户籍人口并不能同等享受基本公共服务。最后，以分税制为基础的财政分权也造成了某些地方政府在提供公共产品时的各类行为扭曲。由于以上问题的存在，城市基本公共服务的公平性问题凸显。

那么，如何建立比较合理的公共产品的价格机制呢？从实践看，城市中的公用事业普遍采用"使用者付费"的方式；但对于多数难以排他、且具有共有资源特征的公共产品（包括公共安全、社区环境等），仍然采用了税收的方式。由于上述原因，当前主要通过流转税收（和部分转移支付）供给公共品的方式不能将纳税人和受益者进行合理匹配，此时我们需要一个可以将收入和支出对应的税种，来建立公共产品供给的价格机制。从关于地方税的讨论看，房地产税是地方主体税种最好的选择。房地产税用于地方基本公共服务，是一种受益税，其税基不可移动，可以根据征管地域大小和公共服务的受益地理边界将纳税人和受益者较好地匹配到一起。这为城市公共产品提供了一个价格机制：每年的房地产税税额即类似于公共产品的价格。

第三节　房地产税改革：公共产品价格改革的楔子

房地产税作为地方公共产品的价格机制将是一次地方治理与税制结构的深刻变革。房地产税的税基是房产，与其他税基（包括直接税和间接税的各个税种）相比，其重要特征是作为生活必需品、不可移动且是家庭财产的重要组成部分。对于居民来说，不同收入群体的消费偏好差异很大。跨入中产以上收入较高的群体不再满足于达到基本生活需求，他们往往要求更高质量的公共产品和服务，如高质量的基础教育、道路设施、社区环境等等。房地产税征管地域和公共服务受益边界的合理匹配，可以较好地满足不同群体对公共产品的差异化需求。在城市内的不同地域之间，房地产税税额较高的地区同时也有更高的公共服务支出需求，财权和事责也可以得到天然的匹配。[①]

[①] 如果房地产税成为公共品供给的主要收入来源，各地房地产市场的差距带来的税基不同会导致明显的地区差异，这一差异同样需要转移支付进行调节。公共服务均等化与公共品定价机制之间存在天然的矛盾，从这个角度说，地区性公共产品和服务应该在两者之间取得折衷和平衡，除了少部分特殊公共产品外，其不可能也不应该是完全的均等化，否则将导致极端的低效率。

以上描述是房地产税作为地方主体税种,成为提供公共产品的主要财源的理想状况。但在房地产税改革初期,受限于纳税能力和纳税意愿,①房地产税不可能一步到位成为地方政府主体税种。在起步阶段,潜在房地产税收入平均约为地方一般公共预算收入的22%,在设定较为慷慨减免的情况下,这一比重将下降为4%至7%左右。② 房价收入比过高,居民的支付能力有限;房地产税作为公共产品的价格机制,不能一次性达到目标。反观现在居住在高房价小区的居民,高房价部分体现了这些公共服务价值,早期低价购房的居民实际在以低于其成本的方式获取公共服务受益,此时若将公共服务价格显性化,这类家庭可能无法承担。

因此,房地产税的设立和征收作为公共产品的价格机制不可能一蹴而就,而应该存在一个渐进过渡的阶段。有居民提出,现在没有缴纳房地产税也可以享受公共服务受益,为什么还要开征房地产税用于提供公共服务?这从另一个侧面说明,房地产税要真正成为公共产品的价格机制,无论从房地产税在纳税能力约束下的收入潜力,还是从居民的心理接受程度看,都需要一个循序渐进的过程。从改革的路径看,当前条件下存在类似"双轨制"和"渐进式"两种不同思路。

一、双轨制:商品房与非商品房

开征房地产税面临的另一个重要问题是,中国的房产产权类型多样且复杂。除了一般的商品房外,还有经济适用房、房改房、租赁公房、军产房等多种产权类型,甚至还存在大量"小产权房"等买卖行为不受法律全权认可与保护的房产。对这些房产是否需要征收房地产税?首先,由于房地产税是一种财产税,一种比较流行的观点认为非商品房由于不具有完全产权,法律上不属于业主的财产,所以不应征收房地产税。另外,房地产税未来较大可能根据评估价值征收,③非商品房的市场价格难以确定,这成为对非商品房不征收房地产税的另一个理由。最后,非商品房的居民一般未对自己的房产按相应的市场价格进行过支付,因此可能不具备相应的纳税能力。

在20世纪80年代有人提出双轨制价格改革,是因为需要考虑的因素

---

① 张平、任强、侯一麟:《中国房地产税与地方公共财政转型》,《公共管理学报》2016年第4期,第1~15页;张平、侯一麟:《中国城镇居民的房地产税纳税意愿——基于不同减免方案的模拟分析》2019年第2期,第45~64页。
② 张平、姚志勇:《高房价收入比下房地产税渐进改革路径:基于税制要素设计的分析》,2020年,工作论文。
③ 肖捷:《将按照评估值征收房地产税》(2017年11月),新华网,http://www.xinhuanet.com/money/2017-11/07/c_129734723.htm,最后浏览日期:2022年4月16日。

较多,提出者认为一次性放开会有较多问题。例如,当时实行的是低工资、低价格的福利制度,如果突然价格放开,而工资不会马上上涨,会对城市居民的生活造成困扰。① 之所以会产生针对商品房和非商品房的"双轨制"思路,另外部分的原因也是由于非商品房居民并未通过类似商品房的市场化价格购买住房,不具备纳税能力;同时也不拥有类似商品房的产权,不具备纳税的法理基础。房地产税的"双轨制"本质上是因为不同的产权类型造成的,因而实际上也可以认为是针对多种产权形式的"多轨制"。

如果应用"双轨制"的思路:可以采取对商品房征收房地产税、对非商品房暂不征收或少征收房地产税的方案。这样可以减少非商品房居民的税收负担,也可以规避上面提到的几种情况的发生。但这样带来的弊端也显而易见。其一,公平性的问题。房地产税作为公共产品的定价机制,如若非商品房住户无需纳税,但住户却可以同等享有基本公共服务,这明显是对商品房持有者的不公平,这样房地产税就不能发挥公共产品价格机制的作用。其二,若对非商品房不征收房地产税,在同等财政收入需求情况下,商品房的税率必然会提高,这会产生另一种不公平。其三,"双轨制"思路下会发生商品房和非商品房的房价和租金差异,使购房者和租房人的行为产生扭曲,降低经济效率。其四,"双轨制"下商品房和非商品房的政策差异会降低商品房业主的纳税意愿,这样将提高税收征管难度,进而提高征管成本。其五,开征房地产税的直接目的是赋予基层政府稳定的自有财源,使之能够充分尽责地为居民提供基本公共服务,②若对非商品房不征收房地产税,将会使该税成为地方主体税种的想法更加难以实现。

但是,如果不采用"双轨制",上述几个问题又该如何予以解决？首先,房地产税作为公共产品的定价机制,实际上可以看作公共服务税,无论住户拥有何种产权形式,交税的依据是获得了相应的公共服务受益。尽管非商品房与商品房在产权上有差异,但如果获得基本公共服务受益无明显区别,那么两者在房地产税政策方面就不应该被区别对待。其次,如果房地产税未来根据评估价值征收,非商品房的评估价值会显著低于商品房,获得同等基本公共服务受益却少缴纳房地产税显然不公平。针对这一问题可以通过租金征收,或比较非商品房和商品房的租金,进而对非商品房的市场评估值进行调整后作为税基的方法予以解决。总之,这些问题在技术上完全可以

---

① 张维迎:《双轨制价格改革,就是承认我们的无知》(2018年10月),虎嗅网,https://www.huxiu.com/article/267282.html,最后浏览日期:2022年4月16日。
② 侯一麟、马海涛:《中国房地产税设计原理和实施策略分析》,《财政研究》2016年第2期,第65～78页。

解决,目的是使房地产税作为公共产品的价格机制在商品房和非商品房之间达到真正的公平。这必将有益于发挥房地产税作为公共产品价格机制的作用。最后,针对非商品房的居民可能不具备相应纳税能力的情况,在中国房价收入比偏高的背景下,这一问题在商品房居民中也会普遍存在。此时,更加合适的做法不是采用"双轨制"或是一味免除部分人的税负,而是采用"渐进"的改革方式在效率与公平之间取得平衡,并逐步向房地产税改革的最终目标迈进。

二、渐进式:低税率高减免起步

很多研究结果均表明,开征房地产税会面临居民纳税能力不足问题。这也是社会普遍认同房地产税开征初期要有一定减免的原因,同时税率的设计也需充分考虑居民的纳税能力。[①] "保持房地产市场平稳"和"房地产税成为地方主体税种"是中国房地产税改革的两大政策目标,但在高房价收入比背景下,这两个目标似乎相互冲突。[②] 因此房地产税可以从低税率、高减免起步,然后伴随房价收入比收敛,税率逐步提高,减免逐步降低。这一观点表达了在多个政策约束条件下的一种可能的改革路径,但没有论及商品房和非商品房的差异。由于"双轨制"并不能解决当前纳税能力和纳税意愿不高的问题,甚至会导致更多的效率损失和不公平现象,"渐进式"改革可能是更优的一种方案。

从公共产品价格改革的角度看,"渐进式"改革有哪些优势和问题? 房地产税要成为公共产品的价格机制,前提是用于公共产品的政府支出全部或多数由房地产税提供。这个目标在房地产税成为地方主体税种后可能会实现,但当前受限于居民的纳税能力和纳税意愿,若采取"渐进式"改革的方式,起初低税率高减免设计下的房地产税收入只占地方一般公共预算收入的5%左右,随着时间推移这一比例会逐步提高。[③] 在此过程中,公共产品的价格与房地产税的关系也会存在一个渐进变化的过程,这一关系又与如何使用房地产税有直接联系。根据现有对房地产税收入如何使用的相关讨论,以下讨论两种可能的做法。

一种做法是,可以指定房地产税与某一两种公共服务挂钩,这类似于美

[①] 张平、侯一麟:《中国城镇居民的房地产税纳税意愿——基于不同减免方案的模拟分析》,2019年第2期,第45~64页。
[②] 张平、姚志勇:《高房价收入比下房地产税渐进改革路径:基于税制要素设计的分析》,2020年,工作论文。
[③] Ibid.

国特别区(special districts)的做法。例如,起初额度不大的房地产税被全部用于社区环境改造支出,将其完全与房地产税挂钩。该做法可以快速实现在社区环境这一公共产品上定价,对社区环境有不同要求的居民可以根据需要和承受能力选择偏好的组合。但每一项单一公共产品都有其基本标准,房地产税只用在一两项公共产品或服务上,其价格机制的差异体现相对有限。

另一种做法是,房地产税收入被用于多项公共服务。此时,由于房地产税收入有限,被分散使用到不同公共产品中的数额更少,公共产品的主要投入仍来自政府的其他财政投入,房地产税自然很难成为这些公共产品的价格机制。但是,房地产税可以作为现有支出结构的增量投入,也就是说,如果维持现有支出结构不变,房地产税可以成为公共产品增量部分的价格机制。区分公共产品的"存量部分"和"增量部分"会带来另一种"双轨制",这种渐进改革中的公共产品"双轨制"价格改革与20世纪80年代的"双轨制"改革相似度很高,相当于利用了市场经济"双轨制"价格改革的精髓。为体现其重要性,下面另辟一小节专门进行详细阐述。

三、渐进改革中的"双轨制"

公共产品价格渐进改革中的"双轨制"基本思路是:已有的公共产品和服务仍由原有的财政投入提供,而增量部分逐步引入价格机制。这一思路对应到房地产税改革,即为:现有的公共产品财政支出架构维持不变,房地产税收入将由地方政府根据当地居民需求偏好作为增量用于相关公共产品。因此,存量部分仍维持原有的"一城一策"供给体系,而增量部分则具备了相对明确的价格机制。这样存量部分原有的供给体系不影响居民的税收负担,增量部分的价格机制也可以为居民更高质量公共品的差异化需求提供更多的选择。随着时间的推移,由于税率和减免的变化,以及地方财税体系的变革,房地产税在地方财政收入中的重要性逐步加强,房地产税将成为地方政府的主体税种。伴随这一过程,公共产品供给中的增量部分的体量越来越大,将逐步成为地方公共产品的主体,公共产品的价格机制将通过渐进改革中的"价格双轨制"方式得到建立。

从改革的推进过程看,这类似当年市场经济的价格"双轨制"改革:先实行双轨价格,旧价格用旧办法,新价格用新办法,最后建立全新的替代价格制度。公共产品价格机制的建立与此异曲同工。当然,市场经济中价格"双轨制"的最终结果是价格并轨,也就是最终同样的商品只有一个价格。但地方政府不可能只有房地产税一种收入,那公共产品一直会存在存量和增量两个不同的供给机制吗？公共产品与私人消费品不同，多数公共产品往往具有保障性质，也就不能完全通过价格机制的方式供给。因此，对公共产品的保障部分可以制定基本标准，由"一城一策"的供给机制提供，超过标准的部分则基于价格机制由居民通过房地产税支付相应的对价。如此，公共产品价格改革中的"双轨制"将始终存在，这是由公共产品的保障属性所决定的，超过标准部分的价格机制可以很好地起到提高效率的作用。在此框架下，我们一般所说的公共服务均等化是指基本保障标准的均等化；而超过标准的部分则可以由居民支付额外（超额）的税收作为享受更高质量公共产品的价格。就像私人消费品一样，超额的公共产品和服务都需要支付额外的价格，而超过标准的公共服务质量有差异并不是一种不公平的现象。或者说，赋予超额公共产品定价机制将提高公共产品地区间差异的公平性。

公共产品的供给分为保障标准内和超过标准两部分，超过标准的部分应用价格机制，这并不是说未来的房地产税作为价格机制只提供超过标准的部分。超过标准的部分应该只通过房地产税提供，充分应用价格机制的作用。而保障标准内的一部分也可能由房地产税提供，另外还有一部分则会通过地方政府的其他收入以及政府间转移支付来提供，这其中存在着不同地区或同地区不同群体间的再分配效应，这里限于篇幅不作详细讨论。

综上，房地产税的渐进改革与公共产品的两个部分（保障标准内和超过标准）很好地进行对接，通过渐进改革的"价格双轨制"实现公共产品价格机制的逐步建立。在居民可以自由迁徙的情况下，不同地区政府间会存在税收和公共产品供给的竞争，这里的公共产品无论属于哪部分，提供主体仍然都是政府，但价格会由税收负担和公共产品组合形成的"市场"决定。有人提出，严格的户籍制度是否会影响价格机制的作用呢？下一节的讨论可以说明，这一场景在未来将会逐步实现，进而真正理顺公共产品的价格机制，这与地方财政收支结构的发展趋势也是相一致的。

第四节　公共产品价格与户籍制度改革

长期以来，中国居民被分为"农业户口"和"非农业户口"，这形成了中国户籍管理制度的城乡二元结构，进而演化为教育、卫生、社会保障、就业等一系列城乡二元经济社会的制度安排。[①] 公共产品也一直实行城乡二元供给

---

① 胡鞍钢：《中国户籍制度转轨路径透析》，《人民论坛》2014年第24期，第60～62页。

制度,城市居民可以免费享受良好的基础教育、发达的交通、优越的市政设施以及整洁的环境,而农村居民则在农村公共产品供给条件远低于城市的状况下,也要为享用这些公共产品交纳费用。联产承包制实施后,农村所获得的对发展的支持和重视仍然不够,公共产品的绝大部分投入成本仍然由农民代替国家通过货币或劳动的形式承担。[①] 随后的新农村建设和乡村振兴战略一定程度上缓解了农村公共产品总体供给的不足。

但不同城市之间的公共产品的供给数量和质量不均等现象仍然明显。由于公共产品没有明确的价格机制,户籍制度被用来界定是否具有公共产品受益的权利,这使得同一城市内户籍人口和非户籍人口能够享受的公共服务受益千差万别。2014年7月30日,国务院印发《关于进一步推进户籍制度改革的意见》,这标志着中国全面实施户籍制度改革,建立城乡统一的户口登记制度。该《意见》根据中国城乡区域的差异性,务实地提出了多样化的户口迁移政策,大体有四种不同政策:一是全面放开建制镇和小城市落户限制;二是城区人口在50万~100万的中等城市有序放开落户限制;三是城区人口100万~300万的大城市合理确定落户条件,城区人口300万~500万的大城市适度控制落户规模和节奏;四是城区人口500万以上的特大城市严格控制人口规模,建立完善积分落户制度。

实际上,户籍本身最重要的价值是与其直接挂钩的公共产品权利。大城市往往拥有更好的基本公共服务,这也是为什么越大的城市落户越难的原因。因此可以说,公共产品价格机制将是户籍制度改革的一把钥匙。当公共产品的价格机制建立时,户籍将不再是界定公共服务权利的工具,此时户籍也就失去了重要的价值,户籍制度甚至可以自然退出。当下的趋势已经说明了这一点:现在三四线城市的户籍已基本不具备价值,很容易就可以获得,其根本原因是这些城市的公共产品没有任何超额价值;随着一二线大城市公共产品供给机制的变化,超额价值的部分逐步建立价格机制,一二线大城市户籍的价值也会逐步下降,当公共产品的全部超额价值都需要支付对价时,户籍不再作为界定公共服务权利的工具,也就没有任何价值,户籍制度自然可以取消。这时,每个城市都会提供符合基本保障标准的公共服务,而超额公共服务权利的界定方式将通过市场的方式决定。

此时,我们一直倡导的"租售同权"也就可以成为现实。因为租房人实际上是在通过租金的方式支付超额的公共服务对价。这也将缓解人们的买

---

① 施威、王思明:《农村公共产品供给机制变迁的历史困境及其突破》,《中国农史》2007年第3期,第96~103页。

房热情,并进一步确立租房体系的地位。"租售并举"是中共十九大确定的房地产长效机制的核心内容,居民关注的核心依然是公共服务权利的差异,公共产品价格机制的建立将有助于推动这一长效机制的实现。没有户籍制度的束缚,取而代之的公共产品价格机制所带来的公共产品组合的多样化,还将向居民提供更多的选择,真正提高整个社会的福利水平。

第五节　结论与讨论

中共十八届三中全会提出,经济体制改革的"核心问题是处理好政府和市场的关系,使市场在资源配置中起决定性作用和更好发挥政府作用"。价格机制是资源配置的一种方式,也是效率最高的一种方式。当然,我们也要同时考虑公平,此时需要政府的介入,进而达到效率与公平两者之间的平衡。但无论如何,无视价格机制的分配方式会导致资源配置的扭曲,降低效率,在市场化条件下这种做法不具备可持续性。

2020年初,新型冠状病毒疫情期间关于口罩的讨论充分说明一个问题:应该采用什么样的分配机制取决于产品的特性。口罩在平时适用完全的市场化机制(价格机制),但在疫情时成为"准必需品"且出现短缺,产品的特性发生了变化,此时需要政府介入。以此为例,政府提供的基本公共服务是否可以采用市场化的价格机制?社区图书馆、公园、游泳池或许可以,但教育、医疗、公共安全可能不行。而社会公众对教育、医疗、公共安全等公共服务的需求层次又有差异,不可能由政府统一提供同等的供给服务。因此,对这些公共品和公共服务,可以由政府以相对低价(或无偿,例如义务教育)提供达到一定基准的供给,超过部分则可以引入价格机制。根据以上讨论,在当前背景下实现公共产品机制的最优方式应该是房地产税。

公共产品具有保障属性,其保障标准内的部分注重的可以不是效率而是公平,在公共服务均等化背景下政府将逐步推动"一城一策"的标准化。在标准外的超额部分可以通过建立完备的价格机制,提高供给效率,满足各层次需要。对社会来说,不同地区的公共服务差异之所以引起普遍不满,是由于缺乏对公共服务最基本的税收定价。房地产税作为受益税,可以很好地在不同的公共服务之间引入不同的消费成本,提高公共服务差异的公平性内涵。[1]

---

[1] 张平、任强、侯一麟:《中国房地产税与地方公共财政转型》,《公共管理学报》2016年第4期,第1~15页。

2016年《国务院关于推进中央与地方财政事权和支出责任划分改革的指导意见》提出：要逐步将义务教育、高等教育、科技研发、公共文化、基本养老保险、基本医疗和公共卫生、城乡居民基本医疗保险、就业、粮食安全、跨省（区、市）重大基础设施项目建设和环境保护与治理等，体现中央战略意图、跨省（区、市）且具有地域管理信息优势的基本公共服务，确定为中央与地方共同管理财政事权，并明确各承担主体的职责。[1] 2018年，《基本公共服务领域中央与地方共同财政事权和支出责任划分改革方案》进一步提到：将教育、医疗卫生、社会保障等领域中与人直接相关的主要基本公共服务事项明确为中央与地方共同财政事权，并合理划分支出责任，同时完善相关转移支付制度，确保更好地为人民群众提供基本公共服务。[2] 楼继伟认为，在大型经济体中，一般是中央（联邦）定标准、保接续，进行监督并给予资金补助支持，具体的职责划给市县，由其保障具体服务提供，中国就实行这样一种体制。[3] 因此，共同财政事权中的中央部分可以作为保障标准，地方部分引入价格机制和激励机制，这亦为房地产税成为公共产品的价格机制和竞争机制创造了实现条件。

实施公共产品价格机制将有助于构建公共产品的多元化供给体制，扩展公共产品的选择集合。由于居民对公共产品的供给偏好具有明显的异质性，更多的公共产品选择集合将明显提高居民的福利水平。价格机制的存在同时可以抑制民粹主义对公共产品的过度诉求。福利国家的低效率从价格机制角度看，实际上是因为纯粹的福利这一公共品没有了价格机制，进而扭曲了资源的优化配置，降低了整个经济社会的效率。因此，公共品的供给方式会直接影响社会财富和收入的分配模式，建立一个合理公正的公共产品价格机制极其重要。未来中国的实践将如何推进？在多久的时间区间内完成？如何协调"双轨制"过程中各个主体之间的关系？这些问题值得我们在未来进一步地深入研究。

---

[1] 国务院：《国务院关于推进中央与地方财政事权和支出责任划分改革的指导意见》（2016年8月），中国政府网，http://www.gov.cn/zhengce/content/2016-08/24/content_5101963.htm，最后浏览日期：2022年4月16日。

[2] 国务院：《国务院办公厅关于印发基本公共服务领域中央与地方共同财政事权和支出责任划分改革方案的通知》（2018年2月），中国政府网，http://www.gov.cn/zhengce/content/2018-02/08/content_5264904.htm，最后浏览日期：2022年4月16日。

[3] 楼继伟：《坚持现代财政制度主线完善中央地方财政关系》，《财政研究》2020年第2期，第3~8页。

第十二章 房地产税改革的治理意义[①]

关于税制改革,政府官方文件中多次提及"完善现代税收制度,健全地方税体系,提高直接税比重",这些都与房地产税直接相关,房地产税改革对中国的治理意义明显。房地产税改革的目标是赋予地方政府稳定的自有财源,从多个维度促进和改善地方治理。房地产税将会推动房地产市场长效机制建设,并从以下几个方面推动和完善国家治理的现代化:(1)补充缺失的财产税,完善税制体系;(2)调节持续扩大的收入和财富差距;(3)赋予地方政府自有收入,建立收支相连的地方财政治理体系,提高地方自主性和政府支出效率;(4)建立公共产品价格机制,提升地方政府治理绩效水平,最终促进地方公共财政转型。

第一节 引　言

中国政府对房地产税改革的关注始于2003年(当时房地产税叫物业税),迄今已经历了近20年,2011年实施的上海和重庆房产税试点也已历经了十来年,但房地产税的征收目前仍然没有明确的时间表,甚至具体的税制要素设计方案也尚未明确。尽管大多数国家都建立并推行了房地产税制度,其作用主要是调节收入和财富分配以促进社会公平,同时筹集财政收入满足政府提供公共服务的需求。[②] 但中国房地产税改革的治理意义到底是什么,很有说服力的阐述目前仍然付之阙如。在中国房地产市场和财税体

[①] 本章主要内容曾发表于《比较》杂志,张平、张传勇:《中国房地产税改革的治理意义:房地产市场的长效机制与地方公共财政转型》,《比较》第112辑(2021年第1辑),第157~172页(人大复印报刊资料《财政与税务》全文转载,2021年第6期)。

[②] 参见2018年3月7日第十三届全国人大第一次会议上,财政部副部长史耀斌回答中外记者的提问。

制改革的特殊背景下,目前关于房地产税改革仍存在一些争议。社会上关于房地产税流传的一些不实说法更强化了房地产税的"恶税"形象。例如,有说法认为房地产税应该是拥有很多房产的少数富豪才需要缴纳的税,税率根据房产套数大幅度累进,完全是政府敛财的工具。类似的说法使人们对房地产税改革的初衷和设想产生了一些误解和思想上的混乱,不对之进行澄清会对房地产税改革的推进造成不必要的阻力。本章试图从中国房地产税改革的目标、约束条件和可能的路径出发,结合其税制要素设计,探讨中国房地产税改革的治理意义。具体来说,房地产税将在房地产市场长效机制中起到何种作用? 房地产税将如何改变中国的税制结构,完善地方税制体系并提升地方治理能力? 本章将从多个维度尽可能系统全面地回答和阐述这些问题。

第二节 房地产税改革的目标、约束条件与可能的路径

房地产税改革的政策目标是什么? 是为了调节房价,还是为了给地方政府增加稳定的财政收入? 这一问题在社会上得到广泛议论,其实也就是在问房地产税到底是调节税,还是财产税。房地产税固然会对房价和租金产生重要影响,[1]但中国政府可用于调节房价的政策工具较多,如果仅仅为了调控房价,显然无需在该税种有较多争议和潜在风险的情况下推进其改革和实施。实际上,多数居民对房地产税的了解仍存在不同程度的片面性。推进房地产税改革需要解决的问题很多,尤其是如果设计不当还会面临一定的阻力,在这种情况下,政府仍然不断强调"推进房地产税改革",除了要发挥其调节作用外,还有着更为深刻的治理意义。在现有关于房地产税改革目标的阐述中,我们认为较合理的界定是:直接目的是赋予基层政府稳定的自有财源,使之能够更好地提供基本公共服务;间接和最终目的则是从多个维度促进和改善地方治理。[2]

对政府来说,无论是直接目的还是间接目的,要实现的前提是房地产税收入需要达到一定的体量,成为地方政府收入的重要组成部分;但同时,维

---

[1] 张平、侯一麟、李博:《房地产税与房价和租金——理论模拟及其对中国房地产税开征时机的启示》,《财贸经济》2020年第11期,第35~50页。

[2] 侯一麟、马海涛:《中国房地产税设计原理和实施策略分析》,《财政研究》2016年第2期,第65~78页。

护房地产市场稳定("房住不炒")无疑也是政府和全社会需要共同坚持的目标。很明显,如前所述,在高房价收入比背景下,"保持房地产市场平稳"和"房地产税成为地方主体税种"这两个目标有冲突:要使房地产市场总体保持稳定,税率必然不能过高;但要使房地产税成为地方政府的重要财源,税率就必须达到一定幅度。因此,中国房地产税改革背负着更多的约束条件:由于房价收入比高,居民的纳税能力相对较低,税制要素设计和征管的难度都很大。房地产税的开征会面临一些疑议和阻力,政府可以对相关的疑问进行解释,但房地产税的复杂性决定了其开征不会风平浪静,因此政府需要做好应对各类情况的预案措施。

如何兼顾两个相互冲突的政策目标,改革路径的选择就显得尤为重要。从"保持房地产市场平稳"和"房地产税成为地方主体税种"这两个政策目标看,"保持房地产市场平稳"显然更具紧迫性,也是必须达到的政策目标,"房地产税成为地方主体税种"则是一个长期愿景。因此,可以结合短期需求和长期愿景进行房地产税改革设计,通过渐进改革的方式调和两个目标的冲突:以低税率高减免起步(初期税率低就不至于对房地产市场造成很大冲击);减免逐步降低,税率逐步提高,使得房地产税在未来有潜力成为地方政府主体税种;最终稳定的房地产税制度将成为房地产市场的重要长效机制之一。[①] 渐进改革方式也符合中国过去几十年里在多个领域的改革思路,政府、居民、社会都更加易于接受和消化政策的变化,政府也可以在渐进变化的过程中因地制宜适时调整,完善其他的配套政策,不断优化自身治理结构,提升整体治理能力。

第三节 中国房地产税的税制要素设计

房地产税的税制要素主要包括税基、税率、减免范围和征收方式,以及税收用途等。

从税基角度看,按套数和面积征收的做法已渐渐少见,房地产税按评估价值征收逐步成为共识。官方也明确表态,将按照"立法先行、充分授权、分步推进"的原则,推进房地产税立法和实施,对工商业房地产和个人住房按

[①] 张平、姚志勇、冯懿男:《房地产税渐进改革路径——基于税制要素设计的实证研究》,《经济理论与经济管理》2021年第12期,第79~92页。

照评估值征收房地产税。① 但有人提出可以考虑以租金作为税基(类似香港的差饷)。当房价快速上涨而收入相对稳定时,以评估价值作为税基可能会导致居民的税负突然加大(纳税能力下降)。美国和日本都曾出现过房价快速上涨期间,居民因为税负过重而要求降低税率,或者给评估值设置上限(1978年美国加利福尼亚州的13号法案)等以降低税负。租金往往与收入水平直接相关,如果税基是租金则没有上述问题。同时,中国的房产除商品房之外,还有单位分房、经济适用房、房改房、小产权房等其他产权类型,以租金作为税基可以更好地综合考虑不同产权类型的房产税征收。市场评估价值和租金在一定条件下也可以换算,未来需要对以"市场评估价值"和"租金"作为税基的优点和缺点进一步展开分析讨论。

从税率角度看,参考国内学者的测算,0.1%~1%是大致的起始参考区间。房地产税在中国场景下有较大的特殊性,我们不应该也无法直接参考国外的税率设计。例如,美国全国平均1%,最高可以达到2.5%~3%,这在中国高房价背景下居民恐怕无力承担。中国更应该基于居民收入的纳税能力(房地产税税额占收入比重)来设计税率,且不同地区应该有差异。根据测算,从纳税能力看,平均不超过0.5%的税率可能比较适当,但每个地区最终采用的税率将是充分考虑不同基层政区之间差异的本地化差别税率。从居民纳税能力出发测算不同地区的差异化税率,北京、上海等地为0.1%~0.2%左右,居民的房地产税税额约为家庭收入的3%~6%,这样的占比与国际水平也较为接近。② 由于中国的大城市房价收入比很高,房地产税改革中的税率设计至关重要,且地区差异化设计的必要性显著。但中国地方政府没有税率的决定权,需要中央在给定税率区间的情况下赋予地方政府选择具体税率的权限;或者在税率统一的前提下,通过不同地区设定差异化的评估率(税基评估值/市场评估值)来达到将实际税率差异化的目的。

关于房地产税有没有免除的问题,无论从效率还是公平的角度看,宽税基、少豁免甚至无豁免地对所有业主征收是理论上的最优。针对某些特定群体的减免或差别税率,其动态结果并不公平,随着时间推移,不公平的程

---

① 参见刘昆:《建立现代财税体制》,载《〈中共中央关于制定国民经济和社会发展第十四个五年规划和二〇三五年远景目标的建议〉辅导读本》。
② 张平、侯一麟:《中国城镇居民的房地产税缴纳能力与地区差异》,《公共行政评论》2016年第2期,第135~154页;张平、侯一麟:《房地产税的纳税能力、税负分布及再分配效应》,《经济研究》2016年第12期,第120~134页。

度还会加速放大,造成严重的社会问题。① 鉴于房地产税牵涉面广,开征新税也往往面临方方面面的阻力,为了获得大多数人的支持,不少专家学者主张,开征房地产税必须以大范围的减免为前提。从减免范围和方式看,实证分析表明:就对不同收入群体的公平性、对调节收入分配的作用以及减小政策实施难度等而言,相比于对价值和区位等因素缺乏考虑的"家庭首套减免"和"人均面积减免","人均价值减免"的方案都明显更优。② 而且,"人均价值减免"方案与作为税基的市场评估价值也互相匹配,从而房地产税作为财产税也符合财产价值越高纳税越多的纵向公平原则。

从税收用途角度看,基于税收理论考虑并经很多国家的长期实践证明,房地产税最适宜由基层政府征收、使用,当地居民缴纳房地产税,同时享受与税负相应的公共服务。③ 房地产税由"基层政区专用"是迄今最广泛的做法,也是使基层政府征管动力最大、居民纳税意愿最高的设计。④ 如果房地产税全部归基层政府,可能进一步拉大地方政府财力差距。房地产税的潜在税基是当地的房地产市场总价值,各地税基差别很大,用房地产税提供公共服务会进一步放大当前就已存在的地区间财力差距;甚至在同一城市范围内的不同辖区间,房地产税的税基差异也很显著。一种可能的做法是部分房地产税收入归高层级政府用于调节地区间差异。例如,60%属于区县,40%属于地市或省级,具体如何划分可以根据数据进行测算和讨论。过多的收入比重归于上级政府会削弱房地产税的受益税属性,另一种方式是通过完善转移支付机制调节不同地区的财力差异。房地产税作为治理工具的一个重要特征是可以连接收入和支出的两端。房地产税用于当地基本公共服务,提高公共服务供给的经济效率,促进居民监督和政府透明,从而改善地方治理,这一逻辑路径已经得到理论证明。因此,房地产税作为地方税是其发挥治理意义的重要前提,以下将基于房地产市场的长效机制与地方税体系建设,从多个维度阐述房地产税的治理意义。

---

① 侯一麟、马海涛:《中国房地产税设计原理和实施策略分析》,《财政研究》2016年第2期,第65~78页;马海涛、侯一麟、张平:《房地产税:设不设减免,怎么免》,《学习时报》2017年5月19日。
② 张平、侯一麟:《中国城镇居民的房地产税缴纳能力与地区差异》,《公共行政评论》2016年第2期,第135~154页。
③ Almy, R., *A Global Compendium and Meta-Analysis of Property Tax Systems*, Cambridge, MA: Lincoln Institute of Land Policy, 2013.
④ 侯一麟、张平、任强、马海涛:《房地产税税制要素设计》,《新金融评论》2019年第2期,第106~114页;张平、侯一麟:《解读中国现代财政体制改革研究中的三个重要问题》,《公共管理与政策评论》2019年第2期,第14~26页。

第四节 房地产税在房地产市场长效机制建设中的意义

一、促使地方政府摆脱对土地财政的依赖

1994年分税制改革后,中央将税收体制改变为生产性的,征收生产型增值税,将75％的增值税收入归中央,25％归地方,这极大地压缩了地方政府的税收分成比例。分税制改革明确了土地出让金收入全部划归地方政府支配,以利于城市基础设施等的建设和发展,这是地方政府通过征用土地取得土地出让收益而走向"土地财政"依赖的制度基础。① 在分税制后的事权划分上,中央政府负责国防、外交、转移支付、战略性开发等预算开支,而地方政府则负责提供普通教育、医疗等公共服务。随着城镇化和房地产市场的快速扩张,土地财政已经逐步成为中国地方政府的重要收入来源。如图12-1所示,1998年以来,土地出让金(预算外)占地方一般预算收入(预算内)的比重持续上升。2010年土地出让金占地方一般预算收入的比重达到67％,之后虽有所回落,仍在50％左右,2015年下降至37.6％,之后又有上升趋势。② 在某些城市,土地出让金甚至超过了地方一般预算收入。对土地财政的过度依赖已成为目前中国一些地方财政众所周知的特征。

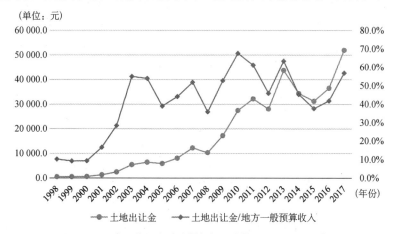

图12-1 中国"土地财政"的发展趋势(1998～2017年)

---

① 蒋省三、刘守英、李青:《中国土地政策改革》,上海三联书店2010年版。
② 数据来源:历年《中国统计年鉴》和《中国国土资源统计年鉴》。

房地产税改革的目标之一就是弥补"营改增"以来地方政府的财力紧缺。由此,房地产税在改革后能否替代"土地财政"成为地方政府的主体税种,这一点受到广泛关注。相关测算表明,上海和重庆两地现行的房产税由于税基较窄,税收收入还远不能弥补"营改增"带来的地方政府财政缺口,大致仅能弥补缺口的20%左右。① 从宽税基房地产税的财政收入潜力看,房地产税在某些地区可以达到基层财政收入的50%以上,有潜力成为地方政府稳定的主体收入来源。②

二、形成地方"房地产税-公共服务"调节机制

根据"用脚投票"理论,居民有动机在缴纳的房地产税水平与可享受的公共服务之间选择自己偏好的"税收-公共服务"组合,并迁入满足其偏好的地区。③ 从公共财政角度看,房地产税与地方公共服务激励相容,也就是说,提高房产价值的公共支出会增加地方房地产税收入。在一些国家如美国,房地产税贡献了主要的地方财政收入,并用于提供地方公共服务,因此地方政府鼓励将公共支出用于能通过房价资本化提高地方房产价值的公共物品和服务。中国的一些地方政府在支出上向来有"重视发展型支出、轻视服务型支出"的传统,没有将为居民提供良好的公共产品和服务作为主体职能。④ 政府要担负起相应的公共服务供给职能,需要充分的财力作为保障。房地产税可以成为地方政府的重要财源;从必要性上看,房地产税改革亦是要达到改善政府治理、提高公共服务水平的势在必行的一步。⑤

已有的研究也发现:一方面,房价资本化现象广泛存在,特别是地方财政收支的情况会反映到房价中;另一方面,房价资本化与"用脚投票"相一

---

① 上海市从2012年开始营业税改增值税试点,此前2011年的营业税收入为1 041亿元,而截至2018年,房产税收入仅为214亿元,大致能弥补"营改增"带来的地方政府财政缺口的20%;同时,"营改增"扩围以前,重庆市2012年营业税收入为368亿元,2017年重庆房产税收入为65亿元,约为此前营业税收入的17.6%。
② 参见侯一麟、任强、张平:《房地产税在中国:历史、试点与探索》,科学出版社2014年版。
③ Tiebout C., "A Pure Theory of Local Expenditures," *Journal of Political Economy*, 1956, 64(5), pp. 416-424. Oates, W. E., "The Effects of Property Taxes and Local Public Spending on Property Values: An Empirical Study of Tax Capitalization and the Tiebout Hypothesis," *Journal of Political Economy*, 1969, 77(6), pp. 957-971. Hamilton, B. W., "Capitalization of Intra-Jurisdictional Differences in Local Tax Prices," *American Economic Review*, 1976, 66(5), pp. 743-753.
④ 田传浩、李明坤、郦水清:《土地财政与地方公共物品供给——基于城市层面的经验》,《公共管理学报》2014年第10期,第38~48页。
⑤ 张平、邓郁松:《中国房地产税改革的定位与地方治理转型》,《经济社会体制比较》2018第2期,第43~54页。

致,并不必然会带来地方公共物品和服务的有效供给。① 因此,房地产税的开征,应该伴随着公共服务种类的增加和质量的提升。作为地方税,房地产税的设立和开征,应该是地方公共服务升级的契机,而不应单单成为抽去了公共服务的稳定庞大的税收来源。尤其是在税收法定原则没有得到彻底执行,财政预、决算的内外部约束皆软的情况下,开征房地产税之后的税金使用就更应该公开透明,以便纳税人对税金的去处及其使用情况进行监督。

三、揭示住房持有成本以抑制房地产投机

从现实看,中国的房价涨跌主要受整体的宏观环境和市场主体的预期等因素影响,而不是房地产税单一因素。② 房产税试点的出台,短期内确实明显抑制了房价的涨幅,但并没有抑制住房价的长期上涨趋势。2011年上海实行房产税试点政策后,房屋挂牌价由2010年的20%增速迅速降到2%,但从2013年开始,房价又开始逐年上涨,甚至2015年和2016年的房价涨幅分别达到17%和34%。③ 从重庆的情况看,重庆房产税试点政策实施后,对高档住房消费产生了一定的抑制作用。相比2010年,房产税试点实施后,2011年重庆市的别墅和高档公寓交易,无论是成交套数还是消费面积都出现明显的下降。

房地产税作为一种财产税,除了有筹集政府收入的作用外,也会增加住房持有成本,具有抑制房地产投机需求的目的。当前中国的房价收入比之所以长时间维持在高位,除了货币和政策等各项因素外,没有宽税基的房地产税也是重要原因之一。由于房地产税与房产价值直接相关,房价上涨的同时,居民对房地产税的纳税能力(收入)也在经受着考验;房地产税可以成为联系房价和收入的纽带,使得房价不至于偏离收入太远,形成房地产市场稳定的长效机制之一。如果房价出现快速上涨,居民收入支撑的纳税能力不足,这时候政府往往通过下调税率,或者将评估值与市场价值脱钩(例如美国加利福尼亚州13号法案)的方式降低居民缴纳房地产税的负担。长期来看,将评估值与市场价值脱钩会带来很多效率和公平问题,具体使用何种应对政策还值得深入研究。

---

① Hilber C. L., "The Economic Implications of House Price Capitalization: A Synthesis," *Real Estate Economics*, 2017, 45(2), pp. 301-339.
② 张永岳、张传勇、谢晖:《我国房地产宏观调控政策效果评估初探——基于公共政策评估的视角》,《上海经济研究》2010年第12期,第73~81页。
③ 邹展霞、王旭、须崇杰:《房产税能否替代"土地财政"?》,《复旦金融评论》2020年第2期。

房地产税征收符合支付能力原则，持有多套房和豪宅的群体需要缴纳更多的税，以此缩小由住房资产属性引致的社会收入差距，有助于促进社会公平和稳定。① 中国作为转型经济体具有房价收入比偏高和存在诸多房产类型等特殊性，有人提出需要考虑低收入家庭群体以及新开征房地产税的可接受度。但从税制设计的效率和公平角度看，当前不应在房地产税税制要素设计中嵌入太多不同群体的需求，而是在保持税制要素一致性的同时，通过社会政策保障相关群体的利益。

四、建立商品房与保障房的反馈机制

作为地方税，房地产税在促进当地"房地产税-公共服务"机制建立的同时，还有利于当地建立商品房与保障房的反馈机制，即将个人缴纳的商品房房地产税收入的一部分用于当地的保障性住房建设。这样既保证了税收取之于民、用之于民的宗旨，又通过这样的转移支付安排救助了住房困难群体，促进地方的住房公平，增进社会的共同福利。

2012年，财政部发布《关于切实做好2012年保障性安居工程财政资金安排等相关工作的通知》（〔2012〕5号），提出"在保障性安居工程现有资金来源的基础上，将增加的地方政府债券收入、个人住房房产税试点地区取得的房产税收入、部分国有资本收益和城市维护建设税收入用于保障房安居工程建设，确保不留资金缺口"。从上海市和重庆市两地的房产税试点办法看，规定房产税收入分别用于"公共租赁房的建设和维护"和"保障性住房建设等方面的支出"。2018年，两市房产税收入分别为213.8亿元和67.3亿元，占各自地方税收的3.4%和4.2%。在全国普遍存在保障房建设和运营资金缺口的背景下，这些房产税收入对于支持地方保障房建设的功效不容忽视。

当然，如果过多的房地产税收入用于保障房建设，将更多地体现房地产税的调节税属性，相对削弱其受益税属性。房地产税作为财产税同时具有调节财富差距（调节属性）和提升地方治理水平的功能（受益属性），在经济社会的不同发展阶段以及财税体制改革的不同时期，政府可以在房地产税改革中平衡两种属性，这也体现了房地产税改革的治理具有一定程度的灵活性。

---

① 张传勇、张永岳、武霁：《房价波动存在收入分配效应吗——一个家庭资产结构的视角》，《金融研究》2014年12期，第86～101页。

第五节　房地产税在地方公共财政转型中的意义

2020年10月29日,《中共中央关于制定国民经济和社会发展第十四个五年规划和二〇三五年远景目标的建议》(以下简称《建议》)提出:"健全省以下财政体制,增强基层公共服务保障能力。完善现代税收制度,健全地方税、直接税体系,优化税制结构,适当提高直接税比重,深化税收征管制度改革。"其中完善现代税收制度,健全地方税体系,提高直接税比重都与房地产税直接相关。① 这也是房地产税的治理意义在财税体制改革中的重要体现。

一、以房地产税为财产税改革重点,完善税制体系

根据课税对象,不同税种可归并为三大类:流转税、所得税、财产税,分别对应于对消费、收入和财富征税。从中国当前的税制结构看,流转税占65%左右(主要为增值税和消费税);所得税约为30%(企业所得税和个人所得税);财产税仅占5%,且主要针对工商业地产,针对居民和家庭的财产税则基本缺失。按照直接税和间接税的划分方法,流转税为间接税,所得税和财产税为直接税。间接税存在的问题包括累退性导致对贫富差距的逆向调节、②易于引起通货膨胀、③加大地区差距等。④ 因此,过度依赖流转税明显产生了诸多问题,包括企业税负过重、税收负担不公平现象突出、调节收入和财富分配的效应较弱等,直接税将是未来税制改革的重要方向。⑤

从完善税收制度的角度看,现有的税基结构已经形成了消费(流转税)、收入(所得税)和财富(财产税)三足鼎立的态势。中国人民银行2019年中

---

① 张平:《中国直接税改革的历史逻辑与未来方向——基于个人所得税与房地产税改革路径的分析》,《山东财经大学学报》2020年第5期,第26~35页。
② 闻媛:《我国税制结构对居民收入分配影响的分析与思考》,《经济理论与经济管理》2009年第4期,第43~48页;周克清、毛锐:《税制结构对收入分配的影响机制研究》,《税务研究》2014年第7期,第24~29页。
③ 储德银、吕炜:《我国税制结构对价格水平变动具有结构效应吗》,《经济学家》2016年第1期,第67~74页。
④ 常世旺、韩仁月:《经济增长视角下的税制结构优化》,《税务研究》2015年第1期,第54~57页。
⑤ 张平、侯一麟:《解读中国现代财政体制改革研究中的三个重要问题》,《公共管理与政策评论》2019年第2期,第14~26页;张平:《中国直接税改革的历史逻辑与未来方向——基于个人所得税与房地产税改革路径的分析》,《山东财经大学学报》2020年第5期,第26~35页。

国城镇居民家庭资产负债情况调查表明,家庭资产以实物资产为主,住房约占70%,资产分布分化明显。这些财富是财产税的潜在税基,但仍然脱离于中国当前的税制体系之外。① 因此,针对税制与税基结构脱节的问题,需要增加直接税比重,建立与新的税基结构相适应的税收制度。在财富方面,多项报告均显示中国的家庭财富存量快速增长,且在世界范围内也已经举足轻重。根据瑞信的报告,2018年全球财富前十百分位的人群中,美国人占到了20%,而随着经济高速发展和资产迅速增值,中国人在全球前十百分位中的数量提升到了18%。② 而房产价值占整个家庭财富的近70%,房地产税改革将是未来一段时间中国财产税改革的重点,是提升直接税比重的重要一步。

二、赋予地方政府主体税种,改善政府间财政关系

分税制体系在将收入集中的同时,却让地方政府承担了比财政包干制时期更多的支出责任,使地方财政运行全面依靠中央的转移支付。收入权利上移和支出责任下移导致越基层的政府,财力越紧缺。这带来了一系列问题。一是收入集中和支出分权导致一些地方政府的支出偏好扭曲。在过去的一二十年里,一些地方政府明显存在重发展型支出轻视服务型支出的现象。2019年一般公共预算中,省及省以下地方政府支出中,教育、卫生和社会保障的支出比重分别仅占16.2%、8.1%和13.8%。③ 二是地方财力紧缺强化了地方政府额外寻求收入的冲动,这导致近年来一些地方政府过于依赖"土地财政"以及地方债问题日益加剧。三是财权与事权不匹配和支出责任划分不明确进一步导致上级政府将事权事责下移,加剧了地方政府的财力短缺。地方政府通过"跑部进钱"获取转移支付,资金使用的效率损失明显。缺少稳定的自有收入来源以及对土地出让金的过度依赖,已经成为中国地方财政的典型特征,由此导致地方债务风险和地方财政的可持续性问题。

房地产税在体量上和性质上都是天然的地方税种。房地产税的税基是房产,与其他税基相比,其重要特征是生活必需品、不可移动且是家庭财产的重要组成部分。受益税的重要属性是,纳税人与公共服务受益者能够匹

---

① 张平:《中国直接税改革的历史逻辑与未来方向——基于个人所得税与房地产税改革路径的分析》,《山东财经大学学报》2020年第5期,第26~35页。
② 2018年全球财富分配比例和百分位,引自凤凰网,https://www.sohu.com/a/273880702_784761,最后浏览日期:2022年5月2日。
③ 这里的"省以下地方政府"包括省及以下政府。数据来源于2020年《中国统计年鉴》表7-3。中央政府一般预算支出中这三者的比重仅分别为5.2%、0.7%和3.5%。

配到一起,多数税基的流动性决定了很多税种做不到这一点。房地产税税基的不可移动使得政府可以很好地将房地产税纳税人和公共服务受益者进行匹配,这构成了房地产税作为受益税的重要基础。地方政府承担提供相关公共服务事责的同时,房地产税作为其重要收入来源可以成为财权事责相匹配的天然工具。① 从政府间财政关系角度看,需要赋予地方政府主体税种,使其获得充分自主的自有财源。房地产税作为地方税也将改善地方的收入结构,使得地方政府拥有自己的主体税种,提高政府收支效率和降低债务风险。因此,房地产税将为地方政府提供稳定的收入来源,一定程度上缓解当前地方政府财力短缺和过于依赖"土地财政"产生的一系列问题。

三、以房地产税为抓手,形成公共服务供给的价格机制

从公共财政的三大职能看,地方政府具有了解居民偏好的信息优势,提供合宜的公共产品和服务是其最重要的政府职能。② 中国经过40多年的快速经济发展,已经基本建立了以市场决定资源配置方式的社会主义市场经济,而在公共产品供给中,价格机制的作用仍然有待加强,在当前阶段更需要对公共产品进行价格改革。在当前的户籍制度、分税制度框架下,财政收入的贡献者和基本公共服务受益者错位明显。首先,在经济开放和大规模人口流动背景下,很多产品的市场在全国各地甚至在全球各地,已经很难说财政收入来源于当地居民。其次,即便在当地就业的居民,由于户籍制度的限制,非户籍人口并不能同等享受基本公共服务。最后,以分税制为基础的税收划分也造成了一些地方政府在提供公共产品时的扭曲行为。不同地区的公共服务差异之所以较易引起社会的普遍不满,其原因正是公共产品价格机制的缺失,不同地区的居民并没有都为相应的公共服务"付费"。

对居民而言,不同地区的消费偏好差异很大。经济社会发展水平较高地区的居民有着超出基本生活的更高需求,他们有能力购买更高质量的公共产品和服务,如高质量的基础教育、道路设施、社区环境等。将高质量公共服务的价格显性化(享受高质量公共服务的同时需要承担对应的税收成

---

① 张平、邓郁松:《中国房地产税改革的定位与地方治理转型》,《经济社会体制比较》2018 第 2 期,第 43~54 页。

② Musgrave, R. A. *The theory of public finance: a study in public economy*, New York: McGraw-Hill, 1959. Oates, W. E., "The Theory of Public Finance in a Federal System," *The Canadian Journal of Economics / Revue canadienne d'Economique*, 1968, 1(1), pp. 37-54. Oates, W. E., *Fiscal Federalism*. New York: Harcourt Brace Jovanovich, 1972.

本),通过匹配房地产税征管地域和公共服务受益边界,可以较好地满足不同地区对公共产品的差异化需求。在城市内的不同地域之间,当有更高的公共服务支出需求时,也需要较高的房地产税收入作为支撑,政府财权和事责也可以得到天然的匹配,居民对公共服务的诉求也会趋于理性。房地产税成为地方公共产品的价格机制将是一次地方治理与税制结构的深刻变革。如果房地产税成为公共产品供给的主要收入来源,房地产市场容量带来的税基不同会导致明显的地区差异,这一差异同样需要以转移支付进行调节。另外,公共服务均等化与公共产品定价机制之间也存在天然的矛盾,从这个角度说,对基本公共服务,可以由政府以相对低价(或无偿,例如义务教育)提供达到一定基准量的供给,超额部分可以引入价格机制。

以上描述的是房地产税作为地方主体税种,成为提供公共产品主要财源的理想状况。但在房地产税改革初期,受限于居民的纳税能力和纳税意愿,①房地产税不可能一步到位成为地方政府的主体税种。在起步阶段,考虑居民的纳税能力,潜在房地产税收入平均约为地方一般公共预算收入的22%,在设定较为慷慨减免的情况下,这一比重将下降为4%~7%。② 房价收入比过高,居民的纳税能力有限,房地产税作为公共产品的价格机制难以一次性达到目标。对于现在居住在高房价小区的居民,高房价部分体现了居民享受相应公共服务的价值,早期低价购房的居民实际在以低于其成本的方式获取公共服务,此时若将公共服务价格显性化(征收房地产税),这类家庭可能会无法承担高额税负。因此,房地产税作为公共产品的价格机制不会一蹴而就,需要一个渐进过渡的阶段。

四、建立受益税机制,提升地方治理绩效水平

当前的税制结构和分税制体系造成的一些地方政府财力短缺、重发展型支出轻民生型支出等问题,最终均体现在地方治理绩效的维度上。如果基层政府过度依靠转移支付,会导致居民的偏好显示扭曲、基层政府运作效率低下和责任缺失的现象。③ 在基层建立税收与公共服务之间的紧密联系

---

① 张平、侯一麟:《中国城镇居民的房地产税缴纳能力与地区差异》,《公共行政评论》2016年第2期,第135~154页;张平、侯一麟:《房地产税的纳税能力、税负分布及再分配效应》,《经济研究》2016年第12期,第120~134页;张平、侯一麟:《解读中国现代财政体制改革研究中的三个重要问题》,《公共管理与政策评论》2019年第2期,第14~26页。
② 张平:《中国直接税改革的历史逻辑与未来方向——基于个人所得税与房地产税改革路径的分析》,《山东财经大学学报》2020年第5期,第26~35页。
③ 张平、邓郁松:《中国房地产税改革的定位与地方治理转型》,《经济社会体制比较》2018第2期,第43~54页。

是提升地方治理绩效的重要途径。[1]

首先,房地产税是天然的受益税和地方税,其独特的税基特征可以极大地降低纳税人和受益人的匹配难度。房产价值、房地产税与公共服务之间关系的重要性,以及房地产税如何"取之于民,用之于民"的受益税特征,在文献中已有充分的讨论。[2] 房地产税与当地公共服务联系紧密,房地产税较高的地区,纳税人(即当地居民)可以享受更好的公共服务。由此形成一个对"房地产税-公共服务"自由选择的过程(公共选择):高房地产税,优质公共服务;或是低房地产税,普通公共服务。这相当于使公共产品具有了价格机制,提高了公共产品供给的效率,进而提高居民纳税意愿,降低政府征管成本。

其次,房地产税作为地方税将为地方政府提供充足稳定的自有收入来源,改变当前地方政府财力和事权不匹配的现状,进而改变由此带来的各类行为扭曲。房地产税的收入用于基本公共服务,良好的公共服务供给又会被资本化到房价之中,使本地区的房地产市场价值提高,房地产税的税基增加。这样可以形成一个良性循环:政府提供公共服务,公共服务供给使本地区房价升值,房价升值意味着税基的稳定提升,税基增加使房地产税收入提高。[3] 这样的循环可以使得政府有充分的动力提供好的公共服务,一定程度上改变当下中国地方政府过于重视发展型支出而轻视服务型支出的问题,有效改善地方治理。当然,房地产税的税基为当地的房地产市场价值,完全由房地产税税额决定当地的公共服务水平也与公共服务均等化的政策不符。如前所述,为避免基本公共服务差异过分扩大,需要政府采取相应的配套政策如转移支付等财力调节措施,以缓解地区间财力差异的扩大。

最后,房地产税的纳税人和受益人都是当地居民,房地产税用于基本公共服务,收支相连有助于居民监督促进建立良好的治理体系。根据分税制

---

[1] Milton Friedman and Rose Friedman, *Free to Choose*. New York: Harcourt Brace Jovanovich, 1979, pp. 16. Hou, Yilin, Ping Zhang, Qiang Ren, and Haitao Ma, *Development, Governance, and Real Property Tax in China*, New York: Springer, 2018, pp. 127. Pollakow, H. O. , "Effects of Property Taxes and Local Public Spending on Property Values — Comment and Further Results," *Journal of Political Economy*, 1973, 81(4), pp. 994-1003.

[2] Hamilton, B. W. , "Capitalization of Intra-Jurisdictional Differences in Local Tax Prices," *American Economic Review*, 1976, 66(5), pp. 743-753. Oates, W. E. , "The Effects of Property Taxes and Local Public Spending on Property Values: An Empirical Study of Tax Capitalization and the Tiebout Hypothesis," *Journal of Political Economy*, 1969, 77(6), pp. 957-971.

[3] 张平、邓郁松:《中国房地产税改革的定位与地方治理转型》,《经济社会体制比较》2018第2期,第43~54页。

的安排,当前的间接税大多归于中央政府,然后再以转移支付等各种形式分配到不同层级地方政府手中。由于链条过长,税收收入和公共服务支出之间不存在对应关系,居民无法监督税款的使用根据。房地产税作为受益税的不同之处在于,纳税额与居民能够获得的公共服务的数量和质量直接相关,这会很大程度提升社区居民对政府监督的积极性。房地产税由地方政府征管和使用,使这种监督成为可能,对政府透明度不断增加的要求和居民逐步参与政府相关政策制定的背景也为此提供了正当性支撑。同时,纳税人意识缺乏也是当下中国社会面临的一个重要问题。房地产税作为地方税将极大地提高居民的纳税人意识,以及监督政府的积极性,促进政府的制度化管理和透明度的提升。①

第六节 结论与讨论

一、研究结论

本杰明·富兰克林曾有关于税收的名句"人生只有死亡和税收两者不可避免"。现实中,开征房地产税往往面临众多的阻力和疑议,需要政府在开征之前和实施过程中以不同方式不断向居民做出解释。

在房地产市场长效机制方面,房地产税有潜力成为地方政府稳定的主体收入来源,进而有助于地方政府摆脱对土地财政的依赖;通过房地产税与地方公共服务的激励相容,形成地方"房地产税-公共服务"调节机制;作为一种住房持有成本,有助于抑制居民的投机购房需求和削减住房的资产属性;通过将部分税收用于地方保障性住房的建设和运营,建立地方商品房与保障房的反馈机制;此外还能体现房地产税的受益税和调节税属性。

在财税体制方面,可以将房地产税改革的治理意义总结为:将存量财富纳入税制体系(调节财富差距);增加财产税的重要性,完善税制体系;赋予地方政府主体税种;提供公共品供给的价格机制,最终提升地方治理的绩效水平。中国经济已进入了新常态,经济增长率下了一个台阶,由此带来的结果是财政收支矛盾逐步凸显。房地产税治理意义的实现并非一蹴而就,而是随着房地产税收入的重要性逐步提高而渐进实现。

---

① 张平、邓郁松:《中国房地产税改革的定位与地方治理转型》,《经济社会体制比较》2018 第 2 期,第 43~54 页。

房地产税开征后，即便开始时适当放宽减免额度，税率较低，仍然可能面临各种问题。由于居民已经建立房产持有成本会逐步增加的预期，这在一开始就会对整个房地产业产生一定的影响。政府需要在房地产业的生产、消费、流通等几个方面做好相关预案，充分运用好手中的政策工具，保证房地产业平稳健康发展。

二、对一些相关问题的讨论

自2011年1月上海和重庆率先试点对个人住房征收房产税，至今已经过去了十来年。诚然，关于房地产税的可行性和适应性以及改革路径还有很多问题需要认真研究。房地产税税制要素设计中面临税基评估、法理基础、重复征税、减免额度以及可能因避税导致的假离婚等问题，甚至还存在各种可能的政策风险，如房价大幅下跌等。① 在中国当前背景下，受益税能否作为理论基础或前提，受益性是否会受到一定的制约，实践中如何做到这一点？如何避免直接到一家一户收取房地产税的"城管尴尬"？由于房地产税在中国是一个高度敏感的问题，在研究和实施中还需注意分析房地产税改革的政治风险与政治成本。

房地产税开征后，地方政府在税收征管中处理相关事务时，必须小心谨慎，慎终于始。在房地产税实施过程中，为了避免居民提起税收就反感，提高居民对房地产税的接受程度，政府应该向居民宣传和阐述房地产税收支的来龙去脉，低收入者在其中到底是受益还是受损。通过加大宣传解释的力度，可以让居民真正理解房地产税，政府真正将房地产税用于当地基本公共服务，使居民通过"用脚投票"的方式支持房地产税。这样的过程需要平静的理性分析，同时需要政府具备一定的治理能力，避免出现群体性事件等社会风险。由于群体观念的简单化效应，② 鉴于房地产税作用和解释链条的复杂性，当有形成群体事件的先兆时，政府要快速回应，向居民解释疑问，平息矛盾。政府开征房地产税后增加了一部分收入，但同时由于房地产税显性化带来了居民对政府的监督意识，所以也必然会增强政府对纳税人的责任。房地产税开征后，理论上的良性循环是：房地产税转化为公共服务，公共服务资本化到房价（税基）中，税基充足进而保证了地方政府的稳定财源，使其进一步提供优质的公共服务。如何形成这种良性循环的地方治理，将真正考验政府官员的管理智慧。

---

① 张平、侯一麟：《解读中国现代财政体制改革研究中的三个重要问题》，《公共管理与政策评论》2019年第2期，第14~26页。
② 〔法〕古斯塔夫·勒庞：《乌合之众：大众心理研究》，冯克利译，中央编译出版社2014年版。

第十三章　全书总结：房地产税与财政治理的八个问题[①]

本书基于理论模型和实证数据对房地产税的经济社会效应进行了量化测算，在此基础上进一步对改革思路和实施策略进行了探讨。作为学术研究者，我们期望房地产税的税制要素设计能够符合税收制度的基本原则，并最大程度地兼顾效率和公平。实际上，税制改革及要素设计确实有一些需要遵守的基本原则。从历史演变看，从威廉·配第提出"公平、简便、节省"，攸士第提出"征税不能妨碍纳税人的经济活动"（包括六大原则），亚当·斯密的"平等、确实、便利、最少征收费原则"，萨伊的"最好的税收是税负最轻的税收"（包括五个原则），再到集大成者瓦格纳的四项九端原则。这些原则都可以与现代税收原则的公平和效率两大要求相联系。从效率角度看，宽税基、低税率有利于降低税收导致的无谓损失（deadweight loss），降低纳税人税负，减小征管成本。因此，应该将更多的主体纳入税制体系，降低实际税率，提高税收效率。从公平角度看，应该让收入和财富相差较大的主体承担不同的税负（纵向公平），让收入和财富类似的主体税负接近（横向公平）。

从2003年至今，学术界、智库圈和社会上一直对房地产税改革的一些基本问题存在争议和误解。本书最后一章将现存问题和争议汇总为八个方面进行系统阐述。需要说明，章标题中所提房地产税与财政治理的八个问题不是"实践问题"，而是"科学问题"，之所以强调科学二字，是想说明：这里的讨论不是源于美国或欧洲或任何其他国家的具体实践，而是试图从一般规律的角度阐述房地产税改革中涉及学理基础的科学问题，希望能够在基本逻辑上厘清一些重要争论。因此，以下将

[①] 本章主要内容曾发表于《国际经济评论》杂志，参见张平、侯一麟、任强、马海涛：《房地产税与财政治理：对八个问题的回答》，《国际经济评论》2022年4月中国知网网络首发。

从税种性质、政策目标、税权归属、房地产市场、收入和财富分布、政府行为、反对意见和实现路径八个方面,阐述房地产税改革的重要科学问题。其中,税种性质、政策目标、税权归属三大问题是房地产税改革深层核心的根本问题,另外五个问题可认为是这三大维度确定后的相关问题。关于三个深层核心问题,我们认为:从性质看,房地产税主要是受益税,同时具有财产税和资本税的属性;从政策目标看,房地产税是一种长效机制,目标是健全税制,促进公平,加强地方政府提供基本公共服务的职能,从源头和基础上调整治理房地产市场;从税权归属看,房地产税应为地方税,若按中央税开征,不符合长期核心政策的目的,且会放大当前财政治理中的诸多问题,最终不得不回归事实上的地方征管。对五个相关问题的基本结论是:房地产税对政府、市场和家庭的影响均取决于具体的税制要素设计;对各种反对意见都可以用学理予以解答;以税制要素为基础的改革路径可以兼顾房地产税的近期和长期目标。基于对八个问题的解答,希望全社会可以对房地产税与财政治理的基础学理问题加深认识,摒弃无效的循环争论,推进房地产税改革。

第一节　房地产税的税种性质

关于房地产税税负归宿的理论主要包括"传统观点"(traditional view)、"受益观点"(benefit view)和"新观点"(new view)这三种代表性观点。①"传统观点"假定整个国家的资本自由流动且回报固定,部分资本向外流出,留下的资本回报率上升可抵消全部税负。此时房地产税相当于消费税,完全由当地住房的消费者承担,导致房价提高。②"受益观点"假定消费者自由流动,不同辖区为争夺消费者在房地产税和公共服务上展开竞争。每个辖区的地方公共服务完全由房地产税负担,房地产税和公共服务的资本化互相抵

---

① Zodrow G. R. and Mieszkowski P. M., "The incidence of the property tax: The benefit view versus the new view," *Local Provision of Public Services*, 1983, pp. 109-129. Zodrow G. R., "The property tax as a capital tax: A room with three views," *National Tax Journal*, 2011, 54(1), pp. 139-156.

② Simon H. A., "The Incidence of a Tax on Urban Real Property," *Quarterly Journal of Economics*, 1943, 57, pp. 398-420. Netzer D., *Economics of the Property Tax*, Washington: The Brookings Institution, 1996.

消,房地产税仅是受益税,只影响公共开支而不影响房价和资源配置。① "新观点"则认为,"传统观点"忽视了房地产税的辖区广泛性和住房及非住房资本的多重性,资本从高税区流向低税区,税收改变了原有的资本配置,产生"利润税效应"和"流转税效应",②这得到大量经验研究证实。③

关于中国的房地产税改革实践,有人认为房地产税针对的目标一定是拥有多套房的家庭,因此房地产税就是一种针对资本的资本税或财富税。我们认为,对该问题的简要回答为:是,也不是。由于房地产税的税基一般是接近市场价值的评估价值,④这显然是家庭资产或财富的一部分;但房地产税又不是只针对"富人"的资本税或财富税。结合房地产税改革的政策目标,经济上高效、税负上公平和征管上合理是提高房地产税可接受性的关键维度。

房地产税主要为受益税,对大多数家庭尤其是中产及以下家庭来说,税入用于基本公共服务具有明显的受益税属性。税制的基本原理(optimal taxation)讲究效率同时谋求最大化公平,兼顾效率和公平的房地产税设计应是宽税基低税率(比例税率)的,如此更多的家庭被纳入税制体系,可在更小的效率损失情况下产生更多的税收收入和更大的再分配效应。很多人误认为税率一定要累进才能有效调节分配,实际上只要是税都有再分配意义,

---

① Fischel W. A., "Property Taxation and the Tiebout Model: Evidence for the Benefit View from Zoning and Voting," *Journal of Economic Literature*, 1992, 30(1), pp. 171-177. Fischel W. A., "Homevoters, municipal corporate governance, and the benefit view of the property tax," *National Tax Journal*, 2001, 54(1), pp. 157-174. Hamilton B. W., "Zoning and Property Taxation in a System of Local Governments," *Urban Studies*, 1975, 12(2), pp. 205-211. Hamilton B. W., "Effects of Property Taxes and Local Public Spending on Property-Values — Theoretical Comment," *Journal of Political Economy*, 1976, 84(3), pp. 647-650.

② Mieszkowski P., "The property tax: An excise tax or a profits tax," *Journal of Public Economics*, 1972, 1(1), pp. 73-96. Zodrow G. R. and Mieszkowski P. M., "The incidence of the property tax: The benefit view versus the new view." In George R Zodrow (Ed.), *Local Provision of Public Services*, 1983, pp. 109-129.

③ Bowman J. H., "Property Tax Policy Responses to Rapidly Rising Home Values: District of Columbia, Maryland, and Virginia," *National Tax Journal*, 2006, 59(3), pp. 717-733. Case K. E. and Grant J. H., "Property Tax Incidence in a Multijurisdictional Neoclassical Model," *Public Finance Review*, 1991, 19(4), pp. 379-392. Cebula R. J., "Are Property Taxes Capitalized into Housing Prices in Savannah, Georgia? an Investigation of the Market Mechanism," *Journal of Housing Research*, 2009, 18(1), pp. 63-75.

④ 有些地区不是根据房地产市场价值的全额征收房地产税,而是根据评估率(assessment ratio)在计算税基时引入一定折扣,或通过差异化的评估率对不同类型(居住、商用和工业)的房地产进行征税。这里的评估率与评估值的准确性没有关系:评估值是尽可能相对准确的房地产市场价值,而评估率指对税基提供一定的折扣,或对不同类型房产采用不同实际税率的一种手段。在法定税率一致的情况下,采用不同的评估率相当于对不同的房产采取差异化税率(某类型房地产的实际税率=法定税率×相应评估率)。

关键是税入得到有效使用;再分配的效果需要宽税基的支撑,税基太窄就谈不上再分配。因此,宽税基低税率的房地产税更加符合税制基本原理,比例税率也更加符合住房财富在不同收入阶层中的占比特征。如果税入用于基本公共服务,高收入者拥有更高的房产财富,缴纳更多的税收,对基本公共服务的使用受益相对较少。此时在比例税率基础上,宽税基低税率的房地产税就可以产生明显的再分配效应。此时,房地产税更接近于"受益观点",是一种"公共服务税"。

房地产税也是财产税,对于房产多、价值高的家庭,其有助于调节财富分布。当前收入差距和财富差距成为社会关注焦点,人们希望能有相应的制度减小贫富差距,并不自觉地将这一渴望转移到对房地产税的期待中。其原因是高企的房价是多数家庭感受贫富差距的最直观体验,且房产确实占到了中国家庭财富的近70%。房地产税对房产财富的调节将起到重要作用。但另一方面,巨富阶层的财富中房产占比要远远小于平均水平,真正能够减小财富差距,对这些阶层的财富产生重要调节作用的并不是房地产税,而是税基包括不同财富类型的财富税。由于家庭住房财富占比不一定随着收入提高而增加,甚至相对低收入家庭的住房财富占比会更高,房地产税本身不一定能够明确缩小收入差距或贫富差距,但如果税入能够用于基本公共服务,其再分配效应明显存在。[①]

房地产税亦是资本税,尤其对于投资于房市的投资者。有人希望房地产税采用累进税率的设计,这样可具有更加明显和激进的再分配效应,也可以使拥有多套房的家庭面临更大压力,从而主动卖出多余住房。但这并不符合政府房地产税的政策目标,如前所述,房地产税改革是一项财税制度优化和政府治理完善的系统工程,主要不是为了调剂贫富差距。累进的税率设计对真正的巨富阶层并不会产生太大影响,反而可能伤害拥有多套房的中上层家庭,其中也包括一些真正对多套房有"刚需"而经济上并不非常宽裕的家庭。在此背景下,比例税率体现的持有成本已经能够起到"资本税"的调节作用。

第二节 房地产税改革的政策目标

尽管关于房地产税征收经历了长期讨论,当前对于房地产税改革的政

---

① 张平、侯一麟:《房地产税的纳税能力、税负分布及再分配效应》,《经济研究》2016年第12期。

第十三章 全书总结：房地产税与财政治理的八个问题

策目标仍没有非常明确的界定，甚至仍然对之争论不休。有人认为是为了调控房地产市场，有人认为仅仅是地方政府获取额外税收收入的手段。基于此，有人提出相关研究和实践证明房地产税对房地产市场的影响有限，因此反对征收房地产税；有人认为低收入者会交不起，而有人则认为房地产税是劫富济贫的工具，因此都反对房地产税。要厘清房地产税的相关争论，第一个需要回答的科学问题就是房地产税的政策目标：为什么要开征房地产税？这到底是一项房地产政策，还是一项财税政策？

从政府的角度看，根据财政学原理，地方政府的重要职能是提供基本公共服务。不同地区的经济社会发展水平差异比较大，公共服务需求的多样性明显。地区间经济社会发展水平的异质性和公共服务偏好的多样性，决定了地方政府需要充分的财政自主性来提供差异化的基本公共服务。房地产税是天然的地方税，其受益税属性可以让地方政府的财权和事责相匹配，有效提升财政收支效率和地方治理水平。[1] 因此，房地产税的直接目的是赋予基层政府稳定的自有财源，使之能够更好地提供基本公共服务；间接和最终目的是从多个维度促进和改善地方治理。[2] 由此，房地产税是一项房地产的政策，但更是一项财税政策。尽管房地产税的一些其他短期目标也常常被提及，但我们不能被短期目标搞混方向，更应该瞄准长期目标。

征收房地产税的直接效果即开征了一个新税，这有利于健全税制，促进社会公平。要达到这一目的，需要房地产税的征收经济高效（宽税基）、税负公平和征管合理。房地产税改革的长期政策目标是建立地方政府主体税种，有效提升政府提供基本公共服务的能力，实现国家和政权的长治久安。可以说，房地产税也是中国财税制度完善的长效机制之一。如果能够明确房地产税的长期目标，则不应赋予房地产税过多的短期目的，因为这会弱化税制，增加税制漏洞，并将使最终的税制设计复杂化，增加税政实施的成本和难度，也会加剧税制的不公平。例如，中国房产的产权类型多样，除商品房之外，还有单位分房、经济适用房、房改房、小产权房等各种产权类型。如果对这些住房都分别设置不同的减免方案，难免造成税制的复杂和混乱，提高征管成本，既降低税制效率也更加不公平。[3]正因为如此，未来的房地产

---

[1] Tiebout C. M., "A Pure Theory of Local Expenditures," *Journal of Political Economy*, 1956, 64(5), pp. 416-424. Youngman J. M., "Defining and Valuing the Base of the Property Tax," *Washington Law Review*, 1983, 58(4), pp. 713-812. Seligman E. R. A., "The General Property Tax," *Political Science Quarterly*, 1890, 5(1), pp. 24-64.

[2] 侯一麟、马海涛：《中国房地产税设计原理和实施策略分析》，《财政研究》2016年第2期。

[3] 更加公平和高效的方式是不同房产均采取公平统一的征收办法，或为不同产权类型的房产设置计税方式不同但相对公平和一致的征收办法。

税不应是富人税,而应是宽税基的主体税种。

长期来看,房地产税的间接效果是有助于从基础上调整房地产市场。房地产税制度有效建立后可成为保障房地产市场稳定的长效机制之一。长期以来,政府针对房地产市场的行政调节手段带来的调控效果不尽如人意,老百姓对房地产市场的不满情绪日益堆积。房地产税在成为公共服务价格机制的同时将增加居民对房屋的持有成本,形成长期的稳定预期,这将改变部分人的投资决策,使得房价收入比逐步回归至理性区间。房地产税征收稳定后,房地产市场的相关行政调节手段可逐步退出,房地产税将成为房地产市场的基础稳定器。

第三节　房地产税的税权归属

尽管已讨论多年,关于房地产税的政府层级归属问题仍需要从逻辑上进行厘清。房地产税为什么应该是地方税,其内在逻辑是什么？这需要从政府职能及不同政府层级的事权划分来讨论。前文也提到,地方政府的重要职能是提供基本公共服务,不同公共物品和服务都具有一定的受益范围和边界,行政边界的划分也与公共服务影响范围有关。[1] 一方面,因为规模经济效应,覆盖的人越多越有效率,行政区越大越好；另一方面,受制于人们获取这些服务的代价和意愿,行政区也不能无限扩大。这一原理也适用于不同层级政府事权划分的原则。楼继伟提出了政府事权划分的三原则:外部性和受益范围原则、信息复杂性原则、激励相容原则。[2] 这些原则决定了大量基本公共服务应该由地方政府提供,同时通过自有收入来源支撑支出需求(财权与事权相匹配),如此才能建立有效的问责机制(Accountability)并符合激励相容原则。[3] 与其他税种相比,房地产税具有税基不可移动、纳税人和受益人易于匹配等特点,这决定了房地产税是以受益税为特征的高效率地方税种,是财权事责相匹配的天然工具,有助于地方政府建立收支相连的治理体系。

因此,房地产税作为地方税有着合理的理论支撑,同时亦是被实践证明

---

[1] Alesina, A. and Spolaore, E., *The Size of Nations*, MA: The MIT Press, 2003.
[2] 楼继伟:《中国政府间财政关系再思考》,中国财政经济出版社 2013 年版。
[3] Friedman M. and Friedman R., *Free to choose: A personal statement*, Boston: Houghton Mifflin Harcourt, 1990; Hou Y., Zhang P., Ren Q. and Ma H., *Development, Governance, and Real Property Tax in China*, New York: Springer, 2018.

的最佳选择。理论上,财政分级制和公共选择理论构成了房地产税作为地方税的理论基础;实践上,房地产税的税基不可移动决定了房地产税是受益税的最优选择,而受益税特征决定了房地产税是地方税。经济社会发展的复杂性使得纳税人和受益者的匹配只有基层政府才能更有效率地实现,地区间异质性的扩大进一步印证了不同地区需要差异化的税负以及相应的公共服务支出设计。与其他税种相比,房地产税可以更好地实现纳税人和受益者的匹配,提高公共服务供给效率。[1] 当前中国地方政府收入有限,缺少主体税种,这进一步加强了房地产税在中国成为地方税的实践基础。

从改善地方治理方面来看,房地产税也应作为地方税或主要归属于地方政府,并用于提供当地的基本公共服务。宽税基的房地产税是天然的地方税,收入的充分性是其作为受益税使政府财权事责匹配并改善地方治理的基础。[2] 实际上,房地产税成为地方政府稳定收入来源从而提高公共服务供给能力,才是房地产税改革的动因或起点。如果房地产税收入不归属地方政府,那也就失去了房地产税改革的推动基础。[3]

有人认为,中国当前的现实环境决定了房地产税不可能税基很宽,这样就无法满足税收充分的条件。但这并不影响对房地产税长期目标的判断,政府需要通过预期管理的方式告知整个社会房地产税改革的真实目的。在现实约束导致长期目标无法一蹴而就的情况下,政府可以给予社会稳定预期,通过设计有效的实现路径保障税制长期稳定地运行。

也有人提出房地产税存在划归中央税的可能性,认为房地产税可以在窄税基和累进税率的基础上划归中央。这不失为房地产税起步开征的一个思路:窄税基可缩小影响范围,获得多数民众的支持;累进税率可以有效地调节贫富差距,尤其是住房财富的差距。但房地产税若按中央税开征,会带来评估和征收的一系列征管问题,且中国的中央税已是大头,如此将进一步加剧政府间财政关系的不平衡。从更深层次的意义看,房地产税作为地方税是为了真正实现其政策目标:赋予基层政府稳定的自有财源,使之能够更

---

[1] 张平:《房地产税的政府层级归属:作为地方税的理论依据与美国经验启示》,《中国行政管理》2016年第12期,第125~130页。
[2] Mieszkowski P., "The property tax: An excise tax or a profits tax," *Journal of Public Economics*, 1972, 1(1), pp. 73-96. Zodrow G. R. and Mieszkowski P. M., "The new view of the property tax A reformulation," *Regional Science and Urban Economics*, 1986a, 16(3), pp. 309-327.
[3] Dillinger W. R., *Urban Property Tax Reform: Guidelines and Recommendations*, (Vol. 1), World Bank Publications, 1992.

好地提供基本公共服务,从多个维度促进和改善地方治理。① 因此,房地产税是中央税还是地方税,与其说是税权归属之争,更是政策目标之争。如果目标是调节财富差距,房地产税可以作为中央税。但如前所述,巨富阶层的财富中房产占比要远远小于平均水平,房地产税对收入和财富的调节作用有限,窄税基更进一步削弱了其调节作用。如果目标是调节财富差距,这里的主角则已经不是房地产税,而应该是税基包括不同财产类型的财富税。

第四节 房地产税对房价和租金的影响

房地产税与房价关系的重要性在文献中已得到了充分讨论。② 在大多数市场中,房产同时具有消费品和投资品的特征,房地产税会增加投资性需求的成本,从而使更多的投资性需求由作为投资品的房产市场释放,成为作为消费品的房产市场的供给。因此,房地产税对房价的影响取决于税收的增加在多大程度上抑制投资性需求,从而增加作为消费品的房产市场的供给。在投资性需求占比较高的背景下,开征房地产税会使房价在短期内下降。而在投资性需求和消费性需求较为均衡的市场中,房地产税对房价的影响则取决于政府如何使用房地产税收入。房产价格短期波动的影响因素较为复杂,也具有较大的不确定性;房地产税对房价的长期影响是我们关注的重点,此时应该聚焦于房产的价值。

资本化理论表明,房地产税和公共服务会分别资本化到房产价值中("受益观点"),房地产税是居民持有房产的额外成本,会导致房价降低;而房地产税所带来的公共服务会使房产持有者受益,从而导致房价上升。在人口自由流动的情况下,"用脚投票"的机制会自动匹配不同地方政府的房

---

① 侯一麟、马海涛:《中国房地产税设计原理和实施策略分析》,《财政研究》2016年第2期,第65～78页。
② Hamilton B. W. "Effects of Property Taxes and Local Public Spending on Property-Values — Theoretical Comment," *Journal of Political Economy*, 1976, 84(3), pp. 647–650. Oates W. E., "The Effects of Property Taxes and Local Public Spending on Property Values: An Empirical Study of Tax Capitalization and the Tiebout Hypothesis," *Journal of Political Economy*, 1969, 77(6), pp. 957–971. Oates W. E. "Effects of Property Taxes and Local Public Spending on Property Values — Reply and yet Further Results", *Journal of Political Economy*, 1973, 81(4), pp. 1004–1008. Pollakowski H. O., "Effects of Property Taxes and Local Public Spending on Property Values — Comment and Further Results," *Journal of Political Economy*, 1973, 81(4), pp. 994–1003. Yinger J., Bloom H. S., Börsch-Supan A. and Ladd H. F., *Property Taxes and House Values*, Boston: Academic Press, 1988.

产税与公共服务,那些提供更多公共服务的地区所制定的房产税税负更重,反之亦然。① 因此同时考虑房地产税和公共服务的资本化,从中长期看,作为地方税种的房地产税影响该地区的公共服务水平,而对房产价值没有较大影响。②

如果房地产税从无到有,又会如何影响房价？相关文献研究了上海和重庆的房产税试点对房价的影响,尽管结论略有差异,多数研究发现两地的试点对房价上涨起到了抑制作用。③ 根据"受益观点",房地产税与公共服务的资本化相互抵消,房地产税对房价影响不大。上海和重庆的房产税试点政策覆盖面很小,但仍然对房价产生了抑制作用,原因之一是两地的试点房产税收入均被用于廉租房建设,此时其不是受益税,只存在试点房产税的负向资本化作用。但是,为何在受益税背景下,仍然存在"新观点"所发现的资本从高税区流向低税区的大量经验实证研究结论？④ 在无效率损失的理想状况下,如果房地产税是完全的"受益税"(房地产税完全转化为公共服务),此时即便各地税率有差异,资本也不会发生流动,房地产税对房价没有影响。根据"新观点"的实证结果,可以推断,房地产税作为受益税很难达到"完全"受益,因此仍然会有税负差异导致的资本流动。这些"损耗"可能来自将房地产税转化为公共服务所产生的政府行政成本和资金浪费等效率损失。这里可以看出,"受益观点"和"新观点"分别适用于不同范围:在区域内部,尤其是同质性较高的社区,房地产税是受益税,更加符合"受益观点";由于很难达到"完全"受益,不同地区差异化的税制设计会带来跨地区的资本流动,进而带来房价变化。因此,房地产税对房价的影响与其是否用于以及多大程度上用于基本公共服务密切相关。基于折现价值理论模型,研究结

---

① Tiebout C. M., "A Pure Theory of Local Expenditures," *Journal of Political Economy*, 1956, 64(5), pp. 416-424.

② Fischel W. A., "Homevoters, municipal corporate governance, and the benefit view of the property tax," *National Tax Journal*, 2001, 54(1), pp. 157-174.

③ Bai C., Li Q. and Ouyang M., "Property taxes and home prices: A tale of two cities," *Journal of Econometrics*, 2014, 180(1), pp. 1-15. Du Z. and Zhang L., "Home-purchase restriction, property tax and housing price in China: A counterfactual analysis," *Journal of Econometrics*, 2015, 188(2), pp. 558-568. Li Y., "The Property Tax and Housing Price: An experiment Policy in China," 2015; Zheng H. and Zhang Q., "Property Tax in China: Is It Effective in Curbing Housing Price", *Economics Bulletin*, 2013, 33(4), pp. 2465-2474.

④ Bowman J. H., "Property Tax Policy Responses to Rapidly Rising Home Values: District of Columbia, Maryland, and Virginia," *National Tax Journal*, 2006, 59(3), pp. 717-733. Case K. E. and Grant J. H. "Property Tax Incidence in a Multijurisdictional Neoclassical Model," *Public Finance Review*, 1991, 19(4), pp. 379-392. Cebula R. J., "Are Property Taxes Capitalized into Housing Prices in Savannah, Georgia? an Investigation of the Market Mechanism," *Journal of Housing Research*, 2009, 18(1), pp. 63-75.

果表明:在中国背景下,若房地产税税率为0.5%,且税入不用于新增公共服务,房产实值可能下降8.3%至12.5%;若税入用于改善基本公共服务,房产实值降幅收窄为1.7%至2.5%。①

　　房地产税对租金的影响也与其转化的基本公共服务直接相关。实际上,公共服务的资本化也可理解为:更好的公共服务使得租金提高,更高的租金折现到房产价值中使得房价提高。在房地产税转化为公共服务的前提下,租金会有所上升。转化率越高,租金上升幅度越大;税率越高,租金上升幅度越大(税入提供的公共服务资本化到租金中);当前的租售比越高,租金上升幅度越小;租售比高,意味着当前的租金已处在高位,故上升空间相应较小。如果房地产税的变化没有带来公共服务的变化,从资本化的角度看,房价会因负向资本化导致价格下降,租金可能不会变化,但税收转嫁仍然会导致一定程度的租金变化,此时约10%的房地产税仍然会被转嫁到租金中。② 中国背景下还存在一些特殊情况,租房人与购房人享受的公共服务权利并不相同(租售异权)。在租售同权的情况下,租房者同样可以享受其租住房屋所在辖区内包括医疗、教育等方面的公共服务,因此租房者需要承担这一部分公共服务所需要的成本,房地产税对房产价值的影响将直接传导到租金上。若0.5%的房地产税收入用于改善基本公共服务,租金可能上涨6.7%至20%;租金巨幅上涨的前提是租房人可受益的公共服务价值有实质性提升。③ 如果租房者不能享受辖区内的各项公共服务,则房地产税对房产价值的影响将对房屋租赁市场产生较小的影响(主要来自税收的部分转嫁)。

　　需要注意的是,尽管理论上公共服务和房地产税的资本化会相互抵消一部分。房地产税从无到有存在一定的特殊性:由于公共服务质量的变化需要时间积累,房地产税对房价的影响短期来看主要体现为房地产税的负向影响。房地产税会使房价的实际公允价值有所下降,也对泡沫存在挤压作用。除了泡沫成分作为房价的一部分会提升持有成本外,房地产税还会显著改变市场预期,降低投资需求,甚至改变整个市场的供求关系。因此房

---

　　① 张平、侯一麟、李博:《房地产税与房价和租金——理论模拟及其对中国房地产税开征时机的启示》,《财贸经济》2020年第11期,第35~50页。
　　② Carroll R. J. and Yinger J., "Is the property tax a benefit tax? The case of rental housing," *National Tax Journal*, 1994, 47(n2), pp.295-316. Schwegman D. J. and Yinger J., "The Shifting of the Property Tax on Urban Renters: Evidence from New York State's Homestead Tax Option," Working Papers, *Center for Economic Studies*, U.S. Census Bureau, 2020.
　　③ 张平、侯一麟、李博:《房地产税与房价和租金——理论模拟及其对中国房地产税开征时机的启示》,《财贸经济》2020年第11期,第35~50页。

地产税可以有效地挤压泡沫,使房价中泡沫成分快速减少。如果当前房价中存在较大的泡沫,开征房地产税则可能导致房价在较短时间内出现较大幅度的下跌,这也增大了房地产市场大幅波动的风险。而从全社会福利和整体经济效率的角度分析,房价剧烈波动可能造成的系统性金融风险和普遍的社会隐患,是首要的防范目标。基于房地产税对房价波动的影响,房价泡沫受挤压且房价较稳定的时段可能是开征房地产税的适选时机。

第五节 房地产税对收入和财富分布的影响

如前所述,房地产税的主要目的不是调节收入和财富分布,但房地产税确实会对收入和财富的分布产生影响。同样的房地产税政策会对不同收入群体和不同地区带来显著不同的影响。① 从收入角度看,房地产税本身是现金流的净流出,同时其中一部分会转化为基本公共服务受益,这部分受益可看作正向的收入流。由于房地产税不能"完全"转化为公共服务受益,要考察房地产税对收入分布的影响,可将房地产税分为两部分:一是未转化为公共服务的部分。这部分税负对所有纳税家庭都是负向的现金流,根据已有研究,房地产税的小部分(约10%)会转嫁给租房人,中国不同城市转嫁的幅度还取决于租赁双方的供求弹性。二是转化为公共服务的部分。这是未来房地产税的主体,这部分房地产税作为受益税,其再分配需要同时考虑两个维度:税负和公共服务受益状况。对于每一户家庭来说,开征房地产税是好是坏,除了缴纳的税额之外,还需要考虑纳税之后能够从中获得多少益处。这两者之间的相互作用,构成了房地产税对不同家庭的收入再分配效应。这与住房价值在不同收入群体的分布情况直接相关。

我们根据《中国家庭追踪调查》(CFPS)的微观数据进行测算,初步得出以下几个结论:首先,房地产税并不天然具有非常强的收入再分配效应,其原因正是由于住房既是生活必需品又是重要财富的特殊性:部分低收入家庭通过政府住房政策以非市场方式获得了住房,随后的房价快速上涨推高了这些家庭住房财富在人群中的分布排名。这有助于低收入家庭的财富积累,但也增加了这部分家庭的房地产税负担。房地产税政策的制定需要考虑如何在关注这部分群体负担的同时做到税制公平。其次,房地产税的收

---

① Cao J. and Hu W., "A microsimulation of property tax policy in China," *Journal of Housing Economics*, 2016, 33, pp. 128-142.

入再分配效应与减免政策的设计直接相关。由于收入再分配效应的关键是要使高收入群体承担的税负比重高于其收入比重,减免政策如果能够有效降低低收入群体的税负同时更多地保留高收入群体的税负,这样的减免设计可有效调节税前收入差距。与普适性减免相比,"断路器"政策正属于这一类减免政策。再次,一个税种要具备显著的再分配效应,其税负需要达到一定幅度是重要前提。但由于低收入群体的纳税能力较低,一定程度上限制了中国房地产税的税率水平。而"断路器"政策相当于可以"定向"将低收入群体的税负维持在较低水平,因此总体税率在需要时可以适当提高以提升再分配效应。最后,如果房地产税能够作为受益税用于基本公共服务,这对提升其收入再分配效应的作用最强,远远高于税率和减免等税制要素设计的其他方面。这说明从调节分配的角度看,房地产税的使用也是政策设计需关注的重点所在。

从财富的角度看,基于资本化理论的局部均衡分析,房地产税通过影响房价对住房财富产生影响。对于两部分房地产税而言,转化为公共服务的部分不影响房产价值,未转化为公共服务的部分会使房产实际价值下降。后者影响产生的财富再分配效应涉及两个重要参数:一是住房财富的分布;二是不同群体的住房财富在总财富中的占比。我们初步测算发现:由于财富水平较低家庭的住房财富占比相对更高,如果开征房地产税且不用于基本公共服务,房地产税对财富分布则有一定的逆向调节作用,反而使得财富不平等程度上升。如果房地产税用于基本公共服务,在无减免的税制设计下,家庭财富不平等程度会下降5%至10%。房地产税的财富再分配效应不是来自收税环节,而主要源于所提供公共服务的资本化效应。减免越多,房地产税转化为公共服务的效应越弱,对财富分布的调节作用也就越弱;减免超过一定水平时,房地产税对财富分布也会产生逆向调节作用。在四种"断路器"政策设计下,房地产税对财富分布的再分配效应与无减免时基本接近。对财富结构分解的结论佐证了房地产税在实现价值捕获中的重要意义。同时需要看到,家庭层面的受益税属性越强,则居民的纳税意愿越高;再分配效应越强,则相对受损家庭的纳税意愿会越低。这也会进一步导致这些受损家庭(一般为社区房产价值相对较高的家庭)在居住地选择上的行为变化,由于这些家庭的福利受损,他们可能会搬迁到同质性更高的社区,这一定程度上会加剧居住隔离现象。从这些维度看,房地产税的财富再分配效应存在侵蚀受益税属性和强化居住隔离的成本,我们在强调房地产税财富再分配效应的同时需要综合考量这些成本。另外,由于中国房价收入比偏高,相对较低的平均收入限制了税率水平,房地产税对财富的调节效应有限,中国财富分布的调节需要寄希望于真正的财富税。

第六节 房地产税对政府行为的影响

就目前情况看,中国地方政府缺少稳定的自有收入来源,房地产税是未来潜在的地方主体税种,其将系统改变地方政府的治理模式和内在激励。从正面角度看,房地产税征收有助于"建立地方政府收入增加、公共服务改善和居民财产价值升值的良性循环"。[①] 这将改变一些地方政府长期重视发展性支出忽视民生支出的倾向,使得政府有更大的动力加大民生支出投入,提升基本公共服务,进而提升税基价值和增强财政能力。但也有人担心,地方财政收支逻辑的重大变化是否会带来类似"逐底竞争"和"以地谋发展"的负面影响。例如,如果地方政府财政和债务管理自主性提高,在土地出让收入下滑背景下是否会导致转向对债务收入的依赖,放大地方债风险等。

具体看,房地产税具有收入稳定性高、可预测性强,透明度高、难以规避和增长包容性(growth inclusiveness)等特点。[②] 这些特点都有助于政府行为的良性发展和有效提升地方治理效能。税收收入受地方经济发展的弹性影响是衡量税收稳定性的主要指标。[③] 税收收入随经济波动发生的变化越小,该税种的稳定性越强。在所得税、房地产税和销售税等税种之中,房地产税对经济波动的反应最小,收入弹性最低。房地产税的收入稳定性使地方政府可以做长期预算和对基础设施发展做出长期规划。当面临较大的经济波动时,一方面,作为房地产税税基的房产价值由专业评估机构确定,受经济波动影响具有一定的滞后性;另一方面,地方政府可以通过灵活调节房

[①] 楼继伟:《深化财税体制改革》,人民出版社 2015 年版。

[②] Alm J., Buschman R. D. and Sjoquist D. L., "Rethinking local government reliance on the property tax," *Regional Science and Urban Economics*, 2011, 41(4), pp. 320-331. Chicoine D. L and Walzer N., "Factors affecting property tax reliance: Additional evidence," *Public Choice*, 1986, 49(1), pp. 17-28.

[③] Bruce D., Fox W. F. and Tuttle M. H., "Tax Base Elasticities: A Multi-State Analysis of Long-Run and Short-Run Dynamics," *Southern Economic Journal*, 2006, 73(2), pp. 315-341. Mikesell J. L., "Property Tax Assessment Practice and Income Elasticities," *Public Finance Quarterly*, 1978, 6(1), pp. 53-66. Netzer D., "income elasticity of the property tax: a post-mortem note," *National Tax Journal*, 1964, 17(2), pp. 205-207. Sobel R. S. and Holcombe R. G., "The Impact of State Rainy Day Funds in Easing State Fiscal Crises During the 1990-1991 Recession," *Public Budgeting & Finance*, 1996, 16(3), pp. 28-48.

地产税税率对冲经济波动带来的影响。① 房地产税和地方政府公共服务支出计划密切相关,如果采用以支定收的方式确定房地产税税率,地方政府在确定房地产税税率前,会优先考虑当前财政年度支出计划,使房地产税收入符合当地发展阶段和宏观经济形势的总体情况。

在地方政府自主决定房地产税税率和公共服务水平的情况下,居民可以通过"用脚投票"的方式,根据其对公共服务的需求,选择具有特定税收和公共服务组合的辖区,由此构建起地方政府对税源良性竞争的基本框架。对于地方政府而言,如果其辖区内的公共服务质量达不到大多数居民的基本要求,便会面临由人口迁移导致的税基外逃(tax-base flight)。因此地方政府普遍倾向于扩大公共服务支出,从而提升辖区内房产价值,得到更广泛的房地产税税基,实现收入最大化。②

税源竞争的另一面是竞相降低保障房、经适房等不产生税收或税收低的房产,导致对低收入人群保障不足。③ 人口和房产资本的自由流动也让地方政府决策面临一定的不确定性,可能使地方政府更倾向于采取"短平快"的治理策略,而忽视地区长期发展的规划。④ 基于房地产税的地方政府竞争模式也会形成"马太效应":经济发达、公共服务质量较高的地区,人口会大量流入;而贫困地区难以通过相对狭窄的税基增加公共服务,进一步导致人口的流出,由此便会陷入恶性循环,不同政府治理水平和治理能力的差距会进一步扩大。⑤ 我们需要清楚地认识到,这些可能的负面影响不是开

---

① Anderson J. E. and Shimul S. N., "State and local property, income, and sales tax elasticity: Estimates from dynamic heterogeneous panels," *National Tax Journal*, 2018, 71(3), pp. 521-546. Doerner W. M. and Ihlanfeldt K. R., "House prices and city revenues," *Regional Science and Urban Economics*, 2011, 41(4), pp. 332-342. Lutz B. F, Molloy R. and Shan H., "The housing crisis and state and local government tax revenue: Five channels", *Regional Science and Urban Economics*, 2011, 41(4), pp. 306-319.

② Brueckner J. K. and Saavedra L. A., "Do local governments engage in strategic property-Tax competition," *National Tax Journal*, 2001, 54(2), pp. 203-230. Crowley G. R. and Sobel R. S., "Does fiscal decentralization constrain Leviathan? New evidence from local property tax competition," *Public Choice*, 2011, 149(1), p. 5. Wilson J. D., "A theory of interregional tax competition", *Journal of Urban Economics*, 1986, 19(3), pp. 296-315.

③ 侯一麟、张平、任强、马海涛:《房地产税税制要素设计》,《新金融评论》2019年第2期,第106~114页。

④ Hoyt W. H., "Local Government Inefficiency and the Tiebout Hypothesis: Does Competition among Municipalities Limit Local Government Inefficiency," *Southern Economic Journal*, 1990, 57(2), pp. 481-496. Taylor L., "Allocative inefficiency and local government: evidence rejecting the Tiebout hypothesis," (No. 9319), *Federal Reserve Bank of Dallas*, 1993.

⑤ Edmiston K. and Turnbull G., "Local government competition for economic development," Working paper (03-07), *Andrew Young School of Policy Studies at Georgia State University*, 2003.

征房地产税才产生的,而是由于地方财政治理存在自主性所致。要解决这些问题,需要政府首先合理划分不同政府层级支出责任,完善相关转移支付制度,并在激励相容的基础上赋予其相应的财权财力。从地区差异角度看,各地难免存在公共服务差距。可以将这些公共服务分为两类:基本公共服务和超标准公共服务。对基本公共服务,例如义务教育,可以由政府相对低价(或无偿)提供达到一定基准量的供给,超额部分则可以通过房地产税引入价格机制,即公共服务更好的地区需要缴纳更高的房地产税。对标准外的超额部分通过建立完备的价格机制,提高供给效率,可以提升本质上的公平。房地产税作为受益税,可以很好地在不同的公共服务之间引入差异化的消费成本,提高公共服务差异的公平性内涵。[①]

第七节 关于房地产税征收的反对意见的学理分析

房地产税常被认为是一个不受欢迎的税种。与其他税种相比,房地产税是一种高度显性化的税收,纳税人需要直接面对税单,从自身税后收入中再拿出一部分来缴纳,居民对房地产税的抗税情绪往往较高。[②] 房地产税不受欢迎的另一个原因是评估价值往往存有一定的争议性,评估机构难以与居民就其房产价值达成广泛的一致。同时,评估体系对纵向公平也有一定的影响,价值较高的房产往往更容易被低估,由此触发了美国一系列的抗税运动(tax revolt),抗税运动的结果往往是以法律形式确定地方政府房地产税的税收上限。[③]

开征新税更是如此,不受欢迎是常态,尤其因为房产作为大多数家庭最重要的资产,房地产税似乎动了所有家庭的"奶酪"。当前公众对房地产税仍然存在较为普遍的抵触情绪。针对房地产的抵触情绪主要源于两条理由:(1)城镇土地为国家所有,居民只有使用权不应被征税;(2)房地产税加土地出让金属于重复征税。我们的相关研究已经证明:建设用地使用权在

[①] 张平、任强、侯一麟:《中国房地产税与地方公共财政转型》,《公共管理学报》2016年第4期,第1~15页、第151页。
[②] Cabral M. and Hoxby C., "The hated property tax: salience, tax rates, and tax revolts," (No. w18514), *National Bureau of Economic Research*, 2012.
[③] De Tray D. and Fernandez J., "Distributional impacts of the property tax revolt", *National Tax Journal*, pp. 435-450, 1986; Preston A. E. and Ichniowski C., "A national perspective on the nature and effects of the local property tax revolt, 1976-1986," *National Tax Journal*, 1991, pp. 123-145.

使用期内对土地的占有和使用享有受益权、抵押权和处置权,是一种"特殊所有权",房地产税在中国相应制度安排下具备法理基础;房地产税与土地出让金在理论上性质不同,现有制度安排使得土地出让金中可能包含部分房地产税,这可在税制设计中作适当安排。①

除此之外,对开征房地产税的担心大致包括:可能会带来税负过重、税负累退、税收横向公平和纵向公平难以实现、放大房地产市场泡沫以及导致"城市爬行"(urban sprawl)等城市臃肿低效发展等问题。② 对于房地产市场泡沫和"城市爬行"问题,房地产税的作用恰恰相反,是起到了抑制作用。地方政府对土地出让金的过度依赖造成了城市过度扩张带来的"城市爬行"问题,房地产税作为收入来源有利于激励地方政府聚焦存量部分的税基,而不是过度出让城市外围新的土地。对于税负过重(误伤某些家庭)、税负累退、税收公平的担心则主要涉及税制设计的问题,政府在税制设计中充分结合当前实际,并做到公平公正公开即可有效规避这些问题。从财政管理角度看,较为普遍的观点是,在目前背景下,房地产税的设计一定是低税率和较大免征范围的结合,在相当长的时间内不能充当主体税种。③ 实际上这一观点肯定了房地产税的长期政策目标,只是认为这一目标短期内无法达成。梳理对房地产税的反对意见可以看出,社会各界普遍认可房地产税的核心逻辑和政策目标,所担心的主要是技术层面和操作层面的问题。各国对房地产税实践的研究也主要聚焦于税基评估准确性、税负归宿累退性、税额大、痛感显著和地区差距可能拉大等问题。这些并不构成反对房地产税实施的理由,而恰恰说明房地产税改革需要审慎推进,在税制要素设计上要兼顾效率和公平,并充分考虑不同群体的纳税能力和纳税意愿。

关于减税,在美国流传着一个小故事。普通老百姓觉得通过减税获得了收益,相当于当年感恩节的火鸡是免费的(Free Turkey);他们往往忽略了在普通人获得 Free Turkey(免费火鸡)的同时,高收入者则由于减税获得了 Free BMW(免费的宝马汽车)。这个故事说明,减税一定使富人受益更大。这还没有考虑政府因减税导致支出变少,公共服务数量和质量下降。由于普通人对基本公共服务的需求和使用相对更多,这进一步加剧了不利于低收入群体的逆向再分配。加税正相反,一定是富人付出更多,如果能够

---

① 班天可、张平、侯一麟:《论房地产税的法理基础》,工作论文,2022年。
② 白彦锋:《国内反对房地产税的文献综述及理论分析》,《财政监督》2017年第19期,第28~36页。
③ 郭庆旺、吕冰洋:《地方税系建设论纲:兼论零售税的开征》,《税务研究》2013年第11期,第9~14页;吕冰洋:《我国地方税建设应依据什么样的理论》,《财政科学》2018年第4期,第25~32页。

用于基本公共服务,则可以产生更明显的再分配效应。反对税收的言论往往得到欢迎,其基本逻辑是不相信政府能够用好这些资金。实际上税收只要能够用好,一般都是有利于普通老百姓的,关键是预算支出和政府治理的现代化。有人可能会利用人们对政府的不信任,讽刺增税的主张,贬低税收的再分配效应,达到让富人少交税或不交税的目的,这是我们需要警惕的一种倾向。从房地产税来看,除了学术观点的争论外,反对或不支持的有这样几类:相对富裕的人群(再分配的付出方),不信任政府的人群,或是一味反对税收的不理性人群。在公平高效的税制设计基础上,如果能够阐述清楚房地产税的利弊,让居民真正理解其内在的逻辑,房地产税征收会获得绝大多数居民的支持。

房地产税作为受益税的特征是,低收入者缴纳较少的房地产税而高收入者缴纳较多的房地产税,税额用于当地基本公共服务后实际上低收入者受益更多。因此,从再分配角度看,低收入者通过缴纳较少的房地产税获取较多的公共服务受益,其净福利为正;我们的测算也发现,开征房地产税后净福利为正的家庭数量要远远高于净福利为负的家庭。[①] 因此,为了避免居民提起税收就反感,提高居民对房地产税的接受程度,政府可以向居民宣传和阐述房地产税收支的来龙去脉,说清楚低收入者在其中到底受益还是受损,让居民真正理解房地产税;并将房地产税用于当地基本公共服务,使居民通过"用脚投票"的方式支持房地产税。

第八节 房地产税改革的实现路径

基于以上讨论可以看出,房地产税改革具有明确的长期政策目标。短期内各类约束条件下的困难和面临的问题也很清晰,包括部分居民的税负可能过重、房产的多种产权类型增加了税制设计和实施的复杂性,以及政府需要保持房地产市场的稳定等。从房地产税作为地方重要收入来源,改善地方治理的目的看,房地产税作为完善地方税的首选,要成为地方主体税种,达到提升地方治理水平的作用,必须要以税基和税额的充分性为前提。但从居民当前的承受能力看,房地产税的推进需要以一定的免除为前提,未来则需要逐步过渡到宽税基、低税率的税制设计。

---

① 张平、侯一麟:《房地产税的纳税能力、税负分布及再分配效应》,《经济研究》2016年第12期,第118~132页。

短期的状态和长期的目标都明确的情况下,其过渡的过程应该如何完成?尽管我们称作"过渡",这个时间可能会很长,也许是20年甚至更长的时间。例如,国家税务总局原财产行为税司的陈杰认为:中国未来的房地产税开征可以考虑待房产的交易、继承等产权变动完成之后再征税,认为尽管这一过程可能需要30~50年,但大体可以保证房地产税这一改革的平稳推进。这是典型的"新人新办法、老人老办法"的过渡思路,是对"后来者"的极大不公平,也会导致房地产市场交易行为的扭曲(如使当前的房产拥有者即便有换房需求,也会倾向于选择不换房,以降低房地产税税负),造成明显的效率损失。① 其他还有针对不同产权类型和不同区域的"过渡"思路。针对不同产权类型的过渡思路是:起初只对商品房征税,同时逐步解决其他类型房屋的产权界定问题,待其他产权住房市场化后再将其纳入房地产税征收范围。房地产税是"公共服务税",是否需要缴纳房地产税不应根据住房产权来界定,而应根据公共服务受益来界定。非商品房的居民如果无需缴纳房地产税,那实际上是正在交税的商品房居民在"补贴"非商品房居民,这显然有失公平,且商品房居民已在购房时支付了相对更高的成本。也有人提出针对不同区域的过渡思路,例如对上海外围郊区新城先行开征,再逐步扩展到主城区。这同样不公平,外围郊区新城居民的房产价值显然整体低于主城区,这些居民需要交税而主城区居民却不需要,这显然不合理。

除此之外,一种一视同仁的渐进改革思路是:不区分购房时间、所处地区和房产类型,均从低税率高减免起步,结合纳税能力和纳税意愿,逐步降低减免额度,逐步提高实际税率,最终达到房地产税成为地方政府主体税种,并作为受益税连接收支两端,促进公众监督政府,提升地方治理水平的政策目的。渐进改革路径符合中国过去几十年里在多个领域的改革路径,政府、公众、社会都更加易于接受和消化政策的变化。正因为这里的"过渡"时间可能较长,采用不同的过渡方式会对不同群体造成很大的影响,需要审慎考虑和定夺。比较不同的过渡思路,要兼顾效率和公平,应该对所有群体同等对待,在税制要素上(税基、税率、减免)进行过渡:从窄税基到宽税基,从低税率到高税率,从高减免到低减免,如此则在过渡期间也能实现效率和公平的平衡。如果以时间(新人新办法,老人老办法)、空间(大城市外围城区先开征)、群体(富人、商品房或多套房先开征,尽管可能对财富再分配有帮助)的不同而进行差别化对待,都会造成不公平和低效率,都不如以税制要素为基础的渐进改革方式更加符合最优税制的原则。

---

① 陈杰:《开征房产税条件尚不成熟》,《中国房地产》2011年第1期,第45~46页。

第十三章 全书总结:房地产税与财政治理的八个问题

同时,房地产税一旦开征,低税率高减免不会也不应一直维持。有些国家房地产税实践中存在的有争议的减免问题,本质上是对房地产税效率和公平的侵蚀。[①] 这些问题降低了房地产税的经济效率,使房地产税征收越发变得不公平,也使居民对其的不信任感和反感程度上升,增加了制度运行的成本,削弱了房地产税作为治理工具本应起到的重要作用。在效率和公平方面,房地产税的税基应该较宽。宽税基低税率的税制,比税负集中在少数人身上,更加符合公平和效率原则。宽税基低税率有利于减少税收导致的无谓损失(deadweight loss),降低纳税人税负和征管成本。[②] 因此,应该尽量采纳宽税基的方式将更多的主体纳入房地产税税制体系,降低实际税率,提高税收效率。房地产税具有公共服务定价和提升地方治理水平等职能,这些职能被满足的前提是,房地产税是提供公共服务的重要收入来源,其有助于地方政府建立起收支相连的受益税体系。要做到这一点,需要绝大多数家庭根据自身的房产价值水平缴纳房地产税,这样的房地产税必须是宽税基低减免的设计。因此,对房地产税的慷慨减免需要不断减少直至取消,税率需要根据居民纳税能力的变化状况相应提高。

[①] Ellis L. V., Combs J. P. and Weber W., "Administrative Inequity in the Property Tax: Further Evidence," *Public Finance Quarterly*, 1983, 11(4), pp. 491-506. Paglin M. and Fogarty M., "Equity and the Property Tax: A Reply," *National Tax Journal*, 1973, 26(4), pp. 651-652. Sabella E. M. "Equity and The Property Tax: A Comment and an Alternative Conceptual Framework," *National Tax Journal*, 1973, 26(4), pp. 645-650.

[②] Zax J. S. and Skidmore M., "Property Tax Rate Changes and Rates of Development," *Journal of Urban Economics*, 1994, 36(3), pp. 314-332.

后　　记

中国经济社会发展至今,随着经济增速下降,经济运行进入新常态,改革进入深水区,各类社会问题矛盾突出,政府治理面临新挑战。我们常说经济增长的"三驾马车"是消费、投资和净出口。在私人部门,消费需要居民有充分的收入和信心,投资需要企业有足够的回报率和确定性;在政府部门,消费和投资则需要有充足的财力和对整个经济社会形势的综合判断力。此外,当前出口面临着逆全球化背景下国际需求逐步收缩的可能性,新冠肺炎疫情的冲击进一步加剧了这些挑战。因此可以认为,我们当前仍处于"三期叠加"阶段(增长速度换档期、结构调整阵痛期、前期刺激政策消化期),面临财富差距过大、消费动能不足、财政困境凸显、国际环境多变等一系列问题。针对众多的经济社会问题,虽然没有万能药,但一系列问题中却可能存在最关键的环节。

正如本书导言所说,房地产税有望成为这一最关键的环节,即"撬动地球的支点",连接财政(经济)和治理(社会)这两大政府最关注的领域。房地产税对财政治理的意义可体现为以下四个方面:

第一,以房地产税为财产税改革重点,完善税制体系。从完善税收制度的角度看,现有的税基结构已经形成了消费(流转税)、收入(所得税)和财富(财产税)三足鼎立的态势。经济高速增长积累的大量财富是财产税的潜在税基,但仍然脱离于中国当前的税制体系之外。因此,针对税制与税基结构脱节的问题,需要增加直接税比重,建立与新的税基结构相适应的税收制度。

第二,赋予地方政府主体税种,改善政府间财政关系。分税制体系在将收入集中的同时,却让地方政府承担了比财政包干制时期更多的支出责任,使地方财政运行全面依靠中央的转移支付。收入权利上移和支出责任下移导致越是基层的政府,财力越紧缺,这带来了一系列问题。房地产税将为地方政府提供稳定的收入来源,一定程度上缓解当前地方政府财政困境和过于依赖"土地财政"产生的一系列问题。

第三,以房地产税为抓手,形成公共服务供给的价格机制。从公共财政的三大职能看,地方政府具有了解居民偏好的信息优势,提供合宜的公共产品和服务是其最重要的政府职能。将高质量公共服务的价格显性化(享受高质量公共服务的同时需要承担相应的税收成本),通过匹配房地产税征管地域和公共服务受益边界,可以较好地满足不同地区对公共产品的差异化需求。在城市内的不同地域之间,当具有更高的公共服务支出需求时,也需要较高的房地产税收入作为支撑,政府财权和事责也可以得到天然的匹配,居民对公共服务的诉求也会趋于理性。房地产税成为地方公共产品的价格机制将是一次地方治理与税制结构的深刻变革。

第四,建立受益税机制,提升地方治理绩效。房地产税是天然的受益税和地方税,其独特的税基特征可以极大地降低纳税人和受益人的匹配难度。房地产税作为地方税将为地方政府提供充足稳定的自有收入来源,改变当前地方政府财力和事权不匹配的现状,进而改变由此带来的各类行为扭曲。房地产税的纳税人和受益人都是当地居民,房地产税用于基本公共服务,收支相连有助于促进居民监督,形成良好的治理体系。

"莫道桑榆无壮节,古来成事尽书生。"作为一名学者,我希望自己在房地产税领域的研究能够对未来的财富差距调节、税制改革完善和政府治理提升贡献一份绵薄之力。我也将继续努力,争取对财政治理知识体系的形成有所贡献,成为真正有思想深度的公共财政研究专业学者。

能够在房地产税这个看似细小却能量巨大的研究领域略有成果,我心存感激之情。再次感谢我的博士生导师侯一麟教授,我在上一本书的后记中曾提到:是在侯老师的指引下,我才慢慢进入公共财政这一领域;也是在他的引导下,我开始涉足房地产税并对这一话题产生了浓厚的兴趣,书中不少思想观点也来源于侯老师的指导。侯老师此次再为我的这本新书作序,是对我近年来研究工作的肯定,也是对我未来继续攀登社会科学高峰的鼓舞和激励。

感谢我的家人,尤其感谢我的父亲母亲,尽管生活并不富裕,你们倾尽全力让我快乐成长,并用一生敦厚的行为塑造了我的性格品质。这些都是我永久的财富,也不断支持着我精神上的理想信念。我一直在外工作,难以当面尽孝顺之情,常心怀愧疚,我所有的成果都包含着你们的辛劳。感谢我的妻子和一对儿女,你们的支持带给我无限欢乐和动力。

最后,我在书中力求系统准确地阐述中国房地产税改革在不同维度存在的问题和解决思路,但限于水平、见识,书中内容必然存在疏漏,请各位专家读者不吝批评指正。

张 平

2022 年 9 月 22 日于

复旦大学邯郸校区

图书在版编目(CIP)数据

中国房地产税改革:实证分析与实施策略/张平著.—上海:复旦大学出版社,2023.5
ISBN 978-7-309-16452-7

Ⅰ.①中… Ⅱ.①张… Ⅲ.①房地产税-税收改革-研究-中国 Ⅳ.①F812.422

中国版本图书馆 CIP 数据核字(2022)第 186952 号

中国房地产税改革:实证分析与实施策略
张 平 著
责任编辑/邬红伟

复旦大学出版社有限公司出版发行
上海市国权路 579 号 邮编:200433
网址:fupnet@fudanpress.com http://www.fudanpress.com
门市零售:86-21-65102580 团体订购:86-21-65104505
出版部电话:86-21-65642845
上海华业装潢印刷厂有限公司

开本 787×1092 1/16 印张 19.25 字数 335 千
2023 年 5 月第 1 版
2023 年 5 月第 1 版第 1 次印刷

ISBN 978-7-309-16452-7/F·2922
定价:65.00 元

如有印装质量问题,请向复旦大学出版社有限公司出版部调换。
版权所有 侵权必究